MANESSE BIBLIOTHEK DER WELTLITERATUR

Otto von Bismarck

OTTO VON BISMARCK

—

*Aus seinen Schriften, Briefen,
Reden und Gesprächen*

Auswahl und Nachwort
von Hanno Helbling

MANESSE VERLAG

ISBN 3-7175-1516-0 (Leinen)
ISBN 3-7175-1517-9 (Leder)

Alle Rechte vorbehalten · Druck: Conzett + Huber AG, Zürich
Copyright © 1976 by Manesse Verlag, Conzett + Huber, Zürich
Imprimé en Suisse · Printed in Switzerland

OTTO VON BISMARCK

Meine Kindheit

Aus einem Gespräch mit Robert v. Keudell

(18. Juni 1864)

[...] In der Abenddämmerung sagte der Minister: «Meine Kindheit hat man mir in der Plamannschen Anstalt verdorben, die mir wie ein Zuchthaus vorkam. Infolgedessen werden meine Jungen natürlich verzogen, vielleicht aber werden Herberts Kinder wieder sehr streng gehalten werden. Ich weiss von mehreren Familien, in denen die Erziehungsweise gewechselt hat; auf eine verprügelte Generation folgte eine verzogene und dann wieder eine verprügelte. Es ist ja natürlich, dass Eltern wünschen, den Kindern das zu gewähren, was bei ihrer eigenen Erziehung gefehlt hat. Bis zum sechsten Jahre war ich in Kniephof fast immer in freier Luft oder in den Ställen gewesen. Ein alter Kuhhirt warnte mich einmal, nicht so zutraulich bei den Kühen herumzukriechen. ‹Die Kuh›, sagte er, ‹kann dir mit dem Hufe ins Auge treten. Die Kuh merkt nichts davon und frisst ruhig weiter, aber dein Auge ist dann futsch.› Daran habe ich später mehrmals gedacht, wenn auch Menschen, ohne es zu ahnen, anderen Schaden zufügten. Die Plamannsche Anstalt lag so, dass man auf einer Seite ins freie Feld hinaussehen konnte. Am Südwestende der Wilhelmstrasse hörte damals die Stadt auf.

Wenn ich aus dem Fenster ein Gespann Ochsen die Ackerfurche ziehen sah, musste ich immer weinen vor Sehnsucht nach Kniephof. In der ganzen Anstalt herrschte rücksichtslose Strenge. Einmal war im Nachbarhause jemand gestorben. Ich hatte noch nie einen Toten gesehen und kletterte durch ein Fenster, um die Leiche genau zu betrachten. Dafür wurde ich hart bestraft. Mit der Turnerei und Jahnschen Reminiszenzen trieb man ein gespreiztes Wesen, das mich anwiderte. Kurz, meine Erinnerungen an diese Zeit sind sehr unerfreulich. Erst später, als ich aufs Gymnasium und in eine Privatpension kam, fand ich meine Lage erträglich.» [...]

Auf seiten der Autorität

Aus «Erinnerung und Gedanke»

Als normales Produkt unsres staatlichen Unterrichts verliess ich 1832 die Schule als Pantheist, und wenn nicht als Republikaner, doch mit der Überzeugung, dass die Republik die vernünftigste Staatsform sei, und mit Nachdenken über die Ursachen, welche Millionen von Menschen bestimmen könnten, Einem dauernd zu gehorchen, während ich von Erwachsenen manche bittre oder geringschätzige Kritik über die Herrscher hören konnte. Dazu hatte ich von der turnerischen Vorschule mit Jahnschen Traditionen (Plamann), in der ich vom sechsten bis zum zwölften Jahre gelebt, deutsch-nationale Eindrücke mitgebracht. Dieselben blieben im Stadium theoretischer Betrachtungen und waren nicht stark genug, um angeborene preussisch-monarchische Gefühle auszutilgen. Meine geschichtlichen Sympathien blieben auf seiten der Autorität. Harmodius und Aristogiton sowohl wie Brutus waren für mein kindliches Rechtsgefühl Verbrecher und Tell ein Rebell und Mörder. Jeder deutsche Fürst, der vor dem Dreissigjährigen Kriege dem Kaiser widerstrebte, ärgerte mich; vom Grossen Kurfürsten an aber war ich parteiisch genug, antikaiserlich zu urteilen und natürlich zu finden, dass der Siebenjährige Krieg sich vorbereitete. Doch blieb mein deutsches Nationalgefühl so stark, dass ich im Anfang der Universitätszeit zunächst zur Burschenschaft in Beziehung geriet, welche die Pflege des nationalen Gefühls als ihren Zweck bezeichnete. Aber bei persönlicher Bekanntschaft mit den Mitgliedern derselben missfiel mir ihre Weigerung, Satisfaktion zu geben, und ihr Mangel an äusserlicher Erziehung und an Formen der guten Gesellschaft, bei näherer Bekanntschaft auch die Extravaganz ihrer politischen Auffassungen, die auf einem Mangel an Bildung und an Kenntnis der vorhandnen, historisch gewordnen Lebensverhältnisse beruhte, von denen ich bei meinen siebzehn Jahren mehr zu beobachten Gelegenheit gehabt hatte als die meisten jener durchschnittlich älteren Studenten. Ich hatte den Eindruck einer Verbindung von Utopie und Mangel an Erziehung. Gleichwohl bewahrte ich innerlich meine nationalen Empfindungen und den Glauben, dass die Entwicklung der nächsten Zukunft uns zur deutschen Einheit führen werde; ich ging mit meinem amerikanischen Freunde Coffin die Wette darauf ein, dass dieses Ziel in zwanzig Jahren erreicht sein werde.

Junkervision

Aus einem Brief an Gustav Scharlach
(Kniephof, 7. April 1834)

Du siehst, wie wenig Deine tückische Strafpredigt gefruchtet hat, welche ich vor 4 Wochen erhielt und gar nicht bekommen haben würde, wenn ich überhaupt der Besserung fähig wäre. Ich habe leider Deinen Brief in Berlin gelassen und kann daher in keine spezielle Erwiderung eingehen, sondern nur bemerken, dass ich Dir über Korrespondenz gar kein Urteil zugestehe, da Du mich gleich nach unserer Trennung ein halbes Jahr auf den ersten Brief warten liessest, von dessen entschuldigendem Anfange ich Dir das nächste Mal eine Kopie schicken werde, wenn Du noch weitere Einreden über die Sache machst. Mein Zeugnis ist, wie mir mein Bruder schreibt, endlich angekommen, aber ich fürchte, zu spät, da die Universitätsbehörden schon seit Weihnachten nichts mehr von mir wissen wollten; ich werde daher wohl das Portefeuille der Auswärtigen ausschlagen, mich einige Jahre mit der rekrutendressierenden Fuchtelklinge amüsieren, dann ein Weib nehmen, Kinder zeugen, das Land bauen und die Sitten meiner Bauern durch unmässige Branntweinfabrikation untergraben. Wenn Du also in 10 Jahren einmal in die hiesige Gegend kommen solltest, so biete ich Dir an, *adulterium* mit einer jungen *mulier facilis et formosa* zu treiben, so viel Kartoffelschnaps zu trinken, als Du willst, und auf der Hetzjagd den Hals zu brechen, so oft es Dir gut scheint. Du wirst hier einen fettgemästeten Landwehroffizier finden, einen Schnurrbart, der schwört und flucht, dass die Erde zittert, einen gerechten Abscheu vor Juden und Franzosen hegt und Hunde und Bediente auf das brutalste prügelt, wenn er von seiner Frau tyrannisiert worden. Ich werde lederne Hosen tragen, mich zum Wollmarkt in Stettin auslachen lassen, und wenn man mich Herr Baron nennt, werde ich mir gutmütig den Schnurrbart streichen und um 2 Taler wohlfeiler verkaufen; zu Königs Geburtstag werde ich mich besaufen und Vivat schreien, übrigens mich häufig anreissen, und mein drittes Wort wird sein: Auf Aehre!, superbes Pferd! Kurz, ich werde glücklich sein im ländlichen Kreise meiner Familie; *car tel est mon plaisir.* [...]

Beamtenzukunft?

Aus einem Brief an den Vater
(Greifswald, 29. September 1838)

[...] Dass ich bis zur Rückkehr der Jäger von Stargard hier ganz ruhig lebe, habe ich Euch schon geschrieben; die Zeit, wo ich nicht in Karlsburg gewesen bin, bringe ich hier ganz einsam und regelmässig zu, denn Leute, mit denen ich eigentlich umginge, habe ich nicht, und das ist recht gut, ich befinde mich dabei behaglicher als je und kann ungestört studieren, wozu ich in Potsdam wegen meiner Freunde und wegen des Dienstes nie gekommen wäre. Hauptsächlich beschäftige ich mich vorläufig mit Chemie, worin ich mit einem Mediziner, der sich zum Examen vorbereitet, täglich einige Stunden arbeite. In der Nähe habe ich mir einige Wirtschaften angesehn, die hier durchschnittlich in einem fast musterhaften Zustande sind; aber beinah lediglich Ackerwirtschaften; auch hört man bei Tisch im «Deutschen Hause» alle die wohlbeleibten Figuren mit roten Gesichtern, dicken Händen und beneidenswertem Appetit, die sich täglich zu 6 bis 8 und mehren dort einfinden, ausschliesslich nur von Akkerbau und Kornhandel sprechen; obgleich sie alle erschrecklich schreien und heftig dabei gestikulieren, verstehe ich doch selten, was sie sagen, da man allgemein platt spricht, und sehr schnell, so dass ich nur mitunter etwas wie Raps, Hafer, Arbsen, Sämaschine, Dröschen, pummersche Last und Berliner Schäpel unterscheide; das höre ich dann mit sehr verständiger Miene, denke darüber nach und träume nachts von Dreeschhafer, Mist und Stoppelroggen. In Eldena ist noch immer alles verreist, die Lehrer wie die meisten Schüler. Der Direktor der Akademie, Schulz, ist zugleich Dirigent der dortigen ziemlich bedeutenden Ackerwirtschaft; letztre ist aber törichterweise ausser Verbindung mit der Akademie, so dass es den Akademikern zwar freisteht, sie sich anzusehn, wenn sie Lust haben, sie aber zu ihrer Instruktion nicht weiter benutzt wird. Die Zahl der Zöglinge, einige 90, ist zu gross, um den Unterricht so mit der Praxis zu verbinden, wie es eigentlich im Plane des Instituts lag. Die Sache lässt sich erst sicher beurteilen, wenn der Unterricht wieder anfängt oder ich wenigstens mit dem Direktor gesprochen habe; bis jetzt glaube ich aber kaum, dass ich dort in den Hörsälen mehr lernen werde als aus guten Büchern. Dagegen nimmt der Direktor auch einige Lehrlinge in die Wirtschaft selbst auf; dieselbe wird vortrefflich geleitet; Schulz hat einen grossen Teil des Landes, der kaltgrundig und sumpfig war, zu Grundstücken gemacht, die jetzt für die besten in der Gegend gelten, so dass er in Winterfrüchten das 15. und 16. Korn geerntet hat; der frische Klee steht überall wie eine Bürste, und bei grossem Scheunenraum sieht man auf dem Felde 4 oder 5 haushohe Mieten stehn. Ziegelei, Brennerei und Brauerei sind auch da; die beiden letztern aber in diesem Jahre teilweis abgebrannt, und ist es deshalb die Frage, ob sie zu diesem Winter wieder in Gang kommen werden. Als Lehrling bei Schulz könnte man gewiss viel lernen; es ist nur die Frage, ob er mich annimmt und ob er nicht ein unverhältnismässiges Lehrgeld nimmt. Eldena ist übrigens eine gute halbe Meile von hier, und im Winter wird der Weg bodenlos sein; da ich nun wegen des Militärs in der Stadt wohnen muss, so werde ich erst sehn, wie ich es möglich mache, dass ich 1 oder 2 Collegia, die mir augenblicklich die nützlichsten sind, dort höre; sonst werde ich versuchen, hier an der Universität und durch häusliches Studium und, wenn ich Urlaub auf längere Zeit bekommen kann, in irgendeiner nahen Wirtschaft, für meine Zwecke zu profitieren, was ich kann. [...]

[Das Folgende die Zusammenfassung eines Briefs an Caroline v. Bismarck-Bohlen] ... dass für mich die Notwendigkeit, ein Landjunker zu werden, nicht vorhanden war, ist auch meine Meinung; auf der andern Seite werden Sie aber, obgleich ich Ihnen beträchtlich bürokratische Ansichten zutraue, nicht im Ernste behaupten, dass die einem jeden gegen sein Vaterland obliegenden Pflichten von mir grade fordern sollten, dass ich Administrativ-Beamter werde; vielmehr glaube ich diesen Pflichten vollständig zu genügen, wenn ich innerhalb des beliebig von mir gewählten Berufs alles das tue, was man von einem sein Vaterland liebenden Staatsbürger erwarten darf. Ich glaubte deshalb mit voller Unabhängigkeit hinsichtlich meines Berufs die Wahl treffen zu können, die mir bei meinen Neigungen und Verhältnissen die vernünftigste zu sein schien. Dass mir von Hause aus die Natur der Geschäfte und der dienstlichen Stellung unsrer Staatsdiener nicht zusagt, dass ich es nicht unbedingt für ein Glück halte, Beamter und selbst Minister zu sein, dass es mir ebenso respektabel und unter Umständen nützlicher zu sein scheint, Korn zu bauen, als administrative Verfügungen zu schreiben, dass mein Ehrgeiz mehr danach strebt, nicht zu gehorchen, als zu befehlen: das sind *facta,* für die ich ausser meinem Geschmack keine Ursache anzuführen weiss, indessen, dem ist so. Von allen Gründen, welche mich hätten veranlassen können, diese Abneigung zu bekämpfen, wäre wohl der würdigste gewesen der Wunsch, umfassender auf das Wohl meiner Mitbürger zu wirken, als es einem Privatmanne möglich ist. Abgesehn davon, ob ich wirklich edel genug denke, um meine Kräfte mehr auf die Beförderung des Wohls andrer als auf die des eignen zu verwenden, bin ich, selbst bei der unbescheidensten Meinung von meinen Fähigkeiten, der Ansicht, dass es für das Wohlergehn der Einwohner von Preussen keinen Unterschied machen würde, ob ich oder ein andrer von den vielen tüchtigen Leuten, die dieses Ziel erstreben, der Regierung einer Provinz angehöre oder vorstehe. Die Wirksamkeit des einzelnen Beamten bei uns ist wenig selbständig, auch die des höchsten, und bei den andern beschränkt sie sich schon wesentlich darauf, die administrative Maschinerie in dem einmal vorgezeichneten Geleise fortzuschieben. Der preussische Beamte gleicht dem Einzelnen im Orchester; mag er die erste Violine oder den Triangel spielen: ohne Übersicht und Einfluss auf das Ganze muss er sein Bruchstück abspielen, wie es ihm gesetzt ist, er mag es für gut oder schlecht halten. Ich will aber Musik machen, wie ich sie für gut erkenne, oder gar keine. In einem Staate mit freier Verfassung kann ein jeder, der sich den Staatsangelegenheiten widmet, offen seine ganze Kraft an die Verteidigung und Durchführung derjenigen Massregeln und Systeme setzen, von deren Gerechtigkeit und Nutzen er die Überzeugung hat, und er braucht diese letztre einzig und allein als Richtschnur seiner Handlungen anzuerkennen, indem er in das öffentliche die Unabhängigkeit des Privatlebens hinübernimmt. Dort kann man in der Tat das Bewusstsein erwerben, für das Wohl seines Landes getan zu haben, was in seinen Kräften stand; man mag reüssieren oder nicht, unsre Meinung mag durchdringen oder nicht, das Streben bleibt gleich verdienstlich. Bei uns aber muss man, um an den öffentlichen Angelegenheiten teilnehmen zu können, besoldeter und abhängiger Staatsdiener sein; man muss vollständig der Beamtenkaste angehören, ihre falschen und richtigen Ansichten teilen und jeder Individualität in Meinung und Handlung entsagen. Missbräuche, wirkliche oder scheinbare, die mit unsern Obern, Vorgesetzten und selbst Kollegen in Verbindung stehn, muss man ansehn, ohne sie offen angreifen zu dürfen, und selbst was uns untergeben ist, steht mehr unter dem Einfluss des Herkommens und feststehender Vorschriften als unter dem des Vorgesetzten. Selbst in meiner kurzen Laufbahn habe ich oft gesehn, wie die kostspielige Zeit und Arbeit schwer bezahlter Behörden auf eine Weise totgeschlagen wurde, dass man unbedingt glauben musste, die Geschäfte seien erfunden, um den vorhandnen Beamten zu tun zu geben, und nicht die Beamten angestellt, um notwendige Geschäfte zu besorgen; und gegen solches und andres Unwesen kämpften ausgezeichnete Vorgesetzte mit aller Energie, aber ohne Erfolg; es liegt einmal in der Natur unsrer Verwaltung. Oft habe ich hochgestellte Beamte in Aachen und Potsdam sagen hören, diese oder jene Massregel sei schädlich, drückend, ungerecht, und doch wagten sie nicht einmal, eine untertänigste Vorstellung dagegen einzureichen, sondern sahn sich vielmehr in der Notwendigkeit, sie gegen ihre Überzeugung nach allen Kräften befördern zu müssen. Wo soll da Freude an der Berufserfüllung, das Bewusstsein, Nutzen zu stiften oder auch nur seine Pflicht gegen sein Vaterland zu tun, herkommen? Konflikte der Art würden bei mir aber im Dienst ziemlich häufig sein, zumal da mein politischer Glaube dem von unserm Gouvernement anerkannten wesentlich zuwiderläuft. Wie soll ich da die Überzeugung gewinnen, meinen Mitbürgern nützlich zu sein, wenn ich das System, nach welchem ich sie regieren helfe, für weit weniger förderlich als das entgegengesetzte, jedenfalls aber für ungerecht halte; wie soll ich selbst vor meinem Gewissen verantworten, unter die Fahne einer Regierung zu treten, deren Grundsätze zu bekämpfen, insoweit der Gehorsam gegen die bestehenden Gesetze es erlaubt, ich für eine meiner vornehmsten Pflichten gegen mein Vaterland halte? Sie werden vielleicht komisch finden, gnädigste Cousine, dass ich eine politische Überzeugung und gar ein Gewissen zu haben behaupte; indessen werden Sie zugeben müssen, dass ich jener edelsten Belohnung eines Staatsdieners, des Bewusstseins, mehr dem Wohle seiner Mitbürger als dem eignen gelebt zu haben, nur unter Voraussetzung eines Gewissens teilhaftig werden kann; Sie müssen mir daher schon gestatten, zur nähern Darstellung des Falles, dass ich aus jenem in der Tat würdigen Grunde in Dienst träte, ein Gewissen zu borgen, wenn Sie mir ein eignes etwa nicht zugestehn wollten. – Für wenige berühmte Staatsmänner, namentlich in Ländern absoluter Verfassung, war übrigens wohl Vaterlandsliebe die Triebfeder, welche sie in den Dienst führte; viel häufiger Ehrgeiz, der Wunsch zu befehlen, bewundert und berühmt zu werden. Ich muss gestehn, dass ich von dieser Leidenschaft nicht frei bin, und manche Auszeichnungen, wie die eines Soldaten im Kriege, eines Staatsmannes bei freier Verfassung, wie Peel, O'Connell, Mirabau etc., eines Mitspielers bei energischen politischen Bewegungen, würden auf mich eine jede Überlegung ausschliessende Anziehungskraft üben, wie das Licht auf die Mücke; weniger reizen mich dagegen die Erfolge, welche ich auf dem breitgetretnen Wege, durch Examen, Konnexionen, Aktenstudium, Anciennität und Wohlwollen meiner Vorgesetzten, zu erreichen vermag. Dennoch gibt es Augenblicke, wo ich nicht ohne schmerzliche *regrets* an alle die Befriedigungen der Eitelkeit denken kann, welche mich im Dienst erwarteten; die Genugtuung, seine Brauchbarkeit und Überlegenheit durch schnelle Beförderung und andre Auszeichnungen amtlich anerkannt zu sehn, das Bewusstsein, ein Mann von Wichtigkeit und Einfluss zu sein, vor dem sich minder wichtige beugen; die selbstgefällige Betrachtung, für einen fähigen und nützlichen Menschen gehalten, bemerkt, besprochen, beneidet zu werden; die ganze wirkliche geheime Glorie, welche zuletzt mich und meine Familie umstrahlen würde, das alles hat viel Blendendes für mich, wenn ich eine Flasche Wein getrunken habe, und ich bedarf einer nüchternen und unbefangnen Reflexion, um mir zu sagen, dass dies Hirngespinste einer törichten Eitelkeit sind, in eine Kategorie gehörig mit dem Stolz des *dandy* auf seinen Rock und des Banquiers auf sein Geld; dass es unweise und fruchtlos ist, sein Glück in der Meinung andrer zu suchen, und dass ein vernünftiger Mensch sich selbst und dem, was er für recht und wahr erkannt, leben soll, nicht aber dem Eindruck, den er auf andre macht, und dem Gerede, welches vor oder nach seinem Tode über ihn gehn mag. Kurz, ich bin nicht frei von Ehrgeiz, halte ihn aber für eine ebenso schlechte Leidenschaft als jede andre, und noch etwas törichter, weil er, wenn ich mich ihm hingebe, das Opfer meiner ganzen Kraft und Unabhängigkeit fordert, ohne mir, auch bei dem glücklichsten Erfolge, eine dauernde Befriedigung und Sättigung zu gewähren. – Noch häufiger als aus Ehrgeiz gehn wohl unsre Beamte in Dienst, um einen anständigen und sichern Broterwerb zu haben, und weil ihnen Mangel an Kapital nicht erlaubt, ein andres honettes Geschäft anzufangen. Bei meiner Lage gebe ich auch in dieser Hinsicht der Landwirtschaft den Vorzug. Sie machen mir, gn. C., gemeinschaftlich mit Bernhard, die sehr schmeichelhafte Vorhaltung, dass grade ich mit Fähigkeiten ausgerüstet sei, welche mich besondre Erfolge im Staatsdienst hoffen liessen. Wenn ich dies zugeben würde, so schiene es mir doch noch keinen entscheidenden Grund abzugeben, um die Beamtenkarriere einzuschlagen; dieselben Fähigkeiten versprechen mir auch guten Erfolg in jedem andern Geschäft, und um eine grosse Landwirtschaft heutzutage richtig zu leiten, ist vielleicht mehr Verstand erforderlich, als um Geheimer Rat zu werden. Namentlich glaube ich, dass bei einer Wirtschaft, die so gross und überhaupt in der Lage ist, wie die Kniephofer, die volle Kraft und Industrie eines gescheuten Mannes erforderlich ist, um von jenen Gütern den Ertrag zu haben, den sie geben können, vielleicht auch nur, um sie zu erhalten, wenn noch schlechtere Zeiten kommen sollten. Bernhard hat nicht die Absicht, den Staatsdienst ganz aufzugeben, und er passt, wie mir scheint, besser zu demselben als ich; er ist entschiedner Anhänger der Grundsätze unsrer Regierung, findet Gefallen an seiner Amtstätigkeit, steht sich immer mit seinen Vorgesetzten vortrefflich, weiss sich sehr gut in die Verhältnisse zu schicken, welche der Dienst mit sich bringt, und wünscht sehr lebhaft, Minister oder doch Präsident zu werden. Dass er aber, oder ich, oder wir beide zusammen, während wir im Staatsdienst abwesend sind, nebenher und *par distance* noch 3 grosse Güter persönlich bewirtschaften könnten, halte ich ohne grosse und gefährliche Beeinträchtigung unsres Vermögens nicht für möglich; denn schon neben den Geschäften des Landrats, wie die Pflicht sie eigentlich fordert, lässt sich die Bewirtschaftung eines bedeutenden Gutes, auch wenn man es selbst bewohnt, nicht so führen, wie das Interesse es fordert. Wenn auch übrigens der Verwaltung unsrer Güter durch Bernhards Dasein vollständig Genüge geleistet wäre, so bin ich doch überzeugt, dass, vom rein materiellen Standpunkte aus betrachtet, ich meine Tätigkeit vorteilhafter in der Landwirtschaft als im Staatsdienst verwerte; abgesehn davon, dass ich sogar den Besitz eines grossen Vermögens für voraus erforderlich halte, um am Staatsdienst Freude zu finden, damit ich sowohl in jeder Lage mit dem Glanz, den ich für anständig halte, öffentlich auftreten kann, als auch mit Leichtigkeit imstande bin, alle Vorteile, welche mir ein Amt gewährt, aufzugeben, sobald meine dienstlichen Pflichten mit meiner Überzeugung oder meinem Geschmack in Widerspruch treten. Wie würde es da mit mir Ärmsten aussehn, der ich von jeher einen gefährlichen Hang habe, mehr auszugeben, als ich einnehme, ein Hang, den ich nur durch die Einsamkeit mit Erfolg bekämpfe, indem ich beim Zusammensein mit meinesgleichen es schwer ertrage, in irgendeiner Beziehung hinter jemand zurückzustehn. Ein Gehalt, mit dem ich bei meinen Bedürfnissen heiraten und in der Stadt einen Hausstand bilden könnte, würde ich, bei der besten zu erwartenden Karriere, im 40. Jahre, etwa als Präsident u. dergl. haben, wenn ich trocken von Aktenstaub, hypochonder, brust- und unterleibskrank vom Sitzen geworden sein werde und einer Frau zur Krankenpflege bedarf. Für diesen mässigen Vorteil, für den Kitzel, mich Herr Präsident nennen zu lassen, für das Bewusstsein, dem Lande selten soviel zu nützen, als ich ihm koste, dabei aber mitunter hemmend und nachteilig zu wirken, übrigens das zu erfüllen, was ich unbedachtsamerweise zu meiner Pflicht gemacht habe, dafür bin ich fest entschlossen, meine Überzeugung, meine Unabhängigkeit, meine ganze Lebenskraft und Tätigkeit nicht herzugeben, solange es noch Tausende und unter diesen viele ausgezeichnete Leute gibt, nach deren Geschmack jene Preise hinreichend kostbar sind, um sie den Platz, welchen ich leer lasse, mit Freuden ausfüllen zu machen. [...]

An Lebensüberdruss grenzend

Aus einem Brief an Gustav Scharlach
                    (Kniephof, 9. Januar 1845)
Aus meinen Wünschen, Dich auf meiner Rückreise von Norderney aufzusuchen, ist nichts geworden, und zwar aus einem sehr trivialen Grunde; ich hatte den dortigen Spieler, Herrn Hartog, wider meinen Willen so freigebig unterstützt, dass mir nur eben so viel Geld übrig blieb, in Gesellschaft eines Bekannten über Hamburg, als den wohlfeilsten Weg, heimzukehren, und erreichte meines Vaters Hof mit Müh und Not, d. h. ich kam mit 25 sgl. auf seinem Gute an der Elbe an, und war froh, dass ich durch mein unverdächtiges Aussehen der Bezahlung eines Passes an der Grenze entging. – Ich will Dich zuerst *au fait* setzen von dem, was mir seit unserer Trennung widerfahren ist. Bis Aachen kennst Du, glaube ich, meine Schicksale. Dort eröffneten sich mir durch das Wohlwollen einflussreicher Leute in Berlin sehr günstige Aussichten für das, was man eine glänzende Karriere nennt; und vielleicht hätte der Ehrgeiz, der damals mein Lotse war, noch länger und für immer mein Steuer geführt, wenn nicht eine bildschöne Engländerin mich verleitet hätte, den Kurs zu ändern und 6 Monate ohne den geringsten Urlaub auf ausländischen Meeren in ihrem Kielwasser zu fahren. Ich nötigte sie

endlich zum Beilegen, sie strich die Flagge, doch nach zweimonatlichem Besitz ward mir die Prise von einem einarmigen Obristen mit 50 Jahren, 4 Pferden und 15000 rl. Revenüen wieder abgejagt. Arm im Beutel, krank am Herzen, kehrte ich nach Pommern heim. Bei dieser Gelegenheit (1837) kam ich durch Göttingen; da ich aber dergestalt Havarie gelitten hatte, dass ich mich von einer schwerfälligen und verdriesslichen Gallione musste schleppen lassen, so war ich nicht hinreichend Herr meiner Bewegungen, um mit Dir zusammentreffen zu können. Ich trat darauf bei der Regierung in Potsdam in Dienst, suchte mich durch Spiel und Trunk zu zerstreuen, machte unverhältnismässige Schulden, wurde Militär, um meiner Dienstpflicht zu genügen, geriet in üble Zwiste mit meinem Chef und ergriff unter diesen Umständen mit Begierde und mit der frohen Hoffnung, die ein Ausweg aus einer ruinierten Stellung in neue Verhältnisse gewährt, das Anerbieten meines Vaters, seine hiesigen Güter zu übernehmen, die gross, stark verschuldet und so verwirtschaftet waren, dass sie frassen, statt einzubringen. Ich hielt mich noch 6 Monat in Greifswald auf, um auf der landwirtschaftlichen Akademie in Eldena nichts zu lernen, als was ich in jedem Buche lesen konnte, und setzte mich dann mit der vollen Unwissenheit eines schriftgelehrten Stadtkindes in eine sehr ausgedehnte und verwickelte Wirtschaft. Ich fand mich hinein, rettete den grössten Teil meines zu erwartenden Vermögens, und die Beschäftigung gefiel mir 2 Jahre lang bis 41, wegen ihrer Unabhängigkeit; ich habe nie Vorgesetzte vertragen können und hatte während meiner amtlichen Tätigkeit, teils aus gerechter Abneigung gegen unser verknöchertes Formenwesen, das in keinem Posten die mindeste Aussicht auf Selbständigkeit bietet, teils in der letzten Zeit aus Trägheit und Widerspruchsgeist, einen solchen Widerwillen gegen alles, was mit der Bureaukratie zusammenhängt, eingesogen, dass ich sogar den angenehmen Posten eines Landrats ausschlug, der mir durch Wahl der hiesigen Stände geboten wurde, und den infolgedessen mein Bruder eingenommen hat. Ich sprach von 2 Jahren; nach dieser Zeit verliebte und verlobte ich mich abermals, erzürnte mich 14 Tage nachher mit der Mutter meiner Braut, einer Frau, die, um ihr Gerechtigkeit zu tun, eine der bösesten ist, die ich kenne, und die das Bedürfnis hat, noch selbst der Gegenstand zärtlicher Blicke zu sein. Nach fast jahrelangen Intrigen gelang es ihr, meiner Braut einen höchst lakonischen Absagebrief an mich in die Feder zu geben. Ich hielt es meiner Würde nicht angemessen, die beleidigte Aufgeregtheit eines Gemüts zu zeigen und ihr mit einigen Schüssen auf Brüder u. dergl. der Ungetreuen Luft zu machen; ich trat in meiner Eigenschaft als Landwehroffizier auf einige Monate zur Dienstleistung in ein Ulanenregiment, focht tapfer gegen Staub und markierte Feinde, und da ich auch im Drange dieser Taten meine Ruhe nicht fand, brauchte ich das Universalmittel für Verliebte, ich ging auf Reisen und wurde wieder liederlich. Von Edinburgh durch England und Frankreich trug ich meinen Kummer über die Alpen und war im Begriff, über Triest nach dem Orient zu gehen, eventualiter die Afghanen durch die Lupe zu besehen, wozu ich mit Empfehlungen ausgerüstet war, als mir mein Vater in einem tränenfeuchten Brief, der von einsamem Alter (73 Jahr, Witwer, taub), Sterben und Wiedersehn sprach, die Heimkehr anbefahl. Ich kam zurück – er starb nicht –, und ich suchte in diesem Sommer einem Leiden durch Dieffenbach und Norderney abzuhelfen. Vorher, im Frühjahr, machte ich einen sechswöchentlichen Versuch, eine andere Krankheit, eine an Lebensüberdruss grenzende Gelangweiltheit durch alles, was mich umgibt, zu heilen, indem ich mich durch besondere Vergünstigung eines unserer Minister als Volontär wieder im Staatsdienst beschäftigen liess und die angestrengte Arbeit in der insipiden und leeres Stroh dreschenden Schreiberei unserer Verwaltung als eine Art von geistigem Holzhauen betrachtete, um meinem teilnahmslos erschlafften Geist wieder etwas von dem gesunden Zustande zu geben, den einförmige und regelmässige Tätigkeit für den Körper herbeizuführen pflegt. Aber teils war mir die krähwinklige Anmassung oder lächerliche Herablassung der Vorgesetzten nach langer Entwöhnung noch fataler als sonst, teils nötigten mich häusliche Vorfälle, Unordnungen in meiner Verwaltung, Verlust meines bisherigen Administrators usw. nach meiner Rückkehr von Norderney, die Verwaltung meiner Güter wieder selbst zu übernehmen. Seitdem sitze ich hier, unverheiratet, sehr einsam, 29 Jahre alt, körperlich wieder gesund, aber geistig ziemlich unempfänglich, treibe meine Geschäfte mit Pünktlichkeit, aber ohne besondere Teilnahme, suche meinen Untergebenen das Leben in ihrer Art behaglich zu machen und sehe ohne Ärger an, wie sie mich dafür betrügen. Des Vormittags bin ich verdriesslich, nach Tische allen milden Gefühlen zugänglich. Mein Umgang besteht in Hunden, Pferden und Landjunkern, und bei letzteren erfreue ich mich einigen Ansehens, weil ich Geschriebenes mit Leichtigkeit lesen kann, mich zu jeder Zeit wie ein Mensch kleide und dabei ein Stück Wild mit der Akkuratesse eines Metzgers zerwirke, ruhig und dreist reite, ganz schwere Zigarren rauche und meine Gäste mit freundlicher Kaltblütigkeit unter den Tisch trinke. Denn leider Gottes kann ich nicht mehr betrunken werden, obschon ich mich dieses Zustandes als eines sehr glücklichen erinnere. So vegetiere ich fast wie ein Uhrwerk, ohne besondere Wünsche oder Befürchtungen zu haben; ein sehr harmonischer und sehr langweiliger Zustand. Meine ehemalige treulose Flamme habe ich öfter wiedergesehn, ihre Mutter scheint gegen unsere Verbindung nichts mehr erinnern zu wollen, doch bin ich auf ihre und ihrer Verwandten Versuche, eine Annäherung zwischen uns einzuleiten, nicht eingegangen; denn obgleich ich nicht sicher bin, dass alle Neigung in mir erstorben ist, so fürchte ich doch, dass die jahrelang wiedergekäuten Empfindungen einer leichtfertigen Misshandlung meines innersten und wahrsten Gefühls, der Verrat meines Zutrauens, die Kränkung meines Stolzes, ein *residuum* von Bitterkeit in mir gelassen haben, welches ich nicht glaube hinreichend unterdrücken zu können, um jener Dame eine so glückliche Zukunft zu sichern, wie ich sie meiner Frau wünsche. Es ist mir beim besten Willen schwer, eine wirklich empfundene Beleidigung halbwegs zu vergessen. [...]

Verlobt

Aufzeichnung Robert v. Keudells

(August 1846)

Im August 1846 sah ich zum erstenmal Herrn von Bismarck-Schönhausen.

Fräulein von Puttkamer-Reinfeld, welche sich im folgenden Jahre mit ihm vermählte, hatte bei kurzem Aufenthalt in Berlin mich schriftlich eingeladen, ihr und einigen Freunden im Saale des damals berühmten Klavierbauers Kisting um fünf Uhr nachmittags etwas vorzuspielen...

Rechts neben mir, am ersten Fenster, sass Fräulein von Puttkamer, auf dem Sofa Herr von Blanckenburg, der später als ein Führer der Konservativen im Landtage hervortreten sollte. Neben ihm auf dem Sofa sass seine junge, auffallend schöne Frau und neben dieser am zweiten Fenster auf einem Sessel in hellem Tageslichte Herr von Bismarck, welcher gewöhnlich die Unterhaltung führte. Seine weiche Sprechstimme in Baritonlage war meinem Ohre wohltuend. Kurzgeschorene blonde Haare und ein kurzer Vollbart umrahmten das freundliche Gesicht; unter buschigen Brauen sehr hervortretende, hellstrahlende Augen. Er sah jugendlich aus, hatte aber das Wesen eines vollkommen gereiften Mannes.

Nach einleitenden Stücken spielte ich auf

Verlangen von Fräulein von Puttkamer etwas von Beethoven. Bismarck erwähnte, dass er als Student lange mit einem Kurländer, Grafen Alexander Keyserling, zusammengewohnt und von diesem oft Beethovensche Musik gehört habe, welche ihm besonders zusage. Darauf spielte ich eine lange Sonate (f-moll) und sah bei deren leidenschaftlich erregtem letzten Stück eine Träne in Bismarcks Auge glänzen. Eine besondere Erinnerung mochte ihn bewegen; denn niemals habe ich später wahrgenommen, dass Musik so stark auf ihn wirkte.

Als Minister hat er einmal nach demselben Stücke gesagt: «Das ist wie das Ringen und Schluchzen eines ganzen Menschenlebens.» Damals aber sagte er nichts. Ich spielte noch ein ruhiges Stück und setzte mich dann zu den andern.

Zufällig sprach man von dem unerbittlichen deutschen Ehrgefühl. Bismarck erzählte von einem hochbegabten Göttinger Studenten, der abends beim Wein wettete, er würde auf seiner edlen Rappstute in einem Bach bis an das sich drehende Mühlrad galoppieren und über das Rad hinunterspringen.

«Vergebens bemühten wir uns am folgenden Tage, ihm die Ausführung dieser unsinnigen Wette auszureden. Er glaubte seine Ehre verpfändet. Viele Freunde waren an der Mühle versammelt. Das schöne Pferd kam im Mühlbach ruhig galoppierend an das schäumende Rad heran. Ohne zu stutzen trug es den Reiter auf das Rad und in die Tiefe; aber beide standen nicht wieder auf.»

Nach einer kleinen Pause nahm Frau von Blanckenburg mit anmutiger Freundlichkeit das Wort, um von heiteren, musikalischen Erlebnissen der letzten Tage zu erzählen...

Als man aufbrach, um im Gasthaus das Abendessen zu nehmen, fragte mich Herr von Bismarck: «Werden Sie sich uns jetzt anschliessen?» Ich war leider verhindert.

Bekehrt

Aus einem Brief an den Schwiegervater
                    (Stettin, etwa 21. Dezember 1846)
[...] Über mein äusserliches Auftreten wird es Ihnen leicht sein, Nachricht durch andre zu erhalten; ich begnüge mich daher mit einer Darstellung meines innern Lebens, welches jenem zugrunde lag, und besonders meines Standpunktes zum Christentum. Ich muss dazu weit ausholen. Ich bin meinem elterlichen Hause in frühester Kindheit fremd und nie wieder völlig darin heimisch geworden, und meine Erziehung wurde von Hause her aus dem Gesichtspunkt geleitet, dass alles der Ausbildung des Verstandes und dem frühzeitigen Erwerb positiver Kenntnisse untergeordnet blieb. Nach einem unregelmässig besuchten und unverstandenen Religionsunterricht hatte ich bei meiner Einsegnung durch Schleiermacher an meinem 16. Geburtstage keinen andern Glauben als einen nackten Deismus, der nicht lange ohne pantheistische Beimischungen blieb. Es war ungefähr um diese Zeit, dass ich, nicht aus Gleichgültigkeit, sondern infolge reiflicher Überlegung, aufhörte, jeden Abend, wie ich von Kindheit her gewohnt gewesen war, zu beten, weil mir das Gebet mit meiner Ansicht von dem Wesen Gottes in Widerspruch zu stehn schien, indem ich mir sagte, dass entweder Gott selbst,

nach Seiner Allgegenwart, Alles, also auch jeden meiner Gedanken und Willen, hervorbringe, und so gewissermassen durch mich zu Sich Selbst bete, oder dass, wenn mein Wille ein von dem Gottes unabhängiger sei, es eine Vermessenheit enthalte und einen Zweifel an der Unwandelbarkeit, also auch an der Vollkommenheit, des göttlichen Ratschlusses, wenn man glaube, durch menschliche Bitten darauf Einfluss zu üben. Noch nicht voll 17 Jahr alt ging ich zur Universität nach Göttingen. In den nächsten 8 Jahren sah ich mein elterliches Haus selten; mein Vater liess mich nachsichtig gewähren, meine Mutter tadelte mich aus der Ferne, wenn ich meine Studien und Berufsarbeiten vernachlässigte, wohl in der Meinung, dass sie das übrige höherer Führung überlassen müsse. Sonst blieben mir Rat und Lehre andrer buchstäblich fern; der Zwang der Schule war gefallen, und die Stimme meines Gewissens, von keinem Glauben getragen, verhallte im Sturm ungezähmter Leidenschaften. So, mit keinem andern Zügel als etwa dem der gesellschaftlich konventionellen Rücksichten, stürzte ich mich blind in das Leben hinein, geriet, bald verführt, bald Verführer, in schlechte Gesellschaften jeder Art und hielt, auch in den bewusstesten Augenblicken, alle Sünden für erlaubt, sobald sie mir die Rechte andrer, nach ihrer laxesten Auslegung, nicht zu beeinträchtigen schienen. Wenn mich in dieser Periode Studien, die mich der Ehrgeiz zuzeiten mit Eifer treiben liess, oder Leere und Überdruss, die unvermeidlichen Begleiter meines Treibens, dem Ernst des Lebens und der Ewigkeit näherten, so waren es Philosophen des Altertums, unverstandene Hegelsche Schriften und vor allem Spinozas anscheinend mathematische Klarheit, in denen ich Beruhigung über das suchte, was menschlichem Verstande nicht fasslich ist. Zu anhaltendem Nachdenken hierüber wurde ich aber erst durch die Einsamkeit gebracht, als ich nach dem Tode meiner Mutter vor 6 bis 7 Jahren nach Kniephof zog. Wenn hier anfangs meine Ansichten über das, was sündlich sei, und infolgedessen meine Handlungsweise sich nicht erheblich änderten, so fing doch bald die innre Stimme an, in der Einsamkeit hörbarer zu werden und mir manches als Unrecht darzustellen, was ich früher für erlaubt gehalten hatte. Immer indes blieb mein Streben nach Erkenntnis in den Zirkel des Verstandes gebannt und führte mich, unter Lesung von Schriften wie die von Strauss, Feuerbach, Bruno Bauer, nur tiefer in die Sackgasse des Zweifels. Es stellte sich bei mir fest, dass Gott dem Menschen die Möglichkeit der Erkenntnis versagt habe, dass es Anmassung sei, wenn man den Willen und die Pläne des Herrn der Welt zu kennen behaupte, dass der Mensch in Ergebenheit erwarten müsse, wie sein Schöpfer im Tode über ihn bestimmen werde, und dass uns auf Erden der Wille Gottes nicht anders kund werde als durch das Gewissen, welches Er nur als Fühlhorn durch das Dunkel der Welt mitgegeben habe. An eine geoffenbarte Religion schien es mir unmöglich, jemals Glauben zu gewinnen; der Bibel legte ich keine beweisende Kraft bei, sie war für mich ein Buch aus Menschenhänden, dessen Lesung mir nur stets neuen Stoff zu Kritik und Zweifel gab. Zu Gott zu beten schien mir noch aus denselben Gründen widersinnig, aus denen ich es früher aufgegeben hatte. Dass ich bei diesem Glauben nicht Frieden fand, brauche ich nicht zu sagen; ich habe manche Stunde trostloser Niedergeschlagenheit mit dem Gedanken zugebracht, dass mein und andrer Menschen Dasein zwecklos und unerspriesslich sei, vielleicht nur ein beiläufiger Ausfluss der Schöpfung, der entsteht und vergeht wie Staub vom Rollen der Räder; die Ewigkeit, die Auferstehung, war mir ungewiss, und doch sah ich in diesem Leben nichts, was mir der Mühe wert schien, es mit Ernst und Kraft zu erstreben. Ich suchte Befriedigung im Treiben der Geschäfte, eigner und fremder, durch Reisen, trat wieder in Staatsdienst, ohne das Gesuchte zu finden. – Etwa vor 4 Jahren kam ich, seit meiner Schulzeit zuerst wieder, in nähere Berührung mit Moritz Blanckenburg, und fand an ihm, was ich bis dahin im Leben nicht gehabt hatte, einen Freund; aber der warme Eifer seiner Liebe suchte vergeblich mir durch Überredung und Disputation das zu geben, was mir fehlte, den Glauben. Durch Moritz wurde ich indes mit dem Triglafer Hause und dessen weiterem Kreise bekannt und fand darin Leute, vor denen ich mich schämte, dass ich mit der dürftigen Leuchte meines Verstandes Dinge hatte untersuchen wollen, welche so überlegne Geister mit kindlichem Glauben für wahr und heilig annahmen. Ich sah, dass die Angehörigen dieses Kreises in ihren äussern Werken fast durchgehends Vorbilder dessen waren, was ich zu sein wünschte. Dass Zuversicht und Friede bei ihnen wohnte, war mir nicht überraschend; denn dass diese Begleiter des Glaubens seien, hatte ich nie bezweifelt. Aber der Glaube lässt sich nicht geben und nehmen, und ich meinte in Ergebung abwarten zu müssen, ob er mir werden würde. Ich fühlte mich bald heimisch in jenem Kreise, und bei Moritz und seiner Frau, die mir teuer wurde wie je eine Schwester ihrem Bruder, empfand ich ein Wohlsein, wie es mir bisher fremd gewesen war, ein Familienleben, das mich mit einschloss, fast eine Heimat. – Ich wurde inzwischen von Ereignissen berührt, bei denen ich nicht handelnd beteiligt war und die ich als Geheimnisse andrer nicht mitteilen darf, die aber erschütternd auf mich wirkten. Ihr faktisches Resultat war, dass das Bewusstsein der Flachheit und des Unwertes meiner Lebensrichtung in mir lebendiger wurde als je, die gute Meinung andrer von mir mich drückte und beschämte und ich bittre Reue über mein bisheriges Dasein empfand. Durch Rat andrer wie durch eignen Trieb wurde ich darauf hingeführt, konsequenter und mit entschiedner Gefangenhaltung einstweilen des eignen Urteils in der Schrift zu lesen. Was in mir sich regte, gewann Leben, als sich bei der Nachricht von dem tödlichen Erkranken unsrer verstorbenen Freundin in Kardemin das erste inbrünstige Gebet, ohne Grübeln über die Vernünftigkeit desselben, von meinem Herzen losriss, verbunden mit schneidendem Wehgefühl über meine eigne Unwürdigkeit zu beten, und mit Tränen, wie sie mir seit den Tagen meiner Kindheit fremd gewesen waren. Gott hat mein damaliges Gebet nicht erhört, aber er hat es auch nicht verworfen, denn ich habe die Fähigkeit, ihn zu bitten, nicht wieder verloren, und fühle, wenn nicht Frieden, doch Vertrauen und Lebensmut in mir, wie ich sie sonst nicht mehr kannte. Durchdrungen von der Erkenntnis, durch mich selbst der Sünde und Verkehrtheit nicht ledig werden zu können, fühle ich mich doch in dieser Erkenntnis nicht mutlos und niedergeschlagen wie früher ohne dieselbe, weil der Zweifel an einem ewigen Leben von mir gewichen ist und weil ich Gott täglich mit bussfertigem Herzen bitten kann, mir gnädig zu sein um Seines Sohnes willen und in mir Glauben zu wecken und zu stärken. Mit diesem Gebet bin ich auch entschlossen, zum heiligen Abendmahl zu gehn, was ich seit meiner Einsegnung vermieden habe, weil es mir Lästerung oder doch Leichtfertigkeit zu sein schien, es mit den Gedanken zu nehmen, die ich damit verbinden konnte.

Welchen Wert Sie dieser erst zwei Monat alten Regung meines Herzens beilegen werden, weiss ich nicht; nur hoffe ich, soll sie, was auch über mich beschlossen sein mag, unverloren bleiben; eine Hoffnung, die ich Ihnen nicht anders habe bekräftigen können als durch unumwundene Offenheit und Treue in dem, was ich Ihnen, und sonst noch niemandem, hier vorgetragen habe, mit der Überzeugung, dass Gott es den Aufrichtigen gelingen lasse. [...]

Bräutigam und Deichhauptmann

Aus einem Brief an die Braut
                (Schönhausen, 23. Februar 1847)

Mein Engel! Ich werde zwar diesen Brief morgen noch nicht abschicken, aber ich will immer die wenigen müssigen Minuten benutzen, die mir bleiben, um dem Bedürfnis, welches ich stündlich empfinde, dem, mit Dir zu verkehren, zu genügen und Dir demnächst wieder eine Sonntagsepistel zu komponieren. Ich bin heut den ganzen Tag in Bewegung gewesen. *The Moorish king rode up and down,* leider nicht *through Granada's royal town;* sondern zwischen Havelberg und Jerichow, zu Fuss, zu Wagen und zu Pferde, und fror dabei recht tüchtig, weil ich nach dem warmen Wetter der letzten Tage mich gar nicht auf 2 Grad Kälte bei schneidendem Nordwind vorbereitet hatte und zu eilig oder zu faul war, wieder die Treppe zu ersteigen, als ich die frische Luft merkte. In der Nacht war es noch ganz leidlich gewesen und prächtiger Mondschein. Es war übrigens ein schönes Schauspiel, wenn die grossen Eisfelder sich erst mit kanonenschussartigem Krachen schwerfällig in Bewegung setzen, sich aneinander zersplittern, bäumen, unter- und übereinander schieben, sich haushoch auftürmen und mitunter Wälle quer durch die Elbe bilden, vor denen der Strom sich aufstaut, bis er sie mit

Toben durchbricht. Jetzt sind sie alle im Kampf zerbrochen, die Riesen, und das Wasser ganz dicht bedeckt mit Schollen, deren grösste einige Quadratruten halten und die es eilig mit mürrischem Klirren wie gebrochne Ketten der freien See zuträgt. Dies wird nun noch etwa 3 Tage so anhalten, bis das Eis aus Böhmen durch ist, das schon seit einigen Tagen die Dresdner Brücke passiert. (Die Gefahr liegt darin, dass die Schollen sich stopfen, einen Damm bilden und den Strom davor aufstauen, oft 10 bis 15 Fuss in wenig Stunden.) Dann folgt das Hochwasser aus den Gebirgen, welches das oft meilenbreite Bett der Elbe ausfüllt und durch seine Masse an und für sich gefährlich ist. Wie lange das währt, können wir nicht vorherbestimmen. Der jetzige Frost, verbunden mit dem stauenden Seewind, hält es jedenfalls zurück. Leicht kann es so lange dauern, dass es doch nicht der Mühe lohnt, vor dem 20. nach Reinfeld zu kommen. Wenn mir dazu 8 Tage blieben, soll ich dann doch? Oder willst Du mich dann erst nach dem 20., oder vielleicht 18., ungestört haben? Es ist wahr, Bräutigam und Deichhauptmann sind fast *incompatible;* aber wenn ich letztres nicht wäre, wüsste ich doch gar nicht, wer es sein sollte. Die Revenüen sind klein dabei und die Mühe zuzeiten gross, die Herrn der Gegend hier aber sehr interessiert und ohne Gemeingeist. Und wenn sich auch einer fände, der es des Titels halber, der hier wunderlicherweise sehr gesucht ist, täte, so gibt es doch hier, Gott verzeih mir die Sünde, keinen, der nicht entweder geschäftsuntauglich oder mattherzig wäre. Eine schöne Meinung, wirst Du denken, die ich von mir habe, dass ich allein das alles nicht bin;

aber ich behaupte bei aller mir angebornen Bescheidenheit, dass ich alle diese Fehler in geringerem Masse besitze als die andern hier im Lande, was freilich nicht viel sagen will.
[...] Ich stosse in Deinem vor mir liegenden Brief wieder auf die Selbstbeherrschung; das ist eine schöne Errungenschaft, wer etwas davon hat, aber wohl von Zwangantun zu unterscheiden. Es ist löblich und liebenswürdig, geschmacklose oder verletzende *Ausbrüche* seiner Empfindungen sich abzugewöhnen oder ihnen eine andre willkommnere Form zu geben, aber Selbstzwang, der innerlich krank macht, nenne ich es, wenn man seine Gefühle selbst in sich erstickt. Man kann im geselligen Verkehr Anwendung davon machen, wir beide unter uns aber nicht. Findet sich Unkraut im Acker unsres Herzens, so wollen wir gegenseitig bemüht sein, ihn so zu bestellen, dass sein Same nicht aufgehn kann; tut er es doch, so wollen wir es offen *ausziehn,* aber nicht unnatürlich mit Weizenstroh zudecken und verstecken; das schadet dem Korn und zerstört das Unkraut nicht. Deine Meinung war nun wohl, es allein auszuziehn, ohne mich durch den Anblick zu verletzen; aber lass uns auch darin ein Herz und ein Fleisch sein, und wenn mich Deine kleinen Disteln auch mitunter in die Finger stechen sollten, kehr Dich daran nicht und verbirg sie mir nicht. Du wirst an meinen grossen Dornen auch nicht immer Freude erleben, so grosse, dass ich sie nicht verstecken kann, und wir müssen gemeinschaftlich daran reissen, wenn auch die Hände bluten. Übrigens blühn Dornen mitunter recht hübsch, und wenn auf den Deinigen Rosen wachsen, so werden wir sie doch wohl

mitunter stehnlassen. *Le mieux est l'ennemi du bien;* sonst ein sehr wahres Sprichwort, deshalb mach Dir nicht gar zuviel Skrupel über all Dein Unkraut, welches ich noch gar nicht entdeckt habe, und lass mir wenigstens die Probe davon übrig. Mit dieser salbungsvollen Ermahnung will ich schlafen gehn, wenn es auch erst eben 10 schlug, denn vorige Nacht ist wenig davon geworden, die viele ungewohnte Körperanstrengung hat mich etwas zerschlagen; und morgen soll ich vor Tage wieder zu Pferde. Sehr sehr müde bin ich wie ein Kind.

Den 24. Vormittag. Über Nacht ist das Wasser hier wunderbarerweise gar nicht gewachsen; es muss daher oberhalb eine Eisstopfung und Stau entstanden sein, dass es nicht herunter kann; ich bin etwas in Zorn, dass ich darüber keine Nachricht habe, und will mich besänftigen, indem ich meine Gedanken zu Dir lenke, *angela.* Es ist wieder recht kalt und windig, namentlich beim Reiten. Alle halbe Meile, die ganze Elbe entlang, steht ein Pikett von 4 Reitern, damit ich überall Boten zur Disposition finde und die Nachrichten und Befehle so schnell wie möglich befördert werden, und doch bleiben mir seit Mitternacht die Rapporte von oben aus; es ist eine unglaubliche Liederlichkeit, aber in einigen Stunden werde ich wissen, wo sie steckt, *et j'y mettrai bon ordre.* – Armes Herz, langweile ich Dich mit Wassergeschäften, und Du willst gewiss ganz andre Dinge lesen. Dafür will ich Dir auch sagen, dass Senfft mir schreibt: «Ihnen ist ein kluges, braves und frommes Mädchen zuteil geworden, und das ist viel.» Da siehst Du doch, wie gescheute Leute von Dir denken. Was findet er nun «viel» dabei? Dass ein Mädchen klug, brav und fromm ist oder dass mir eine von der Art zuteil geworden ist? Mir ist irgendwo ein Vers im Gedächtnis geblieben, den ich für ausgezeichnet lügenhaft halte: «Aus Falsch, List, Trug und Eitelkeit spann die Natur mit äusserst zarten Fädchen ein Flatterding, man nennt es – Mädchen.» Johanna, ist da wohl eine Spur von Wahrheit drin, und kann jemand, der die Welt kennt wie Senfft, möglicherweise ähnliche Ansichten hegen über das Paradestück der Schöpfung? Nein, er findet es viel, dass mir Bösewicht ein so unverdientes Glück geworden ist, und darin hat er recht. Wenn Du jetzt auch bescheiden gegen diese Auslegung protestieren solltest, so wird der Augenblick kommen, wo Du dem beistimmst; halb Scherz, halb Ernst, ich glaub' es; indessen er wird auch vorübergehn, dieser Augenblick. Mir aber bleibt die Überzeugung, dass dem so ist, wie S. sagt. – Eben kam ein altes krankes Weib aus dem Dorf und bettelte, und ich wies sie mit Härte ab, weil ihre einzige Tochter mit Einbruch 100 Rthlr. gestohlen hat und sitzt, obgleich sie ebenso dumm wie frech leugnet, und ich glaube, dass die Mutter darum wusste. Das war wohl unbarmherzig von mir. Richtet nicht, so werdet ihr nicht gerichtet. Aber man wird so viel düpiert mit Betteleien, und es sind so viele unverschuldet in Not. Ich will mich indes doch noch näher nach ihren Umständen erkundigen und mich nicht in Gottes Vergeltungsamt mischen. –

Abend. Heut war der Geburtstag meiner verstorbnen Mutter. Wie deutlich schwebt es mir vor, als meine Eltern in Berlin am Opernplatz wohnten, dicht neben der katholischen Kirche, wenn ich des Morgens durch den Jäger aus der Pension geholt wurde, das Zimmer meiner Mutter mit Maiblumen, die sie vorzüglich liebte, mit geschenkten Kleidern, Büchern und interessanten Nips garniert fand; dann ein grosses *dîner* mit viel jungen Offizieren, die jetzt alte Majors sind, und schlemmenden alten Herrn mit Ordensternen, die von den Würmern verzehrt sind. Und wenn man mich als gesättigt vom Tisch geschickt hatte, so nahm mich die Kammerjungfer in Empfang, um mir mit beiseite gebrachtem Kaviar, Baisers u. dergl. den Magen gründlich zu verderben. Was stahlen doch alle diese Domestiken. Meine Mutter war eine schöne Frau, die äussre Pracht liebte, von hellem lebhaftem Verstande, aber wenig von dem, was der Berliner Gemüt nennt. Sie wollte, dass ich viel lernen und viel werden sollte, und es schien mir oft, dass sie hart, kalt gegen mich sei. Was eine Mutter dem Kind wert ist, lernt man erst, wenn es zu spät, wenn sie tot ist; die mittelmässigste Mutterliebe, mit allen Beimischungen mütterlicher Selbstsucht, ist doch ein Riese gegen alle kindliche Liebe. Meinen Vater liebte ich wirklich, und wenn ich nicht bei ihm war, fasste ich Vorsätze, die wenig standhielten; denn wie oft habe ich seine wirklich masslose uninteressierte gutmütige Zärtlichkeit für mich mit Kälte und Verdrossenheit gelohnt. Und doch kann ich die Behauptung nicht zurücknehmen, dass ich ihm gut war im Grunde meiner Seele. – Über Glaubenssachen habe ich mit meinem Vater nie gesprochen; sein Glaube war wohl nicht der christliche; er vertraute so auf Gottes Liebe und Barmherzigkeit, dass ihm alles andre als dieses Vertrauen überflüssig schien. Von der Religion meiner Mutter erinnre ich nur, dass sie viel in den «Stunden der Andacht» las, über meine pantheistische Richtung und meinen gänzlichen Unglauben an Bibel und Christentum oft erschrocken und zornig war. Zur Kirche ging sie nicht und hielt viel von Swedenborg, der Seherin von Prevorst und Mesmerschen Theorien, Schubert, Justinus Kerner. Eine Schwärmerei, die in seltsamem Widerspruch zu ihrer sonstigen kalten Verstandesklarheit stand. Christlich, in dem Sinne, wie wir es verstehn, war, soviel ich weiss, auch ihr Glaube nicht. Weisst Du, was ein friesischer Häuptling bei seiner Taufe sagte? Er fragte den Geistlichen, ob seine ungläubigen Vorfahren denn wegen dieses Unglaubens in der Verdammnis seien; auf die bejahende Antwort weigerte er sich, sich taufen zu lassen, denn wo sein Vater sei, wolle er auch bleiben. Ich führe das nur so historisch an, ohne es auf mich anzuwenden. Es knüpfen sich viele trostlose Gedanken, ich will nicht sagen Zweifel, daran. Zwei werden an Einer Mühle mahlen, der eine wird angenommen, der andre wird verworfen werden. Wenn Gott es so will, so ist kein Murren dabei, aber, doch das Aber mündlich bei Gelegenheit. [...]

Für den christlichen Staat

Rede im Vereinigten Landtag

(15. Juni 1847)

Wenn ich heute diese Stelle betrete, so geschieht es mit grösserer Befangenheit als sonst, da ich fühle, dass ich durch das, was ich sagen werde, einigen nicht ganz schmeichelhaften Äusserungen gestriger Redner gewissermassen in den Wurf laufe. Ich muss öffentlich bekennen, dass ich einer Richtung angehöre, die der geehrte Abgeordnete von Krefeld gestern als finster und mittelalterlich bezeichnete, derjenigen Richtung, welche es nochmals wagt, der freieren Entwicklung des Christentums, wie sie der Abgeordnete von Krefeld für die einzig wahre hält, entgegenzutreten. Ich kann ferner nicht leugnen, dass ich jenem grossen Haufen angehöre, welcher, wie der geehrte Abgeordnete aus Posen bemerkte, dem intelligenteren Teile der Nation gegenübersteht und diesem intelligenteren Teile in, wenn mein Gedächtnis mich nicht täuscht, ziemlich geringschätzender Weise entgegengesetzt wurde, dem grossen Haufen, welcher noch an Vorurteilen klebt, die er mit der Muttermilch eingesogen hat, dem Haufen, welchem ein Christentum, das über dem Staate steht, zu hoch ist. Wenn ich mich in der Schusslinie so scharfer Vorwürfe ohne Murren befinde, so glaube auch ich die Nachsicht der hohen Versammlung in Anspruch nehmen zu dürfen, wenn ich mit derselben Offenheit, welche die Äusserungen meiner Gegner charakterisiert, bekenne, dass es mir gestern in manchen Augenblicken von Zerstreutheit nicht ganz gegenwärtig blieb, ob ich mich in einer Versammlung befände, für deren Mitglieder das Gesetz hinsichtlich der Wählbarkeit die Bedingung der Gemeinschaft mit einer der christlichen Kirchen aufstellt. Ich gehe zur Sache selbst über. Die meisten Redner haben über das vorliegende Gesetz sich weniger ausgesprochen als über die Emanzipation im allgemeinen. Ich folge diesem Wege. Ich bin kein Feind der Juden, und wenn sie meine Feinde sein sollten, so vergebe ich ihnen. Ich liebe sie sogar unter Umständen. Ich gönne ihnen auch alle Rechte, nur nicht das, in einem christlichen Staate ein obrigkeitliches Amt zu bekleiden. Über den Begriff eines christlichen Staates haben wir von dem Herrn Minister des Schatzes und von einem andern Herrn auf der Ministerbank Worte gehört, die ich fast ganz unterschreibe; dagegen haben wir auch gestern gehört, dass der christliche Staat eine müssige Fiktion, eine Erfindung neuerer Staatsphilosophen sei. Ich bin der Meinung, dass der Begriff des christlichen Staates so alt sei wie das *ci-devant* Heilige Römische Reich, so alt wie sämtliche europäische Staaten, dass er gerade der Boden sei, in welchem diese Staaten Wurzel geschlagen haben, dass jeder Staat, wenn er seine Dauer gesichert sehen, wenn er die Berechtigung zur Existenz nur nachweisen will, sobald sie bestritten wird, auf religiöser Grundlage sich befinden muss. Für mich sind die Worte:

«Von Gottes Gnaden», welche christliche Herrscher ihrem Namen beifügen, kein leerer Schall, sondern ich sehe darin das Bekenntnis, dass die Fürsten das Zepter, welches ihnen Gott verliehen hat, nach Gottes Willen auf Erden führen wollen. Als Gottes Willen kann ich aber nur erkennen, was in den christlichen Evangelien offenbart worden ist, und ich glaube in meinem Rechte zu sein, wenn ich einen solchen Staat einen christlichen nenne, welcher sich die Aufgabe gestellt hat, die Lehre des Christentums zu realisieren, zu verwirklichen. Dass dies unserm Staate nicht in allen Beziehungen gelingt, hat gestern der geehrte Abgeordnete aus der Grafschaft Mark in einer mehr scharfsinnigen als meinem religiösen Gefühle wohltuenden Parallele zwischen den Wahrheiten des Evangeliums und den Paragraphen des Landrechts dargetan. Wenn indes auch die Lösung nicht immer gelingt, so glaube ich doch, die Realisierung der christlichen Lehre sei der Zweck des Staates; dass wir aber mit Hilfe der Juden diesem Zwecke näherkommen sollten als bisher, kann ich nicht glauben. Erkennt man die religiöse Grundlage des Staates überhaupt an, so glaube ich, kann diese Grundlage bei uns nur das Christentum sein. Entziehen wir diese Grundlage dem Staate, so behalten wir als Staat nichts als ein zufälliges Aggregat von Rechten, eine Art Bollwerk gegen den Krieg aller gegen alle, welchen Satz die ältere Philosophie aufgestellt hat. Seine Gesetzgebung wird sich dann nicht mehr aus dem Urquell der ewigen Wahrheit regenerieren, sondern aus den vagen und wandelbaren Begriffen von Humanität, wie sie sich gerade in den Köpfen derjenigen, welche an der Spitze stehen, gestalten. Wie man in solchen Staaten den Ideen z. B. der Kommunisten über die Immoralität des Eigentums, über den hohen sittlichen Wert des Diebstahls als eines Versuchs, die angeborenen Rechte der Menschen herzustellen, das Recht, sich geltend zu machen, bestreiten will, wenn sie die Kraft dazu in sich fühlen, ist mir nicht klar; denn auch diese Ideen werden von den Trägern für human gehalten, und zwar als die rechte Blüte der Humanität angesehen. Deshalb, meine Herren, schmälern wir dem Volke nicht sein Christentum, indem wir ihm zeigen, dass es für seine Gesetzgeber nicht erforderlich sei; nehmen wir ihm nicht den Glauben, dass unsere Gesetzgebung aus der Quelle des Christentums schöpfe und dass der Staat die Realisierung des Christentums bezwecke, wenn er auch diesen Zweck nicht immer erreicht! Ich gehe von der Theorie der Frage auf einige praktische Momente über. In den Landesteilen, wo das Edikt von 1812 gilt, fehlen den Juden, soviel ich mich erinnere, keine anderen Rechte als dasjenige, obrigkeitliche Ämter zu bekleiden. Dieses nehmen sie nun in Anspruch, sie verlangen, Landräte, Generäle, Minister, ja unter Umständen auch Kultusminister zu werden. Ich gestehe ein, dass ich voller Vorurteile stecke, ich habe sie, wie gesagt, mit der Muttermilch eingesogen, und es will mir nicht gelingen, sie wegzudisputieren; denn wenn ich mir als Repräsentanten der geheiligten Majestät des Königs gegenüber einen Juden denke, dem ich gehorchen soll, so muss ich bekennen, dass ich mich tief niedergedrückt und gebeugt fühlen würde, dass mich die Freudigkeit und das aufrechte Ehrgefühl verlassen würden, mit welchen ich jetzt meine Pflichten gegen den Staat zu erfüllen bemüht bin. Ich teile diese Empfindung mit der Masse der niederen Schichten des Volkes und schäme mich dieser Gesellschaft nicht. Warum es den Juden nicht gelungen ist, in vielen Jahrhunderten sich die Sympathie der Bevölkerung in höherem Grade zu verschaffen, das will ich nicht genau untersuchen; ein geehrter Redner aus der Grafschaft Mark hat die Gründe schärfer herausgestellt, als ich sie hier wiederholen möchte. Nur eins ist mir nicht klargeworden, nämlich wie der geehrte Redner diejenigen Leute, die er, wenn ich richtig verstand, als zu schlecht für seinen Umgang bezeichnete, zu seinen vorgesetzten Beamten, selbst zu Ministern haben möchte, wenn er es nicht braucht. Der geehrte Redner sprach die Überzeugung aus, dass die Juden, seien sie auch jetzt, was sie wollten, sich ändern könnten und würden, und führte zum Beweise dessen an, was sie früher gewesen seien. Darauf muss ich erwidern, dass wir es nicht mit den Makkabäern der Vorzeit, noch mit den Juden der Zukunft zu tun haben, sondern mit den Juden der Gegenwart, wie sie jetzt sind. Darüber, wie sie jetzt sind, will ich mir in Bausch und Bogen kein Urteil erlauben. Ich gestehe zu, dass in Berlin und überhaupt in grösseren Städten die Judenschaft fast durchaus aus achtenswerten Leuten besteht: ich gebe zu, dass solche auf dem Lande nicht bloss zu den Ausnahmen gehören, obgleich ich sagen muss, dass der entgegengesetzte Fall vorkomme. Wir haben gestern von der Mildtätigkeit der Juden zur Unterstützung ihrer Sache gehört. Nun, Beispiel gegen Beispiel – ich will ein anderes geben, ein Beispiel, in welchem eine ganze Geschichte der Verhältnisse zwischen Juden und Christen liegt. Ich kenne eine Gegend, wo die jüdische Bevölkerung auf dem Lande zahlreich ist, wo es Bauern gibt, die nichts ihr Eigentum nennen auf ihrem ganzen Grundstück; von dem Bette bis zur Ofengabel gehört alles Mobiliar dem Juden, das Vieh im Stall gehört dem Juden, und der Bauer zahlt für jedes einzelne seine tägliche Miete; das Korn auf dem Felde und in der Scheune gehört dem Juden, und der Jude verkauft dem Bauer das Brot-, Saat- und Futterkorn metzenweis. Von einem ähnlichen Wucher habe ich, wenigstens in meiner Praxis, noch nie gehört! Man führt zur Entschuldigung dieser Fehler an, dass sie aus den gedrückten Verhältnissen der Juden notwendig hervorgehen müssten. Wenn ich mir die Reden von gestern vergegenwärtige, so möchte ich glauben, dass wir in der Zeit der Judenhetzen lebten, dass sich jeder Jude täglich alles das müsse gefallen lassen, was der ehrliche Shylock erdulden wollte, wenn er nur reich würde. Aber davon sehe ich nirgends etwas, sondern ich sehe nur, wie gesagt, dass der Jude nicht Beamter werden kann, und nun ist mir doch das eine starke Schlussfolge, dass, weil jemand nicht Beamter werden kann, er ein Wucherer werden müsse. Einer der Abgeordneten der pommerschen Ritterschaft ist so weit gegangen, zu behaupten, dass die Juden von jeder edleren Beschäftigung, mit Ausnahme des Handels, ausgeschlossen seien. Das einzige aber, wovon sie ausgeschlossen sind, ist der Hafen der Bureaukratie, und ich appelliere an den geehrten Redner selbst, ob er in seiner Behauptung nicht zu weit geht, indem darin liegt, dass nur das Beamtentum und der Handel edle Beschäftigungen sein sollen. Einem andern Redner der schlesischen Ritterschaft möchte ich mich für die Folge seiner Rede eher anschliessen, wenn er nur den Schluss seiner Rede als integrierenden Teil derselben stets beibehalten will. Er will die Juden emanzipieren, wenn sie selbst die Schranken niederreissen, die sie von uns trennen. Die hohe Versammlung hat sich gestern einige Anekdoten vorlesen lassen, sie wird also auch mir gestatten, eine zu erzählen, durch welche ich darzutun suche, wie wenig Juden geneigt sind, von der Starrheit ihrer Gebräuche zu lassen.

Ein jüdischer Gelehrter von hohem Ansehen, den ich nicht nennen will, den ich aber privatim jedem der Anwesenden nennen werde, der es zu wissen verlangt, den viele von uns kennen und der in einer der grössten Städte des Staates wohl angesehen ist, hält so fest an den alten Satzungen, dass er es nicht wagte, am Sabbat etwas zu tragen, nicht einmal ein Schnupftuch in der Tasche. Dieser Mangel war für ihn mit Unbequemlichkeiten verknüpft, gegen die er in den rabbinischen Büchern nun folgenden Ausweg fand. Ich erzähle, wie es mir ein Jude selbst mitgeteilt hat. Es soll erlaubt sein, etwas zu tragen am Sabbat an einem Orte, der dem Träger persönlich gehört. Ferner stellt eine andere rabbinische Lehre, wie ich gehört habe, den Grundsatz auf, dass ein Beamter des Königs denselben so weit vertrete, dass Veräusserungen von königlichem Eigentum, welche ein solcher Beamter vornimmt, Gültigkeit haben. Der gedachte Gelehrte liess sich also einen Unterbeamten der Polizei kommen, kaufte von diesem für einen Taler im Scheinkauf die Wohnung des Beamten mit allen Umgebungen derselben, auf welche sich das Dispositionsrecht des Beamten etwa erstrecken könne, also die ganze Stadt des Königs, und seitdem trägt er sein Schnupftuch mit gutem Gewissen in der Tasche. Wenn nun dieses am grünen Holze geschieht, von einem ausgezeichneten Gelehrten, von einem verständigen, in der Welt lebenden Manne, so frage ich, was haben wir von der grossen Masse, der polnischen Juden gar nicht zu gedenken, in dieser Beziehung zu erwarten? Ich für meine Person werde mein Votum gegen den uns vorliegenden Gesetzentwurf geben, weil ich von der Korporierung von Leuten, die keine Korporation bilden wollen, keinen Vorteil erwarten kann, weil eine Korporation, wenn die ganze Korporierung von den Beteiligten mit Vorurteil und Abneigung aufgenommen wird, ein totgeborenes Kind bleibt. Ich für meine Person würde für die Ausdehnung des Gesetzes von 1812 auf sämtliche Provinzen stimmen, vielmehr mit einem Vorbehalt, in Beziehung auf Posen diejenigen exzeptionellen Bestimmungen zu treffen, die der Grad der Sittlichkeit vieler dortigen Juden in bezug auf Eigentum notwendig machen könnte. Ausserdem, wenn der Zustand der polnischen Juden wesentlich verändert würde, so könnte dies eine bedeutende Attraktionskraft auf Millionen russischer Juden ausüben, die in Russland, meines Erachtens, sich nicht mehr heimisch fühlen können. Ob aber eine Übersiedlung derselben wünschenswert ist, überlasse ich denen zu beurteilen, welche das Glück gehabt haben, russische Juden *en masse* kennenzulernen. Ich glaube auch, dass die in Posen ansässigen Juden, auch wenn es ihnen erlaubt wird, nicht in bedeutenden Massen nach den deutschen Provinzen auswandern werden, weil die vergleichsweise – ich möchte nicht gern einen Ausdruck wählen, der verletzen könnte – Sorglosigkeit des polnischen Charakters in Beziehung auf zeitliche Güter den Juden aus Polen stets ein Eldorado gemacht hat. Ich glaube, dass das Gesetz von 1812 auch den Juden willkommen sein wird, ich muss sogar annehmen, nach dem, was ich hier von der Tribüne öfter gehört habe, dass gerade dieses Gesetz zu denen gehört, welche die damaligen Juden zur Teilnahme an dem vaterländischen Kampfe begeistert haben; auch von dem jungen Manne von neunzehn Jahren, von dem gestern erzählt wurde, glaube ich dies annehmen zu können. Ich erwähne diesen hauptsächlich deshalb, weil mir eine Äusserung, welche der verehrte Redner, der diese Erzählung vortrug, gestern machte, schmerzlich war und mit den vaterländischen Gefühlen, welche ihn gewöhnlich beleben, nicht im Einklang zu stehen scheint. Er sagte, es wäre schon genug, wenn schon ein einziges Menschenleben vergebens geblutet hätte. Nun kann ich nicht glauben, dass ein Blut vergebens geflossen ist, welches für die deutsche Freiheit floss, und bisher steht die Freiheit Deutschlands nicht so niedrig im Preise, dass es nicht der Mühe lohnte, dafür zu sterben, auch wenn man keine Emanzipation der Juden damit erreicht. Ferner haben mehrere Redner wieder auf das nachahmungswerte Beispiel von England und Frankreich verwiesen. Diese Frage hat dort weniger Wichtigkeit, weil die Juden nicht so zahlreich sind wie hier. Ich möchte aber den Herren, die so gern ihre Ideale jenseits der Vogesen suchen, eins zur Richtschnur empfehlen, was den Engländer und Franzosen auszeichnet: das ist das stolze Gefühl der Nationalehre, welches sich nicht so leicht und so häufig dazu hergibt, nachahmungswerte und bewunderte Vorbilder im Auslande zu suchen, wie es hier bei uns geschieht! *(Bravoruf)*

Gegen den deutschen Schwindel

Aus einem Gespräch mit Hermann Wagener
(9. Juni 1848)

Herr von Bismarck ist mir sehr freundlich entgegengekommen. Derselbe ist ein entschiedener Gegner des deutschen Schwindels in allen Fassons. «Was uns gehalten hat», sagte er, «war das spezifische Preussentum, die alten preussischen Tugenden: Ehre, Treue, Gehorsam und Tapferkeit, welche die Armee, diesen besten Repräsentanten des Volkes, von dem Knochenbau, dem Offizierkorps, ausgehend bis zum jüngsten Rekruten, beseelen. Preussen sind wir und Preussen wollen wir bleiben, wenn dies Stück Papier vergessen sein wird wie ein dürres Herbstblatt. Wir wollen das preussische Königstum nicht verschwommen sehen in der fauligen Gärung süddeutscher Gemütlichkeit.» Diese Unterredung war für mich ein Labetrunk aus einem frischen Quell. Freilich ist Herr von Bismarck darüber nicht im unklaren, dass uns die nächste Zukunft nichts als Enttäuschungen bringen wird. «Wenn man selbst nicht weiss, was man will, so muss man fremden Zwecken dienen, und wenn man nicht entschlossen ist, ein Märtyrer seiner Sache zu werden, so lasse man die Hand lieber davon.»

Gegen die Zivilehe

Aus einer Rede in der Preussischen Zweiten Kammer
(15. November 1849)

[...] Ich muss mich entschieden gegen die ministerielle Auffassung und gegen das Amendement des Abgeordneten Evelt aussprechen, indem ich in demselben nach den Äusserungen, die gefallen sind, nur die Absicht erblicken kann, die Zivilehe, wenn man vor der augenblicklichen Aufregung gegen die letztere zurückschreckt, allmählich einzuführen und uns diesen sprachlichen und materiellen Gallizismus stückweise beizubringen. Schon die grosse Anzahl der Petitionen, die gegen Artikel 16 eingegangen sind, zeigen uns, dass wir zu einem Artikel gelangt sind, der unmittelbar und schärfer in das praktische Leben einschneidet als die meisten Vorlagen, welche uns in den letzten Tagen beschäftigt haben, von denen ein Teil so allgemeiner Natur war, dass er von einer Seite her als Phrase bezeichnet worden war, und zwar von einer Seite her, die ich denn doch darauf aufmerksam machen möchte, dass gerade die Phrase den schönsten Schmuck einer konstitutionellen Verfassung abgibt, dem Schleier vor dem Bilde von Sais vergleichbar; zerreissen Sie ihn ganz, so werden Sie den Augen gar mancher, die in die tieferen Geheimnisse des Konstitutionalismus noch nicht eingeweiht sind, zeigen, dass das Idol, welches wir in diesen Räumen verehren, nicht ganz das war, welches sie hinter dem Schleier zu finden hofften. Auch den Artikel 11, in welchem Sie die vollständige Freiheit des religiösen Bekenntnisses gewährleistet haben, machen Sie, meines Erachtens, zur Phrase, wenn Sie von den Bekennern der christlichen und *in specie* der evangelischen Kirche verlangen, dass sie sich erst den Erfordernissen Ihrer konstitutionellen Glaubensartikel unterwerfen sollen, ehe Sie ihnen gestatten, den Segen der Kirche, durch den allein die Gültigkeit der Ehe bei uns bedingt wird, zu empfangen. *(Bravo!)*

Sie haben den christlichen Religionsgesellschaften dieselbe konstitutionelle Berechtigung auf Grund des allgemeinen Vereinigungsrechtes verliehen wie den demokratischen Klubs, und das ist viel heutzutage. Sie schmälern diese Gleichheit aber zum Nachteil der Religionsgesellschaften, wenn Sie die Erlaubnis zu der feierlichen Handlung, welche bisher den Bund der Ehe bei uns einsegnet und die Gültigkeit desselben bedingt, abhängig machen von dem gerichtlichen Akt eines Dorfschreibers, in dessen Hände die Braut in Zukunft ihr Treuegelöbnis niederzulegen hat. Sie gestatten freilich denjenigen, die sich persönlich dazu gedrungen fühlen, sich nachträglich auch kirchlich trauen zu lassen. Sie gestatten der Kirche, die Schleppenträgerin der subalternen Bürokratie zu werden; Sie gestatten dem Pfarrer, das verheiratete Paar vor dem Altar erscheinen zu lassen und den verheirateten Mann zu fragen, ob er seine ihm gesetzlich bereits angetraute Frau zur Frau nehmen will oder nicht, eine Frage, die er mit «Nein» gesetzlich nicht mehr beantworten kann. *(Bravo!)*

Ich glaube, dass sich nicht alle Geistlichen im Lande dazu hergeben würden, die bisher heilig gehaltene Zeremonie der kirchlichen Trauung auf diese Weise zur leeren Förmlichkeit herabzuwürdigen. Wollen Sie aber dieser Zeremonie den Charakter leerer Förmlichkeit nehmen, so müssen Sie im Namen der Religionsfreiheit die evangelische Kirche nötigen, ihr bisheriges Trauungsritual zu ändern. Die Zivilehe ist in einer wesentlich anderen Lage in denjenigen Ländern, wo, wie z. B. in Holland oder Schottland, sie sich durch Gewohnheit im Besitz befindet, oder in denen, wo, wie in dem Napoleonischen Frankreich und in dem Zubehör desselben, welches uns hier als Muster aufgestellt worden ist, die Zivilehe infolge einer Gesetzgebung eingeführt worden ist, welche in religiöser Beziehung *tabula rasa,* eine völlige Leere und Zerfahrenheit vorfand, also auch kein entgegenstehendes Gefühl dabei verletzen konnte. Anders ist es bei uns. Bei uns tritt die Zivilehe der kirchlichen Trauung feindselig und gewissermassen erobernd in dem Bewusstsein des Volkes gegenüber. Indem Sie die Zivilehe einführen, ordnen Sie an, dass der kirchliche Segen, der bisher die Gültigkeit der Ehe allein vollständig bewirkte, als unnützes Zubehör beiseite geschoben werden soll; Sie verordnen, dass der Pfarrer dem Schreiber, der Altar dem Polizeibüro Platz machen soll. Wie tief Sie damit in die religiöse Anschauung, in die Gefühle des Volkes eingreifen, das bestätigen Ihnen die Petitionen nicht nur ihrer Anzahl nach, sondern auch ihrer Ausdrucksweise nach. Es sind mir heute noch einige achtzig Petitionen in bezug auf diesen Gegenstand zugegangen aus dem Kreise Grüneberg, aus dem Warthebruch, aus Pasewalk und aus dem Sternberger Kreise. Die Ausdrucksweise in diesen Petitionen ist eine von der Ausdrucksweise der Petitionen, die gegen sonstige Artikel der Verfassung gerichtet waren, sehr abweichende. Die Worte des Befremdens, der tiefsten Entrüstung, der Erbitterung sind das wesentliche Ingrediens dieser Petitionen, welche ich mir erlaube auf den Tisch des Hauses niederzulegen. Ich glaube nicht, dass es Aufgabe der Gesetzgebung sein kann, das, was dem Volke heilig ist, zu ignorieren. Ich glaube im Gegenteil, dass, wenn die Gesetzgebung das Volk lehren und leiten will, es ihre Aufgabe ist, dahin zu wirken, dass das Volksleben sich in allen Verhältnissen fest auf den Stab des Glaubens an die Segnungen der Religion stütze, nicht aber diesen Stab da, wo er vorhanden ist, als ein unnützes Zubehör von Obrigkeits wegen verwerfe, und so die Achtung vor der Kirche und den religiösen Einrichtungen da, wo sie tiefe Wurzeln in dem Volksleben geschlagen hat, untergrabe, und dies in einer Zeit, die uns mit blutiger Schrift gelehrt hat, dass da, wo es den Freigeistern, die sich gebildet nennen, gelungen ist, ihre Gleichgültigkeit gegen jedes positive Bekenntnis den grossen Massen insoweit mitzuteilen, dass bei ihnen von dem Christentum als schaler Bodensatz nur eine zweideutige Moralphilosophie übriggeblieben ist, dass da nur das blanke Bajonett zwischen den verbrecherischen Leidenschaften und dem friedlichen Bürger steht, dass da der Krieg aller gegen alle keine Fiktion ist. Haben Sie dem Menschen den geoffenbarten Unterschied zwischen Gut und Böse, den Glauben daran genommen, so können Sie ihm zwar beweisen, dass Raub und Mord durch die Gesetze, welche die Besitzenden zum Schutze ihres Eigentums und ihrer Person gemacht haben, mit schweren Strafen bedroht werden, aber Sie werden ihm nimmermehr beweisen, dass irgendeine Handlung an und für sich gut oder böse sei. Ich habe in dieser Zeit manchen Lichtfreund zu der schnöden Erkenntnis kommen sehen, dass ein gewisser Grad von positivem Christentum dem gemeinen Mann nötig sei, wenn er nicht der menschlichen Gesellschaft gefährlich werden soll. Solange diese unklaren Bekenner der Humanitätsreligion nicht zu der Überzeugung gelangt sind, dass ihnen selbst dieser «gewisse Grad» am allernötigsten sei, so lange kann ich mich nicht des traurigen Gedankens erwehren, dass es uns noch lange nicht schlecht genug gegangen ist.

Der Herr Minister der geistlichen Angelegenheiten hat, soviel ich mich seiner Äusserungen in dieser Kammer erinnere, zur Unterstützung des Wunsches, die Zivilehe beizubehalten oder resp. allmählich einzuführen, lediglich das Bedenken angeführt, dass, wenn die Geistlichen nicht mehr als Staatsdiener dem Staate vereidigt würden, der Staat nicht mehr die hinreichende Garantie besitze, dass die Förmlichkeiten, welche die gesetzliche Gültigkeit der Ehe bedingen, auch überall werden beobachtet werden. Mir scheint dieser Grund nicht durchgreifend zu sein. Die Geistlichen werden, wenn sie auch einen Eid als Staatsdiener nicht mehr leisten sollten, stets den Eid als Diener ihrer

Kirche zu leisten haben. Dieser Eid würde, wenn es notwendig sein sollte, durch den Einfluss des Staates, der ihm auf jede Gemeinschaft, also auch auf die kirchliche, zustehend bleiben muss und immer bleiben wird, so normiert werden können, dass der Staat für die fernere Beobachtung der kirchlichen Förmlichkeiten, welche bisher zur Gültigkeit der Ehen erforderlich waren, dieselbe Garantie hat, welche er durch den direkten Diensteid erlangen könnte. Ich möchte ferner darauf hinweisen, dass die Zivilstandsbeamten auch nicht immer unfehlbar sind. Es ist mir in jüngster Zeit von guter Hand ein Fall aus Belgien mitgeteilt worden, der sich auf die Gewohnheit der dortigen Zivilstandsbeamten stützt. Die Zivilstandsregister, welche erst durch die eigene Unterschrift des Beamten selbst, nicht aber durch die seines Sekretärs die gesetzliche Gültigkeit erlangen, sind nicht nach dem Eintragen einer jeden Ehe, sondern erst nach einem gewissen Zeitraume, wie es ihnen gerade beliebt, zu unterschreiben. Ein solcher Zivilstandsbeamter hatte dieses beinahe ein Jahr lang unterlassen, er war plötzlich gestorben, und es waren infolgedessen alle von ihm in diesem Zeitraum geschlossenen bürgerlichen Ehen formell ungültig. Wenn ich nicht irre, hatte sogar der Stifter der Zivilehe in Frankreich, Napoleon, es lediglich dem Versehen eines Zivilstandsbeamten zu verdanken, dass er seine Ehe mit der Kaiserin Josephine auflösen konnte.

Dass die Lösung der schwierigen Frage der gemischten Ehen zwischen Katholiken und Protestanten durch Einführung der Zivilehe wesentlich erleichtert würde, kann ich mir einerseits darum nicht denken, weil gerade in der Rheinprovinz, wo doch die Zivilehen bestehen, diese Streitigkeiten wegen der gemischten Ehen fast bis zur Flamme ausgebrochen sind, während sie in anderen Provinzen viel weniger lebhaft waren, wenngleich gerade in Schlesien bei einer grösseren konfessionellen Mischung die gemischten Ehen viel häufiger sein müssen. Andererseits würde diesem Übelstande durch eine ausnahmsweise Gestattung der Zivilehe für Fälle, wo auch der protestantische Geistliche sich weigern sollte, die Trauung zu vollziehen, abgeholfen werden können. Als ein wirkliches Bedürfnis kann ich die Zivilehe nur bei den Reformjuden anerkennen.

Für einen wahren Juden wird die Ehe mit einer Christin ebensogut eine sittliche Unmöglichkeit sein wie umgekehrt; wollen aber diejenigen Juden, welche nicht mehr Juden sind, sondern sich fälschlicherweise Juden nennen, mit denjenigen Christinnen, welche sich fälschlich Christinnen nennen, *civiliter* sich zusammentun lassen, so mag man ihnen diese Ausnahme gestatten. Aber wunderbar finde ich es doch, wegen dieser wenigen Renegaten einer Bevölkerung von Millionen, die dem Glauben ihrer Väter treu geblieben sind, einen solchen unerhörten Zwang auferlegen zu wollen. *(Bravo!)*

Ich kann in der Tat einen Grund dafür, dass auch selbst viele unter uns dieser Knechtung im Namen der Freiheit das Wort reden, kaum anderswo finden, als wiederum in der viel gerügten Nachbeterei fremder Zustände. In den konstitutionellen Musterstaaten, in Frankreich und Belgien, besteht die Zivilehe beiläufig neben der Verfassung; da könnte sich vielmehr mancher unter uns wieder schämen, ein Preusse zu sein, solange wir nicht auch die Zivilehe haben *(Bravo! rechts, Zischen links)*, denn das Ausländische hat immer einen gewissen vornehmen Anstrich für uns. Es scheint einmal zur Vollständigkeit des Systems zu gehören, dessen höchste politische Weisheit sich darin dokumentiert, dass die Entscheidung unserer Lebensfragen davon abhängig gemacht wird, ob von 153 Menschen, die aus den Zufällen der Wahlen hervorgegangen sind, einer an einem bestimmten Tage an Rheumatismus leidet oder einen Termin abhalten muss. Es scheint zur Vervollständigung dieses Systems auch die Zivilehe zu gehören, sie mag nun die Gefühle des Volkes verletzen oder nicht. Man wäre versucht, diesem System eine heitere Seite abzugewinnen, wenn es nicht gerade unser Vaterland wäre, welches diesen Experimenten französischer Charlatanerien unterbreitet wird. Man hat uns im Laufe der Diskussion von dieser Stelle gesagt, dass Europa uns für ein Volk von Denkern halte. Meine Herren! Das war früher! *(Heiterkeit)*

Die Volksvertretungen der letzten zwei Jahre haben uns um diesen Ruf gebracht, sie haben dem enttäuschten Europa nur Übersetzer französischer Makulatur, aber keine Selbstdenker gezeigt. Es kann sein, dass, wenn auch die Zivilehe sich Ihrer Majorität erfreut, dies dahin führen wird, dass das Volk aufgeklärt wird über den Schwindel, dessen Beute es ist; dass ihm die Augen aufgehen, wenn ihm eines seiner alten christlichen Grundrechte nach dem anderen genommen wird, das Recht, von christlichen Obrigkeiten regiert zu werden, das Recht, seinen Kindern in Schulen, deren Besuch und Unterhaltung Zwangspflicht für christliche Eltern ist, eine christliche Erziehung gesichert zu wissen, das Recht, sich auf die Weise christlich zu verehelichen, welche sein Glaube von jedem fordert, ohne von konstitutionellen Zeremonien abhängig zu sein.

Fahren wir auf diesem Wege so fort, machen wir den Artikel 11, die Gewährleistung eines jeglichen Kultus, insoweit zur Wahrheit, dass wir auch den Kultus derjenigen demokratischen Schwärmer, die in den jüngsten Versammlungen ihren Märtyrer Robert Blum auf gleiche Linie mit dem Heilande der Welt stellen, durch Gendarmen gegen Störung schützen lassen, so hoffe ich es noch zu erleben, dass das Narrenschiff der Zeit an dem Felsen der christlichen Kirche scheitert, denn noch steht der Glaube an das geoffenbarte Wort Gottes im Volke fester als der Glaube an die seligmachende Kraft irgendeines Artikels der Verfassung! *(Bravo! Zischen)*

Für Preussen allein?

Zu Robert v. Keudell

(1849)
1849 sagte er gelegentlich: «Was scheren mich die Kleinstaaten; mein ganzes Streben geht nur auf Sicherung und Erhöhung der preussischen Macht»; 1866 und 1867 aber hörte ich von demselben Manne mehrmals die Worte: «Mein höchster Ehrgeiz ist, die Deutschen zu einer Nation zu machen.»

Preussens wirkliche Interessen

Aus einer Rede in der Zweiten Kammer
(3. Dezember 1850)

Der verehrte Herr Redner, welcher vor mir auf dieser Stelle die Sache, die uns beschäftigt, von dem Standpunkt eines unabhängigen oder kriegerisch gesinnten Beamten im Zivildienst beleuchtet hat *(Heiterkeit auf der Rechten)* und bei dessen Rede mir in dem Augenblicke der Zerstreuung nicht vollkommen gegenwärtig blieb, ob ich mich in der Hessischen oder in der Preussischen Kammer befand – ich sage in einem Augenblicke der Zerstreuung –, war eingeschrieben, für die Adresse zu sprechen.

Die Erfahrung hat gezeigt, dass er nicht nur gegen die Adresse gesprochen hat, sondern auch ein der Adresse schnurstracks entgegenstehendes, heute eingebrachtes Amendement befürwortete. Ich befinde mich insofern, als der verehrte Redner gegen die Adresse gesprochen hat, mit ihm auf gleichem Boden, nur aus ganz verschiedenen Gründen. Wenn die vorliegende Adresse den Zweck hat, in ihrem Totaleindruck die Stimmung des Volkes durch das Organ seiner Vertreter wiederzugeben, so glaube ich, dass nicht ein einziger der vorliegenden Entwürfe, einschliesslich der Amendements, diesen Zweck erreicht. Das preussische Volk hat sich, wie uns allen bekannt ist, auf den Ruf seines Königs einmütig erhoben, es hat sich in vertrauensvollem Gehorsam erhoben, es hat sich erhoben, um gleich seinen Vätern die Schlachten der Könige von Preussen zu schlagen, ehe es wusste und, meine Herren, merken Sie das wohl, ehe es wusste, was in diesen Schlachten erkämpft werden sollte; das wusste vielleicht niemand, der zur Landwehr abging; es hat sich erhoben in treuer Anhänglichkeit an seinen König, in treuer Anhänglichkeit an die Verfassung, ich wollte sagen... *(Bravo und Heiterkeit auf allen Seiten. Präsident: «Ich bitte um Ruhe, der Herr Redner wird fortfahren.»)*

Ich bin sehr glücklich, wenn mir zum erstenmal in meinem Leben das ungesuchte Glück zuteil wird, den ungeteilten Beifall einer Kammer zu erwerben. *(Bravo!)*

Ich hatte gehofft, dass ich dieses Gefühl der Einmütigkeit und des Vertrauens wiederfinden würde in den Kreisen der Landesvertreter, in den engeren Kreisen, in denen die Zügel der Regierung auslaufen.

Ein kurzer Aufenthalt in Berlin, ein flüchtiger Blick in das hiesige Treiben hat mir gezeigt, dass ich mich geirrt habe. Der Adressentwurf nennt diese Zeit eine grosse; ich habe hier nichts Grosses gefunden als persönliche Ehrsucht, nichts Grosses als Misstrauen, nichts Grosses als Parteihass. Das sind drei Grössen, die in meinem Urteil diese Zeit zu einer kleinlichen stempeln und dem Vaterlandsfreunde einen trüben Blick in unsere Zukunft gewähren. Der Mangel an Einigkeit in den Kreisen, die ich andeutete, wird in dem Adressentwurfe locker verdeckt durch grosse Worte, bei denen sich jeder das Seine denkt. Von dem Vertrauen, was das Land beseelt, von dem hingebenden Vertrauen, gegründet auf die Anhänglichkeit an Seine Majestät den König, gegründet auf die Erfahrung, dass das Land mit dem Ministerium, welches ihm zwei Jahre lang vorsteht, gut gefahren ist, habe ich in der Adresse und in ihren Amendements nichts gespürt. Ich hätte dies um so nötiger gefunden, als es mir Bedürfnis schien, dass der Eindruck, den die einmütige Erhebung des Landes in Europa gemacht hat, gehoben und gekräftigt werde durch die Einheit derer, die nicht der Wehrkraft angehören, in dem Augenblick, wo uns unsere Nachbarn in Waffen gegenüberstehen, wo wir in Waffen nach unseren Grenzen eilen, in einem Augenblick, wo ein Geist des Vertrauens selbst in solchen herrscht, denen er sonst nicht angebracht schien; in einem Augenblick, wo jede Frage der Adresse, welche die auswärtige Politik berührt, Krieg oder Frieden in ihrem Schosse birgt; und, meine Herren, welchen Krieg? Keinen Feldzug einzelner Regimenter nach Schleswig oder Baden, keine militärische Promenade durch unruhige Provinzen, sondern einen Krieg in grossem Massstabe gegen zwei unter den drei grossen Kontinentalmächten, während die dritte beutelustig an unserer Grenze rüstet und sehr wohl weiss, dass im Dome zu Köln das Kleinod zu finden ist, welches geeignet wäre, die Französische Revolution zu schliessen und die dortigen Machthaber zu befestigen, nämlich die französische Kaiserkrone. Ein Krieg, meine Herren, der uns nötigen wird, bei seinem Beginnen einen Teil der entlegeneren preussischen Provinzen preiszugeben, in dem ein grosser Teil des preussischen Landes sich sofort von feindlichen Heeren überschwemmt sehen, der die Schrecken des Krieges in vollem Umfange unsere Provinzen empfinden lassen wird. Ein Krieg, von dem anzunehmen ist, dass der Minister des Kultus, unter dem die Diener der Religion, des Friedens und der Liebe stehen, ihn in seinem Herzen tief verabscheut. *(Heiterkeit)* Ein Krieg, von dem der Minister des Handels und der Gewerbe überzeugt sein muss, dass er in seinem Beginn die Zweige der öffentlichen Wohlfahrt, welche seiner Pflege anvertraut sind, vernichtet, und den der Finanzminister nur wünschen kann, wenn das Geld in dem königlichen Schatze nicht mehr zu lassen ist. Dennoch würde ich vor diesem Kriege nicht zurückschrecken, ja, ich würde dazu raten, wenn jemand imstande wäre, mir die Notwendigkeit desselben nachzuweisen oder mir ein würdiges Ziel zu zeigen, welches durch ihn erreicht werden soll und ohne den Krieg nicht zu erreichen ist. Warum führen grosse Staaten heute Krieg? Die einzig gesunde Grundlage eines grossen Staates, und dadurch unterscheidet er sich wesentlich von einem kleinen Staate, ist der staatliche Egoismus und nicht die Romantik, und es ist eines grossen Staates nicht würdig, für eine Sache zu streiten, die nicht seinem eigenen Interesse angehört. Zeigen Sie mir also, meine Herren, ein des Krieges würdiges Ziel, und ich will Ihnen beistimmen. Es ist leicht für einen Staatsmann, sei es in dem Kabinette oder in der Kammer, mit dem populären Winde in die Kriegstrompete zu stossen und sich dabei an seinem Kaminfeuer zu wärmen oder von dieser Tribüne donnernde Reden zu halten, und es dem Musketier, der auf dem Schnee verblutet, zu überlassen, ob sein System Sieg und Ruhm erwirbt oder nicht. Es ist nichts leichter als das, aber wehe dem Staatsmann, der sich in dieser Zeit nicht nach einem Grunde zum Kriege umsieht, der auch nach dem Kriege noch stichhaltig ist. Ich bin der Überzeugung, Sie sehen die Fragen, die uns jetzt beschäftigen, nach einem Jahre anders an, wenn Sie sie rückwärts durch eine lange Perspektive von Schlachtfeldern und Brandstätten, Elend und Jammer, von hunderttausend Leichen und hundert Millionen Schulden erblicken werden. Werden Sie dann den Mut haben, zu dem Bauer auf der Brandstätte seines Hofes, zu dem zusammengeschossenen Krüppel, zu dem kinderlosen Vater hinzutreten und zu sagen: «Ihr habt viel gelitten, aber freut euch mit uns, die Unionsverfassung ist gerettet.» *(Heiterkeit)* «Freut euch mit uns, Hassenpflug ist nicht mehr Minister, unser Bayrhofer regiert in Hessen.» *(Bravo von der Rechten)* Haben Sie den Mut, das den Leuten zu sagen, dann beginnen Sie diesen Krieg; aber von vielen Seiten, von manchen, wo ich erwartete, dass man mit klaren Augen in das blendende Licht sehen werde, sind diese Fragen identifiziert worden mit der preussischen Ehre, und darin glaubt man den Hebel gefunden zu haben, der die trägste preussische Faust an den Degengriff führt; da glaubt man das Geheimnis gefunden zu haben, die preussische Armee für dasselbe Prinzip ins Gefecht zu führen, welches sie im März 1848 in den Strassen Berlins bekämpfte. *(Unruhe auf der Linken)* [...]

Die preussische Armee hat, Gott sei Dank!, nicht notwendig, ihre Tapferkeit zu beweisen und, wie junge Renommisten auf der Universität, Händel zu suchen, um zu zeigen, dass sie sich schlägt. Es wird nicht von uns verlangt, dass wir Hessen räumen sollen; wenn es aber verlangt würde, so würde ich dadurch auch die Ehre der preussischen Armee nicht verletzt halten; sie würde sich dadurch jedenfalls nicht stärker verletzt fühlen als die Armee irgendeiner Grossmacht in Europa, die doch auch auf Ehre Anspruch macht. Im Jahre 1840, ich erinnere Sie daran, als das Kriegsgeschrei ertönte, hat es das preussische Heer wohl mit seiner Ehre verträglich gehalten, dass die eingerufenen Reserven wieder nach Hause geschickt wurden, sobald die Regierung sich überzeugt hatte, dass ihre Pläne in Europa stärkeren Widerstand finden würden, als mit dem zu erreichenden Vorteil im Verhältnis stand. Ich erinnere daran, dass im vorigen Jahre die siegreiche österreichische Armee zweimal vor Turin haltmachte, man möchte sagen auf Befehl, jedenfalls infolge der Drohung einer Kriegserklärung Frankreichs, und niemand deshalb gewagt hat, Schande auf den österreichischen Soldaten zu werfen. Ich erinnere Sie daran, dass Russland im vorigen Jahre auf traktatmässige Forderungen, auf Auslieferung der polnischen und ungarischen Flüchtlinge verzichtete, nicht weil es sich von der Unrechtmässigkeit seiner Forderung überzeugte, sondern weil ihm von England und Frankreich mit Krieg gedroht wurde. Ich erinnere Sie an die englische Flotte, die damals stolz durch die Dardanellen segelte, und sobald England eine russische Kriegsdrohung erhielt, sofort unter dem Jubel russischer Matrosen durch die Dardanellen zurückfuhr, ohne dass ein englischer Seemann durch Gehorsam gegen die Befehle des Kabinetts seine Ehre für verletzt hielt. Ich habe das feste Vertrauen, und ich glaube, die Mehrzahl der Preussen hat es mit mir, dass das Ministerium, welches im November 1848 die Ehre des Vaterlandes gewahrt hat, dass der General, auf den die ganze Armee mit Achtung sieht und der an der Spitze des Kriegsministerium steht, dass sie und ihre Kollegen auch wissen, was preussische Ehre ist und wie sie zu wahren sei.

Die preussische Ehre besteht nach meiner Überzeugung nicht darin, dass Preussen überall in Deutschland den Don Quixote spiele für gekränkte Kammerzelebritäten, welche ihre lokale Verfassung für gefährdet halten. Ich suche die preussische Ehre darin, dass Preussen vor allem sich von jeder schmachvollen Verbindung mit der Demokratie entfernt halte, dass Preussen in der vorliegenden wie in allen Fragen nicht zugebe, dass in Deutschland etwas geschehe ohne Preussens Einwilligung *(Heiterkeit)*, dass dasjenige, was Preussen und Österreich nach gemeinschaftlicher unabhängiger Erwägung für vernünftig und politisch richtig halten, durch die beiden gleichberechtigten Schutzmächte Deutschlands gemeinschaftlich ausgeführt werde. Man kann sehr darüber streiten, was in diesen Fällen, namentlich in Hessen und Holstein, politisch und vernünftig sei. Darüber aber, glaube ich, ist die Mehrzahl von uns einig, dass es wünschenswert sei, dass in Hessen der Rabulisterei in einem Streite, wo ich für beide Teile nicht einen Schuss Pulver verbrennen mag, ein Ende gemacht werde, und dass der unglückliche Krieg in Schleswig-Holstein, in den uns die unbesonnene und leichtfertige Politik des Jahres 1848 verflochten hat, ebenfalls beseitigt werde. Ich selbst wünsche dringend und bestehe auf Wahrung der wirklichen Rechte der Schleswig-Holsteiner, eines Stammes, der mir durch kriegerische Tapferkeit die Achtung abgewonnen hat, die ich seinem Bestreben jederzeit versagen musste, seine vermeintlichen oder wahren Rechte gegen den Landesherrn mit revolutionärer Waffengewalt durchzuführen. Ich sage, man kann über die Rechtszustände in Hessen und Holstein vieles urteilen, aber der Meinung des Vorredners für Aachen kann ich mich nicht anschliessen, dass der Zustand in Hessen der gesetzlichste sei, der in irgendeinem Lande bestehen könne. [...]

Unsere materiellen Interessen, die Integrität unserer Grenzen, die Sicherheit unserer heimischen Verfassung ist bisher von niemandem angefochten; Eroberungen wollen wir nicht machen.

Ich will hier nicht erörtern, inwiefern dies zu bedauern ist und inwiefern jemand einen Krieg vielleicht gern führen könnte, der keinen andern Grund hat, als dass sein König und Kriegsherr sagt: «Dies Land gefällt mir, ich will es besitzen.» Die Frage beschäftigt uns nicht, die Thronrede selbst weist die Möglichkeit von Eroberungen ab. Die Adresse spricht ihren Dank dafür aus. Diese Frage bleibt also für jetzt ausser Spiel. Die Hauptfrage, die Krieg und Frieden birgt, die Gestaltung Deutschlands, die Regelung der Verhältnisse zwischen Preussen und Österreich und der Verhältnisse von Preussen und Österreich zu den kleineren Staaten, soll in wenigen Tagen der Gegenstand der freien Konferenzen werden, kann also jetzt nicht Gegenstand eines Krieges sein. Wer den Krieg durchaus will, den vertröste ich darauf, dass er in den freien Konferenzen jederzeit zu finden ist: in vier oder sechs Wochen, wenn man ihn haben will. Ich bin weit davon entfernt, in einem so wichtigen Augenblick, wie dieser ist, die Handlungsweise der Regierung durch Ratgeben hemmen zu wollen.

Wenn ich dem Ministerium gegenüber einen Wunsch aussprechen wollte, so wäre es der, dass wir nicht eher entwaffnen, als bis die freien Konferenzen ein positives Resultat gegeben haben; dann bleibt es noch immer Zeit, einen Krieg zu führen, wenn wir ihn wirklich mit Ehren nicht vermeiden können oder nicht vermeiden wollen. *(Beifall rechts)* [...]

Die Szene im Bundestag

Aus einem Brief an Minister Otto v. Manteuffel
(Frankfurt, 26. Mai 1851)

E. E. erteilten mir bei meiner Abreise die geneigte Erlaubnis, Ihnen gelegentlich in Privatschreiben über meine hiesigen Wahrnehmungen Bericht zu erstatten. Sowohl die bisherige Geschäftsstille am Bundestage als auch die Zurückhaltung, welche ich, den Weisungen E. E. entsprechend, einstweilen in amtlichen Beziehungen mir zur Regel gemacht habe, schränken mich dabei auf das Gebiet der Persönlichkeiten ein, die ich bisher kennengelernt habe.

Der Graf Thun trägt in seinem Äusseren etwas von burschikosem Wesen zur Schau, gemischt mit einem Anflug von Wiener *roué*. Die Sünden, die er in letzter Eigenschaft begehn mag, sucht er durch strenge Beobachtung der Vorschriften der katholischen Kirche in seinen oder doch in den Augen der Gräfin aufzuwiegen. Er spielt auf dem Club bis 4 Uhr morgens Hazard *(macao),* tanzt von 10 bis 5 Uhr ohne Pause und mit sichtlicher Leidenschaft, geniesst dabei reichlich kalten Champagner und macht den hübschen Frauen der Kaufmannschaft mit einer Ostentation den Hof, die glauben lässt, dass es ihm ebensosehr um den Eindruck auf die Zuschauer als um das eigne Vergnügen zu tun ist. Vielleicht findet das letzte mehr seine Rechnung bei den Landpartien, die der Graf, namentlich sonntags, in die Umgegend nach Homburg, Königstein pp. unternimmt und bei denen er mit Mad. Metzler und Mad. Mumm in einem Wagen, die Gräfin mit den H. H. Metzler und Mumm in dem folgenden fährt. Unter dieser äusserlichen Richtung, der er sich nicht ohne eine gewisse Schaustellung hinzugeben scheint, birgt Graf Thun, ich will nicht sagen eine hohe politische Tatkraft und geistige Begabung, aber doch einen ungewöhnlichen Grad von Schlauheit und Berechnung, die mit grosser Geistesgegenwart aus der Maske harmloser Bonhommie hervortritt, sobald die Politik ins Spiel kommt. Ich halte ihn für einen Gegner, der jedem gefährlich ist, der ihm ehrlich vertraut, anstatt ihm mit gleicher Münze zu zahlen. Wie ich höre, ist Graf Thun, in Beobachtung der löblichen Disziplin, welche der österreichischen Diplomatie eigen ist, gewissenhaft bemüht, das treuste Organ der Absichten des Fürsten Schwarzenberg zu sein, und beweist in dieser Beziehung eine nachahmungswerte Genauigkeit und Pflichttreue. Wenn ich mir bei der Neuheit meiner Erfahrungen ein Urteil erlauben darf, so ist aber von den österreichischen Staatsmännern aus der Schwarzenbergischen Schule niemals zu erwarten, dass sie das Recht aus dem alleinigen Grunde, weil es das Recht ist, zur Grundlage ihrer Politik nehmen oder behalten werden; ihre Auffassung scheint mehr die eines dreisten Spielers zu sein, der die Chancen wahrnimmt, in ihrer Ausbeutung zugleich Nahrung für persönliche Eitelkeit sucht, und zu letzterm Behuf die Drapierung der kecken und verachtenden Sorglosigkeit eines eleganten Kavaliers aus leichtfertiger Schule zu Hülfe nimmt. Man kann von ihnen mit jenem herabstürzenden Dachdecker sagen: «Ça va bien, pourvu que cela dure.»

Die Gräfin Thun ist eine junge hübsche vergnügungssüchtige Frau, sonst von gutem Ruf, geb. Gräfin Lamberg; sie sieht meiner Schwester einigermassen ähnlich und ist streng katholisch. Beide Gatten haben eine starke Färbung von Tschechentum; sie spricht mit ihren Kindern und Mägden nur böhmisch.

Der zweite bei der österreichischen Gesandtschaft ist der Baron Nell von Nellenburg, ein geschickter Publizist, wie man sagt; er ist gegen 50 Jahr, zuzeiten Dichter, sentimental, weint leicht im Theater, ist äusserlich gutmütig und zutunlich und trinkt mehr, als er vertragen kann, oft schon des Morgens. Er soll schweres Unglück in seiner Familie gehabt haben.

Der eigentliche Faiseur der K. K. Gesandtschaft scheint der Baron Brenner zu sein, ein grosser hübscher Mann von etwa 40, der früher, und bis er hier angestellt wurde, in Italien den bedeutendsten Einfluss auf die dortige Gestaltung der österreichischen Politik geübt haben soll. Er macht den Eindruck eines geistig bedeutenden und sehr unterrichteten Mannes, gilt für entschieden ultramontan, was ihn nicht abhält, dem schönen Geschlecht auf eine auffällige Weise zu huldigen und in diesfälligen Bemühungen auch in die mittleren Schichten der hiesigen Geselligkeit hinabzusteigen. Auch er scheint von dieser Neigung *fait* zu machen, indem er im Salon einzelne anziehende Damen zu stundenlanger isolierter Unterhaltung in Beschlag nimmt. Gegen Herrn, *in specie* auch gegen die Unsrigen, beobachtet er eine vornehme Zurückhaltung.

Der General von Schmerling ist ein eleganter General und scheint seine bevorzugte Stütze in dem Baron Rzikowsky, Major im Ingenieurkorps, zu finden, einem sehr klugen, gebildeten und liebenswürdigen Offizier, zu dem ich wünschte, dass wir ein preussisches Gegenstück in der zweiten oder dritten Stelle der Militärkommission hätten.

Den bayrischen Bevollmächtigten, General von Xylander, der sich, wie ich glaube, einfacher und wohlwollender stellt, als er ist, und den Württemberger Herrn von Reinhard habe ich bisher nur flüchtig kennengelernt. Letztrer hat eine Russin zur Frau, mit der er früher in Berlin war. Ebensowenig habe ich mir über die beiden Hessen, von Trott und von Münch, ein Urteil bilden können, die bisher meist abwesend sind.

Baron Marschall, der Baden vertritt, sieht nicht aus, als ob er ganz offen wäre; er gilt bei denen, die ihn kennen, für mehr österreichisch als preussisch in seiner Gesinnung; doch ist er gegen uns äusserlich sehr zuvorkommend und hat offenbar das Bestreben und die Instruktion, seine Politik formell so einzurichten, dass sie nicht preussenfeindlich und undankbar erscheint. [...]

Unsre Truppen hier kommandiert der Obrist von Herwarth, ein stattlicher Garde-Offizier, der geleitet wird von dem Obristen von Kessel, Kommandeur des 29. Infanterie-Regiments. Letztrer ist ein sehr fähiger Offizier, nach dem Urteil aller Militärs, die ich über ihn gehört habe, vorzüglicher Regiments-Kommandeur, etwas verstimmt, dass wir keinen Krieg gehabt haben, aber doch sehr ehrenwert und zuverlässig in seiner Gesinnung; in allen Rivalitäten mit Österreich in den Garnison-Angelegenheiten ist er ein eifriger, aber wohlerzogner Vertreter seiner Truppe. Die 29er machen neben den Österreichern gerade keinen eleganten Eindruck; die österreichischen Jäger hier sind eine Elitetruppe, die angenehm ins Auge fällt, jeder einzelne Mann; die Uniformen, auch die des hiesigen Infanterie-Regiments, sind luxuriös neu und proper, die Leute alte Soldaten, und die österreichischen sowohl als die bayrischen Offiziere bekommen hier eine nicht unbedeutende Lokalzulage. Es wäre sehr erfreulich, wenn unsern Offizieren hier ein Gleiches gewährt werden könnte, da sie das Zurückstehn gegen die Fremden schmerzlich empfinden und das Leben hier in der Tat über meine Erwartung kostspielig ist, teurer als in Berlin. Übel fällt es auch ins Auge, dass die Uniformen unsrer Leute abgenutzter sind, während die grosse Zahl von Rekruten und die kurze Dienstzeit an und für sich die Unsrigen in weniger soldatischer Haltung erscheinen lassen und demzufolge vergleichende Urteile von Hiesigen und Fremden oft etwas Verletzendes für die Preussen haben. Der gute Geist des 29. Regiments, welches in der Gegend vom Hunsrück rekrutiert, hat sonst allgemeines Lob. [...]

Eine Empfindung des Missbehagens

Aus einem Brief an die Schwiegermutter
(Frankfurt, 4. April 1852)

[...] In der Vinckeschen Sache kann ich mit Dir Gottes Gnade nicht genug preisen, dass von keiner Seite Unheil geschehn ist. Es ist mir innerlich, glaube ich, recht heilsam gewesen, mich dem Tode nahe gefühlt und mich darauf vorbereitet zu haben; ich weiss, Du teilst meine Auffassung von dergleichen nicht, aber ich habe mich nie so fest in gläubiger Zuversicht und so ergeben in Gottes Willen gefühlt als in dem Augenblick, wo die Sache vor sich ging. Mündlich können wir uns einmal darüber aussprechen, jetzt will ich Dir nur erzählen, wie es kam. Ich hatte mich schon wiederholt über V.s Ungeschliffenheit gegen die Regierung und die Unsrigen verdrossen und war bereit, ihm bei nächster Gelegenheit ernst entgegenzutreten. Er warf mir Mangel an diplomatischer Diskretion vor und sagte, dass bis jetzt keine andre Leistung als die «brennende Zigarre» von mir bekannt sei. Er spielte damit auf einen Vorgang im Bundespalais an, den ich ihm früher unter vier Augen und auf sein ausdrückliches Verlangen als etwas ganz Unwichtiges, aber Spasshaftes erzählt hatte. Ich entgegnete dann von der Tribüne, seine Äusserung überschreite nicht nur die Grenzen der diplomatischen, sondern auch der gewöhnlichen Diskretion, die man von jedem Manne von Erziehung zu verlangen berechtigt sei. Am andern Tage liess er mich durch Herrn von Saucken-Julienfelde fordern, auf 4 Kugeln; ich nahm es an, nachdem Oscar Arnims Proposition, uns auf Säbel zu schlagen, von Saucken abgelehnt war. Vincke wünschte die Sache um 48 Stunden aufzuschieben, was ich bewilligte. Den 25. früh um 8 fuhren wir nach Tegel, auf einen hübschen Platz im Walde am Seeufer; es war sehr schönes Wetter, und die Vögel sangen zu munter im Sonnenschein, dass mir alle traurigen Gedanken vergingen, sobald wir in den Wald kamen; nur den an Johanna musste ich gewaltsam abwehren, um nicht weich zu werden. Mit mir waren Arnim und Eberhard Stolberg als Zeugen und mein Bruder als sehr niedergeschlagner Zuschauer. Mit V. war Saucken und der Major Vincke aus der Ersten Kammer, ausserdem ein Bodelschwingh (Vetter des Ministers und Vinckes) als unparteiischer Zeuge. Dieser erklärte vor Beginn der Sache, die Forderung scheine ihm den Umständen nach zu hart, und schlug vor, sie auf einen Schuss von jeder Seite zu ermässigen; Saucken war in V.s Namen hiezu bereit und liess mir sagen, man wollte die ganze Sache zurücknehmen, wenn ich erklärte, dass mir meine Äusserung leid täte; da ich dies der Wahrheit gemäss nicht konnte, so nahmen wir unsre Posten ein, schossen auf Kommando von Bodelschwingh und fehlten beide. Gott verzeihe mir die schwere Sünde, dass ich seine Gnade nicht sogleich erkannte, aber ich kann nicht leugnen, als ich durch den Dampf sah und mein Gegner aufrecht stehn blieb, hinderte mich eine Empfindung des Missbehagens, in den allgemeinen Jubel, der Bodelschwingh Tränen vergiessen liess, einzustimmen; die Ermässigung der Forderung war mir verdriesslich, und ich hätte das Gefecht gern fortgesetzt. Da ich aber nicht der Beleidigte war, so konnte ich nichts sagen; es war aus, und alles schüttelte sich die Hände. Wir fuhren nach Hause, und ich ass bei meiner Schwester allein. Alle Welt war mit dem Ausgang unzufrieden, der Herr aber wird wissen, was Er noch aus V. machen will, bei ruhigem Blut bin ich jedenfalls sehr dankbar, dass es so kam. Viel trug wohl dazu bei, dass ein Paar sehr gute Pistolen, die ursprünglich genommen werden sollten, dergestalt verladen wurden, dass sie für den Augenblick ganz unbrauchbar waren und wir die zum Sekundieren bestimmten nehmen mussten, mit denen das Treffen allerdings schwer war. Eine dienstliche Störung hat mich unterbrochen, und nun muss ich schliessen, die Zeit ist um. Nur will ich noch sagen, dass ich mich über das Duell vorher mit dem alten Stolberg, Gen. Gerlach, Minist. Uhden und Hans beraten hatte, alle waren der Ansicht, es müsse sein; auch Büchsel sah keinen Ausweg, obschon er mich ermahnte, abzustehn. Ich habe mit ihm und Stolberg noch am Abend vorher eine Betstunde gehalten. Dass ich mich stellen müsse, darüber war ich nie zweifelhaft, wohl aber, ob ich auf V. schiessen solle. Ich tat es ohne Zorn und fehlte. [...]

Der österreichische Kollege

Aus einem Brief an Minister v. Manteuffel
(Frankfurt, 16. Oktober 1852)

[...] Wie ich Graf Thun auf Grund meines bisherigen Verkehrs mit ihm beurteile, so hat er keine selbständigen politischen Anschauungen, die ihn veranlassen könnten, nach irgendeiner Richtung hin die Initiative zu nehmen und auf das Wiener Kabinett bestimmend einzuwirken. Für den Fürsten Schwarzenberg, den Schöpfer seiner Karriere und den Gesellschafter bei Vergnügungen mancherlei Art, hatte er eine grosse persönliche Verehrung, eignete sich dessen Worte und Gedanken an und sprach in vertraulichen Stunden zu mir Schwarzenbergische Urteile über das Verhältnis Preussens zu Österreich als eigne Ansichten aus, die dahin gingen, dass Deutschland mächtig und glücklich sein werde, wenn Preussen zum Verständnis seiner historischen Aufgabe gelange; diese bestehe nicht darin, dass es mit Österreich um den diesem gebührenden ersten Platz hadere, sondern dass es den übrigen deutschen Staaten Schutz und Garantie gegen etwaige Übergriffe Österreichs biete; er wollte etwa sagen, Preussen solle in der Bundesversammlung mehr den Volkstribun als den zweiten Konsul spielen wollen. Das liesse sich noch hören, aber seinen Kommentaren nach hatte er doch einen sehr fügsamen und bescheidnen Tribun im Sinne. Das waren die Echo Schwarzenbergischer Briefe, die er wie Orakel verehrte. Sonst ist er peinlich in Ausführung seiner Instruktion und bemüht sich selten und nur auf Veranlassung andrer, hiesiger Kollegen, Einfluss auf den Inhalt seiner Instruktion zu üben. Die einzige bedeutendere Sache, in der es geschah, war die Flottenangelegenheit, wo er es Herrn von Schele zu Gefallen tat und durch den schlechten Verlauf der ganzen Sache nur von neuem in seiner Gewohnheit befestigt wurde, die Sachen zu nehmen, wie sie von Wien kommen. Fehlt ihm Instruktion, so verfährt er gewöhnlich nach dem Rat des Herrn von Nostitz, sächsischen Gesandten, auch wohl nach meinem, wenn ich der Sache nach unparteiisch bin, aber nicht leicht selbständig. Seine Hauptstärke ist ein klarer Verstand, schnelle Auffassung, Geistesgegenwart und Gewandtheit, und mit diesen Eigenschaften, zu denen entschiedner politischer Mut kommt (d. h. sobald er durch Instruktion gedeckt ist), würde er ein sehr bedeutender Mann sein, wenn er eine starke, treibende politische Überzeugung hätte, die seiner Tätigkeit Richtung und Ziel konsequent vorschriebe, und wenn er nicht sehr träge und vergnügungssüchtig wäre. Er hat, wenn er will, ausserordentliche Arbeitskraft, die er stossweise, und dann Tag und Nacht, zur Anwendung bringt. Solange ihm aber das Feuer nicht auf den Nägeln brennt, schweift er gern allein oder mit seiner Frau einsam in Wäldern und Feldern umher, geht auf die Jagd, des Abends in Gesellschaft von Damen zweiter Klasse, die mehr *faciles* und *formosae* als *bonae laboriosae* sind, und spielt dann auf dem Casino die Nacht hindurch, wofür er des Morgens oft so lange schläft, dass er zur Sitzung geweckt werden muss. Ein gründlich arbeitender Unterbeamter, von dem er gewiss ist, dass er die Akten gründlich liest, wird daher grossen Einfluss auf ihn üben. Bei seinem Hange zur Bequemlichkeit scheut er sich vor unangenehmen scharfen Erörterungen; nehmen die Geschäfte eine derartige Wendung, so wird er leber- oder nervenkrank, aber nie so unpassend aufgeregt wie Prokesch; auch ist er viel offner und anständiger in und ausser Dienst wie jener, und hat überhaupt für einen österreichischen Diplomaten, wenn er auch nicht ganz frei von der übertölpelnden Bonhommie und slawischen Bauernklugheit seiner meisten Kollegen ist, doch in seltnem Grade das Bedürfnis, für einen Mann von Ehre, auch im kaiserlichen Dienst und Ausländern gegenüber, zu gelten. Dass er die Existenz von Preussen im tiefsten Innern für eine Unregelmässigkeit hält, daran zweifle ich nicht; aber seine Abneigung gegen Geschäfte, besonders gegen gereizte Zustände und deren auf die Länge für ihn aufreibende Wirkung, berechtigt zu der Annahme, dass er nichts tun wird, um die Dinge schlimmer zu machen, als sie sind, und Öl ins Feuer zu giessen; sein rascher Verstand, seine Freiheit von Pedanterie und empfindlicher Übelnehmerei erleichtern das Verhandeln mit ihm. Ungeniertheit und Faulheit verleiten ihn leicht zu Mangel an *égards,* und sein persönliches Verhältnis zu Buol ist, wie ich E. E. in frühern Schreiben vorzutragen die Ehre hatte, an und für sich kein inniges; diese beiden Umstände werden machen, dass er im allgemeinen und in besonderen Fällen das Bedürfnis einer Anlehnung an die Regierung, bei der er akkreditiert ist, und einer nachsichtigen Beurteilung hat. Die Frau ist liebenswürdig, wenn auch nicht grade geistreich, und macht ein angenehmes Haus und gar keine Politik.

Im Vergleich mit Prokesch, Koller, Rechberg halte ich Thun bei weitem für vorzuziehn; die beiden erstern sind Intriganten, und E. E. kennen sie ja; Rechberg ist ein anständiger Charakter, aber sein Preussenhass ist aktiv und energisch, während er bei Thun höchstens die Gestalt des schmerzlichen Bedauerns über einen Missgriff der Geschichte annimmt, der nicht mehr zu ändern ist. Ich verliere Thun ungern hier und bin überzeugt, dass ich einen Unangenehmern wiederbekomme. Aber hier ist Neutralisation der ganzen Maschine zuletzt ein sichres Mittel für uns, und im Interesse der Sache kann ich nur zureden, Thun zu nehmen, wenn Buol ihn anbietet. [...]

Dramatis personae in Frankfurt

Aus einer Denkschrift für Manteuffel
(Frankfurt, 30. Mai 1853)

[...] Herr von Prokesch dürfte hinreichend in Berlin bekannt sein, um weitere Andeutungen über seine Persönlichkeit unnötig zu machen; indes kann ich nicht umhin zu bemerken, dass die Ruhe und Leichtigkeit, mit welcher er falsche Tatsachen aufstellt oder wahre bestreitet, meine in dieser Beziehung ziemlich hochgestellten Erwartungen doch übertrifft und ihre Ergänzung findet in einem überraschenden Grade von Kaltblütigkeit im Fallenlassen eines Gegenstandes oder Veränderung der Front, sobald das Falsum, von welchem er ausgeht, unausweichbar zur Anerkennung gebracht wird. Nötigenfalls deckt er einen derartigen Rückzug durch ein Aufbrausen sittlicher Entrüstung oder durch einen oft sehr persönlichen Angriff, mit welchem er die Diskussion auf ein neues und heterogenes Gebiet überträgt. Seine hauptsächlichen Waffen in dem kleinen Kriege, welchen ich da, wo die Interessen divergieren, mit ihm führen muss, sind: 1. passiver Widerstand, d. h. die Verschleppung der Sachen, durch welche er mir die Rolle eines unruhigen und nach der Natur der Sachen oft kleinlichen Mahners zuschiebt, und 2. beim Angriff das *fait accompli* anscheinend unbedeutender Übergriffe der

Präsidialmacht, die gewöhnlich so berechnet sind, dass die Zurückweisung von meiner Seite den Charakter eines Aufsuchens von Streitpunkten oder einer silbenstechenden Kritik annehmen muss. Es ist danach kaum möglich für mich, ihm gegenüber nicht den Schein der Unverträglichkeit auf mich zu ziehen, wenn ich nicht den Interessen Preussens in einem Masse vergeben will, welches aus jeder Nachgiebigkeit Anlass zur Steigerung entnehmen würde. [...]

Den bayerischen Gesandten Herrn von Schrenck rechne ich zu den besten Elementen der Versammlung, sowohl seiner Befähigung als seinem Charakter nach; er ist ein gründlicher und fleissiger Arbeiter, dabei praktisch in seinen Auffassungen und Urteilen, wenn auch seine mehr juristische Bildung und Denkungsweise ihn mitunter etwas rechthaberisch macht und einem leichteren Fortgang der Geschäfte hemmend entgegentritt. Im amtlichen Verkehr ist er offen und gefällig, solange sein in der Tat hochgesteigertes und sehr reizbares Nationalgefühl geschont wird, eine Schwäche, welcher Rechnung zu tragen ich mir besonders angelegen sein lasse.

Unser sächsischer Kollege Herr von Nostitz flösst mir weniger Vertrauen ein. Er hat im Grunde eine, wie mir scheint, althergebrachte Hinneigung zu Preussen und seinem politischen System, welche unter anderm aus einem mehr rationalistischen als orthodoxen Protestantismus und der Furcht vor ultramontanen Bestrebungen ihre Nahrung zieht. Ich glaube aber, und es sollte mir lieb sein, wenn ich ihm unrecht täte, dass ihm im ganzen persönliche

Interessen höher stehen als politische, und die Geschmeidigkeit seines Charakters gestattet ihm, die letzteren unter einem jeden für die ersteren zuträglichen Lichte aufzufassen. Seine Vermögensverhältnisse sind – wie ich höre und wie durch sein gesellschaftliches Auftreten bestätigt wird – in keiner günstigen Lage und hängen, abgesehn von seinen unverkürzt für Verbesserung der eigenen Lage verwandten Gehaltsbezügen, noch dadurch mit seiner hiesigen Stellung zusammen, dass er hier ein eigenes, von ihm bewohntes Haus besitzt, für welches er vor 1848 einen erheblichen Kaufpreis gezahlt und dessen seit 5 Jahren betriebene Vermietung sich als untunlich bewiesen hat. Sein politisches Verhalten ist daher durch den Wunsch bedingt, jedenfalls in seiner amtlichen Stellung zu verbleiben, und bei der jetzigen Richtung der sächsischen Regierung hat allerdings Österreich mehr Gelegenheit, ihn in seiner Stellung zu befestigen, wie Preussen. Dieser Umstand hindert Herrn von Nostitz zwar nicht, jede auffällige Verletzung Preussens zu vermeiden, soweit es seine Instruktionen irgend zulassen, aber er macht aus ihm mit seiner grossen Arbeitskraft, Intelligenz und langen Erfahrung die wirksamste Stütze aller Bestrebungen Österreichs in der Bundesversammlung. Er hat ein besonderes Geschick in Abfassung von Referaten und Anträgen über bedenkliche Streitfragen, in welchen er dem Vortrage eine anscheinend vermittelnde Färbung zu geben weiss, ohne dass den Interessen Österreichs, sobald der anscheinend unbestimmten Fassung die richtige Auslegung zu Hilfe kommt, irgend etwas vergeben würde. Erst wenn seine Vorträge die Grundlage späterer Verhandlungen werden, stellt es sich gewöhnlich heraus, dass der eigentliche Zweck, zu dem sie verfasst wurden, in scheinbar absichtslosen beiläufigen Worten niedergelegt ist. Wenn in Dresden ein Revirement im preussischen Sinne einträte, würde die wichtige persönliche Unterstützung, welche Herr von Nostitz vermöge seines Verstandes und seiner Erfahrungen und des durch beide erworbenen Ansehns zu leisten vermag, mit derselben Sicherheit für Preussen in die Waagschale fallen wie jetzt für Österreich, falls nicht ein zu starkes Band in dem Umstande liegt, dass einer seiner Söhne in der österreichischen Ingenieur-Akademie erzogen wird und binnen kurzem als Offizier in die kaiserliche Armee tritt.

Für Hannover ist Herr von Bothmer seit ein paar Tagen hierher zurückgekehrt; zu meinem Bedauern höre ich aber von ihm, dass sein längeres Verbleiben hier auf keine Weise gesichert ist. Er ist nicht nur ein gerader und Vertrauen erweckender Charakter, sondern auch der einzige unter meinen Kollegen, der Unabhängigkeit genug besitzt, um mir bei notwendig werdenden Reklamationen gegen das Präsidium einen mehr als passiven Beistand zu leisten.

Das gerade Gegenteil von ihm stellt sich in Herrn von Reinhard dar; wenn Herr von Bothmer in seinen Arbeiten gründlich, klar und objektiv ist, so tragen die des württembergischen Gesandten den Stempel der Oberflächlichkeit, Verworrenheit und Selbstgefälligkeit, drei Eigenschaften, welche überhaupt die hervorragenden Kriterien seiner ganzen Erscheinung darstellen, und wenn man einen hohen Grad von Unaufrichtigkeit dazu rechnet, ihn als ein Mitglied der Bundesversammlung erscheinen lassen, dessen Ausscheiden aus der letzteren für uns als ein grosser Gewinn zu betrachten sein dürfte. Ich weiss nicht, ob sein Abgang von Berlin mit Umständen verknüpft gewesen ist, welche nachhaltige Abneigung gegen Preussen in ihm zurückgelassen haben, oder ob verworrene politische Theorien, über welche er leichter und mit mehr Vorliebe als über praktische Geschäfte sich ausspricht, ihn an die Schädlichkeit des preussischen Einflusses in Deutschland glauben lassen, jedenfalls aber übersteigt seine Antipathie gegen uns das Mass, welches man bei seinem Landesherrn nach der politischen Lage Württembergs voraussetzen darf, und habe ich Grund anzunehmen, dass er seinen Einfluss auf seine Instruktionen und seine Tätigkeit, soweit sie von letzteren unabhängig ist, prinzipiell zum Nachteil Preussens geltend macht. In der Diskussion über die Kettenburgische Frage glaube ich sogar annehmen zu müssen, dass er auf eigene Verantwortung ein Verhalten beobachtet, von dem er nicht wünschen kann, dass es zur persönlichen Kenntnis Sr. M. des Königs kommt. In seinem Benehmen gegen mich persönlich liegt nichts, was auf eine derartige Gesinnung zu schliessen berechtigen würde, und nur selten kommt in der Diskussion ein Moment, in welchem, gemässigt durch eine gewisse Furchtsamkeit, die verhehlte Bitterkeit gegen Preussen durchbricht. Beiläufig bemerkt ist er derjenige, der zu den Sitzungen stets als letzter und zu spät erscheint und in denselben durch Mangel an Aufmerksamkeit und demnächstiges missverständliches Eingreifen in die Diskussion zu vielen zeitraubenden Wiederholungen Anlass gibt.

Der badische Gesandte Freiherr von Marschall ist nicht ohne Verstand und geschäftliche Brauchbarkeit, im übrigen aber eine subalterne Natur, die sorgfältig bemüht ist, die Verantwortung für ein selbständiges Urteil von sich abzuwenden und in der unzweifelhaftesten Sache einen mittleren Standpunkt zu finden, von welchem aus es möglich wäre, beiden Teilen Recht oder doch keinem Unrecht zu geben; muss es aber sein, so neigt auch er, sei es aus verwandtschaftlichen Rücksichten seiner Familienglieder in österreichischen Diensten, sei es wegen stärkerer Scheu seiner Regierung vor Wien als vor Berlin, mehr auf die Seite Österreichs als auf die unsere. Eine Unterstützung gegen das Präsidium, wie beispielsweise bei Behandlung der Geschäftsordnung, für welche er Referent ist, habe ich schwerlich von ihm zu erwarten. Die Neutralität oder, wenn man will, das Hinken auf beiden Seiten, welches ihm eigen ist, findet auch in der gemischten Ehe einen Ausdruck, in welcher er mit einer eifrigen Katholikin lebt.

Unser kurfürstl. Kollege Herr von Trott nimmt an den Geschäften so wenig Anteil als möglich, befasst sich namentlich nicht mit Referaten und Mitwirkung in Ausschüssen und ist vielfach abwesend unter Substitution des Vertreters von Darmstadt. Er zieht den Aufenthalt auf dem Lande und die Jagd der Beteiligung an den Verhandlungen bei weitem vor und macht mehr den Eindruck eines jovialen und wohlbeleibten Gutsbesitzers als eines Gesandten. Er beschränkt sich darauf, kurz und genau aus seiner Instruktion abzustimmen, und wenn letztere von dem Minister Hassenpflug ohne Ausnahme nach den Weisungen Österreichs eingerichtet wird, so scheint es mir doch, dass eine persönliche Unterstützung durch Herrn von Trott Österreich oder den Staaten der Darmstädter Koalition ebensowenig zugut kommt als uns, eine Parteilosigkeit, welche dem hessischen Gesandten durch seine Abneigung gegen Geschäfte und, wie ich gern glaube, durch das Widerstreben seiner an sich ehrlichen Natur gegen das Intrigensystem ebensosehr erleichtert wird wie durch seine in früheren Zeiten unzweifelhafte Sympathie für die Interessen Preussens. Seine Familie ist sehr zahlreich und seine Vermögenslage nicht glänzend.

Ein feindseligeres Element finden wir in dem Gr. hessischen Gesandten Freiherrn von Münch-Bellinghausen. Wenn derselbe schon durch seine verwandtschaftlichen Verhältnisse mit dem früheren Präsidialgesandten gleichen Namens an die Interessen Österreichs geknüpft ist, so wird sein Antagonismus gegen Preussen noch erheblich geschärft durch starken und, wie ich glaube, aufrichtigen Eifer für die katholische Kirche. Im Privatverkehr ist er ein Mann von angenehmen Formen, und kann ich auch über sein amtliches Verhalten insofern nicht klagen, als ich einen Hang zur Intrige oder Unaufrichtigkeit über das Mass der von der antipreussischen Politik seiner Regierung gebotenen Zurückhaltung hinaus nicht wahrgenommen habe. Im übrigen ist er ein natürlicher Gegner der preussischen Politik überall, wo diese mit Österreich und der katholischen Kirche nicht Hand in Hand geht, und kann ich den Eifer, mit welchem er seine Meinung mir gegenüber nicht selten in der Diskussion vertritt, nur für den Beweis der Aufrichtigkeit seiner politischen und religiösen Überzeugungen halten. Eine Anomalie ist es jedenfalls, dass ein protestantischer und augenblicklich mit den katholischen Bischöfen in Konflikt stehender Souverain durch Herrn von Münch beim Bunde vertreten wird. Ebensowenig kann den rheinbündischen Tendenzen des Herrn von Dalwigk und des Prinzen Emil von Hessen die politische Auffassung des Herrn von Münch entsprechen, welche mehr der sogenannten grossdeutschen, in Preussen durch die Reichensperger und andere vertretenen Richtung angehört. Herr von Münch war ein lebhafter Verteidiger der bis zum vorigen Herbst auf dem Bundespalais stehenden schwarzrotgoldenen Fahne und des nationalen Elements in der übrigens von ihm bekämpften Bewegung von 1848.

Herr von Bülow, der Vertreter Dänemarks, ist einer der gescheutesten Köpfe in der Versammlung, und ich bedauere, dass die Stellung des Staates, den er vertritt, ihm nicht gestattet, erheblichen Anteil an den laufenden Geschäften zu nehmen. Die Haltung der österreichischen Politik entspricht natürlich den Wünschen des Kabinetts von Kopenhagen mehr als die unsrige; indessen beobachtet Herr von Bülow in allen nicht dänischen Fragen eine parteilose Zurückhaltung, wie denn auch die meisten der zwischen Preussen und Österreich obwaltenden Streitfragen von einer Natur sind und aus einer Zeit stammen, dass Dänemark die Beteiligung daran prinzipiell vermeidet und die Abstimmungen des Herrn von Bülow gewöhnlich nur neben einer stereotyp gewordenen Verwahrung der Rechte seines allergnädigsten Herrn die Erklärung enthalten, dass er noch ohne Instruktion sei. Die Verhandlungen sowohl am Bunde als in der Augustenburger Angelegenheit haben mir Gelegenheit gegeben, Herrn von Bülow als einen gewandten und einsichtsvollen Geschäftsmann kennenzulernen, dem sowohl im offiziellen wie im Privatverkehr ein angemessenes und gefälliges Benehmen eigen ist.

Zu unseren treuesten Bundesgenossen gehört Herr von Scherff, der sich für seine Person ganz den preussischen Interessen hingibt, auch einen Sohn in unserm Militärdienst hat; er ist ein erfahrener und selbst bis zur Ängstlichkeit vorsichtiger Geschäftsmann. Die letztere Eigenschaft, sowie die Natur des Einflusses, den S. M. der König der Niederlande auf die Luxemburger Instruktionen übt, verhindern ihn oft, mir in den Sitzungen diejenige Unterstützung zu gewähren, welche ich andernfalls von ihm erfahren würde. Ausserhalb der Sitzungen habe ich stets mit Vertrauen auf ihn zählen können, wenn ich seinen Rat in Anspruch genommen habe oder wenn es sich darum handelte, mir mit seinem Einfluss auf einen andern oder mit einzuziehenden Erkundigungen zu Hilfe zu kommen. Bei Sr. K. H. dem Prinzen von Preussen steht Herr von Scherff und dessen Familie mit Recht in besonderer Gnade.

An seinem Nachbar in der Sitzung, dem Freiherrn von Fritsch, habe ich nichts zu wünschen, als dass seine Kraft, die preussische Politik zu unterstützen, seinem Willen gleichkommen möchte. Er ist seiner Politik nach ein ehemaliger Gothaer, dabei aber ein aufrichtiger, achtungswerter Mann; die Instruktionen seiner Höfe sind mit einer Hingebung, die unsere lebhafte Dankbarkeit verdient, in allen wichtigen Fragen dahin gerichtet, sich dem preussischen Votum anzuschliessen, und würde diese Unterstützung noch wertvoller werden, wenn Herrn von Fritsch in höherem Grade das Bewusstsein beiwohnte, seine Überzeugungen selbständig vertreten und ihnen Geltung verschaffen zu können.

Nassau-Braunschweig werden durch den Freiherrn von Dungern vertreten, einen inoffensiven Charakter, der weder durch persönliche Fähigkeiten noch durch politisches Ansehen irgendeinen Einfluss in der Bundesversammlung ausübt. Wenn der Gegensatz, welcher in den meisten Fragen zwischen der Haltung Braunschweigs und Nassaus besteht, sich in den meisten Fällen zugunsten der nassauischen, d. h. der österreichischen Ansicht löst, so sind hierauf zwar einerseits die verwandtschaftlichen Beziehungen des Herrn von Dungern und seiner Gemahlin zu Familien, die im österreichischen Interesse stehen, und die grössere persönliche Scheu des Gesandten, der zwei Söhne im österreichischen Militärdienst hat, vor dem Ressentiment Österreichs als vor dem Preussens nicht ohne Einfluss; hauptsächlich aber liegt der Fehler in dem Umstande, dass Braunschweig durch einen Diener des Herzogs von Nassau vertreten wird, der sich hier in der unmittelbarsten Nähe seines von österreichischen Einflüssen beherrschten Hofes befindet, mit Braunschweig aber wohl nur so notdürftig Beziehungen unterhält, dass dieselben kaum als ein Äquivalent der 5000 fl., welche S. H. der Herzog Wilhelm zu dem Gehalt desselben zugibt, betrachtet werden können.

Der mecklenburgische Gesandte Herr von Oertzen rechtfertigt in allen Beziehungen den Ruf eines ehrenwerten Mannes, unter dem ich ihn schon vor seiner jetzigen Stellung gekannt habe. In der ersten Zeit nach dem Wiederzusammentritt des Bundestages war bei ihm wie bei einer grossen Anzahl seiner Landsleute eine Hinneigung zu Österreich nicht zu verkennen; es scheint mir aber unzweifelhaft, dass seine zweijährige Beobachtung der Mittel, welche die österreichische Politik durch das Organ des Präsidiums hier zur Anwendung bringt, in der ehrliebenden Natur des Herrn von Oertzen, ungeachtet auch er einen Sohn im österreichischen Heere hat, eine Reaktion erzeugt hat, die mich auf ihn persönlich vollständig und auf seine Unterstützung insoweit zählen lässt, als es seine Instruktionen, über deren Natur ich im ganzen nicht klagen kann, nur immer gestatten. Jedenfalls kann ich bei ihm unter allen Umständen auf ein offenes und ehrliches Verfahren rechnen. Er bearbeitet als Referent vorzugsweise die Bentinckschen und andere Reklamationssachen mit vieler Gründlichkeit, wenn ich auch seine Ansichten nicht immer anerkennen kann. Seine Haltung bei den Diskussionen ist jederzeit ruhig und vermittelnd.

Der Vertreter der 15. Kurie ist Herr von Eisendecher, ein Mann, dessen freundliches Entgegenkommen und anscheinend gerades, ehrliches Wesen, verbunden mit Witz und Lebhaftigkeit in der Unterhaltung, mich anfangs für ihn eingenommen hatte. Bei längerer Beobachtung hat sich mir indes die Überzeugung aufgedrängt, dass seine äussere Erscheinung ihm nur als Maske für einen ziemlich hohen Grad hinterhaltiger Verschlagenheit dient und dass man ihm – wie das Sprichwort sagt – nicht über den Weg trauen kann. Er war früher ein sehr avancierter Gothaer, und wenn man seinen Worten glauben dürfte, so wäre diese Färbung naturgemäss übergegangen in eine lebhafte Sympathie für Ausbildung des Bundes als starker einheitlicher Zentralgewalt, indem er auf diesem Wege durch Hilfe Österreichs einen Ersatz zu finden meint für die fehlgeschlagenen Einheitsbestrebungen im preussischen Sinne. Ich will wünschen, dass dies das wahre Motiv ist für seine unverkennbare Parteinahme gegen Preussen, sogar in den Fällen, wo unsere Interessen mit denen Oldenburgs ganz unzweifelhaft identisch sind, auch ohne Rücksicht auf die allgemeine politische Sympathie, welche bei Oldenburg und seinem Regenten für Preussen vorausgesetzt werden darf. Wenn es aber auch unzweifelhaft wäre, dass mir unbekannte persönliche Interessen irgendeiner Art dabei nicht im Spiele sind, so scheint es mir doch, als ob Herr von Eisendecher auch in diesem für die Beurteilung seines Charakters günstigeren Falle seiner eigenen Abneigung gegen Preussen oder gegen dessen jetzige Regierung einen stärkeren Einfluss auf seine Amtshandlungen gewährte, als dies mit den Pflichten gegen seinen Herrn verträglich ist. [...]

Mit mehr Einfachheit und weniger List legt der Vertreter der 16. Kurie, Freiherr von Holzhausen, seinen Einfluss für Österreich in die Waagschale, und sagt man von ihm, dass er sich seine Instruktionen in den meisten Fällen, auch wenn er vollkommen Zeit hat, sie einzuholen, selbst mache und etwaigen Reklamationen seiner Kommittenten durch Stillschweigen oder durch eine geschickte Benutzung der grossen Anzahl der Mitglieder der Kurie und des Mangels an Verbindung unter denselben zu begegnen weiss. Dazu kommt, dass die meisten der kleinen Fürsten für ihre föderale Diplomatie den Aufwand nicht machen mögen, der zu einer regelmässig eingerichteten Kanzlei und Korrespondenz erforderlich sein würde, und dass sie mit den verwendbaren Mitteln, falls ihnen Herr von Holzhausen, der nach dem Tode des Freiherrn von Leonhardi als Mindestfordernder die Stelle erhielt, ihnen den Dienst aufkündigt, schwerlich einen so stattlichen Vertreter wie dieses wohlhabende, mit mehreren Grosskreuzen und dem Titel eines Wirklichen Geheimen Rats geschmückte Mitglied der ältesten Frankfurter Patrizierfamilie für sich würden gewinnen können. Die nächsten Verwandten des Herrn von Holzhausen, der selbst unverheiratet und kinderlos ist, sind im Dienste Österreichs. Ausserdem weist der ungewöhnlich stark ausgebildete Familienstolz dieses Herrn mit seinen ganzen Erinnerungen in das mit der Herrlichkeit des Heiligen Römischen Reichs eng verknüpfte reichsstädtische Patriziat zurück, und die ganze Stellung Preussens scheint ihm eine revolutionäre Usurpation, welche den wesentlichsten Anteil an der Zerstörung der Privilegien derer von Holzhausen hat. Sein grosses Vermögen lässt mich annehmen, dass die Bande, welche ihn an Österreich knüpfen, nur die ehrgeiziger Bestrebungen, wie etwa das Verlangen nach einem kaiserlichen Orden oder nach der Erhebung der Familie in den österreichischen Grafenstand sind, nicht aber pekuniäre Interessen, wenn man nicht etwa den Besitz erheblicher Summen Metalliques als solches ansehen will.

Was die Gesandten der Freien Städte anbelangt, so treten ihre Personen bei dem öfteren Wechsel weniger konsequent hervor, besonders wenn man die Vielseitigkeit der Faktoren, welche zur Erteilung der Instruktionen mitwirken, in Anschlag bringt. Gegenwärtig anwesend hier sind die Herren Kirchenpaur für Hamburg und Harnier für Frankfurt. Beide gehören, wenn man die Bundesversammlung in zwei Hälften teilen will, der fähigeren an, auch beide der Gothaer Partei, der Vertreter Hamburgs der Rechten, der Frankfurter der Linken derselben. Ersterer scheint, soweit man es von ihm beanspruchen kann, und soweit die ihm ihre Entstehung verdankende Neunerverfassung nicht in Frage kommt, ein grader, nachdenkender und Zutrauen erweckender Mann zu sein, der zweite aber das Gegenteil.

Wenn mir E. E. schliesslich verstatten, die Resultate meines g. Vortrages kurz zusammenzufassen, so dürften dieselben in folgendem bestehn:

Von allen Bundestagsgesandten sind den diesseitigen Interessen ihrer *persönlichen Ansicht* nach nur die Herren von Fritsch, von Scherff und von Oertzen ergeben. Ersterer folgt dabei zugleich den Instruktionen der von ihm vertretenen Regierung. Für Österreich dagegen sind persönlich sicher, ohne dass man von den Regierungen, welche sie vertreten, ein Gleiches behaupten kann, die Herren von Eisendecher, von Holzhausen und von Dungern in betreff Braunschweigs. Ausser diesen schliessen sich Österreich, der Instruktion ihrer Regierung gemäss, fast immer an: Herr von Nostitz, Herr von Reinhard, Herr von Münch, Herr von Trott, der jedoch gemässigter als sein Kollege für Darmhessen auftritt, und Herr von Dungern für Nassau.

Eine teils unabhängigere, teils vermittelnde Stellung nehmen ein die Herren von Schrenck, von Bothmer, von Bülow, von Marschall und die Vertreter der Freien Städte, doch sind auch bei der Haltung dieser österreichische Influenzierungen nicht selten bemerkbar.

Preussens innere Ordnung

Denkschrift für den Prinzen von Preussen
(Norderney, September 1853)

Den Bestrebungen, in den östlichen Provinzen eine neue Gemeindeordnung einzuführen, liegt in vielen Fällen die Annahme zugrunde, dass bei dem jetzigen Zustande der Dinge eine Bedrückung der Bewohner des platten Landes durch die Rittergutsbesitzer stattfinde oder stattfinden könne. Die letztern sind aber schon seit Aufhebung der Erbuntertänigkeit, also lange vor 1848, nicht in der Lage gewesen, den Gemeinden oder einzelnen Gliedern derselben willkürlich ein Übel zufügen zu können, ohne der gesetzlichen Ahndung ebenso zu verfallen wie jeder andre. Der Bauer war von dem Rittergutsbesitzer nicht abhängiger wie von jedem andern Nachbarn und konnte mit ersterem in entschiedner persönlicher Feindschaft leben, ohne sich vor demselben mehr zu fürchten als vor jedem andern Gegner. Die den Gutsherrschaften verbliebenen Jurisdiktionsrechte waren und sind nicht von der Art, um als ein Mittel zur Bedrückung der Eingesessenen missbraucht werden zu können. Die eigentliche Patrimonial-Gerichtsbarkeit ist aufgehoben; sie bestand in dem Recht, bei dem Tode oder sonstigem Abgang des Richters dessen Nachfolger zu ernennen, ohne dass letztrer, nachdem er einmal angestellt war, in irgendeinem Abhängigkeitsverhältnis zu dem Gerichtsherrn gestanden hätte. Ein Missbrauch dieser Gerichtsbarkeit durch die Gutsherrschaften, wie er von vielen Zeitungen als Attribut der Vergangenheit gern behauptet wird, war daher auch vor 1848 durchaus unmöglich. Die Aufhebung der Patrimonial-Gerichte ist eine Erleichterung für die ehemaligen Gerichtsherrn in den meisten Fällen gewesen; für die Eingesessenen der Gerichte aber hat sie zu grossen Unbequemlichkeiten geführt, welchem mit der Zeit durch bessere Einrichtung der neuen Gerichte abgeholfen werden kann.

Die grundherrlichen Renten, vermöge deren der Gutsherr gegen *säumige* Schuldner dieselbe Stellung hatte wie jeder andre Gläubiger im ähnlichen Falle, sind, gleich dem Jagdrecht, durch die jüngste Gesetzgebung beseitigt worden. Das Patronat gibt keine andern Rechte als das der Besetzung der Pfarre im Falle der Erledigung, wogegen es den Patron zu höhern Beiträgen zu den Pfarr- und Kirchenlasten verbindet.

Das einzige Recht, vermöge dessen ein Rittergutsbesitzer heutzutage noch mit den übrigen Eingesessenen seines Wohnortes in bevorrechteter Beziehung steht, ist die gutsherrliche Polizei. Wenn in dieser, bei der strengen Aufsicht, unter welcher sie jederzeit stand, bei der unnachsichtlichen Schärfe, mit welcher Überschreitungen der Amtsbefugnisse gerade gegen *diese* Polizeibehörden (im Vergleich mit den städtischen oder königlichen) jederzeit gestraft wurden, dennoch Exzesse vorgekommen sind, so scheint die Möglichkeit dazu vollständig beseitigt, nachdem die Polizei-*Strafgewalt* von der ausübenden Polizei getrennt und auf besondre Polizei-Anwälte übertragen worden ist. Wie dem auch sei, so wird auch bei einer neuen Gemeindeordnung die Polizei, sei es im Namen S. M. des Königs, sei es in Ausübung eines an einem Grundstücke klebenden Rechtes, von den grössern und gebildetern Gutsbesitzern verwaltet werden müssen, wenn man nicht auf dem Lande zur Anstellung besoldeter Polizei-Kommissarien schreiten will. Ob letztre im Durchschnitt eine bessere Garantie gegen Missbrauch der Amtsgewalt gewähren, als in den Verhältnissen eines im Orte angesessenen Grundbesitzers zu finden ist, mag dahingestellt bleiben. Jedenfalls sind die Geschäfte der ländlichen Polizei heutzutage umfangreicher und vielseitiger als früher; um sie als Nebengeschäft oder durch einen Sekretär besorgen zu lassen, muss man entweder mit schriftlichen und aktenmässigen Arbeiten sehr vertraut oder wohlhabend genug sein, um Wirtschaftsbeamte zu halten. Die Polizei-Verwaltung bildet eine nicht unerhebliche Last, welche die Rittergutsbesitzer, an deren Gütern sie haftet, bisher zu tragen verpflichtet sind. Wird sie ihnen abgenommen, so möchten nicht alle bereit sein, sie wieder zu übernehmen. Noch viel seltner wird sich unter den übrigen Ortseingesessenen jemand finden, der bereit und imstande wäre, etwa auf Grund einer Wahl durch die Gemeindeversammlung ein derartiges Amt zu übernehmen. Abgesehn von dem Mangel an Vertrautheit mit der Feder und von der Abneigung gegen *unbesoldete* Ämter, die mit erheblichem Aufwand an Zeit und Arbeit verbunden sind, ist der Bauer sehr schwer dazu zu bringen, gegenüber von seinesgleichen eine obrigkeitliche Stellung einzunehmen und in derselben furchtlos und energisch gegen seine Nachbarn aufzutreten. Es würde deshalb, wenn man die jetzige Einrichtung aufgäbe, kaum etwas andres übrig bleiben, als besoldete Staats- oder Gemeindebeamte zur Ausübung der Polizei auch auf dem platten Lande anzustellen und letztres auch in dieser Beziehung den Städten gleichzustellen, wie es im allgemeinen durch die neue Gemeindeordnung angestrebt wurde. Wie sich bei dem bisherigen ländlichen und dem bisherigen städtischen System die Kosten zueinander verhalten, geht aus nachstehendem Beispiel hervor. Die Stadt Jerichow a. d. Elbe hat nicht ganz soviel Einwohner als der eine Meile davon belegne ländliche Polizeibezirk Schönhausen; dabei ist in letztrem mehr Wohlhabenheit, mehr Wirtshäuser, mehr Fabriken und ziemlich ebensoviel Handwerker als in Jerichow. Die Kommunalausgaben von Schönhausen betragen bisher 49 Taler jährlich in Geld und einige Scheffel Roggen an Deputatkorn, die von Jerichow bedeutend über 1000 Taler. Es ist kein Grund vorhanden, weshalb die Ausgaben in Schönhausen nicht ebenso hoch und höher sein sollten als die in Jerichow, wenn beide Orte unter gleicher Gemeindeverfassung lebten. Aber auch abgesehn von dem Geldpunkte dürfte es politisch kein Vorteil sein, die Zahl derjenigen Beamten zu vermehren, bei welchen das Missverhältnis zwischen der Besoldung und den von ihnen geforderten Leistungen entweder Unzufriedenheit mit den staatlichen Einrichtungen oder Neigung zu unbefugtem und heimlichem Sportulieren hervorruft.

Das Bestreben, in den Bestimmungen einer neuen Gemeindeordnung Garantien gegen eine ländliche Junkerherrschaft zu gewinnen, kann nur da vorwalten, wo man mit der jetzigen Gestalt der ländlichen Verhältnisse vollständig unbekannt ist. Und doch findet dieses Bestreben noch immer Anklang, nicht nur in bedeutenden Organen der Presse, sondern auch bei sonst einsichtigen Politikern in und ausser den Kammern. Es ist eine unbestreitbare Tatsache, dass die Einwohner eines Dorfes von dem Rittergutsbesitzer ebensowenig abhängig sind als ein Berliner Bürger von seinem Hausnachbarn, wenn letztrer gleichzeitig Polizei-Kommissarius ist. Nur die auf dem Rittergute beschäftigten Tagelöhner stehn zu dem Besitzer in demselben Abhängigkeitsverhältnis wie der Arbeiter überall von dem Arbeitgeber. Darin würde aber auch keine Gemeindeordnung etwas ändern können.

Wenn demnach die Gründe, welche die oppositionelle Presse bei Nachweisung des Bedürfnisses einer neuen Gemeindeordnung in den Vordergrund zu stellen pflegt, sich im wesentlichen auf den unrichtigen Vordersatz stützen, dass die Emanzipation der ländlichen Bevölkerung von dem Einfluss der Gutsherrschaften noch *nicht* erfolgt sei, so ist es schwer, andre Motive aufzufinden, weshalb die bisher zur Zufriedenheit der Gemeinde-Angehörigen bestehenden Verhältnisse einer allgemeinen und durchgreifenden Änderung unterworfen werden sollten. Jede grosse Umwälzung in der bestehenden Gesetzgebung ist für die von derselben berührten Klassen um so unbequemer und empfindlicher, je tiefer sie in das tägliche Leben und in die herkömmlichen Gewohnheiten des gemeinen Mannes eingreift. Die gegenseitigen Beziehungen der Bauern, Kossaten, Büdner und Einlieger in jedem Dorfe, ihre Teilnahme an der Armenpflege, den Gemeindeschulden, dem Gemeindevermögen, den Kirchenlasten, den Schulkosten sowie an allen sonstigen Vorteilen und Lasten des Gemeindelebens ist in den bisherigen Gemeindeverbänden fast überall durch ein mühsames und langwieriges Regulierungsverfahren, durch gerichtliche Urteile und Vergleiche festgestellt worden, oft noch in der Feststellung und Fortbildung begriffen. Alle diese Verhältnisse würden von neuem in Frage gestellt werden und bei ihrer Umbildung eine Quelle zahlreicher Prozesse und abermaliger Regulierungen abgeben, wenn jetzt, ohne alle zwingende Veranlassung und ohne ein von den Beteiligten empfundenes Bedürfnis, eine neue Gemeindeordnung an die Stelle dessen treten sollte, was sich in den letzten beiden Menschenaltern an Gemeindeverfassungen in den einzelnen Dörfern, je nach ihren Bedürfnissen und der Zusammensetzung der Einwohnerschaft, gebildet hat. Es würde sich für ein solches Verfahren kaum ein andrer Grund auffinden lassen als die der jetzigen Zeit eigentümliche Krankheit, alles Bestehende ohne Sachkenntnis und ohne Prüfung für schlecht, jede Neuerung aber für eine Verbesserung zu halten und alle von menschlicher Unvollkommenheit unzertrennbaren Übelstände als Folgen bestehender gesetzlicher Einrichtungen zu behandeln, denen man durch allgemeine Anwendung gewisser legislativer Rezepte glaubt abhelfen zu können. Soweit überhaupt Glück und Elend der Menschen von der Gesetzgebung abhängt, möchte man mit mehr Recht in dem *zuviel* Regieren und *zuviel* Gesetzemachen, durch Gesetzgeber, welche theoretisch gebildet, aber mit den faktischen Zuständen des Lebens unbekannt sind, eine der vorzüglichsten Quellen von Missbehagen in der Bevölkerung Preussens suchen. Unser Land bedarf mehr als je der Ruhe und des Besinnens nach den überstandenen Krisen und einer stetigen Fortbildung des Bestehenden, anstatt des jährlich sich wiederholenden Experimentierens der Gesetzgebung über die wichtigsten und allgemeinsten Landesinteressen, bei welchen jedesmal die Grundlagen der Monarchie und der staatlichen Gemeinschaft von neuem in Frage gezogen und einer übelwollenden oder ungeschickten Prüfung öffentlich unterworfen werden. Einen besondern Anstoss fand die bisher projektierte Gemeindeordnung auf dem Lande um des willen, weil sie bestimmte, dass die Angelegenheiten der Gemeinde durch zu wählende *Vertreter* beraten und geleitet werden sollten, während bis jetzt in den Dörfern jedes Gemeindeglied in Person auf den Gemeindeversammlungen erscheint und an deren Beratungen teilnimmt. Der Bauer liebt Vollmachten nicht und mag sie weder übernehmen noch ausstellen, wenn er es vermeiden kann.

In Gemeinde-Angelegenheiten möchte die persönliche Teilnahme jedes Gemeindegliedes unbedingt beizubehalten sein, nicht nur als landesüblich und herkömmlich, sondern als Mittel, die Teilnahme am Gemeinwesen zu erhalten und zu beleben. Die Aufgabe, einen allgemein gültigen und bei der Verschiedenheit der Gemeinden überall passenden Wahlmodus zu finden, scheint ohnehin eine unüberwindliche zu sein. Schon bei der Kreisvertretung, obschon die Kreise in ihren Verhältnissen nicht soviel untereinander Ungleichartiges darbieten als die Gemeinden, ist es kaum möglich, eine gleiche Kreisordnung für die ganze Monarchie aufzustellen, welche in allen Landesteilen bei der praktischen Durchführung vernünftige Resultate geben würde. Es ist ein unzweifelhafter Gewinn für die staatliche Entwicklung, wenn es gelingt, an dem öffentlichen Leben, wie es sich in der Kreis-, Provinzial- und Landesvertretung darstellt, die Kräfte *aller* derer zu beteiligen, welche hinreichend urteilsfähig sind, um einen Nutzen für das allgemeine Wohl von ihrer Beteiligung erwarten zu können. Die Urteilsfähigen mit Genauigkeit auszuscheiden, ist natürlich nicht möglich, aber das *Ziel* im grossen und ganzen muss es sein, wenn es auch nie erreicht wird. Es ist eine der sonderbarsten und krankhaftesten Erscheinungen der neuen Zeit, dass man zu Gesetzgebern Leute beruft, welche notorisch nicht imstande sind, den Verhandlungen der gesetzgebenden Körper zu folgen oder sich auch nur stets aus eigner Anschauung gegenwärtig zu halten, wovon die Rede ist und worüber sie abstimmen, indem die Arbeiten der modernen Gesetzgebung in ihren Anforderungen an die geistigen Kräfte der Mitarbeiter fortwährend im Steigen begriffen sind. Die Verhandlungen der Kreistage sind natürlich einfacher und verständlicher, die Beschlüsse nach ihren praktischen Folgen leichter zu beurteilen als die der Landtage, und doch wird die geistige Befähigung zu wirksamer Teilnahme an den Kreistagen keineswegs in allen Kreisen und Provinzen so gleichmässig verteilt gefunden, dass dieselbe Kreisordnung überall dieselben Erfolge gewähren könnte. Soll die Zusammensetzung der Kreistage der Bedeutung, welche jeder Stand in jedem Kreise hat, annähernd entsprechen, so wird man vor allen Dingen darauf verzichten müssen, allgemeine Kreisordnungen für ganze Provinzen oder gar die ganze Monarchie zu erlassen. Es würde keineswegs eine unausführbare oder auch nur besonders schwierige Arbeit sein, jedem Kreise eine besondere, den Eigentümlichkeiten desselben sich anschliessende Kreisordnung oder Statut zu geben, welches von dem Landrat in Verbindung mit den Kreistagen zu entwerfen sein und nach vorgängiger Prüfung durch die Bezirksregierungen allerhöchsten Orts sanktioniert würde, nachdem das Prinzip im ganzen die Anerkennung im Wege der Gesetzgebung erhalten hätte. Die drei vorhandenen Stände, welche gleichzeitig die drei grossen Kategorien einer Interessenvertretung darstellen, sind sehr ungleich in den verschiedenen Kreisen verteilt. In manchen der letztern, besonders in solchen, welche grössere Städte einschliessen, sind die Interessen des städtischen Handels und Gewerbes die unzweifelhaft dominierenden, in andern ist der grosse Grundbesitz das vorwiegende Element und mit ihm eine, durch zahlreiche Arbeiterfamilien betriebne, in Verbindung mit ländlichen Fabrikationszweigen stehende und wesentlich auf den Exporthandel berechnete Landwirtschaft, in noch andern Kreisen tritt ein wohlhabender und intelligenter Bauernstand in den Vordergrund, mitunter auch halten sich alle drei Elemente gleichmässig die Waage. In den Landesteilen, welche von alters her ein historisches Ganzes in sich gebildet haben, bieten die Zustände gewöhnlich eine ungefähre Gleichartigkeit dar; in der Gesamtheit der Monarchie aber gestalten sich die angedeuteten Verschiedenheiten zu so grellen Kontrasten einzelner Kreise gegen andre, dass es höchst unpraktisch sein würde, wenn man einmal an eine Reform der Kreisverfassungen geht, für die ganze Monarchie oder auch nur für jede ganze Provinz eine und dieselbe Kreisordnung zu geben. Bisher sind im ganzen die grössern Städte auf den Kreistagen gering vertreten, die kleinern dagegen oft unverhältnismässig, und würde es unbillig sein, Städten mit 1000 bis 3000, meistens als «Ackerbürger» bäuerliche Nahrung treibenden Einwohnern gegenüber der Bevölkerung des platten Landes eine stärkere Vertretung zu geben, als sie bisher haben. Zwischen der Vertretung des ritterschaftlichen und des bäuerlichen Grundbesitzes mag in vielen Fällen, wenn man theoretische Massstäbe anlegt, ein Missverhältnis obwalten, doch sind dabei folgende Momente nicht ausser acht zu lassen. Die Interessen beider fallen, vermöge des gemeinsamen Gewerbes der Landwirtschaft, grossenteils zusammen, und haben beide Stände zu den die Kreistage vorzugsweise beschäftigenden Fragen, wie Strassenbauten zur Erleichterung der Abfuhr ländlicher Produkte, Verteilung der Kreislasten, soweit sie auf Aussaat und Viehstand repartiert werden usw., eine ganz gleiche Stellung, und findet erfahrungsmässig in den östlichen Provinzen selten Misstrauen oder gegenseitige Opposition zwischen beiden Ständen statt. Ausserdem sind die grössern Grundbesitzer gleichzeitig die natürlichen und alleinigen Vertreter der zahlreichen von ihnen abhängigen und selbständig auf den Kreistagen nicht repräsentierten ländlichen Tagelöhner, mit deren Arbeit sie, im Unterschiede zu dem selbst Hand anlegenden Bauern, ihre Wirtschaft betreiben. Wo viel ritterschaftlicher Grundbesitz ist, namentlich in den Landesteilen jenseits Berlin, ist die Tagelöhner-Bevölkerung stärker als die bäuerliche. Wahrscheinlich werden Kreise mit 1000 und mehr Bauernhöfen zu den seltenen gehören, solche mit 2000 bis 3000 ländlichen Arbeiterfamilien aber öfter vorkommen. Ebenso wie zu den Staatslasten werden diese Tagelöhner fast überall zu den Kreislasten mit herangezogen, vielfach von den arbeitgebenden Gutsbesitzern übertragen; in Armutsfällen liegt ihre Verpflegung dem Rittergut, auf dem sie arbeiten, ob, und dessen Besitzer ist daher ihr natürlicher Anwalt und Vertreter. Das Vorhandensein dieser zahlreichen Arbeiterfamilien auf den grossen Gütern war in den meisten Fällen die Ursache der so häufig vorgekommnen Proteste der bäuerlichen Gemeinden gegen die projektierte Einverleibung der Rittergüter in den Kommunal- und Armenverband einer Samtgemeinde.

Die Bildungsstufe der Bauern hält im Ganzen gleichen Schritt mit ihrer Wohlhabenheit. Es ist der Stolz jedes Preussen, dass wir kräftige und intelligente Bauernschaften besitzen, deren Mitglieder überall ihre Stellung mindestens ebensogut ausfüllen werden, als die Vertreter der Ritterschaft oder der Städte es können. Dergleichen Bauernschaften existieren in allen Provinzen, bilden aber nicht in allen die Regel. Wollte man in allen Kreisen der Monarchie die bäuerlichen Mitglieder der Kreistage gleichmässig vermehren, so würden mehr als die Hälfte der Kreisversammlungen nur einen Zuwachs an solchen Mitgliedern erhalten, welche die Reise zum Kreistage als eine ihnen gesetzlich auferlegte, durch den dafür bezognen Diätensatz kaum aufgewogne Last betrachten, den Verhandlungen in schweigender Resignation zuhören und instinktmässig dem Landrat beistimmen, wenn sie nicht künstlich aufgewiegelt werden. Nur die bäuerlichen Mitglieder der Kreisversammlungen beziehn Diäten, und wenn diese fortfielen, so würde ihre Beteiligung in vielen Gegenden sich noch mehr vermindern, so zahlreich auch in andern die ehrenvollen Beispiele vom Gegenteil sein möchten. Vor ungerechter Benachteiligung durch die beiden andern Stände sind die Bauern auch jetzt schon sichergestellt, indem sie durch die *itio in partes* jedem Beschlusse des Kreistages, welcher der Mehrzahl unter den anwesenden Bauern bedenklich erscheint, um so sicherer entgegentreten können, als jeder Kreistagsbeschluss, welcher den Eingesessenen Lasten auferlegt, der Genehmigung der Regierung bedarf; dieselbe wird unzweifelhaft versagt, wenn die Bauern als Stand dem gefassten Beschlusse der Majorität der andern Stände entgegentreten.

Im Lande selbst ist bisher ein Verlangen nach Abänderung der Kreisverfassung, soviel bekannt, nicht zutage getreten, namentlich nicht aus dem Schosse der ländlichen Bevölkerung. Wenn in der Presse Anforderungen der Art auftreten, so muss man sich vergegenwärtigen, dass Zeitungen mehr den Zweck haben, den Wünschen ihrer Redakteure und Eigentümer als dem öffentlichen Wohl zu dienen, und dass man nicht alles, was in einem Blatte steht, als die Ansicht oder das Verlangen derer betrachten kann, welche dieses Blatt halten, sei es aus Gewohnheit oder weil es wohlfeil ist, oder der Annoncen wegen oder weil es interessant geschrieben wird und gute und schnelle Nachrichten hat. Ein dringendes Bedürfnis, eine neue Kreisordnung zu haben, ist im Lande schwerlich vorhanden; sollte sie aber doch gemacht und eingeführt werden, so müsste sie sich wenigstens den tatsächlichen Zuständen der einzelnen Landesteile anpassen, nicht aber nach allgemeinen theoretischen Idealen streben und die ungleichartigsten Elemente in gleiche Formen zwingen.

Im engsten Zusammenhange mit der bisherigen Kreisverfassung steht das Institut der Landräte. Wenn die preussische Verwaltung sich vor der französischen, österreichischen und russischen durch ihre Unbescholtenheit auszeichnet, so verdankt sie diesen Vorzug, neben andern Ursachen, besonders auch dem Umstande, dass die Beamten, welche in unmittelbare Berührung mit dem Volke treten, die Landräte, nicht subalterne Unterpräfekten sind, sondern dem angesehensten und wohlhabendsten Teile der Bevölkerung angehören. Ähnlich wie die Friedensrichter in England gehn die Landräte aus der im Lande angesessenen *gentry* hervor, und ihre Besoldung ist mehr eine Entschädigung für die mit der Führung des

Amtes verknüpften Kosten, als dass sie angewiesen wären, von derselben zu leben. Es ist ein besondrer Vorzug Preussens, dass der Träger dieses Amtes, welches von allen die direktesten Beziehungen und persönlichsten Berührungen mit den Regierten hat, unabhängig von seinem Amte in einer Stellung ist, welche ihn vor der Versuchung der Bestechlichkeit bewahrt und ihm äusserliches Ansehn und Achtung sichert; Bekanntschaft mit den Verhältnissen des Kreises und den Personen seiner Bewohner, lange Ausdauer in einem Amte, von welchem aus in der Regel Beförderungen oder sonstige Versetzungen nicht stattfinden, leichte Zugänglichkeit für jeden und gegenseitiges Vertrauen zwischen den Eingesessenen des Kreises und dem Landrat, dessen Besitz und sonstiges Ergehn von dem Kreise unzertrennlich ist, sind Vorzüge des Instituts der Landräte, wie es bisher in Preussen besteht. Der grösste Teil derselben fällt fort, sobald, wie es einige Jahre lang nach 1848 der Fall war, die Landräte nicht aus den Grundbesitzern des Kreises genommen, sondern die Verwaltung derselben besitzlosen Beamten von ausserhalb übertragen wird, welche kein anderes Band als das der vorübergehenden Anstellung an den Kreis knüpft, welche mit dem dafür ausgeworfenen Gehalt, da sie Equipage halten müssen, nicht leben können, sobald sie verheiratet sind, und zu andern Stellen befördert werden, wenn sie kaum anfangen, den Kreis kennenzulernen und in demselben Vertrauen zu erwerben. Die preussische Verwaltung würde eine der wichtigsten Grundlagen ihrer Überlegenheit über die der deutschen und ausserdeutschen Nachbarstaaten verlieren, wenn dauernd das System aufgegeben würde, die Landratsämter an eingesessene Grundbesitzer des Kreises zu übertragen.

Über die Kommunal- und Provinzial-Landtage lässt sich im ganzen dasselbe sagen wie über die Zusammensetzung der Kreistage; ihr Geschäftskreis ist dem der letztern analog, wenn er auch mit einem grössern Landesteil zu tun hat. Es scheint für die Zwecke dieser nur beratenden und für ihre Beschlüsse der Genehmigung bedürfenden Versammlungen von keiner entscheidenden Wichtigkeit zu sein, ob der eine oder der andre Stand mehr Vertreter erhält, als er jetzt hat; die Ritterschaft möchte in dem Zahlenverhältnis immerhin zugunsten der Landgemeinden beschränkt werden, wenn nur jedem Stande die Möglichkeit bleibt, über seine Interessen gehört zu werden und sich gegen Übervorteilung von seiten einer Majorität der andern durch ein Standesvotum *(itio in partes)* zu schützen, und wenn nur die Versammlungen vor dem Überhandnehmen solcher Mitglieder geschützt werden, welche nicht imstande sind, sich ein eigenes Urteil über die verhandelten Gegenstände zu bilden, und deshalb fremder Leitung und unerspriesslichem Parteigetriebe anheimfallen. Das Festhalten der ständischen Einteilung, mag man auch die Stände als solche oder als Berufsklassen und Bestandteile einer Interessenvertretung betrachten, empfiehlt sich aus mehreren Gründen; zuerst deshalb, weil man Bestehendes nicht beseitigen sollte, ehe man etwas Besseres an dessen Stelle zu setzen weiss. Hebt man die Stände als Grundlage des Wahlmodus auf, so bleibt nach den bisherigen Erfahrungen kein andrer Ersatz als das

Prinzip der Geldherrschaft in Gestalt eines Zensus, bei welchem, nach den Erfahrungen des Drei-Klassen-Systems, die ungleichartigsten Interessen zu gemeinschaftlicher Wahl durcheinandergeworfen, die gleichartigen getrennt werden, so dass es den Zufälligkeiten der Majorität, der augenblicklichen Farbe der öffentlichen Meinung und dem Geschick in Bearbeitung von Wahlversammlungen anheimfällt, in welchem Masse und ob überhaupt jede der grossen Berufsklassen vertreten wird. Beispielsweise hatte in den beiden letzten Kammerdiäten der eigentliche Handelsstand fast gar keine, jedenfalls keine seiner Bedeutung entsprechende Vertretung in den Kammern aufzuweisen, während es in den Provinzial-Landtagen, zu welchen die Städte als Stand wählen, noch niemals an kaufmännischen Kapazitäten für die einschlägigen Arbeiten gefehlt hat. Genau dieselbe Erfahrung hat der Handwerkerstand gemacht, der in den Kammern gar keine, in den Provinzial-Landtagen überall Vertreter hat. In der Nationalversammlung von 1848 traf dasselbe Schicksal den grössern Grundbesitz. Dagegen liefern die Zensuswahlen im Vergleich mit den ständischen eine unverhältnismässige Anzahl von Zivilbeamten, Advokaten, Juristen, Professoren.

Ausser einer grössern Garantie gegen Unterdrückung einzelner Klassen der Untertanen des Königs durch andre gewähren ständische Wahlen den Vorteil, dass sie den Sinn für korporative Verbände erhalten und beleben und dadurch in allen Ständen haltbare Unterlagen eines gesunden Staatslebens gewähren, welches ebensogrosse Garantien für die Selbständigkeit der einzelnen Stände als für die konservative Haltung derselben darbietet. Der grösste Vorzug des frühern ständischen Wahlsystems aber war der, dass durch dasselbe weniger Leute auf die Landtage gewählt wurden, welche ein *Gewerbe* daraus machten, Abgeordnete zu sein, und diese Stellung vorzugsweise als ein Mittel zum Fortkommen im Staatsdienst betrachteten. Die Mitglieder der alten Landtage hatten fast ohne Ausnahme die Absicht, zu bleiben, was sie waren, kehrten gern und möglichst bald in ihre bürgerlichen Verhältnisse zurück, ohne den Wunsch, vermöge ihrer Stellung als Abgeordnete Karriere zu machen. Allerdings hatte diese Erscheinung nicht bloss in dem Wahlsystem ihren Grund, sondern auch in dem geringern Masse ständischer Rechte. Sobald die Kammern verfassungsmässig stärker sind als die Krone, wird es niemals an Abgeordneten fehlen, welche eine Majorität zu gewinnen suchen, nicht um dem Lande, sondern um sich selbst zu nützen, und bei dem parlamentarischen Kampf um die höchste Gewalt werden die Interessen des Vaterlandes der Regel nach nur Vorwand und Mittel, nicht aber Zweck sein, wenigstens so lange, als die Menschen nicht sehr viel besser und weiser werden, als sie in den 4000 Jahren bekannter Geschichte gewesen sind. Der grosse Vorzug monarchischer Verfassung ist, dass ein König in seinem Lande nicht *mehr* werden kann, als er ist, dass seine Stellung ihn über die Versuchungen des gewöhnlichen Ehrgeizes erhebt und ihn von kleinlichen Personalinteressen frei erhält. England ist für die kontinentalen Staaten ein irreleitendes Vorbild gewesen. Abgesehen von seiner gesicherten Lage nach aussen hin, hat England vielleicht 60000 Männer, welche durch ihr Vermögen unabhängig genug sind, um sich, wenn sie wollen, dem parlamentarischen Leben zu widmen, ohne an ihren Privatgeschäften Schaden zu leiden und ohne ihre politische Tätigkeit als Mittel zum persönlichen Fortkommen und Gelderwerb zu betrachten. Man muss wohlhabend sein, um ohne Diäten als Parlamentsmitglied leben und die Wahlkosten bestreiten zu können; wohlhabende Leute aber haben meistens ein Interesse an Erhaltung des Bestehenden oder an *besonnener* Fortbildung. Die Wahlen sind noch heut der Majorität nach von den reichen Klassen, insbesondre von der grundbesitzenden *gentry* (Ritterschaft) abhängig, denn unter den etwa 900000 Wählern ist nicht der vierte Teil so selbständig, dass er ohne Rücksicht auf Höherstehende wählen könnte. Übrigens hat die *neue* Verfassung, seit der Reformbill, noch keine lange Probe bestanden, namentlich nicht in europäischen Kriegen von grossem Massstabe. In der ältern Verfassung war die Oligarchie noch stärker ausgeprägt und hatte man nur *zwei* grosse Aristokraten-Parteien, die sich am Ruder abwechselten, so dass entweder Whigs oder Tories eine sichere Majorität im Parlament besassen. Jetzt hat man in England wie in Deutschland vier bis sechs Parteien, und aus welcher von diesen man auch das Ministerium wählen mag, man läuft in England wie in Preussen Gefahr, die übrigen Parteien, also die Majorität, gegen sich zu haben oder sich mit einem in sich uneinigen und deshalb gelähmten Koalitionsministerium begnügen zu müssen. Ausserdem bringt man bei Anpreisung der englischen Verfassung gewöhnlich nicht in Anschlag, dass England, ungeachtet aller erwähnten, bei uns nicht vorhandenen günstigen Vorbedingungen für konstitutionelles Leben, in seiner glänzendsten Periode, zur Zeit der Pitt und Fox, mehr *trotz* der Verfassung, das heisst durch Bestechung und Gewalt, als in Einklang mit der Verfassung regiert wurde.

Preussen ist keineswegs durch Liberalismus und Freigeisterei gross geworden, sondern durch eine Reihe von kräftigen, entschlossenen und weisen Regenten, welche die militärischen und finanziellen Kräfte des Staates sorgfältig pflegten und schonten, sie aber auch in eigner, selbstherrschender Hand zusammenhielten, um sie mit rücksichtslosem Mute in die Waagschale der europäischen Politik zu werfen, sobald sich ein günstiger Moment dazu darbot. Dieses System müssen wir auch noch ferner beibehalten, wenn die Monarchie zu einem haltbaren Abschluss gelangen soll. Der parlamentarische Liberalismus kann dabei als vorübergehendes Mittel zum Zweck dienen, aber er kann nicht selbst der Zweck unsres Staatslebens sein. Es ist ein unzweifelhaft gerechter Anspruch, dass jeder Preusse den Grad von Freiheit geniesse, welcher mit der öffentlichen Wohlfahrt und mit der Laufbahn, welche Preussen in der europäischen Politik zu machen hat, verträglich ist, aber mehr nicht. Diese Freiheit kann man auch ohne parlamentarische Regierung haben, und bei der Stufe geistiger Entwicklung, auf welcher Preussen steht, gehört Missbrauch der königlichen Gewalt zu den unwahrscheinlichsten Dingen; vielmehr lässt sich eher von der Krone als von den wetterwendischen Ereignissen der Kammerabstimmungen Schutz für Recht und Freiheit erwarten. Lange vor 1848 und ehe man an konstitutionelle Regierungen auf dem Kontinent dachte, ist in Preussen das *suum cuique* eine Wahrheit und das Königtum ein Hort der Gerechtigkeit, ein Schutz für die Freiheit der Einzelnen wie der Gemeinden und eine Quelle weiser Verwaltung gewesen.

Es ist wahr, dass der gute Ruf und die unzweifelhaften Erfolge der preussischen Bürokratie diese zur Überschätzung, Einseitigkeit und zu dem Bestreben, mehr wie nötig zu regieren, geführt haben. Diese Krankheit wies auf eine Lükke hin, welche auszufüllen Aufgabe der Landesvertretung ist, indem diese ein Gegengewicht gegen Überhebung der Beamten, ein Korrektiv für einseitige und unpraktische Theorien derselben und einen Schutz gegen die Gefahren abgibt, welche aus dem Zustande unsrer wissenschaftlichen Bildungsanstalten entstehn. In ihnen erhalten unsre Beamten einen so hohen Grad von Bildung wie vielleicht in keinem andern Staate, aber auch leicht für das ganze Leben ein Gepräge skeptischer Kritik, welches auf dem Gebiete der Religion zum Unglauben, auf dem der Politik zum antiken Republikanismus führt. Tritt hierzu Unzufriedenheit mit später Versorgung, langsamer Beförderung und dem ganzen praktischen Resultate einer so langen, mühsamen und kostspieligen Vorbildung, so begreift man, wie leicht unsre Beamten aus Dienern der Krone zu deren Gegnern werden, indem sie sich von Veränderungen in der Lage des Landes Verbesserung der eignen versprechen. Gegen diese Gefahren findet die Krone und das Land einen Stützpunkt in der Kontrolle und Gegenwirkung, welche durch die Landesvertretung auf die Beamtenschaft geübt wird. Soll aber die Gefahr nicht von dieser Vertretung selbst ausgehn, so darf letztre keinen herrschenden und aggressiven, sondern muss einen wesentlich *defensiven* Charakter haben. Sie muss mit den Mitteln ausgerüstet sein, neue Gesetze und neue Steuern vom Lande abzuwehren und eine kontrollierende Kritik über das Regierungssystem, namentlich den Finanzhaushalt und die innre Verwaltung, auszuüben, aber sie muss niemals die Macht haben, die Krone wider den Willen des Königs zu Handlungen zu nötigen oder deren Minister zu verdrängen, sonst wird sie diese Macht unfehlbar missbrauchen. Die Krone muss die volle Freiheit behalten, jede Änderung des bestehenden Rechtszustandes zu hindern und sich von den Kammern weder Minister noch politische Systeme aufdrängen zu lassen. Dazu ist vor allen Dingen notwendig, dass weder das ganze Budget *noch ein Teil desselben* von den Kammern verweigert werden kann; sondern solange Krone und Kammern sich nicht über Abänderungen einigen, muss das alte Budget fortbestehen und dieses Festhalten des Bestehenden das einzige Zwangsmittel des einen Teils gegen den andern bilden. Sehr bedenklich wäre es, *einen Teil* des Staatshaushaltes von jährlicher Bewilligung abhängig zu machen. Dieser Teil würde immer, wenn er auch auf ein paar Millionen sich reduzierte, wichtig genug sein, um das Fortbestehn eines Kabinettes, auch wenn es das Vertrauen Sr. Majestät hätte, so gut wie unmöglich zu machen, und man würde mit viel grösserer Leichtigkeit zur Verwerfung dieses beweglichen Teiles der Ausgaben schreiten, weil dieselbe unschädlicher und durch das Gesetz ausdrücklich dargeboten erscheinen würde.

Augenblicklich liegt unsre Verfassung, vermöge ihres Wortlautes und der praktischen Auslegung, welche derselbe seit 3 Jahren gefunden hat, günstig genug, denn man behält in der Tat das alte Budget bei, solange kein neues zustande gekommen ist, und so gut man das Wochen und Monate lang tut, kann es auch länger geschehn, wenn die Umstände es erfordern; man muss nur die Gewohnheit allmählich weiter ausbilden.

Es scheint unter diesen Umständen in der Tat nicht dringend, mit der Einbringung konstituierender Gesetze vorzugehn. Seit 5 Jahren ist das Land fast ununterbrochen in der Erregung erhalten worden, von welcher fortgesetztes Diskutieren der wichtigsten Grundlagen des Staatslebens notwendig begleitet ist. Wir bedürfen der Ruhe, der Prüfung dessen, was wir haben, am Massstabe der Erfahrung und namentlich *kürzerer Kammersessionen*, denn grade die besten Elemente der Kammern, diejenigen Abgeordneten, welche eigne und erhebliche bürgerliche Geschäftskreise haben, können nicht die Hälfte jedes Jahres in der Kammer zubringen, sondern werden schliesslich das Feld solchen überlassen, welche ein Gewerbe und ein Mittel zum Fortkommen aus dem Kammerleben machen. Die Verfassungsarbeiten nehmen den besten Teil der Zeit fort, und im Grunde kommen, solange die Zeiten ruhig sind, bei jedem Wahlgesetz im grossen und ganzen dieselben Personen wieder in die Kammer. Die Zusammensetzung der heutigen Zweiten Kammer unterscheidet sich nicht sehr wesentlich von der der Zweiten Kurie des Vereinigten Landtages, nur sind weniger Bauern und mehr Juristen darin. Das Rezept, nach welchem eine Kammer komponiert wird, gewährt niemals *die* Garantie, welche allein in dem Masse der Rechte liegt, welche den Kammern gegenüber der Krone eingeräumt werden. Deshalb sollte in der bevorstehenden Kampagne das Streben des Ministeriums weniger dahin gerichtet sein, neue Wahlordnungen oder sonstige konstituierende Gesetze durchzubringen, als auf dem Boden der bestehenden Verfassung durch Praxis, Auslegung und kleinere Reformen den Kammern soviel Terrain abzugewinnen, als die Regierung zu ihrer Unabhängigkeit und freien Bewegung bedarf, namentlich aber den Gebrauch zu befestigen und auszubilden, dass das alte Budget fortbesteht, solange nicht ein neues mit Einwilligung der *Krone* zustande kommt.

Die Befürchtung, dass Preussens Krone darauf ausgehe, das ganze Verfassungsleben des Landes mit Staatsstreichen wieder über Bord zu werfen, wird in Preussen und in *Deutschland* weniger Nahrung aus dem vorgeschlagnen System saugen, als aus der Einbringung neuer, die Grundlagen der jetzigen Verfassung in Frage stellenden Gesetzvorlagen. In unsrer deutschen Politik aber bedürfen wir des Rufes, an der Verfassung festhalten zu wollen, wenn wir uns nur davor hüten, bei den übrigen Bundes*regierungen* in den Verdacht liberalistischer Propaganda zu geraten, hinter welcher sich Unions- und Mediatisierungsgelüste bergen könnten. Für jetzt scheint es empfehlenswert, den reaktionären Bestrebungen der kleinern Fürsten nicht entgegenzutreten, sie sogar zur Wiedergewinnung des Vertrauens mit Vorsicht zu unterstützen, innerhalb Preussens aber freie Bewegung in den oben angedeuteten Grenzen zu gestatten. Vor allen Dingen sollten unsre Minister ihre eigne Zeit weniger an die Kammern verschwenden. Dazu ist die Abkürzung der Sessionen nötig und Herabstimmung der Wichtigkeit, welche man den einzelnen Abstimmungen und dem Detail der Verhandlungen beilegt. Die Minister eines so mächtigen Monarchen wie der König von Preussen haben mehr zu tun, als 6 Monat lang täglich den ganzen Arbeitstag hindurch Reden anzuhören, welche nichts Neues sagen, und sich im Wortgefecht gegen plumpe und wohlfeile Angriffe zu wehren. *Der Regel nach* müssten nur Kommissarien jedes Ministers sich an der laufenden Debatte beteiligen.

Unschuld und Wurschtigkeit

An die Schwester

(Frankfurt, 22. Dezember 1853)

Während ich genötigt bin, in der Sitzung einen ganz unglaublich langweiligen Vortrag meines, mit Erlaubnis zu sagen, Darmstädtischen Kollegen über die anarchischen Zustände in Ober-Lippe anzuhören, dachte ich darüber nach, wie ich diesen Moment utilisieren könnte, und als hervorragendstes Bedürfnis meines Herzens stellte sich ein Erguss brüderlicher Gefühle heraus. Es ist eine sehr achtungswerte, aber wenig unterhaltende Tafelrunde, die mich hier an einem grünbehangenen, etwa 20 Fuss im Durchmesser haltenden kreisrunden Tische, im Parterre des Taxischen Palais mit Aussicht auf Garten, umgibt. Der durchschnittliche Schlag ist etwa der wie Malzen und Linden in Berlin, die haben ganz bundestäglichen *pli.* Meine Lage wird etwas erschwert durch das Kreuzfeuer von Atem, dem ich zwischen meinen Nachbarn * und * ausgesetzt bin. Der Geruch des erstern wird Dir noch in Erinnerung sein, es ist eine kräftige Mischung von unausgespülten hohlen Zähnen und mit etwas Rippe, wenn er den Rock öffnet. Der andre liefert den unverfälschten Ausdruck verdorbnen Magens vor dem Essen, die unausbleibliche Wirkung der Kombination häufiger und schwerer *dîners* bei geringer Körperbewegung, der natürliche Geruch der Diplomaten und Hofmarschälle. Ausser den Sitzungen geht es mir übrigens ganz gut; Johanna und Kinder sind wohl, erstre behauptet es wenigstens von sich, obschon sie durch das zweimalige Nähren und das Schlafen mit den kleinen Schreihälsen zusammen doch sehr in ihren Kräften zurückgekommen ist. Ich jage ziemlich fleissig, auf Jagden, wo der Einzelne 6 bis 15 Hasen und einige Fasanen schiesst, seltner einen Rehbock oder Fuchs, und mitunter ein Stück Rotwild in bedeutender Entfernung sieht. Die Zeit dazu habe ich dadurch gewonnen, dass ich sehr viel fauler bin als im vorigen Jahre, weil mein Fleiss in Berlin kein Echo oder Resultat findet. Auch sozial bin ich sehr viel zurückhaltender geworden, nachdem man mir diverse, allen meinen Vorgängern gewährte Kanzlei-Emolumente entzogen und mich genötigt hat, etwa 1000 Taler auf meine Tasche zu übernehmen, die früher der Staat trug. Sogar die Pensionierung eines entbehrlichen Kanzleigreises hat mir *Fra Diavolo* [Manteuffel] abgeschlagen, so dass ich täglich mit mir kämpfe, ob ich diesen hier seit einem Menschenalter als preussischer Kanzleidiener bekannten Ehrenmann hülflos auf den Bettel schicken oder ferner auf eigne Kosten unterstützen soll. *Diavolo* ist überhaupt lange nicht mehr so liebenswürdig für mich wie früher, er hört auf alle mögliche erlogne Klatschereien und lässt sich immer einreden, ich strebte nach seiner Erbschaft; während ich froh bin, wenn man mich da lässt, wo ich bin. Ich gewöhne mich daran, im Gefühle gähnender Unschuld alle Symptome von Kälte zu ertragen und die

Stimmung gänzlicher Wurschtigkeit in mir vorherrschend werden zu lassen, nachdem ich den Bund allmählich mit Erfolg zum Bewusstsein des durchbohrenden Gefühles seines Nichts zu bringen nicht unerheblich beigetragen zu haben mir schmeucheln darf. Das bekannte Lied von Heine, o Bund, du Hund, du bist nicht gesund pp., wird bald durch einstimmigen Beschluss zum Nationalliede der Teutschen erhoben werden. *A propos* von Musik, Therese Milanollo hat meine Gattin in krankhaftes Entzükken versetzt. Unsre Gesellschaft hat auch ihre orientalische Frage. Frau von Vrints spielt in derselben bisher die dominierende Rolle und lässt sich durch dieses Bewusstsein verleiten, der Gesellschaft eine *Lady Rollington* oktroyieren zu wollen, eine frühere Schönheit, von guter Familie, die aber durch den Soff (Schnaaaps, Schnahps) und Besuchen schlechter Gesellschaft heruntergekommen ist, so dass sie nur für Deutsche noch gut genug gilt. Diese bringt mir Frau von V. zum Ball mit, wo ich ganz verblüfft war über die Erscheinung dieser ausschlagkranken, nach Cognac riechenden Dame, deren Fleischlichkeiten in unanständiger Ausdehnung aus einer sehr prachtvollen Toilette quollen. Ich gab der Einführerin demnächst in gemässigter Form meine Missbilligung über ihre Geschmackesrichtung zu erkennen, und auf den nächsten *rout,* bei Bayern, wurde Mylady nicht eingeladen. Darüber Notenwechsel, die Vrints versuchte die bayrische Dame zu menschikoffen, Szenen bei *dîners,* Tränen, Krämpfe, vollständiger Bruch, aber doch Verhinderung wirklicher Tätlichkeiten. Sämtliche Bundesfrauen nahmen für ihre Kollegin Partei, gaben Oppositionstees ohne die Vrints, und die Spaltung wird sich verewigen, wenn nicht die Unfähigkeit des männlichen Bayern, ohne die Vrintssche Whistpartie zu existieren, einen Anknüpfungspunkt für friedliche Bestrebungen darbietet. Dies ist die herrschende Tagesfrage, trotz Weihnachten, Milanollo und französischer Hofmäntel. Um den Orient kümmert sich hier niemand, mögen die Russen und die Türken in die Zeitung setzen, was sie wollen, man glaubt hier weder an Land- noch Seegefechte und bestreitet die Existenz von Sinope, Kalafat und Chefketil. Theodor Stolberg vermisse ich übrigens schmerzlich als Machinisten gesellschaftlicher Inszenierung. Sein Nachfolger Bork ist viel weniger Windkutscher und hat viel mehr gelernt, ist aber so wesentlich zur Zierde kleiner Kavalrie-Garnisonen oder höherer Landjunkerkreise prädestiniert, dass ich daran verzweifle, ihm eine salonmässige Aisance in Jahresfrist beizubringen. Sein Exerzier-Unteroffizier muss ein Schneider sein, sie haben ihm nicht einmal den Kopf aufrecht gerückt und die Kunst des Stehens beigebracht, und einen so grässlichen Respekt scheint er vor mir zu haben, dass wir gar nicht auf bequemem Fuss gelangen können.

Endlich hat Darmstadt zu lesen aufgehört, und ich stürze gerührt in Deine Arme und wünsche Dir ein frohes Fest. [...]

Selbstmord aus Furcht vor dem Tode?

An Leopold v. Gerlach

(Frankfurt, 9. April 1854)

Einige Briefe, die ich aus den ministeriellen Regionen erhalte, beunruhigen mich aufs äusserste; ich muss danach annehmen, dass wir uns von Österreich bereden lassen, mit ihm zusammen die Erstlinge eines neuen Rheinbundes zu werden, indem wir uns, aus Feigheit, zur Aktion gegen Russland fortreissen lassen. Bei meiner Abreise lag die Politik so, dass wir Österreich durch enges Bündnis mit ihm halten und kalmieren konnten und dabei ganz Deutschland neben uns hatten. Lassen wir aber dieses Bündnis von Wien aus dazu benutzen, dass wir zum Schrecken aller übrigen Bundesregierungen von der Bankruttierer- und Aventürier-Politik des Ministers Bach fortgerissen werden, so sehe ich nicht ein, welchen Zweck unsre verschwenderische Passion für Österreich haben kann; ich sehe dann in diesem Schutz- und Trutzbündnis nur das Resultat einer Furchtsamkeit, deren ich mich als Preusse schäme, sobald wir nicht durch dasselbe der österreichischen Rheinbundpolitik Zaum und Zügel anlegen. Kein Mensch glaubte hier auch nur einen Augenblick daran, dass Österreich sich *ohne uns* den Westmächten anschliessen werde; wenn ich Befürchtungen darüber äussere, so erblickt man darin nur eine Beschönigung unsrer eignen Lust, mit Frankreich zu gehn. Haben wir uns wirklich zu einer derartigen Politik von Österreich bereden lassen, so haben wir wieder einmal das Vertrauen der deutschen Regierungen in uns ruiniert, die hofften, dass wir die Courage haben würden, Österreich in bessern Wegen zu erhalten; dass wir es können, bezweifelt niemand. Eine feige Politik hat noch immer Unglück gebracht; dass wir unsre Kraft wie ein gutmütiger Narr dem Egoismus Österreichs hingeben, um uns schliesslich von ihm bemogeln zu lassen, ist noch das wenigste; brechen wir aber wirklich auf dem Wege dieser Bedientenpolitik, Fremden zuliebe, mit Russland, so kostet es den Franzosen ein Wort der Annäherung an Russland, und die sämtlichen deutschen Regierungen fallen ihnen zu, wir und Österreich aber sind die *dupes* in der Falle, und England zuckt die Achseln. Die Leichtigkeit, die Frankreich vermöge seiner geographischen Lage und seiner Interessen hat, sich mit Russland zu verständigen, macht den Louis Nap. zum Herrn der Situation, sobald unser erster Schuss gegen Russland gefallen ist. Dabei würde die Wendung *gegen* England bei den Franzosen begeistert populär sein. Das alles scheint mir so mathematisch klar, dass ich gar nicht begreife, wie wir uns verblenden lassen können, aus Furcht vor dem Tode Selbstmord zu treiben, denn das ist es, was wir tun. In Österreich ist die ganze Angelegenheit ebensogut ein Spiel der innern Parteien wie bei uns. Bach, die Ministerial-Juden, Hübner, der ganze österreichische Bonapartismus fürchten den Sieg der Altkonservativen, wenn es ihnen nicht gelingt, den Kaiser zum Bruch mit Russland zu bringen, und der Kaiser wird mit seiner Abneigung gegen die Altkonservativen gekirrt, den Juden zu folgen. Prokesch muss ich die Gerechtigkeit widerfahren lassen, dass er die antirussische Kriegspartei in Wien für die Verderber Österreichs hält. Ich dachte, wir würden Österreich vor der Pression Frankreichs sicherstellen, ihm Garantien von Russland schaffen und es dadurch ruhig erhalten; dafür hätten uns alle deutschen Regierungen die Hände geküsst. Statt dessen lassen wir uns selbst fortreissen. Ich hoffe, es ist nicht wahr; wäre es doch, so muss ich sagen, dass wir nicht imstande sind, auf der mässigsten Höhe zu stehn, ohne schwindlig zu werden und ohnmächtig in die Arme des nächsten nervenstärkeren Menschen zu sinken. [...]

Preussen und Deutschland nach 1848

Aus «Erinnerung und Gedanke»

Der latente deutsche Gedanke Friedrich Wilhelms IV. trägt mehr als seine Schwäche die Schuld an den Misserfolgen unsrer Politik nach 1848. Der König hoffte, das Wünschenswerte würde kommen, ohne dass er seine legitimistischen Traditionen zu verletzen brauchte. Wenn Preussen und der König gar keinen Wunsch nach irgend etwas gehabt hätten, was sie vor 1848 nicht besassen, sei es auch nur nach einer historischen *mention honorable,* wie es die Reden von 1840 und 1842 vermuten liessen; wenn der König keine Ziele und Neigungen gehabt hätte, für deren Verfolgung eine gewisse Popularität nützlich war: was hätte ihn dann abgehalten, nachdem das Ministerium Brandenburg festen Fuss gefasst, den revolutionären Errungenschaften im Innern Preussens in ähnlicher Weise entgegenzutreten wie dem badischen Aufstande und dem Widerstande einzelner preussischer Provinzialstädte? Der Verlauf dieser Erhebungen hatte auch denen, die es nicht wussten, gezeigt, dass die militärischen Kräfte zuverlässig waren; in Baden hatte sogar die Landwehr aus Distrikten, die für unsicher galten, ihre Schuldigkeit nach Kräften getan. Die Möglichkeit einer militärischen Reaktion, die Möglichkeit, wenn man einmal eine Verfassung oktroyierte, das zugrunde gelegte belgische Formular schärfer, als geschehn ist, im monarchischen Sinne zu amendieren, lag ohne Zweifel vor. Die Neigung, dieselbe auszunutzen, muss im Gemüte des Königs zurückgetreten sein vor der Besorgnis, dasjenige Mass von Wohlwollen in nationaler und liberaler Richtung zu verlieren, auf welchem die Hoffnung beruhte, dass Preussen ohne Krieg und in einer mit legitimistischen Vorstellungen verträglichen Weise das Vorgewicht in Deutschland zufallen würde.

Diese Hoffnung oder Erwartung, die bis in die «Neue Ära» hinein in Phrasen von dem deutschen Berufe Preussens und von moralischen Eroberungen einen schüchternen Ausdruck fand, beruhte auf dem doppelten Irrtum, der vom März 1848 bis zum Frühjahr des folgenden Jahres in Sanssouci wie in der Paulskirche bestimmend war; einer *Unter*schätzung der Lebenskraft der deutschen Dynastien und ihrer Staaten und einer *Über*schätzung der Kräfte, die man unter dem Wort Barrikade zusammenfassen kann, so dass darunter alle die Barrikade vorbereitenden Momente, Agitation und *Drohung* mit dem Strassenkampfe, begriffen sind. Nicht in diesem selbst lag die Gefahr des Umsturzes, sondern in der Furcht vor demselben. Die mehr oder weniger phäakischen Regierungen waren im März, ehe sie den Degen gezogen hatten, geschlagen, teils durch die *Furcht* vor dem Feinde, teils durch die innere Sympathie ihrer Beamten mit demselben. Immerhin wäre es für den König von Preussen an der Spitze der Fürsten leichter gewesen, durch Ausnutzung des Sieges der Truppen in Berlin ein deutsches Einheitsgebilde herzustellen, als es nachher der Paulskirche geworden ist; ob die Eigentümlichkeit des Königs nicht eine solche Herstellung auch bei Festhalten dieses Sieges gehindert oder das Hergestellte, wie Bodelschwingh im März fürchtete, wieder unsicher gemacht haben würde, ist allerdings schwer zu beurteilen. In den Stimmungen in seinen letzten Lebensjahren, wie sie auch aus den Aufzeichnungen Leopold Gerlachs und aus anderen Quellen ersichtlich sind, steht die ursprüngliche Abneigung gegen konstitutionelle Einrichtungen, die Überzeugung von der Notwendigkeit eines grösseren Masses freier Bewegung der königlichen Gewalt als das in der Preussischen Verfassung gegebene wieder im Vordergrunde. Der Gedanke, die Verfassung durch einen «Königlichen Freibrief» zu ersetzen, war in der letzten Krankheit noch lebendig.

Die Frankfurter Versammlung, in demselben doppelten Irrtum befangen, behandelte die *dynastischen* Fragen als überwundenen Standpunkt, und mit der theoretischen Energie, welche dem Deutschen eigen ist, auch in betreff Preussens und Österreichs. Diejenigen Abgeordneten, welche in Frankfurt über die Stimmung der preussischen Provinzen und der deutsch-österreichischen Länder kundige Auskunft geben konnten, waren zum Teil interessiert bei der Verschweigung der Wahrheit; die Versammlung täuschte sich, ehrlich oder unehrlich, über die Tatsache, dass im Falle eines Widerspruchs zwischen einem Frankfurter Reichstagsbeschluss und einem preussischen

Königsbefehl der erstere bei sieben Achtel der preussischen Bevölkerung leichter oder gar nicht ins Gewicht fiel. Wer damals in unsern Ostprovinzen gelebt hat, wird heut noch die Erinnerung haben, dass die Frankfurter Verhandlungen bei allen den Elementen, in deren Hand die materielle Macht lag, bei allen denen, welche in Konfliktsfällen Waffen zu führen oder zu befehlen hatten, nicht so ernsthaft aufgefasst wurden, wie es nach der Würde der wissenschaftlichen und parlamentarischen Grössen, die dort versammelt waren, hätte erwartet werden können. Und nicht nur in Preussen, sondern auch in den grossen Mittelstaaten hätte damals ein monarchischer Befehl, der die Masse der Fäuste dem Fürsten zu Hülfe aufrief, falls er erfolgte, eine ausreichende Wirkung gehabt; nicht überall in dem Masse, wie es in Preussen der Fall war, aber doch in einem Masse, welches überall dem Bedürfnis materieller Polizeigewalt genügt haben würde, wenn die Fürsten den Mut gehabt hätten, Minister anzustellen, welche ihre Sache fest und offen vertraten. Es war dies im Sommer 1848 in Preussen nicht der Fall gewesen; sobald aber im November der König sich entschloss, Minister zu ernennen, welche bereit waren, die Kronrechte ohne Rücksicht auf Parlamentsbeschlüsse zu vertreten, war der ganze Spuk verschwunden und nur noch die Gefahr vorhanden, dass der Rückschlag über das vernünftige Mass hinausgehen werde. In den übrigen norddeutschen Staaten kam es nicht einmal zu solchen Konflikten, wie sie das Ministerium Brandenburg in einzelnen Provinzialstädten zu bekämpfen hatte. Auch in Bayern und Württemberg erwies sich das Königtum trotz antiköniglicher Minister schliesslich stärker als die Revolution.

Als der König am 3. April 1849 die Kaiserkrone ablehnte, aber aus dem Beschlusse der Frankfurter Versammlung «ein Anrecht» entnahm, dessen Wert er zu schätzen wisse, war er dazu hauptsächlich bewogen durch den revolutionären oder doch parlamentarischen Ursprung des Anerbietens und durch den Mangel eines staatsrechtlichen Mandats des Frankfurter Parlaments bei mangelnder Zustimmung der Dynastien. Aber auch wenn alle diese Mängel nicht, oder doch in den Augen des Königs nicht vorhanden gewesen wären, so würde unter ihm eine Fortbildung und Kräftigung der Reichs-Institutionen, wie sie unter Kaiser Wilhelm stattgefunden hat, kaum zu erwarten gewesen sein. Die Kriege, welche der letztere geführt hat, würden nicht ausgeblieben sein, nur würden sie nach der Konstituierung des Kaisertums, als Folge desselben, und nicht vorher, das Kaisertum vorbereitend und herstellend, zu führen gewesen sein. Ob Friedrich Wilhelm IV. zur rechtzeitigen Führung derselben hätte bewogen werden können, weiss ich nicht; es war das schon schwierig bei seinem Herrn Bruder, in welchem die militärische Ader und das preussische Offiziersgefühl vorwiegend war.

Wenn ich die damaligen preussischen Zustände, persönliche und sachliche, als nicht reif zur Übernahme der Führung in Deutschland in Krieg und Frieden bezeichne, so will ich damit nicht gesagt haben, dass ich damals die Voraussicht davon mit derselben Klarheit gehabt habe, wie heut im Rückblick auf eine 40jährige seitdem verflossene Entwicklung. Meine damalige Befriedigung über die Ablehnung der Kaiserkrone durch den König lag nicht in der vorstehenden Beurteilung seiner Person, eher in einer stärkeren Empfänglichkeit für das Prestige der preussischen Krone und ihres Trägers, noch mehr aber in dem instinktiven Misstrauen gegen die Entwicklung seit den Barrikaden von 1848 und ihren parlamentarischen Konsequenzen. Den letzteren gegenüber war ich mit meinen politischen Freunden unter dem Eindruck, dass die leitenden Männer in Parlament und Presse das Programm «es muss alles ruiniert werden» zum Teil bewusst, zum grösseren Teile unbewusst förderten und ausführten und dass die vorhandenen Minister nicht die Männer waren, welche die Bewegung leiten oder hemmen konnten. Mein Standpunkt dazu unterschied sich damals nicht wesentlich von dem noch heut in Kraft stehenden eines parlamentarischen Fraktionsmitgliedes, begründet auf Anhänglichkeit an Freunde und Misstrauen resp. Feindschaft gegen Gegner. Die Überzeugung, dass der Gegner in allem, was er vornimmt, im besten Falle beschränkt, wahrscheinlich aber böswillig und gewissenlos ist, und die Abneigung, mit den eignen Fraktionsgenossen zu dissentieren und zu brechen, beherrscht noch heut das Fraktionsleben; und damals waren die Überzeugungen, auf welchen diese dem Staatsleben gefährlichen Erscheinungen beruhen, sehr viel lebhafter und ehrlicher, als sie heut sind. Die Gegner kannten sich damals wenig, sie haben seitdem 40 Jahre lang Gelegenheit gehabt, sich kennenzulernen, da der Personalbestand der im Vordergrunde stehenden Parteimänner sich nur langsam und wenig zu ändern pflegt. Man hielt sich damals wirklich gegenseitig für entweder dumm oder schlecht, man hatte wirklich die Gefühle und Überzeugungen, die man heutzutage behufs Einwirkung auf die Wähler und auf den Monarchen zu haben *vorgibt,* weil sie zu dem Programm gehören, auf welches hin man in einer bestimmten Fraktion Dienst genommen hat, «eingesprungen» ist, indem man an deren Berechtigung geglaubt und ihren Führern vertraut hat. Das politische Strebertum hat heut mehr Anteil an dem Bestehen und Verhalten der Fraktionen als vor 40 Jahren; die Überzeugungen waren damals aufrichtiger und ungeschulter, wenn auch die Leidenschaften, der Hass und die gegenseitige Missgunst der Fraktionen und ihrer Führer, die Neigung, die Landesinteressen den Fraktionsinteressen zu opfern, heut vielleicht stärker entwickelt sind. *En tout cas le diable n'y perd rien.* Byzantinismus und verlogene Spekulation auf Liebhabereien des Königs wurden wohl in kleinen höheren Kreisen betrieben, aber bei den parlamentarischen Fraktionen war der Wettlauf um die Gunst des Hofes noch nicht im Gange; der Glaube an die Macht des Königtums irrtümlicherweise meist geringer als der an die eigene Bedeutung; man fürchtete nichts mehr, als für servil oder für ministeriell zu gelten. Die einen strebten, nach eigner Überzeugung das Königtum zu stärken und zu stützen, die andern glaubten, ihr und des Landes Wohl in Bekämpfung und Schwächung des Königs zu finden; es liegt darin ein Beweis, dass, wenn nicht die Macht, doch der Glaube an die Macht des preussischen Königtums damals schwächer war als heutzutage. Die Unterschätzung der Macht der Krone erlitt auch durch die Tatsache keine Änderung, dass der persönliche Wille eines nicht sehr willensstarken Monarchen wie Friedrich Wilhelm IV. hinreichte, der ganzen deutschen Bewegung durch Ablehnung der Kaiserkrone die Spitze abzubrechen, und dass die sporadischen Aufstände, welche demnächst für die Durchführung nationaler Wünsche ausbrachen, von der königlichen Gewalt mit Leichtigkeit unterdrückt wurden.

Die günstige Situation, welche für Preussen in der kurzen Zeit von der Niederlage des Fürsten Metternich in Wien bis zum Rückzuge der Truppen aus Berlin bestanden hatte, erneuerte sich, wenn auch in schwächeren Umrissen, dank der Wahrnehmung, dass der König und sein Heer nach allen Missgriffen noch stark genug waren, den Aufstand in Dresden niederzuwerfen und das Drei-Königs-Bündnis zustande zu bringen. Eine schnelle Ausnutzung der Lage im nationalen Sinne war vielleicht möglich, setzte aber klare und praktische Ziele und entschlossnes Handeln voraus. Beides fehlte. Die günstige Zeit ging verloren mit Erwägungen von Einzelheiten der künftigen Verfassung, unter denen eine der breitesten Stellen die Frage von dem Gesandtschaftsrecht der deutschen Fürsten neben dem des Deutschen Reiches einnahm. Ich habe damals in den mir zugänglichen Kreisen am Hofe und unter den Abgeordneten die Ansicht vertreten, dass das Gesandtschaftsrecht nicht die Wichtigkeit habe, die man ihm beilegte, sondern der Frage von dem Einflusse der einzelnen Bundesfürsten im Reiche oder im Auslande untergeordnet sei. Wäre der Einfluss eines solchen auf die Politik gering, so würden seine Gesandtschaften im Auslande den einheitlichen Eindruck des Reiches nicht abschwächen können; bliebe sein Einfluss auf Krieg und Frieden, auf die politische und finanzielle Leitung des Reiches oder auf die Entschliessungen fremder Höfe stark genug, so gebe es kein Mittel, zu verhindern, dass fürstliche Korrespondenzen oder irgendwelche mehr oder weniger distinguierte Privatleute, bis in die Kategorie der internationalen Zahnärzte hinein, die Träger politischer Verhandlungen würden.

Mir schien es damals nützlicher, anstatt der theoretischen Erörterungen über Verfassungsparagraphen die vorhandene lebenskräftige preussische Militärmacht in den Vordergrund zu stellen, wie es gegen den Aufstand in Dresden geschehen war und in den übrigen ausserpreussischen Staaten hätte geschehen können. Die Dresdener Vorgänge hatten gezeigt, dass in der sächsischen Truppe Disziplin und Treue unerschüttert waren, sobald die preussische Verstärkung die militärische Lage haltbar machte. Ebenso erwiesen sich bei den Kämpfen in Frankfurt die hessische, in Baden die mecklenburgische Truppe zuverlässig, sobald sie überzeugt waren, dass eine bewusste Leitung stattfand und einheitliche Befehle gegeben wurden, und sobald man ihnen nicht zumutete, sich angreifen zu lassen und sich nicht zu wehren. Hätte man damals von Berlin aus die eigne Armee rechtzeitig und hinreichend verstärkt und mit ihr die Führung auf militärischem Gebiete ohne Hintergedanken übernommen, so weiss ich nicht, was zu Zweifeln an einem günstigen Erfolge hätte berechtigen können. Die Situation war nicht so klar in allen Rechts- und Gewissensfragen wie anfangs März 1848, aber politisch immerhin nicht ungünstig.

Wenn ich von Hintergedanken spreche, so meine ich damit den Verzicht auf Beifall und Popularität bei verwandten Fürstenhäusern, bei Parlamenten, Historikern und in der Tagespresse. Als öffentliche Meinung imponierte damals die tägliche Strömung, die in der Presse und den Parlamenten am lautesten rauscht, aber nicht massgebend ist für die Volksstimmung, von der es abhängt, ob die Masse den auf regelmässigem Wege von oben ergehenden Anforderungen noch Folge leistet. Die geistige Potenz der oberen Zehntausend in der Presse und auf der Tribüne ist von einer zu grossen Mannigfaltigkeit sich kreuzender Bestrebungen und Kräfte getragen und geleitet, als dass die Regierungen aus ihr die Richtschnur für ihr Verhalten entnehmen könnten, solange nicht die Evangelien der Redner und Schriftsteller vermöge des Glaubens, den sie bei den Massen finden, die materiellen Kräfte, die sich «hart im Raume» stossen, zur Verfügung haben. Ist dies der Fall, so tritt *vis major* ein, mit der die Politik rechnen muss. Solange diese in der Regel nicht schnell eintretende Wirkung nicht vorliegt, solange nur das Geschrei der *rerum novarum cupidi* in grösseren Zentren, das Emotionsbedürfnis der Presse und des parlamentarischen Lebens den Lärm machen, tritt für den Realpolitiker die Betrachtung Coriolans über populäre Kundgebungen in Kraft, wenn auch in ihr die Druckerschwärze noch keine Erwähnung findet. Die leitenden Kreise in Preussen liessen sich aber damals durch den Lärm der grossen und kleinen Parlamente betäuben, ohne deren Gewicht an dem Barometer zu messen, welchen ihnen die Haltung der Mannschaft in Reih und Glied oder der Einberufung gegenüber an die Hand gab. Zu der Täuschung über die realen Machtverhältnisse, welche ich damals bei Hofe und bei dem Könige selbst habe konstatieren können, haben die Sympathien der höheren Beamtenschichten teils für die liberale, teils für die nationale Seite der Bewegung viel beigetragen – ein Element, das ohne Impuls von oben wohl hemmend, aber nicht tatsächlich entscheidend ins Gewicht fallen konnte.

Gegenüber der Versuchung, die in der Situation lag, hatte der König ein Gefühl, welches ich dem Unbehagen vergleichen möchte, von dem ich, obwohl ein grosser Liebhaber des Schwimmens, ergriffen werde, wenn ich an einem kalten stürmischen Tage den ersten Schritt in das Wasser tun will. Seine Bedenken, ob die Dinge reif seien, wurden unter anderem genährt durch die geschichtlichen Erörterungen, die er mit Radowitz pflog, nicht nur über das sächsische und hannöversche Gesandtschaftsrecht, sondern auch über die Verteilung der Sitze im «Reichstage» zwischen Regierenden und Mediatisierten, zwischen Landesherren und Personalisten, rezipierten und nicht rezipierten Grafen unter den verschiedenen Kategorien der Reichstagsmasse, wobei die Spezialität des Freien Standesherrn von Grote-Schauen zu untersuchen war.

Besuch in Paris

Aus «Erinnerung und Gedanke»

Im Sommer 1855 lud unser Gesandter in Paris, Graf Hatzfeld, mich zum Besuche der Industrie-Ausstellung ein; er teilte den damals in diplomatischen Kreisen verbreiteten Glauben, dass ich ehestens der Nachfolger Manteuffels im Auswärtigen Amt werden würde. Wenn der König sich mit einem solchen Gedanken abwechselnd getragen hatte, so wusste man in intimen Hofkreisen doch damals schon, dass eine Wandelung vorgegangen sei. Der Graf Wilhelm Redern, den ich damals in Paris traf, sagte mir, die Gesandten glaubten noch immer, dass ich zum Minister bestimmt sei, er selbst habe das auch geglaubt; aber die Stimmung des Königs sei umgeschlagen, Näheres wisse er nicht. Wohl seit Rügen.

Der 15. August, Napoleonstag, wurde u. a. dadurch gefeiert, dass man russische Gefangene durch die Strassen führte. Am 19. traf die Königin von England ein, der zu Ehren ein grosses Ballfest in Versailles stattfand, auf welchem ich ihr und dem Prinzen Albert vorgestellt wurde.

Der Prinz in seiner schwarzen Uniform, schön und kühl, sprach höflich mit mir, aber in seiner Haltung lag eine gewisse übelwollende Neugier, aus der ich abnahm, dass ihm meine antiwestmächtliche Einwirkung auf den König nicht unbekannt war. Nach der ihm eignen Sinnesweise suchte er die Beweggründe meines Verhaltens nicht da, wo sie lagen, nämlich in dem Interesse an der Unabhängigkeit meines Vaterlandes von fremden Einflüssen, Einflüssen, welche in unsrer kleinstädtischen Verehrung für England und Furcht vor Frankreich einen empfänglichen Boden fanden, sowie in dem Wunsche, uns von einem Kriege freizuhalten, den wir nicht in unsrem Interesse, sondern in Abhängigkeit von österreichischer und englischer Politik geführt haben würden. In den Augen des Prinzen war ich, was ich natürlich nicht dem momentanen Eindruck bei meiner Vorstellung, sondern anderweitiger Sach- und Aktenkunde entnahm, ein reaktionärer Parteimann, der sich auf die Seite Russlands stellte, um eine absolutistische und Junkerpolitik zu fördern. Es konnte nicht befremden, dass diese Ansicht des Prinzen und der damaligen Parteigenossen des Herzogs von Coburg sich auf die Tochter des ersteren, welche demnächst unsre Kronprinzessin wurde, übertragen hatte.

Schon bald nach ihrer Ankunft in Deutschland, im Februar 1858, konnte ich durch Mitglieder des königlichen Hauses und aus eignen Wahrnehmungen die Überzeugung gewinnen, dass die Prinzessin gegen mich persönlich voreingenommen war. Überraschend war mir dabei nicht die Tatsache, wohl aber die Form, wie ihr damaliges Vorurteil gegen mich im engen Familienkreise zum Ausdruck gekommen war: sie traue mir nicht. Auf Abneigung wegen meiner angeblich anti-englischen Gesinnung und wegen Ungehorsams gegen englische Einflüsse war ich gefasst, musste aber doch weitergehende Verleumdungen vermuten, als die Frau Prinzessin in einem Gespräch, welches sie mit mir, ihrem Tischnachbar, führte, in halb scherzendem Tone sagte: ich hätte den Ehrgeiz, König zu werden oder wenigstens Präsident einer Republik. Ich antwortete in demselben halb scherzenden Tone, ich sei für meine Person zum Republikaner verdorben, in den royalistischen Traditionen der Familie aufgewachsen und bedürfe zu meinem irdischen Behagen einer monarchischen Einrichtung, dankte aber Gott, dass ich nicht dazu berufen sei, wie ein König auf dem Präsentierteller zu leben, sondern bis an mein Ende ein getreuer Untertan des Königs zu sein. Dass diese meine Überzeugung aber allgemein erblich sein würde, liesse sich nicht verbürgen, nicht weil die Royalisten ausgehen würden, sondern vielleicht die Könige. *Pour faire un civet, il faut un lièvre, et pour une monarchie, il faut un roi.* Ich könnte nicht dafür gutsagen, dass in Ermanglung eines solchen die nächste Generation nicht republikanisch werden könne. Indem ich mich so äusserte, war ich nicht frei von Sorge in dem Gedanken an einen Thronwechsel ohne Übergang der monarchischen Traditionen auf den Nachfolger. Die Prinzessin vermied indessen jede ernsthafte Wendung und blieb in dem scherzenden Tone, liebenswürdig und unterhaltend wie immer; sie machte mir mehr den Eindruck, dass sie einen politischen Gegner necken wollte.

In der ersten Zeit meines Ministeriums habe ich noch öfter bei ähnlichen Tischgesprächen beobachtet, dass es der Prinzessin Vergnügen machte, meine patriotische Empfindlichkeit durch scherzhafte Kritik von Personen und Zuständen zu reizen.

Die Königin Victoria sprach auf jenem Balle in Versailles mit mir deutsch. Ich hatte von ihr den Eindruck, dass sie in mir eine merkwürdige, aber unsympathische Persönlichkeit sah, doch war ihre Tonart ohne den Anflug von ironischer Überlegenheit, den ich bei dem Prinzen Albert durchzufühlen glaubte. Sie blieb freundlich und höflich wie jemand, der einen wunderlichen Kauz nicht unfreundlich behandeln will.

Bei dem Souper war mir im Vergleich mit Berlin die Einrichtung merkwürdig, dass die Gesellschaft in drei Klassen mit Abstufungen in dem Menu speiste und denjenigen Gästen, die überhaupt speisen sollten, die Zusicherung durch Überreichung einer Karte mit der Nummer beim Eintreten gegeben wurde. Die Karten der ersten Klasse enthielten auch den Namen der an dem betreffenden Tische vorsitzenden Dame. Diese Tische waren auf 15 bis 20 Personen eingerichtet. Ich erhielt beim Eintreten eine solche Karte zu dem Tische der Gräfin Valewska und später im Saale noch zwei von zwei andren *patronesse*-Damen der Diplomatie und des Hofes. Es war also kein genauer Plan für die Placierung der Gäste gemacht worden. Ich wählte den Tisch der Gräfin Valewska, zu deren Departement ich als auswärtiger Diplomat gehörte. Auf dem Wege zu dem betreffenden Saale stiess ich auf einen preussischen Offizier in der Uniform eines Garde-Infanterie-Regiments, der eine französische Dame führte und sich in lebhaftem Streit mit einem der kaiserlichen Haushofmeister befand, welcher beide, weil sie mit Karten nicht versehen, nicht passieren lassen wollte. Nachdem mir der Offizier auf mein Befragen die Sachlage erklärt und mir die Dame als eine Herzogin mit italienischem Titel aus dem ersten Empire bezeichnet hatte, sagte ich dem Hofbeamten, ich hätte die Karte des Herrn, und gab ihm eine der meinigen. Der Beamte wollte nun aber die Dame nicht passieren lassen, ich gab daher dem Offizier meine zweite Karte für seine Herzogin. Der Beamte bedeutete mich, «*mais vous ne passerez pas sans carte*»; als ich ihm die dritte vorgezeigt hatte, machte er ein verwundertes Gesicht und liess uns alle drei durch. Ich empfahl meinen beiden Schützlingen, sich nicht an die Tische zu setzen, die auf den Karten angegeben waren, sondern zu sehn, wo sie sonst unterkämen, habe auch keine Reklamationen über meine Kartenverteilung zu hören bekommen. Die Unregelmässigkeit war so gross, dass unser Tisch nicht voll besetzt wurde, was sich aus dem Mangel einer Verabredung der *dames patronesses* erklärt. Der alte Fürst Pückler hatte entweder keine Karte erhalten oder seinen Tisch nicht finden können; nachdem er sich an mein ihm bekanntes Gesicht gewandt hatte, wurde er von der Gräfin Valewska auf einen der leer gebliebenen Plätze eingeladen. Das Souper war trotz der Dreiteilung weder nach dem Material noch nach der Zubereitung auf der Höhe dessen, was in Berlin bei ähnlichen Massenfesten geleistet wird; nur die Bedienung war ausreichend und prompt.

Am auffallendsten war mir der Unterschied in den Anordnungen für die Zirkulation. Das Versailler Schloss bietet dafür eine viel grössere Leichtigkeit als das Berliner vermöge der grösseren Zahl und, abgesehen von dem Weissen Saale, der grösseren Ausdehnung der Räume. Hier war den Soupierenden No. 1 für ihren Rückzug derselbe Weg angewiesen wie den Hungrigen No. 2, deren stürmischer Anmarsch schon eine weniger höfische gesellschaftliche Gewöhnung verriet. Es kamen körperliche Zusammenstösse der gestickten und bebänderten Herren und reich eleganten Damen vor, die in Handgreiflichkeiten und Verbalinjurien übergingen, wie sie bei uns im Schlosse unmöglich wären. Ich zog mich mit dem befriedigenden Eindruck zurück, dass trotz alles Glanzes des kaiserlichen Hofes der Hofdienst und die Erziehung und die Manieren der Hofgesellschaft bei uns wie in Petersburg und Wien höher standen als in Paris und dass die Zeiten hinter uns lagen, da man in Frankreich und am Pariser Hofe eine Schule der Höflichkeit und des guten Benehmens durchmachen konnte. Selbst die namentlich im Vergleich mit Petersburg veraltete Etikette kleiner deutscher Höfe war würdevoller als die imperialistische Praxis. Freilich habe ich diesen Eindruck schon unter Louis Philippe gehabt, während dessen Regierung es in Frankreich geradezu Mode wurde, sich in der Richtung übertriebener Ungeniertheit und des Verzichtes auf Höflichkeit besonders gegen Damen hervorzutun. War es nun auch in dieser Beziehung während des Zweiten Kaiserreichs besser geworden, so blieben doch der Ton in der amtlichen und höfischen Gesellschaft und die Haltung des Hofs selbst gegen die drei östlichen grossen Höfe zurück. Nur in den der amtlichen Welt fremden legitimistischen Kreisen war es zur Zeit Louis Philippes sowohl wie

Louis Napoleons anders, der Ton tadellos, höflich und gastlich, mit gelegentlichen Ausnahmen der jüngeren, mehr verpariserten Herren, die ihre Gewohnheiten nicht der Familie, sondern dem Club entnahmen.

Der Kaiser, den ich bei meiner damaligen Anwesenheit in Paris zum ersten Male sah, hat mir bei verschiedenen Besprechungen damals nur in allgemeinen Worten seinen Wunsch und seine Absicht im Sinne einer französisch-preussischen Intimität zu erkennen gegeben. Er sprach davon, dass diese beiden benachbarten Staaten, die vermöge ihrer Bildung und ihrer Einrichtungen an der Spitze der Zivilisation ständen, aufeinander angewiesen seien. Eine Neigung, Beschwerden, die durch unsre Verweigerung des Anschlusses an die Westmächte hervorgerufen wären, mir gegenüber zum Ausdruck zu bringen, stand nicht im Vordergrunde. Ich hatte das Gefühl, dass der Druck, den *England* und *Österreich* in Berlin und Frankfurt ausübten, um uns zu Kriegsdiensten im westmächtlichen Lager zu nötigen, sehr viel stärker, man könnte sagen, leidenschaftlicher und gröber war als die in wohlwollender Form mir kundgegebenen Wünsche und Versprechungen, mit welchen der Kaiser unsre Verständigung speziell mit Frankreich befürwortete. Er war für unsre Sünden gegen die westmächtliche Politik viel nachsichtiger als England und Österreich. Er sprach nie deutsch mit mir, auch später nicht.

Dass mein Besuch in Paris am heimatlichen Hofe missfallen und die gegen mich bereits vorhandene Verstimmung besonders bei der Königin Elisabeth gesteigert hatte, konnte ich Ende September desselben Jahres wahrnehmen.

Während der König die Rheinreise zum Dombaufest nach Köln machte, meldete ich mich in Koblenz und wurde mit meiner Frau von dem Könige zur Mitfahrt nach Köln auf dem Dampfschiff eingeladen, meine Frau aber von der Königin an Bord und in Remagen ignoriert. Der Prinz von Preussen, der das bemerkt hatte, gab meiner Frau den Arm und führte sie zu Tisch. Nach Aufhebung der Tafel bat ich um die Erlaubnis, nach Frankfurt zurückzukehren, die ich erhielt.

Erst im folgenden Winter, während dessen der König sich mir wieder genähert hatte, fragte er mich einmal bei Tafel quer über den Tisch nach meiner Meinung über Louis Napoleon; sein Ton war ironisch. Ich antwortete: «Ich habe den Eindruck, dass der Kaiser Napoleon ein gescheiter und liebenswürdiger Mann, aber so klug nicht ist, wie die Welt ihn schätzt, die alles, was vorgeht, auf seine Rechnung schreibt, und wenn es in Ostasien zur unrechten Zeit regnet, das aus einer übelwollenden Machination des Kaisers erklären will. Man hat sich besonders bei uns daran gewöhnt, ihn als eine Art *génie du mal* zu betrachten, das immer nur darüber nachdenke, wie es in der Welt Unfug anrichten könne. Ich glaube, dass er froh ist, wenn er etwas Gutes in Ruhe geniessen kann; sein Verstand wird auf Kosten seines Herzens überschätzt; er ist im Grunde gutmütig, und es ist ihm ein ungewöhnliches Mass von Dankbarkeit für jeden geleisteten Dienst eigen.»

Der König lachte dazu in einer Weise, die mich verdross und zu der Frage veranlasste, ob ich mir gestatten dürfe, die augenblicklichen Gedanken Sr. Majestät zu erraten. Der König bejahte, und ich sagte: «Der frühere Minister des Auswärtigen, General von Canitz, hielt den jungen Offizieren in der Kriegsschule Vorträge über Napoleons Feldzüge. Ein strebsamer Zuhörer fragte ihn, warum Napoleon diese oder jene Bewegung unterlassen haben könne. Canitz antwortete: ‹Ja, sehen Sie, wie dieser Napoleon eben war, ein seelensguter Kerl, aber dumm, dumm› – was natürlich die grosse Heiterkeit der Kriegsschüler erregte. Ich fürchte, dass Euer Majestät Gedanken über mich denen des Generals von Canitz über seinen Schüler ähnlich sind.»

Der König sagte lachend: «Sie mögen recht haben; aber ich kenne den jetzigen Napoleon nicht hinreichend, um Ihren Eindruck bestreiten zu können, dass sein Herz besser sei als sein Kopf.»

Dass die Königin mit meiner Ansicht unzufrieden war, konnte ich aus den kleinen Äusserlichkeiten entnehmen, durch welche sich bei Hofe die Eindrücke kenntlich machen.

Kriege und Bündnisse

An Manteuffel
(Frankfurt, 26. April 1856)

E. E. kann ich zwar seit der Zeit, wo ich die Ehre hatte, Sie hier zu sehn, nichts Neues von hier berichten; doch ist das Alte und Bekannte wichtig genug, um mich auf Ihre Nachsicht rechnen zu lassen, wenn ich es nochmals versuche, meine Ansichten über unsre politische Lage zusammenhängender zu formulieren, als ich bei mündlicher Besprechung dazu imstande war.

Ohne mich in gewagte Konjekturen über die mutmassliche Dauer des neuen Friedens einzulassen, darf ich doch als ein Symptom des geringen Vertrauens zu derselben das besorgliche Unbehagen hervorheben, mit welchem die meisten europäischen Kabinette in die Zukunft blicken, auch nachdem der Friede gesichert ist. Alle, die grossen wie die kleinen, suchen sich einstweilen, in Erwartung der Dinge, welche kommen können, die Freundschaft Frankreichs zu erwerben oder zu erhalten, und der Kaiser Napoleon, so neu und so schmal anscheinend auch die Grundlagen seiner Dynastie in Frankreich selbst sind, hat die Wahl unter den zu seiner Disposition stehenden Bündnissen. Es scheint nicht, dass die auffälligen Bemühungen Orlows den Apfel schon vom Baum geschüttelt haben; aber wenn er reif ist, fällt er von selbst, und die Russen werden zur rechten Zeit die Mütze darunter halten. Auch den *acte de soumission* des Grafen Buol, das Streben Österreichs nach der Ehre, der erste Rheinbundstaat zu sein, wenn nur Preussen dadurch der zweite oder dritte wird, scheint der Kaiser N. lediglich mit zurückhaltender Höflichkeit aufgenommen zu haben; die offiziöse Wiener Presse gibt aber deshalb die Hoffnung auf eine katholische Ligue mit Frankreich nicht auf und preist einstweilen den Voltairianer Kaunitz als den ersten Staatsmann Österreichs, weil er es mit Frankreich hielt. Die deutschen Mittelstaaten sind nach wie vor bereit, sich derjenigen der deutschen Grossmächte zu fügen, welche die meiste Aussicht auf Frankreichs Beistand hat, und den letztern direkt zu suchen, wenn die Umstände es rätlich erscheinen lassen. Nicht minder legt England Wert auf die Fortdauer der guten Beziehungen zu Frankreich, und die etwas mürrisch gewordne Ehe der beiden Westmächte wird wohl so hastig nicht geschieden werden. Der Bruch zwischen ihnen ist für beide das Kostspieligste und Gefährlichste, was ihnen passieren kann; der Krieg hat die französische Flotte grossgezogen, und im etwaigen Kampfe mit ihr muss England darauf gefasst sein, zugleich gegen Amerika und Russland seine Kräfte zu zersplittern. Auch der dermalige Zustand der englischen Landmacht empfiehlt die Erhaltung des westlichen Bündnisses, und der Verdruss über den «französischen Frieden», und was daran hängt, wird sich einstweilen wohl nicht einmal in Neckereien gegen Frankreich Luft machen. Ebenso dürfte Louis Nap. vorderhand durch den Zustand seiner Finanzen und durch die Besorgnis vor Verlegenheiten im Innern in Schach gehalten sein. Sollte er einen Bruch mit England voraussehn, so wird er ohne Zweifel vorher tun, was er kann, um das französische Nationalgefühl gegen das perfide Albion wieder so zu montieren, dass englische Versuche, Unruhen zu erregen, an ihm abgleiten wie Wasser von der Ente.

Es ist kaum anzunehmen, dass Louis N. den Krieg jemals um des Krieges willen suchen wird und dass ihn der Ehrgeiz des Eroberers stimuliert; es lässt sich erwarten, dass er den Frieden vorzieht, solange er ihn mit der Stimmung der Armee, und also mit der eignen Sicherheit, verträglich findet. Für den Fall, dass er hiernach des Krieges bedürfen sollte, denke ich mir, dass er sich eine Frage offenhält, welche jederzeit eine nicht allzu mutwillige und ungerechte Veranlassung zu Händeln liefern kann. Hierzu eignet sich die italienische Frage jetzt vorzugsweise. Die Krankheit der dortigen Zustände, der Ehrgeiz Sardiniens, die buonapartischen und muratistischen Reminiszenzen, die korsische Landsmannschaft bieten dem «ältesten Sohn der römischen Kirche» vielseitige Anknüpfungspunkte, der Hass gegen die Fürsten und die Österreicher ebnet ihm die Wege, während er in Deutschland von unsrer räuberischen und feigen Demokratie gar keinen und von den Fürsten erst dann Beistand zu erwarten hätte, wenn er ohnehin der Stärkere wäre.

Wenn der Krieg selbst nun auch wohl nicht in so naher Aussicht steht, wie trübe Propheten behaupten, so werden sich doch wahrscheinlich neue politische Gruppierungen bilden, deren Bedeutung und Einfluss schliesslich auf dem Hintergedanken der Möglichkeit eines Krieges unter einer bestimmten Konstellation von Bündnissen beruht. Eine nähere Verbindung Frankreichs mit Russland in diesem Sinne ist gegenwärtig zu natürlich, als dass man sie nicht erwarten sollte; es sind diese beiden diejenigen unter den Grossmächten, welche nach ihrer geographischen Lage und ihren politischen Zielen die wenigsten Elemente der Gegnerschaft in sich tragen, da sie so gut wie keine notwendig kollidierenden Interessen haben. Bisher hat die Festigkeit der Heiligen Allianz und die Abneigung des Kaisers Nikolaus gegen die Orléans beide in der Entfremdung voneinander erhalten; aber der jetzt beendete Krieg sogar wurde ohne Hass geführt und diente mehr den innern als den auswärtigen Bedürfnissen Frankreichs. Nachdem die Orléans beseitigt, der Kaiser Nikolaus tot und die Heilige Allianz von Österreich gesprengt ist, sehe ich nichts, was den natürlichen Zug jener beiden Staaten zueinander hemmen sollte, und die Liebenswürdigkeiten, welche sie miteinander austauschen, sind mehr ein Beweis der vorhandenen Sympathie als ein Mittel, dieselbe zu erwecken.

Zur Zeit des Fürsten Schwarzenberg war viel von dem Plane die Rede, Österreich mit Russland und Frankreich gegen Preussen und England zu verbinden. Bei der gegenwärtigen Stimmung der Russen gegen Österreich, und bei den gesteigerten Ansprüchen Frankreichs auf Einfluss in Italien, lässt sich nicht annehmen, dass Österreich von Hause aus berufen sein werde, als Dritter im Bunde zu figurieren, obschon es ihm an dem guten Willen dazu nicht fehlen dürfte. Österreich wird vielmehr die Gefahren, welche aus dem Zusammenhalten Russlands und Frankreichs für das übrige Europa entstehn können, zu teilen haben und muss sie durch rechtzeitige Opfer abwenden, indem es etwa Konzessionen in Italien gegen Vorteile in Deutschland macht, oder es muss sich durch Bündnisse zur Abwehr stärken. Ich glaube, dass es den erstern Ausweg vorzieht, indem es vielleicht gleichzeitig Russlands Vertrauen durch einen Personalwechsel im Ministerium wiederzugewinnen sucht. Von unserm und englischem Beistande wird Österreich sich nur im äussersten Notfalle abhängig machen wollen. Wenn es sich auch bestreben sollte, uns durch neue Verträge für seine auswärtigen Besitzungen einstehn zu lassen, so glaube ich doch nicht, dass es von solchem Vertrage einen andern Gebrauch machen würde, als ihn auf dem Felde der Diplomatie, so gut und so lange als es geht, zum eignen Vorteil und zu unserm Nachteil figurieren zu lassen. Wenn ich auch annehmen wollte, dass der Hochmut und der Hass dem Wiener Kabinett gestatteten, um den Beistand Englands zu bitten und die kaiserlichen Erblande durch Preussen geschützt zu sehn, so ist es doch m. E. zu vorsichtig, um, selbst im Bündnis mit uns und England, den Kampf gegen Frankreich und Russland ernstlich aufzunehmen, wenn es sich irgendwie *per fas et nefas* vermeiden lässt. Es wird die Partie der Germanen für zu schwach halten, um mit ihr zu gehn, und wie mir scheint, nicht mit Unrecht. Wenn sich erwarten liesse, dass in einem derartigen Kriege Preussen, Österreich, der Deutsche Bund und England ihre vollen Kräfte ehrlich, innig und vertrauensvoll zusammenwirken liessen, so wäre es Feigheit, am Siege zu zweifeln. So aber stehn die Sachen nicht. Ich will annehmen, dass England entschlossen zu uns steht und dass es ihm trotz der französischen, russischen und etwa der amerikanischen, vielleicht auch der dänischen und holländischen Flotten gelingt, sich einer Invasion zu erwehren, die See siegreich zu behaupten, die Nord- und Ostseeküsten vor den uns feindlichen Flotten zu schützen, auch gelegentlich mit 10000 oder 20000 Mann die französischen Küsten zu harassieren. Es würde das meine Erwartungen übertreffen. Aber der Kontinentalkrieg gegen die Landheere Frankreichs und Russlands würde der Hauptsache nach auf den Schultern Deutschlands ruhn. Die 4 letzten Armeekorps des Bundesheeres haben an sich nicht die Kriegstüchtigkeit der Armee einer Grossmacht, und wieviel davon auf *unsrer* Seite stehn würde, das könnte nur der Erfolg lehren. Auf der Basis von Russland, Österreich und Preussen würde der Bund so ziemlich zusammenhalten, weil er an den schliesslichen Sieg der erstern, mit oder ohne Mittelstaaten, glaubte; in einem so fraglichen Falle aber, wie ein Krieg nach Osten und Westen zugleich, würden die Fürsten, *au fur et à mesure,* dass sie nicht in der Gewalt unsrer Bajonette wären, sich durch Neutralitätsverträge sichern, wenn sie nicht gegen uns im Felde erscheinen. Ich kann versichern, dass kaum unter meinen Kollegen jemand ist, der für den Fall einer *ernsten* Gefahr, wie sie in dem Bündnis Frankreichs mit Russland oder mit Österreich läge, den Bundesverträgen irgendwelchen Wert beilegt. Von den dirigierenden Ministern von Bayern, Württemberg, Baden, Darmstadt, Nassau habe ich es im vorigen Jahre zur vollsten Evidenz erfahren können, dass sie es für ihre ehrliche Pflicht halten, den Bund aufzugeben, wenn das Interesse oder gar die Sicherheit des eignen Fürsten und Landes durch Festhalten am Bunde gefährdet wäre. Manche der Fürsten mögen den besten Willen haben; aber von welchen lässt sich wohl erwarten, dass sie, gegen den Rat ihrer Minister, gegen die Bitten ihrer Untertanen, ihr Land den Drangsalen des Krieges preisgeben und ihre Schlösser bis zur Wiedereroberung mit dem Aufenthalt im preuss.-österr. Lager vertauschen! Sie werden sich leicht überzeugen, dass die Pflichten gegen ihre Untertanen höher stehn als die gegen den Bund, dass so mächtige Herrn wie die Kaiser von Russland und Frankreich sie schliesslich nicht fallenlassen werden und dass im allerschlimmsten Falle Österreich und Preussen sich gegenseitig nichts gönnen und weder Bayern im Rieder Vertrag noch die Rheinbundstaaten überhaupt 1813 und 14 zu kurz kamen. Der Rheinbund hatte seine Lasten, aber die für einen Fürsten besonders verdriessliche konstitutionelle Unbequemlichkeit war wenigstens nicht darunter, und jeder beglückte seine Untertanen in seiner Weise, wenn er nur die nötigen Truppen an Frankreich lieferte. Diese Dienstbarkeit hatte ihre schätzbaren Fleischtöpfe und war für die Fürsten nicht so beschwerlich, dass sie, um sich ihr zu entziehn, Land und Leute hätten aufs Spiel setzen und wie jener Kaiser in Bürgers Gedicht, «in Hitz' und in Kälte, im Kriegesgezelte, bei Schwarzbrot und Wurst, bei Hunger und Durst», um ihre und

Deutschlands Freiheit hätten werben sollen. Dass die Nachfolger der Rheinbundfürsten eine wesentlich andre Gesinnung nicht belebt, davon habe ich, in aller Devotion vor den Mitgliedern des Durchlauchtigsten Bundes, für meine Person mich in den letzten Jahren hinreichend überzeugen können, und nicht bloss die Furcht vor dem Verlust der gewohnten fürstlichen Existenz, nicht bloss die Leidensscheu, auch der *saevus habendi cupido* manches ziemlich kleinen Herrn wird am Tage der Prüfung den Bund zu Fall bringen. Mit einer Million Soldaten der Heiligen Allianz im Rücken mag der Bund haltbar genug aussehn; wie die Sachen jetzt liegen, besteht er aber nach meiner pflichtmässigen Überzeugung eine wirkliche Gefahr von aussen *nicht*. Es bedarf, um das Ausland darüber aufzuklären, gar keiner Reisen von Pfordten und Beust nach Paris und keiner Minister wie Dalwigk; es bedarf auch keiner besondern Verführung, die Ratten aus dem Hause zu locken, wenn es den Einsturz droht. Die fremden Gesandten hier hören es mit sarkastischer Höflichkeit an, wenn gelegentlich von «Bundeskrieg» im grossen Stile gesprochen wird, und wir Bundestagsgesandte bedürfen der Ernsthaftigkeit der römischen Augurn von guter Schule, um unsre Bundeskriegsverfassung mit gehöriger Gründlichkeit zu revidieren. Es wäre vielleicht früher auch nicht anders gewesen, wenn die Heilige Allianz früher zerfallen wäre; dass aber jetzt die innre Morschheit des Bundes so zur Anschauung und zum Bewusstsein bei Aus- und Inland gekommen ist, das danken wir insbesondre dem Verhalten Österreichs in den beiden letzten Jahren, wie es im Dezembervertrage und in der Note vom 14. Januar seinen Kulminationspunkt fand.

Der Bund könnte sich auch ohne Verfassungsbruch aus einem Kriege seiner Grossmächte frei halten, wenn ⅓ des Plenums (etwa Frankfurt, Nassau, Luxemburg, Holstein, Gr. Hessen, Baden, Württemberg, Bayern) der Kriegserklärung nicht zustimmten. Aber das wagen sie nicht; sie votieren lieber und lassen uns dann nach Bedürfnis sitzen.

Können wir nun nötigenfalls im Bunde mit Österreich uns gegen Osten und Westen wehren, wenn dem letztern Sardinien, wahrscheinlich die belgische Armee und ein Teil des Deutschen Bundes zutritt? Wenn alles wäre, wie es sein sollte, so würde ich daran nicht verzweifeln. Aber der Kaiser Franz Joseph ist nicht in demselben Masse Herr seines Landes und seiner Untertanen wie unser allergnädigster Herr. Österreich ist in der Offensive nicht zu verachten; es mag mehr als 200 000 Mann guter Truppen ausser Landes verwenden können und noch genug zu Hause behalten, um seine Italiener, Magyaren und Serben nicht aus dem Auge zu lassen. Auf der Defensive aber im eignen Lande von Osten und Westen angegriffen, halte ich das heutige Österreich für sehr schwach, und leicht kann auf den ersten glücklichen Stoss des Gegners ins Innre das ganze künstliche Bauwerk seines zentralisierten Schreiberregiments wie ein Kartenhaus zusammenfallen. Aber wenn ich auch von dieser Gefahr absehe, so liegt die grössere darin, dass die Seele eines preuss.-österr. Bündnisses, auch in der grössten gemeinsamen Gefahr, das Gegenteil von alledem sein würde, was ein Bündnis fest macht.

Gegenseitiges politisches Misstrauen, militärische und politische Eifersucht, der Argwohn des einen, dass der andre in Separatverträgen mit dem Gegner bei gutem Glück die Vergrösserung des Bundesgenossen zu hindern, bei schlechtem sein eignes Heil zu sichern suchen werde; das alles würde zwischen uns jetzt stärker und lähmender sein als in irgendeinem schlecht assortierten Bündnis der Vergangenheit. Kein General würde dem andern den Sieg gönnen, bis es zu spät wäre. Wir haben in unsrer Geschichte die Verträge von Vossem und St. Germain, die Erinnerung an unser Schicksal auf dem Wiener Kongress, welche uns berechtigen, gegen die Erfolge österreichischer Bundesgenossenschaft misstrauisch zu sein, und die Politik der beiden letzten Jahre beweist uns, dass die perfiden Praktiken in Wien nicht aus der Übung gekommen sind. Vielleicht würde man uns Garantien durch einen Personalwechsel geben wollen, nachdem Buol ohnehin Glauben und Vertrauen bei *allen* Kabinetten eingebüsst hat; aber die traditionelle Politik Österreichs und seine Eifersucht gegen uns würde damit nicht beseitigt sein, und ich könnte dem alten Fuchs im neuen Pelz ebensowenig trauen wie bisher im räudigen Sommerhaar. Nach der Wiener Politik ist einmal Deutschland zu eng für uns beide; solange ein ehrliches Arrangement über den Einfluss eines jeden in Deutschland nicht getroffen und ausgeführt ist, pflügen wir beide denselben streitigen Acker, und so lange bleibt Österreich der einzige Staat, an den wir nachhaltig verlieren und von dem wir nachhaltig gewinnen können. Durch das Konkordat und was daran hängt, ist diese historisch notwendige Reibung neu geschärft und die Verständigung neu erschwert. Wir haben auch ohne das aber eine grosse Zahl streitender Interessen, die keiner von uns aufgeben kann, ohne auf die Mission, an die er für sich glaubt, zu verzichten, und die durch diplomatische Korrespondenz im Frieden nicht entwirrt werden können. Selbst der schwerste Druck von aussen, die dringendste Gefahr der Existenz beider, vermochte 1813 und 49 dies Eisen nicht zu schmieden. Der deutsche Dualismus hat seit 1000 Jahren gelegentlich, seit Karl V. in jedem Jahrhundert, regelmässig durch einen gründlichen innern Krieg seine gegenseitigen Beziehungen reguliert, und auch in diesem Jahrhundert wird kein andres als dieses Mittel die Uhr der Entwicklung auf ihre richtige Stunde stellen können.

Ich beabsichtige mit diesem Raisonnement keineswegs zu dem Schlusse zu gelangen, dass wir jetzt unsre Politik darauf richten sollten, die *Entscheidung* zwischen uns und Österreich unter möglichst günstigen Umständen herbeizuführen. Ich will nur meine Überzeugung aussprechen, dass wir in nicht zu langer Zeit für unsre *Existenz* gegen Österreich werden fechten müssen und dass es nicht in unsrer Macht liegt, dem vorzubeugen, weil der Gang der Dinge in Deutschland keinen andern Ausweg hat. Ist dies richtig, was allerdings mehr Frage des Glaubens als des Beweisens bleibt, so ist es auch für Preussen nicht möglich, die Selbstverleugnung so weit zu treiben, dass wir die eigne Existenz einsetzen, um die Integrität von Österreich zu schützen, und zwar in einem m. E. hoffnungslosen Kampfe. Unter den Schwächen, mit welchen unsre Seite in diesem Kampfe behaftet sein würde, habe ich obenein derjenigen nicht erwähnt, welche in den eignen Verhältnissen Englands liegen. Seit der Reformbill hat die erbliche Weisheit der frühern Tage noch nicht wieder die Leidenschaften eines ungeordneten Parteigetriebes lichten können, und wo Zeitungsartikel mehr zu bedeuten haben als staatsmännische Erwägungen, da ist es mir nicht möglich, Vertrauen zu gewinnen. Die insularische Sicherheit macht es England leicht, einen kontinentalen Bundesgenossen je nach dem Bedürfnis der britischen Politik fallen- oder sitzenzulassen, und ein Ministerwechsel reicht zur Bewirkung und Rechtfertigung des Revirements hin, wie Preussen das im Siebenjährigen Kriege erlebt hat. Die gegenseitige Abneigung und die gleichmässige Arroganz Österreichs und Englands, der politische und religiöse Gegensatz würden ein Bündnis beider vielfach lockern und lahmlegen.

Und wenn wir wirklich gegen ein französisch-russisches Bündnis siegreich blieben, wofür hätten wir schliesslich gekämpft? Für die Erhaltung des österreichischen Übergewichts in Deutschland und der erbärmlichen Verfassung des Bundes; dafür können wir doch unmöglich unsre letzte Kraft ein- und unsre Existenz aufs Spiel setzen. Wollten wir aber in dieser Beziehung Änderungen zu unsern Gunsten in Gemeinschaft mit Österreich durchsetzen, so würde es uns gehen wie 1815, und Österreich würde seine Verträge von Ried und Fuld zur rechten Zeit abgeschlossen haben und am Ende vom Liede sich durch Verträge mit dem Gegner in die Lage bringen, uns wie damals den Kampfpreis nach Belieben zuzumessen. Jede Perfidie wird es jetzt wie früher ausüben, um Preussen nicht zu einer höhern Geltung in Deutschland gelangen zu lassen und uns unter dem Drucke unsrer dermaligen geographischen Lage und einer ungünstigen Bundesverfassung zu erhalten.

Wenn ich hier Eventualitäten und Phantasiebilder ausmale, welche sich vielleicht niemals realisieren, so will ich damit vorzugsweise nur meine Behauptung rechtfertigen, dass Österreich selbst die Chancen eines deutschpreuss.-englischen Bündnisses gegen Russland und Frankreich nicht akzeptieren wird, weil sie zu unsicher, zu schwach sind. Wenn es also wahr ist, was man hier erzählt, dass Österreich schon in München Garantieverträge wegen Italien angeregt habe, dass es bei uns Ähnliches beabsichtige, dass Graf Buol zu diesem Zwecke Hannover und Dresden besucht habe, so glaube ich nicht, dass dem der Gedanke zugrunde liegt, Deutschland fest um sich zu scharen und dann einer Welt in Waffen zu trotzen; sondern das Wiener Kabinett wird unsre und andre etwaige Zusicherungen lediglich diplomatisch ausbeuten, um sich mit Frankreich und, wenn es sein kann, mit Russland bessre Bedingungen einer Verständigung auf unsre Kosten zu verschaffen. Es wird den Don Juan bei allen Kabinetten spielen, wenn es einen so stämmigen Leporello wie Preussen produzieren kann, und getreu dieser Rolle wird es stets bereit sein, sich auf unsre Kosten aus der Klemme zu ziehn und uns darin zu lassen. Bleibt Frieden, so wird es uns, aus Dankbarkeit für unsre bundesfreundliche Gesinnung, im Punkte der Solidarität der deutschen Interessen beim Worte zu halten suchen, um uns den Zollverein aus der Hand zu winden. Wird Krieg, so wird es sich durch alle in seiner Tasche befindlichen Garantieverträge nicht abhalten lassen, sich mit ebensoviel Geschmeidigkeit als Unverschämtheit auf der Seite anzudrängen, wo es die beste Aussicht auf Vorteil hat, und namentlich auf Herrschaft in Deutschland, deren es bei seiner dermaligen germanisierenden Zentralisation mehr als früher bedarf.

Ich bin überzeugt, dass jene Gerüchte von Garantieverträgen ihren Ursprung nur in etwaigem *gutem Willen* Österreichs haben. Letztres kann selbst nicht glauben, dass wir oder Bayern uns zu einem so durchaus einseitigen Geschäfte in einem Augenblick hergeben werden, wo die Situation noch völlig unklar, keine Gefahr indiziert, keine Gruppierung gebildet ist. Wir würden ja damit nichts erreichen, als, gebunden an einen so unberechenbaren und übelwollenden Passagier wie Österreich, in das unbekannte Land der Zukunft hinein zu reisen. Im Jahre 1851, besonders zu Anfang, lagen die Gefahren eines Debordierens der Revolution aus Frankreich und Italien noch näher, und es war eine Solidarität der Monarchien gegen *diese* Gefahr vorhanden, welche unsern Mai-Vertrag ganz natürlich herbeiführte; eine ähnliche Situation würde erst wieder da sein, wenn das französische Kaisertum gestürzt wäre. Solange es steht, handelt es sich nicht um Abwehr der Demokraten, sondern um Kabinettspolitik, bei der die Interessen Österreichs eben *nicht* mit den unsrigen zusammenfallen. Ein ähnlicher Vertrag, zum Schutz Italiens jetzt abgeschlossen, würde nur den Effekt einer vorzeitigen Provokation Frankreichs und einer Abkühlung Russlands gegen uns haben. Das läge ganz in Österreichs Interesse, und man würde in Wien schon dafür sorgen, dass die Tatsache in Petersburg und Paris nicht unbekannt bliebe; die Schuld der Indiskretion würde dann obenein auf uns geschoben. In allem aber, was Österreich ohne uns zu tun die Lust und die Fähigkeit hat, würde es sich durch den besten Garantievertrag Preussens und Deutschlands nicht irremachen lassen. Hat es doch den April-Vertrag von 54 zu nichts anderm benutzt, als um ihn in *seinem* Interesse moussieren zu lassen, uns schlecht zu behandeln und eine ebenso doppelzüngige als unweise Politik zu betreiben; den Dezember-Vertrag aber heimlich abzuschliessen und es mit jedem andern je nach eignem Vorteil zu halten, hat es sich durch unsre Garantien nicht hindern lassen. Wäre der Kalkül des Grafen Buol nicht an dem Thronwechsel in Russland und der in Wien offenbar unerwarteten Nachgiebigkeit des Kaisers Alexander gescheitert, so hätten wir Österreichs Dank gegen uns für den April-Vertrag wohl noch anders kennengelernt als in dem heimlichen Widerstande gegen unsre Zuziehung zu den Konferenzen.

Meines g. Dafürhaltens ist unsre Lage, als die eines gesuchten Bundesgenossen, eine günstige, solange neue politische Gruppierungen sich noch nicht zu scharf zeichnen, solange ihre Tätigkeit eine diplomatische bleibt und ein gutes Vernehmen mit den einen nicht den Bruch mit den andern involviert. Käme es aber zur Verwirklichung einer russisch-französischen Allianz mit kriegerischen Zwecken, so können wir meiner Überzeugung nach nicht unter den Gegnern derselben sein, weil wir da wahrscheinlich unterliegen, vielleicht, *pour les beaux yeux de l'Autriche et de la Diète,* uns siegend verbluten würden.

Um uns jede Chance offen zu erhalten, scheint für den Augenblick ja nichts erforderlich als vielleicht etwas mehr kostenlose Freundlichkeit gegen Louis Napoleon und Ablehnung jedes Versuches, uns *gratuitement* und vor der Zeit an das Schlepptau eines andern zu fesseln. Bei der Ratifikation des Friedens wird ohne Zweifel ein Ordensaustausch der Souveräne stattfinden, und es würde für uns wohl nicht von praktischem Nutzen sein, wenn wir uns von dieser wohlwollenden Demonstration Paris gegenüber ausschlössen oder uns erheblich später als andre dazu herbeiliessen. Es ist gewiss, dass Louis Napoleon an seinem neuen Hofe und nach seinen persönlichen Dispositionen das Eingehn oder Ausbleiben dieses Freundschaftsbeweises höher anschlägt, als die Träger *alter* Kronen pflegen. [...]

Stets ein Gegner Frankreichs?

Aus einem Brief an Leopold v. Gerlach
(Frankfurt, 2. Mai 1857)

[...] So einstimmig wir in betreff der innern Politik sind, so wenig kann ich mich in Ihre Auffassung der äussern hineinleben, der ich im allgemeinen den Vorwurf mache, dass sie *die Realitäten ignoriert*. Sie gehn davon aus, dass ich einem vereinzelten Manne, der mir imponiere, das Prinzip opfre. Ich lehne mich gegen Vorder- und Nachsatz auf. Der Mann imponiert mir durchaus nicht. Die Fähigkeit, Menschen zu bewundern, ist in mir nur mässig ausgebildet und vielmehr ein Fehler meines Auges, dass es schärfer für Schwächen als für Vorzüge ist. Wenn mein letzter Brief etwa ein lebhafteres Kolorit hat, so bitte ich das mehr als rhetorisches Hülfsmittel zu betrachten, mit dem ich auf Sie habe wirken wollen. Was aber das von mir geopferte Prinzip anbelangt, so kann ich mir das, was Sie damit meinen, konkret nicht recht formulieren und bitte Sie, diesen Punkt in einer Antwort wieder aufzunehmen, da ich das Bedürfnis habe, mit Ihnen prinzipiell nicht auseinanderzugehn. Meinen Sie damit ein auf *Frankreich und seine Legitimität* anzuwendendes Prinzip, so gestehe ich allerdings, dass ich dieses meinem *spezifisch preussischen Patriotismus vollständig* unterordne; Frankreich interessiert mich nur insoweit, als es auf die Lage meines Vaterlandes reagiert, und wir können Politik nur mit *dem Frankreich* treiben, welches vorhanden ist, dieses aber *aus den Kombinationen nicht ausschliessen*. Ein legitimer Monarch wie Ludwig XIV. ist ein ebenso feindseliges Element wie Napoleon I., und wenn dessen jetziger Nachfolger heut auf den Gedanken käme zu abdizieren, um sich in die Musse des Privatlebens zurückzuziehn, so würde er uns gar keinen Gefallen damit tun, und Heinrich V. würde *nicht* sein Nachfolger sein; auch wenn man ihn auf den vakanten und unverwehrten Thron hinaufsetzte, würde er sich nicht darauf behaupten. Ich kann als Romantiker eine Träne für sein Geschick haben, als Diplomat würde ich sein Diener sein, wenn ich Franzose wäre, so aber zählt mir Frankreich, ohne Rücksicht auf die jeweilige Person an seiner Spitze, nur als ein Stein, und zwar ein unvermeidlicher, in dem Schachspiel der Politik, ein Spiel, in welchem ich nur *meinem* Könige und *meinem* Lande zu dienen Beruf habe. Sympathien und Antipathien in betreff auswärtiger Mächte und Personen vermag ich vor meinem Pflichtgefühl im auswärtigen Dienste meines Landes nicht zu rechtfertigen, weder an mir noch an andern; es ist darin der Embryo der Untreue gegen den Herrn oder das Land, dem man dient. Insbesondre aber, wenn man seine stehenden diplomatischen Beziehungen und die Unterhaltung des Einvernehmens im Frieden danach zuschneiden will, so hört man meines Erachtens auf, Politik zu treiben, und handelt nach persönlicher Willkür. Die Interessen des Vaterlandes dem eignen Gefühl von Liebe oder Hass gegen

Fremde unterzuordnen, dazu hat meiner Ansicht nach selbst der König nicht das Recht, hat es aber vor Gott und nicht vor mir zu verantworten, wenn er es tut, und darum schweige ich über diesen Punkt.

Oder finden Sie das Prinzip, welches ich geopfert habe, in der Formel, dass *ein Preusse stets ein Gegner Frankreichs sein müsse*? Aus dem Obigen geht schon hervor, dass ich den Massstab für mein Verhalten gegen fremde Regierungen nicht aus stagnierenden Antipathien, sondern aus der Schädlichkeit oder Nützlichkeit für Preussen, welche ich ihnen beilege, entnehme. In der Gefühlspolitik ist gar keine Reziprozität, sie ist eine ausschliesslich preussische Eigentümlichkeit; jede andere Regierung nimmt lediglich ihre Interessen zum Massstabe ihrer Handlungen, wie sie dieselben auch mit rechtlichen oder gefühlvollen Deduktionen drapieren mag. Man akzeptiert *unsre* Gefühle, beutet sie aus, rechnet darauf, dass sie uns nicht gestatten, uns dieser Ausbeutung zu entziehn, und behandelt uns danach, d. h. man dankt uns nicht einmal dafür und respektiert uns nur als brauchbare *dupes*.

Ich glaube, Sie werden mir recht geben, wenn ich behaupte, dass unser Ansehn in Europa heut nicht dasselbe ist wie vor 1848, ich meine sogar, es war grösser zu jeder Zeit zwischen 1763 und 1848, mit Ausnahme natürlich der Zeit von 7 bis 13. Ich räume ein, dass unser Machtverhältnis zu andern Grossmächten, namentlich aggressiv, vor 1806 ein stärkeres war als jetzt; von 15 bis 48 aber nicht, damals waren ziemlich alle, was sie jetzt noch sind, und doch müssen wir sagen, wie der Schäfer in Goethes Gedicht: «Ich bin heruntergekommen und weiss doch selber nicht wie.»

Ich will auch nicht behaupten, dass *ich* es weiss, aber viel liegt ohne Zweifel in dem Umstande: wir haben keine Bündnisse und treiben keine auswärtige Politik, d. h. keine aktive, sondern wir beschränken uns darauf, die Steine, die in unsern Garten fallen, aufzusammeln und den Schmutz, der uns anfliegt, abzubürsten, wie wir können. Wenn ich von Bündnissen rede, so meine ich damit keine Schutz- und Trutz-Bündnisse, denn der Frieden ist noch nicht bedroht; aber alle die Nuancen von Möglichkeit, Wahrscheinlichkeit oder Absicht, für den Fall eines Krieges dieses oder jenes Bündnis schliessen, zu dieser oder jener Gruppe gehören zu können, bleiben doch die Basis des Einflusses, den ein Staat heutzutage in Friedenszeiten üben kann. Wer sich in der für den Kriegsfall schwächern Kombination befindet, ist nachgiebiger gestimmt, wer sich ganz isoliert, verzichtet auf Einfluss, besonders wenn es die schwächste unter den Grossmächten ist. Bündnisse sind der Ausdruck gemeinsamer Interessen und Absichten; ob wir Absichten und bewusste Ziele unsrer Politik überhaupt haben, weiss ich nicht; aber dass wir Interessen haben, daran werden uns andre schon erinnern. Wir haben aber die Wahrscheinlichkeit eines Bündnisses bisher nur mit *denen,* deren Interessen sich mit den unsrigen am mannigfachsten kreuzen und ihnen widersprechen, nämlich mit den deutschen Staaten und Österreich. Wollen wir damit unsre auswärtige Politik abgeschlossen betrachten, so müssen wir uns auch mit dem Gedanken vertraut machen, in Friedenszeiten unsern europäischen Einfluss auf ¹/₁₇ der Stimmen des engeren Rates im Bunde reduziert zu sehn und im Kriegsfalle mit der Bundesverfassung in der Hand allein im Taxischen Palais übrig zu bleiben.

Ich frage Sie, ob es in Europa ein Kabinett gibt, welches mehr als das Wiener ein gebornes und natürliches Interesse daran hat, Preussen *nicht* stärker werden zu lassen, sondern seinen Einfluss in Deutschland zu mindern; ob es ein Kabinett gibt, welches diesen Zweck eifriger und geschickter verfolgt, welches überhaupt kühler und zynischer nur *seine* eignen Interessen zur Richtschnur seiner Politik nimmt und welches uns in den Russen und den Westmächten mehr und schlagendere Beweise von gewissenloser Perfidie und Unzuverlässigkeit für Bundesgenossen gegeben hat? Geniert sich denn Österreich etwa, mit dem Auslande jede seinem Vorteil entsprechende Verbindung einzugehn und sogar die Teilnehmer des Deutschen Bundes vermöge dieser Verbindungen offen zu bedrohn? Halten Sie den Kaiser Franz Joseph für eine aufopfernde, hingebende Natur überhaupt und insbesondre für ausserösterreichische Interessen? Finden Sie zwischen seiner Buol-Bachschen Regierungsweise und der Napoleonischen vom Standpunkte des «Prinzipes» einen Unterschied? Der Träger der letztern sagte mir in Paris, es sei für ihn, *qui fais tous les efforts pour sortir de ce système de centralisation trop tendu, qui en dernier lieu a pour pivot un gendarme secrétaire et que je considère comme une des causes principales des malheurs de la France,* sehr merkwürdig zu sehn, wie Österreich dieselben Anstrengungen mache, um hineinzugeraten. Ich frage noch weiter und bitte Sie, mich in der Antwort nicht mit einer ausweichenden Wendung abzufinden: gibt es nächst Österreich Regierungen, die weniger den Beruf fühlen, etwas für Preussen zu tun, als die deutschen Mittelstaaten? Im Frieden haben sie das Bedürfnis, am Bunde und im Zollverein Rollen zu spielen, ihre Souveränität an unsern Grenzen geltend zu machen, sich mit v. d. Heydt zu zanken, und im Kriege wird ihr Verhalten durch Furcht oder Misstrauen für oder gegen uns bedingt, und das Misstrauen wird ihnen kein Engel ausreden können, solange es noch Landkarten gibt, auf die sie einen Blick werfen können. Und nun noch eine Frage: Glauben Sie denn und glaubt Se. Majestät der König wirklich noch an den Deutschen Bund und seine Armee für den Kriegsfall? Ich meine nicht für den Fall eines französischen Revolutionskrieges gegen Deutschland im Bunde mit Russland, sondern in einem Interessenkriege, bei dem Deutschland mit Preussen und Österreich auf ihren alleinigen Füssen zu stehn angewiesen wären? Glauben Sie daran, so kann ich allerdings nicht weiter diskutieren, denn unsre Prämissen wären zu verschieden. Was könnte Sie aber berechtigen, daran zu glauben, dass die Grossherzöge von Baden und Darmstadt, der König von Württemberg oder Bayern den Leonidas für Preussen und Österreich machen sollten, wenn die Übermacht *nicht* auf deren Seite ist und niemand an Einheit und Vertrauen zwischen beiden, Preussen und Österreich nämlich, auch nur den mässigsten Grund hat zu glauben? Schwerlich wird der König Max in Fontainebleau dem Napoleon sagen, dass er nur über seine Leiche die Grenze Deutschlands oder Österreichs passieren werde.*

Ganz erstaunt bin ich, in Ihrem Briefe zu lesen, dass die Österreicher behaupten, sie hätten uns in Neuenburg mehr verschafft als die Franzosen. So unverschämt im Lügen ist doch nur Österreich; wenn sie *gewollt* hätten, so hätten sie es nicht gekonnt und mit Frankreich und England wahrlich keine Händel um unsertwillen angefangen. Aber sie haben im Gegenteil uns in der Durchmarschfrage geniert, so viel sie konnten, uns verleumdet, uns Baden abwendig gemacht, und jetzt in Paris sind sie mit England unsre Gegner gewesen; ich weiss von den Franzosen und von Kisselew, dass in allen Besprechungen, wo Hübner *ohne* Hatzfeldt gewesen ist, und das waren grade die entscheidenden, er stets der erste war, sich dem englischen Widerspruch gegen uns anzuschliessen, dann ist Frankreich gefolgt, dann Russland. Warum sollte aber überhaupt *jemand* etwas für uns in Neuenburg tun und sich für unsre Interessen einsetzen? Hatte denn jemand von uns etwas dafür zu hoffen oder zu fürchten, wenn er uns den Gefallen tat oder nicht? Dass man in der Politik aus Gefälligkeit oder aus allgemeinem Rechtsgefühl handelt, das dürfen andre von uns, wir aber nicht von ihnen erwarten.

Wollen wir so isoliert, unbeachtet und gelegentlich schlecht behandelt weiterleben, so

* Den Durchmarsch nach Neuenburg gestatteten jene Fürsten, nachdem sie in Paris angefragt hatten, liessen sich dann aber auch durch Österreich nicht irremachen gegen Frankreich.

habe ich freilich keine Macht, es zu ändern; wollen wir aber wieder zu Ansehn gelangen, so erreichen wir es unmöglich damit, dass wir unser Fundament lediglich auf den Sand des Deutschen Bundes bauen und den Einsturz in Ruhe abwarten. Solange jeder von uns die Überzeugung hat, dass ein Teil des Schachbrettes uns nach unserm eignen Willen verschlossen bleibt, oder dass wir uns einen Arm prinzipiell festbinden, während jeder andre beide zu unserm Nachteil benutzt, wird man diese unsre Gemütlichkeit ohne Furcht und ohne Dank benutzen. Ich verlange ja gar nicht, dass wir mit Frankreich ein Bündnis schliessen und gegen Deutschland konspirieren sollen; aber ist es nicht vernünftiger, mit den Franzosen, solange sie uns in Ruhe lassen, auf freundlichem als auf kühlem Fusse zu stehn? Ich will nichts weiter, als andern Leuten den Glauben benehmen, *sie* könnten sich verbinden, mit wem sie wollten, aber *wir* würden eher Riemen aus unsrer Haut schneiden lassen als dieselbe mit französischer Hülfe verteidigen. Höflichkeit ist eine wohlfeile Münze, und wenn sie auch nur dahin führt, dass die andern nicht mehr glauben, Frankreichs seien sie gegen uns *immer* sicher und wir jederzeit hülfsbedürftig gegen Frankreich, so ist das für Friedensdiplomatie ein grosser Gewinn; wenn wir diese Hülfsmittel verschmähn, sogar das Gegenteil tun, so weiss ich nicht, warum wir nicht lieber die Kosten der Diplomatie sparen oder reduzieren, denn diese Kaste vermag mit allen Arbeiten nicht zuwege zu bringen, was der König mit geringer Mühe kann, nämlich Preussen eine angesehene Stellung im Frieden durch den Anschein von freundlichen Beziehungen und möglichen Verbindungen wiederzugeben; nicht minder vermag Se. Majestät durch ein Schautragen *kühler* Verhältnisse leicht alle Arbeit der Diplomaten zu lähmen; denn was soll ich hier oder einer unsrer andern Gesandten durchsetzen, wenn wir den Eindruck machen, ohne Freunde zu sein oder auf Österreichs Freundschaft zu rechnen? Man muss nach Berlin kommen, um nicht ausgelacht zu werden, wenn man von Österreichs Unterstützung in irgendeiner für uns erheblichen Frage sprechen will. Und selbst in Berlin kenne ich doch nachgrade nur einen sehr kleinen Kreis, bei dem das Gefühl der Bitterkeit nicht durchbräche, sobald von unsrer auswärtigen Politik die Rede ist. Unser Rezept für alle Übel ist, uns an die Brust des Grafen Buol zu werfen und ihm unser brüderliches Herz auszuschütten. Ich erlebte in Paris, dass ein Graf Soundso gegen seine Frau auf Scheidung klagte, nachdem er sie, eine ehemalige Kunstreiterin, zum 24. Male im flagranten Ehebruch betroffen hatte; er wurde als ein Muster von galantem und nachsichtigem Ehemann von seinem Advokaten vor Gericht gerühmt; aber gegen unsern Edelmut mit Österreich kann er sich doch nicht messen.

Unsre innern Verhältnisse leiden unter ihren eignen Fehlern kaum mehr als unter dem peinlichen und allgemeinen Gefühl unsres Verlustes an Ansehn im Auslande und der gänzlich passiven Rolle unsrer Politik. Wir sind eine eitle Nation; es ist uns schon empfindlich, wenn wir nicht renommieren können, und einer Regierung, die uns nach aussen hin Bedeutung gibt, halten wir vieles zugute und lassen uns viel gefallen dafür, selbst im Beutel. Aber wenn wir uns fürs Innre sagen müssen, dass wir mehr durch unsre guten Säfte die Krankheiten ausstossen, welche unsre ministeriellen Ärzte uns einimpfen, als dass wir von ihnen geheilt und zu gesunder Diät angeleitet würden, so sucht man im Auswärtigen vergebens nach einem Trost dafür. Sie sind doch, verehrtester Freund, *au fait* von unsrer Politik; können Sie mir nun ein Ziel nennen, welches dieselbe sich etwa vorgesteckt hat, auch nur einen Plan auf einige Monate hinaus, grade *rebus sic stantibus,* weiss man da, was man eigentlich will? Weiss das irgend jemand in Berlin, und glauben Sie, dass bei den Leitern eines der andern grossen Staaten dieselbe Leere an positiven Zwecken und Ideen vorhanden ist? Können Sie mir ferner einen Verbündeten nennen, auf welchen Preussen zählen könnte, wenn es heut grade zum Kriege käme, oder der für uns spräche bei einem Anliegen, wie etwa das Neuenburger, oder der für uns irgend etwas täte, weil er auf unsern Beistand rechnet oder unsre Feindschaft fürchtet? Wir sind die gutmütigsten, ungefährlichsten Politiker, und doch traut uns eigentlich niemand, wir gelten wie unsichere Genossen und ungefährliche Feinde, ganz als hätten wir uns im Äussern so betragen und wären im Innern so krank wie Österreich. Ich spreche nicht von der Gegenwart; aber können Sie mir einen *positiven* Plan (abwehrende genug), eine Absicht nennen, die wir seit dem Radowitzischen Dreikönigsbündnis in auswärtiger Politik gehabt haben? Doch, den Jahdebusen, der bleibt aber bisher ein totes Wasserloch, und den Zollverein werden wir uns von Österreich ganz freundlich ausziehn lassen, weil wir nicht den Entschluss haben, einfach nein zu sagen. Ich wundre mich, wenn es bei uns noch Diplomaten gibt, denen der Mut, einen Gedanken zu haben, denen die sachliche Ambition, etwas leisten zu wollen, nicht schon erstorben ist, und ich werde mich ebensogut wie meine Kollegen darin finden, einfältig meine Instruktion zu vollziehn, den Sitzungen beizuwohnen und mich der Teilnahme für den allgemeinen Gang unsrer Politik zu entschlagen; man bleibt gesünder dabei und verbraucht weniger Tinte.

Sie werden wahrscheinlich sagen, dass ich aus *dépit*, weil Sie nicht meiner Meinung sind, schwarz sehe und räsoniere wie ein Rohrspatz. Aber ich würde wahrlich ebensogern meine Bemühungen an die Durchführung fremder Ideen wie eigner setzen, wenn ich überhaupt welche fände, die man zum Nutz und Frommen unsrer Politik ins Werk zu setzen beabsichtigte. So weiter zu vegetieren, dazu bedürfen wir eigentlich des ganzen Apparates unsrer Diplomatie nicht. Die Tauben, die uns gebraten anfliegen, entgehn uns ohnehin nicht; oder doch, denn wir werden den Mund schwerlich dazu aufmachen, falls wir nicht grade gähnen. Mein Streben geht ja nur dahin, dass wir solche Dinge zulassen und nicht von uns weisen, welche geeignet sind, bei den Kabinetten in Friedenszeit den Eindruck zu machen, dass wir uns mit Frankreich nicht schlecht stehn, dass man auf unsre Beistandsbedürftigkeit gegen Frankreich nicht zählen und uns deshalb drücken darf und dass uns, wenn man unwürdig mit uns umgehn will, alle Bündnisse offenstehn. Wenn ich nun melde, dass diese Vorteile gegen Höflichkeit und gegen den Schein der Reziprozität zu haben sind, so erwarte ich, dass man mir entweder nachweist, es seien keine Vorteile, es entspreche vielmehr unsern Interessen besser, wenn fremde und deutsche Höfe berechtigt sind, von der Annahme auszugehn, dass wir gegen Westen unter allen Umständen feindlich gerüstet sein müssen und Bündnisse, eventuell Hülfe, dagegen bedürfen, und wenn sie diese Annahme als Basis ihrer gegen uns gerichteten politischen Operationen ausbeuten. Oder ich erwarte, dass man andre Pläne und Absichten hat, in deren Kombination der Anschein eines guten Vernehmens mit Frankreich nicht passt. Ich weiss nicht, ob die Regierung einen Plan hat (den ich nicht kenne), ich glaube es nicht; wenn man aber diplomatische Annäherungen einer grossen Macht nur deshalb von sich abhält und die politischen Beziehungen zweier grossen Mächte nur danach regelt, ob man Antipathien oder Sympathien für Zustände und Personen hat, die man doch nicht ändern kann und will, so drücke ich mich mit Zurückhaltung aus, wenn ich sage: ich habe dafür kein Verständnis als Diplomat und finde mit Annahme eines solchen Systems in auswärtigen Beziehungen das ganze Gewerbe der Diplomatie bis auf das Niveau des Konsularwesens hinunter überflüssig und tatsächlich kassiert.

Sie sagen mir, «der Mann ist unser natürlicher Feind, und dass er es ist und bleiben muss, wird sich bald zeigen». Ich könnte das bestreiten oder mit demselben Rechte sagen, Österreich, England sind unsre Feinde, und dass sie es sind, zeigt sich schon längst, bei Österreich natürlicher-, bei England unnatürlicherweise. Aber ich will das auf sich beruhn lassen und annehmen, Ihr Satz wäre richtig, so kann ich es auch dann noch nicht für politisch halten, unsre Befürchtungen schon im Frieden von andern und von Frankreich selbst erkennen zu lassen, sondern finde es, bis der von Ihnen vorhergesehne Bruch wirklich eintritt, immer noch nützlich, die Leute glauben zu lassen, dass ein Krieg gegen Frankreich uns *nicht* notwendig über kurz oder lang bevorsteht, dass er wenigstens nichts von Preussens Lage Unzertrennliches, dass die Spannung gegen Frankreich nicht ein organischer Fehler, eine angeborne schwache Seite unsrer Natur ist, auf die jeder andre mit Sicherheit spekulieren kann. Sobald man uns für kühl mit Frankreich hält, wird auch der Bundeskollege hier kühl für mich und hat in seiner Haltung unwillkürlich den Ausdruck des Gedankens: Preussen kann sehr froh sein, wenn wir ihm den Rhein verteidigen helfen, und den Hintergedanken: dass es geschieht, ist sehr unwahrscheinlich. Sobald wir dagegen gut mit Frankreich zu stehn scheinen, nimmt der kollegialische Blick den Ausdruck achtungsvollen Wohlwollens für mich an, und der Mund fliesst über von dem berechtigten Einflusse Preussens in Deutschland. Das ist so übel wie möglich, aber wir müssen mit den Realitäten wirtschaften und nicht mit Fiktionen. [...]

Revolution – Bonapartismus – Legitimität

An Leopold v. Gerlach

(Frankfurt, 30. Mai 1857)

[...] Das Prinzip des Kampfes gegen die Revolution erkenne auch ich als das meinige an, aber ich halte es nicht für richtig, L. Napoleon als den alleinigen, oder auch nur $\kappa\alpha\tau'$ $\dot{\varepsilon}\xi o\chi\dot{\eta}\nu$ als den Repräsentanten der Revolution hinzustellen, und halte es nicht für möglich, das Prinzip in der Politik als ein solches durchzuführen, dass die entferntesten Konsequenzen desselben noch jede andre Rücksicht durchbrechen, dass es gewissermassen den alleinigen Trumpf im Spiel bildet, von dem die niedrigste Karte noch die höchste jeder andern Farbe sticht. Wie viele Existenzen gibt es noch in der heutigen politischen Welt, die nicht in revolutionärem Boden wurzeln? Nehmen Sie Spanien, Portugal, Brasilien, alle amerikanischen Republiken, Belgien, Holland, die Schweiz, Griechenland, Schweden, das noch heut mit Bewusstsein in der *glorious revolution* von 1688 fussende England; selbst für das Terrain, welches die heutigen deutschen Fürsten teils Kaiser und Reich, teils ihren Mitständen, den Standesherrn, teils ihren eignen Landständen abgewonnen haben, lässt sich kein vollständig legitimer Besitztitel nachweisen, und in unserm eignen staatlichen Leben können wir der Benutzung revolutionärer Unterlagen nicht entgehn. Viele der berührten Zustände sind eingealtert, und wir haben uns an sie gewöhnt; es geht uns damit wie mit allen *den* Wundern, welche uns täglich 24 Stunden lang umgeben, deshalb aufhören, uns wunderbar zu erscheinen, und niemand abhalten, den Begriff des «Wunders» auf Erscheinungen einzuschränken, welche durchaus nicht wunderbarer sind als die eigne Geburt und das tägliche Leben des Menschen.

Wenn ich aber ein Prinzip als oberstes und allgemein durchgreifendes anerkenne, so kann ich das nur insoweit, als es sich unter allen Umständen und zu allen Zeiten bewahrheitet, und der Grundsatz *quod ab initio vitiosum, lapsu temporis convalescere nequit* bleibt der Doktrin gegenüber richtig. Aber selbst dann, wenn die revolutionären Erscheinungen der Vergangenheit noch nicht den Grad von Verjährung hatten, dass man von ihnen sagen konnte, wie die Hexe im Faust von ihrem Höllentrank: «Hier hab' ich eine Flasche, aus der *ich selbst* zuweilen nasche, die auch nicht mehr im mindsten stinkt», hatte man nicht immer die Keuschheit, sich liebender Berührungen zu enthalten. Cromwell wurde von sehr antirevolutionären Potentaten «Herr Bruder» genannt und seine Freundschaft gesucht, wenn sie nützlich erschien; mit den Generalstaaten waren sehr ehrbare Fürsten im Bündnis, bevor sie von Spanien anerkannt wurden; Wilhelm von Oranien und seine Nachfolger in England galten, auch während die Stuarts noch prätendierten, unsern Vorfahren für durchaus koscher, und den Vereinigten Staaten von Nordamerika haben wir schon in dem Haager Vertrage von 1785 ihren revolutionären Ursprung verziehn. Der jetzige König von Portugal hat uns in Berlin besucht, und mit dem Hause Bernadotte hätten wir uns verschwägert, wenn nicht zufällige Hindernisse eintraten.

Wann und nach welchen Kennzeichen haben alle diese Mächte aufgehört, revolutionär zu sein? Es scheint, dass man ihnen die illegitime Geburt verzeiht, sobald wir keine Gefahr von ihnen besorgen, und dass man sich alsdann auch nicht prinzipiell daran stösst, wenn sie fortfahren, ohne Busse, ja mit Rühmen, sich zu ihrer Wurzel im Unrecht zu bekennen.

Ich sehe nicht, dass vor der *Französischen* Revolution ein Staatsmann, sei er auch der christlichste und gewissenhafteste, auf den Gedanken gekommen wäre, sein gesamtes politisches Streben, sein Verhalten zur äussern wie zur innern Politik dem Prinzipe des «Kampfes gegen die Revolution» unterzuordnen und die Beziehungen seines Landes zu andern Staaten lediglich an *diesem* Probierstein zu prüfen; und doch waren die Grundsätze der Amerikanischen und der Englischen Revolution, abgesehn von dem Masse des Blutvergiessens und dem nach dem Nationalcharakter sich verschieden gestaltenden Unfug mit der Religion, ziemlich dieselben wie diejenigen, welche in Frankreich die Unterbrechung der Kontinuität des Rechtes herbeiführten. Ich kann nicht annehmen, dass es vor 1789 nicht einige ebenso christliche und konservative Politiker, ebenso richtige Erkenner des Bösen gegeben hätte, wie wir sind, und dass die Wahrheit eines von uns als Grundlage *aller* Politik hinzustellenden

Prinzips ihnen entgangen sein sollte. Ich finde auch nicht, dass wir auf alle revolutionäre Erscheinungen *nach* 1789 das Prinzip ebenso rigoros anwenden wie auf Frankreich. Die analogen Rechtszustände in Österreich, das Prosperieren der Revolution in Portugal, Spanien, Belgien und in dem durch und durch revolutionären heutigen Dänemark, das offne Bekennen und Propagieren der revolutionären Grundideen von seiten der englischen Regierung und das Betätigen derselben noch in dem Neuenburger Konflikt, das alles hält uns nicht ab, die Beziehungen unsres Königs zu den Monarchen dieser Länder milder zu beurteilen als diejenigen zu Napoleon III. Was steckt denn *Besondres* in dem letzten und in der *Französischen* Revolution überhaupt; die unfürstliche Herkunft der Bonaparte tut viel, aber sie findet in Schweden auch statt, ohne dieselbe Konsequenz. Liegt dies «Besondre» grade in der Familie Bonaparte? Dieselbe hat weder die Revolution in die Welt gebracht, noch würde die Revolution beseitigt oder auch nur unschädlich gemacht, wenn man diese Familie ausrottete. Die Revolution ist viel älter als die Bonapartes und viel breiter in der Grundlage als Frankreich. Wenn man ihr einen irdischen Ursprung anweisen will, so wäre auch der nicht in Frankreich, sondern eher in England zu suchen, wenn nicht noch früher in Deutschland oder in Rom, je nachdem man die Auswüchse der Reformation oder die der römischen Kirche und die Einführung des Römischen Rechtes in die germanische Welt als schuldig ansehn will.

Der erste Napoleon hat damit begonnen, die Revolution in Frankreich für seinen Ehrgeiz mit Erfolg zu benutzen, und sie später ohne Erfolg und mit falschen Mitteln zu bekämpfen gesucht; er wäre sie recht gern aus seiner Vergangenheit los gewesen, nachdem er die Frucht davon gepflückt und in der Tasche hatte; gefördert wenigstens hat er sie nicht in dem Grade, wie die drei *Louis* vor ihm, durch Einführung des Absolutismus unter L. XIV., durch die Unwürdigkeiten der Regentschaft und des L. XV., durch die Schwäche von L. XVI., der am 14. September 91 bei Annahme der Verfassung die Revolution als beendigt proklamierte; fertig war sie allerdings. Das Haus Bourbon hat mehr für die Revolution getan als alle Bonaparten, auch wenn man ihm *Philippe Egalité* nicht zur Last schreibt.

Der Bonapartismus ist nicht der Vater der Revolution, er ist nur, wie jeder Absolutismus, ein fruchtbares Feld für die Saat derselben; ich will ihn damit durchaus nicht ausserhalb des Gebietes der revolutionären Erscheinungen stellen, sondern ihn nur frei von den Zutaten zur Anschauung bringen, welche seinem Wesen nicht notwendig eigen sind. Zu solchen rechne ich ferner die ungerechten Kriege und Eroberungen. Diese sind kein eigentümliches Attribut der Familie Bonaparte oder des nach ihr benannten Regierungssystems. Legitime Erben alter Throne können das auch. Ludwig XIV. hat nach seinen Kräften nicht weniger heidnisch in Deutschland gewirtschaftet als Napoleon, und wenn letztrer mit seinen Anlagen und Neigungen als Sohn Ludwigs XVI. geboren wäre, so hätte er uns vermutlich auch das Leben sauer gemacht.

Der Trieb zum Erobern ist England, Nordamerika, Russland und andern nicht minder eigen als dem Napoleonischen Frankreich, und sobald Macht und Gelegenheit dazu sich finden, ist es auch bei der legitimsten Monarchie schwerlich die Bescheidenheit oder die Gerechtigkeitsliebe, welche ihm Schranken setzt. Bei Napoleon III. scheint er als Instinkt nicht zu dominieren; derselbe ist kein Feldherr, und im grossen Kriege, mit grossen Erfolgen oder Gefahren könnte es kaum fehlen, dass die Blicke der französischen Armee, der Trägerin seiner Herrschaft, sich mehr auf einen glücklichen General als auf den Kaiser richteten. Er wird daher den Krieg nur dann suchen, wenn er sich durch *innre* Gefahren dazu genötigt glaubt. Eine solche Nötigung würde aber für den legitimen König von Frankreich, wenn er jetzt zur Regierung käme, von Hause aus vorhanden sein.

Weder die Erinnerung an die *Eroberungssucht* des Onkels noch die Tatsache des *ungerechten Ursprungs* seiner Macht berechtigt mich also, den gegenwärtigen Kaiser der Franzosen als den ausschliesslichen Repräsentanten der Revolution, als vorzugsweises Objekt des Kampfes gegen dieselbe zu betrachten. Den zweiten Makel teilt er mit vielen bestehenden Gewalten, und des erstern ist er bisher nicht verdächtiger als andre. Sie, verehrtester Freund, werfen ihm vor, dass er sich nicht halten könne, wenn nicht ringsum alles so sei wie bei ihm; wenn ich das für richtig erkännte, so würde es hinreichen, meine Ansicht zu erschüttern. Aber der Bonapartismus unterscheidet sich dadurch von der Republik, dass er *nicht* das Bedürfnis hat, seine Regierungsgrundsätze gewaltsam zu propagieren. Selbst der erste Napoleon hat den Ländern, welche nicht direkt oder indirekt zu Frankreich geschlagen wurden, seine Regierungsform nicht aufzudrängen versucht; man ahmte sie im Wetteifer freiwillig nach. Fremde Staaten mit Hülfe der Revolution zu bedrohn, ist heutzutage seit einer ziemlichen Reihe von Jahren das Gewerbe Englands, und wenn L. Napoleon so gewollt hätte wie Palmerston, so würden wir in Neapel schon vor Jahr und Tag einen Ausbruch erlebt haben. Der französische Kaiser würde durch Ausbreitung revolutionärer Institutionen bei seinen Nachbarn Gefahren für sich selbst schaffen; er wird vielmehr im Interesse der Erhaltung seiner Herrschaft und Dynastie und bei seiner Überzeugung von der Fehlerhaftigkeit der heutigen Institutionen Frankreichs für sich selbst festere Grundlagen als die der Revolution zu gewinnen suchen. Ob er das *kann,* ist freilich eine andre Frage, aber er ist keineswegs blind für die Mangelhaftigkeit und die Gefahren des bonapartistischen Regierungssystems, denn er spricht sich selbst darüber aus und beklagt sie.

Die jetzige Regierungsform ist für Frankreich nichts Willkürliches, was L. Napoleon einrichten oder ändern könnte; sie war für ihn ein Gegebnes und ist wahrscheinlich die einzige Methode, nach der Frankreich auf lange Zeit hin regiert werden kann; für alles andre fehlt die Grundlage entweder von Hause aus im Nationalcharakter, oder sie ist zerschlagen und verlorengegangen, und wenn Heinrich V. jetzt auf den Thron gelangte, er würde, wenn überhaupt, auch nicht anders regieren können. L. Napoleon hat die revolutionären Zustände des Landes nicht geschaffen, die Herrschaft auch nicht in Auflehnung gegen eine *rechtmässig* bestehende Autorität gewonnen, sondern sie als herrenloses Gut aus dem Strudel der Anarchie herausgefischt. Wenn er sie jetzt niederlegen wollte, so würde er Europa in Verlegenheit setzen, und man würde ihn ziemlich einstimmig bitten zu bleiben, und wenn er sie an den Herzog von Bordeaux zedierte, so würde dieser sie sich ebensowenig erhalten können, als er sie zu erwerben vermochte. Wenn L. Napoleon sich den *élu de 7 millions* nennt, erwähnt er damit eine Tatsache, die er nicht wegleugnen kann; er vermag sich keinen andern Ursprung zu geben, als er hat; dass er aber, nachdem er im Besitz der Herrschaft ist, dem Prinzip der Volkssouveränität praktisch zu huldigen fortführe und von dem Willen der Massen das Gesetz empfinge, wie das jetzt mehr und mehr in England einreisst, kann man von ihm nicht sagen.

Es ist menschlich natürlich, dass die Unterdrückung und schändliche Behandlung unsres Landes durch den ersten Napoleon in allen, die es erlebt haben, einen unauslöschlichen Eindruck hinterlassen hat und dass in deren Augen das böse Prinzip, welches wir in Gestalt der Revolution bekämpfen, sich allein mit der Person und dem Geschlecht dessen identifiziert, den man *l'heureux soldat héritier de la révolution* nannte; aber mir scheint, dass Sie dem jetzigen Napoleon zuviel aufbürden, wenn Sie grade in ihm und nur in ihm die zu bekämpfende Revolution personifizieren und aus diesem Grunde die Proskription über ihn aussprechen, so dass es wider die Ehre sei, mit ihm umzugehn. Jedes

Kennzeichen der Revolution, welches er an sich trägt, finden Sie auch an andern Stellen wieder, ohne dass Sie Ihren Hass mit derselben Strenge der Doktrin auch dahin richteten. Das bonapartistische Regiment im Innern mit seiner rohen Zentralisation, seiner Vernichtung der Selbständigkeiten, seiner Nichtachtung von Recht und Freiheit, seiner offiziellen Lüge, seiner Korruption in Staat und Börse, seinen gefügigen und überzeugungslosen Schreibern blüht in dem von Ihnen mit unverdienter Vorliebe betrachteten Österreich ebenso wie in Frankreich und wird an der Donau aus freier Machtvollkommenheit mit Bewusstsein ins Leben gerufen, während L. Napoleon es in Frankreich als vorhandnes, ihm selbst unwillkommnes, aber nicht leicht zu änderndes Resultat der Geschichte vorfand.

Ich finde das «Besondre», welches uns heutzutage bestimmt, grade die *Französische* Revolution vorzugsweise als Revolution zu bezeichnen, nicht in der Familie Bonaparte, sondern in der örtlichen und zeitlichen Nähe der Ereignisse und in der Grösse und Macht des Landes, auf dessen Boden sie sich zutragen. Deshalb sind sie gefährlicher, aber ich finde es deshalb noch nicht *schlechter,* mit Bonaparte in Beziehung zu stehn als mit andern von der Revolution erzeugten Existenzen oder mit Regierungen, welche sich freiwillig mit ihr identifizieren, wie Österreich, und für die Ausbreitung revolutionärer Grundsätze tätig sind, wie England.

Ich will mit diesem allen keine Apologie der Personen und Zustände in Frankreich geben; ich habe für die erstern keine Vorliebe und halte die letztern für ein Unglück jenes Landes; ich will nur erklären, wie ich dazu komme, dass es mir weder sündlich noch ehrenrührig erscheint, mit dem von uns *anerkannten* Souverän eines wichtigen Landes in nähere Verbindung zu treten, wenn es der Gang der Politik mit sich bringt. Dass diese Verbindung *an sich* etwas Wünschenswertes sei, sage ich nicht, sondern nur, dass alle andern Chancen schlechter sind und dass wir, um sie zu bessern, durch die Wirklichkeit oder den Schein intimerer Beziehungen zu Frankreich hindurch müssen. Nur durch dieses Mittel können wir Österreich so weit zur Vernunft und zur Verzichtleistung auf seinen überspannten Schwarzenbergischen Ehrgeiz bringen, dass es die Verständigung mit uns statt unsrer Übervorteilung sucht, und nur durch dieses Mittel können wir die weitere Entwicklung der direkten Beziehungen der deutschen Mittelstaaten zu Frankreich hemmen. Auch England wird anfangen zu erkennen, wie wichtig ihm die Allianz Preussens ist, wenn es erst fürchtet, sie an Frankreich zu verlieren. Also, auch wenn ich mich auf *Ihren* Standpunkt der Neigung für Österreich und England stelle, müssen wir bei Frankreich anfangen, um jene zur Erkenntnis zu bringen. […]

Gesandter in Petersburg

Aus «Erinnerung und Gedanke»

Es ist in der Geschichte der europäischen Staaten wohl kaum noch einmal vorgekommen, dass ein Souverän einer Grossmacht einem Nachbarn dieselben Dienste erwiesen hat wie der Kaiser Nikolaus der österreichischen Monarchie. In der gefährdeten Lage, in welcher diese sich 1849 befand, kam er ihr mit 200000 Mann zu Hülfe, unterwarf Ungarn, stellte dort die königliche Gewalt wieder her und zog seine Truppen zurück, ohne einen Vorteil oder eine Entschädigung zu verlangen, ohne die orientalischen und polnischen Streitfragen beider Staaten zu erwähnen. Dieser uninteressierte Freundschaftsdienst auf dem Gebiet der innern Politik Österreich-Ungarns wurde von dem Kaiser Nikolaus in der auswärtigen Politik in den Tagen von Olmütz auf Kosten Preussens unvermindert fortgesetzt. Wenn er auch nicht durch Freundschaft, sondern ebensowohl durch die Erwägungen kaiserlich russischer Politik beeinflusst war, so war es immerhin mehr, als ein Souverän für einen andern zu tun pflegt, und nur in einem so eigenmächtigen und übertrieben ritterlichen Autokraten erklärlich. Nikolaus sah damals auf den Kaiser Franz Joseph als auf seinen Nachfolger und Erben in der Führung der konservativen Trias. Er betrachtete die letztere als solidarisch der Revolution gegenüber und hatte bezüglich der Fortsetzung der Hegemonie mehr Vertrauen zu Franz Joseph als zu seinem eignen Nachfolger. Noch geringer war seine Meinung von der Veranlagung unsres Königs Friedrich Wilhelm für die Führerrolle auf dem Gebiete praktischer Politik; er hielt denselben zur Leitung der monarchischen Trias für so wenig geeignet wie den eignen Sohn und Nachfolger. Er handelte in Ungarn und in Olmütz in der Überzeugung, dass er nach Gottes Willen den Beruf habe, der Führer monarchischen Widerstandes gegen die von Westen vordringende Revolution zu sein. Er war eine ideale Natur, aber verhärtet in der Isolierung der russischen Autokratie, und es ist wunderbar genug, dass er sich unter allen Eindrücken von den Dekabristen an durch alle folgenden Erlebnisse hindurch diesen idealen Schwung erhalten hatte.

Wie er über seine Stellung zu seinen Untertanen empfand, ergibt sich aus einer Tatsache, die mir Friedrich Wilhelm IV. selbst erzählt hat. Der Kaiser Nikolaus bat ihn um Zusendung von zwei Unteroffizieren der preussischen Garde, behufs Ausführung gewisser ärztlich vorgeschriebener Knetungen, die auf dem Rükken des Patienten vorgenommen werden mussten, während dieser auf dem Bauche lag. Er sagte dabei: «Mit meinen Russen werde ich immer fertig, wenn ich ihnen ins Gesicht sehen kann, aber auf den Rücken ohne Augen möchte ich mir sie doch nicht kommen lassen.» Die Unteroffiziere wurden in diskreter Weise gestellt, verwendet und reich belohnt. Es zeigt dies, wie trotz der religiösen Hingebung des russischen Volks für seinen Zaren der Kaiser Nikolaus doch auch dem gemeinen Manne unter seinen Untertanen seine persönliche Sicherheit unter vier Augen nicht unbeschränkt anvertraute; und es ist ein Zeichen grosser Charakterstärke, dass er von diesen Empfindungen sich bis an sein Lebensende nicht niederdrücken liess. Hätten wir damals auf dem Throne eine Persönlichkeit gehabt, die ihm ebenso sympathisch gewesen wäre wie der junge Kaiser Franz Joseph, so hätte er vielleicht in dem damaligen Streit um die Hegemonie in Deutschland für Preussen ebenso Partei genommen, wie er es für Österreich getan hat. Vorbedingung dazu wäre gewesen, dass Friedrich Wilhelm IV. den Sieg seiner Truppen im März 1848 festgehalten und ausgenutzt hätte, was ja möglich war ohne weitere Repressionen der Art, wie Österreich sie in Prag und Wien durch Windischgrätz und in Ungarn durch russische Hilfe zu bewirken genötigt war.

In der Petersburger Gesellschaft liessen sich zu meiner Zeit drei Generationen unterscheiden. Die vornehmste, die europäisch und klassisch gebildeten *Grand Seigneurs* aus der Regierungszeit Alexanders I., war im Aussterben. Zu derselben konnte man noch rechnen Menschikow, Woronzow, Bludow, Nesselrode und, was Geist und Bildung betrifft, Gortschakow, dessen Niveau durch seine übertriebene Eitelkeit etwas herabgedrückt war im Vergleich mit den übrigen Genannten, Leuten, die klassisch gebildet waren, gut und geläufig nicht nur französisch, sondern auch deutsch sprachen und der *crème* europäischer Gesittung angehörten.

Die Generation, die mit dem Kaiser Nikolaus gleichaltrig war oder doch seinen Stempel trug, pflegte sich in der Unterhaltung auf Hofangelegenheiten, Theater, Avancement und militärische Erlebnisse zu beschränken. Unter ihnen sind als der ältern Kategorie geistig näherstehende Ausnahmen zu nennen der alte Fürst Orlow, hervorragend an Charakter, Höflichkeit und Zuverlässigkeit für uns; der Graf Adlerberg Vater und sein Sohn, der nachherige Hofminister, mit Peter Schuwalow der einsichtigste Kopf, mit dem ich dort in Beziehungen gekommen bin und dem nur Arbeitsamkeit fehlte, um eine leitende Rolle zu spielen; der Fürst Suworow, der wohlwollendste für uns Deutsche, bei dem der russische General nikolaitischer Tradition stark, aber nicht unangenehm mit burschikosen Reminiszenzen deutscher Universitäten versetzt war; mit ihm dauernd im Streit und doch in gewisser Freundschaft Tschewkin, der Eisenbahn-General, von einer Schärfe und Feinheit des Verständnisses, wie sie bei Verwachsenen mit der ihnen eigentümlichen klugen Kopfbildung nicht selten gefunden wird; endlich der Baron Peter von Meyendorff, für mich die sympathischste Erscheinung unter den älteren Politikern, früher Gesandter in Berlin, der nach seiner Bildung und der Feinheit seiner Formen mehr dem Alexandrinischen Zeitalter angehörte und in demselben durch Intelligenz und Tapferkeit sich aus der Stellung eines jungen Offiziers in einem Linienregimente, in welchem er die französischen Kriege mitgemacht, zu einem Staatsmanne emporgearbeitet hatte, dessen Wort bei dem Kaiser Nikolaus erheblich ins Gewicht fiel. Die Annehmlichkeit seines gastfreien Hauses in Berlin wie in Petersburg wurde wesentlich erhöht durch seine Gemahlin, eine männlich kluge, vornehme, ehrliche und liebenswürdige Frau, die in noch höherem Grade als ihre Schwester, Frau von Vrints in Frankfurt, den Beweis lieferte, dass in der gräflich Buolschen Familie der erbliche Verstand ein Kunkellehn war. Ihr Bruder, der österreichische Minister Graf Buol, hatte daran nicht den Anteil geerbt, der zur Leitung der Politik einer grossen Monarchie unentbehrlich ist. Die beiden Geschwister standen einander persönlich nicht näher als die russische und die österreichische Politik. Als ich 1852 in besonderer Mission in Wien beglaubigt war, war das Verhältnis zwischen ihnen noch derart, dass Frau von Meyendorff geneigt war, mir das Gelingen meiner für Österreich freundlichen Mission zu erleichtern, wofür ohne Zweifel die Instruktionen ihres Gemahls massgebend waren. Der Kaiser Nikolaus wünschte damals unsre Verständigung mit Österreich. Als ein oder zwei Jahre später zur Krimzeit von meiner Ernennung nach Wien die Rede war, fand das Verhältnis zwischen ihr und ihrem Bruder in den Worten Ausdruck: sie hoffe, dass ich nach Wien kommen und «dem Karl ein Gallenfieber anärgern würde». Frau von Meyendorff war als Frau ihres Gemahls patriotische Russin und würde auch ohnedies schon nach ihrem persönlichen Gefühl die feindselige und undankbare Politik nicht gebilligt haben, zu welcher der Graf Buol Österreich bewogen hatte.

Die dritte Generation, die der jungen Herren, zeigte in ihrem gesellschaftlichen Auftreten meist weniger Höflichkeit, mitunter schlechte

Manieren und in der Regel stärkere Abneigung gegen deutsche, insbesondere preussische Elemente als die beiden älteren Generationen. Wenn man – des Russischen unkundig – sie deutsch anredete, so waren sie geneigt, ihre Kenntnis dieser Sprache zu verleugnen, unfreundlich oder gar nicht zu antworten und Zivilisten gegenüber unter das Mass von Höflichkeit herabzugehen, welches sie in den Uniform oder Orden tragenden Kreisen untereinander beobachteten. Es war eine zweckmässige Einrichtung der Polizei, dass die Dienerschaft der Vertreter auswärtiger Regierungen durch Tressen und das der Diplomatie vorbehaltene Kostüm eines Livree-Jägers gekennzeichnet war. Die Angehörigen des diplomatischen Corps würden sonst, da sie nicht die Gewohnheit hatten, auf der Strasse Uniform oder Orden zu tragen, sowohl von der Polizei als von Mitgliedern der höheren Gesellschaft denselben zu Konflikten führenden Unannehmlichkeiten ausgesetzt gewesen sein, welche ein ordensloser Zivilist, der nicht als vornehmer Mann bekannt war, im Strassenverkehr und auf Dampfschiffen leicht erleben konnte.

In dem Napoleonischen Paris habe ich dieselbe Beobachtung gemacht. Wenn ich länger dort gewohnt hätte, so würde ich mich haben daran gewöhnen müssen, nach französischer Sitte mich nicht ohne Andeutung einer Dekoration auf der Strasse zu Fuss zu bewegen. Ich habe auf den Boulevards erlebt, dass bei einer Festlichkeit einige hundert Menschen sich weder vorwärts noch rückwärts bewegen konnten, weil sie infolge mangelhafter Anordnung zwischen zwei in verschiedener Richtung marschierende Truppenteile geraten waren, und dass die Polizei, welche das Hemmnis nicht wahrgenommen hatte, auf diese Masse gewalttätig mit Faustschlägen und den in Paris so üblichen *coups de pied* einstürmte, bis sie auf einen *Monsieur décoré* stiess. Das rote Bändchen bewog die Polizisten, die Protestationen des Trägers wenigstens anzuhören und sich endlich überzeugen zu lassen, dass der anscheinend widerspenstige Volkshaufe zwischen zwei Truppenteilen eingeklemmt war und deshalb nicht ausweichen konnte. Der Führer der aufgeregten Polizisten zog sich durch den Scherz aus der Affaire, dass er, auf die bis dahin von ihm nicht bemerkten im *pas gymnastique* defilierenden *chasseurs de Vincennes* deutend, sagte: «Eh bien, il faut enfoncer ça!» Das Publikum, einschliesslich der Misshandelten, lachte, die von Tätlichkeiten Verschonten entfernten sich mit einem dankbaren Gefühl für den *décoré*, dessen Anwesenheit sie gerettet hatte.

Auch in Petersburg würde ich es für zweckmässig gehalten haben, auf der Strasse die Andeutung eines höheren russischen Ordens zu tragen, wenn die grossen Entfernungen es nicht mit sich gebracht hätten, dass man in den Strassen mehr zu Wagen mit Tressenlivree als zu Fusse sich zeigte. Schon zu Pferde, wenn in Zivil und ohne Reitknecht, lief man Gefahr, von den durch ihr Kostüm kenntlichen Kutschern der höheren Würdenträger wörtlich und tätlich angefahren zu werden, wenn man mit ihnen in unvermeidliche Berührung geriet; und wer hinreichend Herr seines Pferdes war und eine Gerte in der Hand hatte, tat wohl, sich bei solchen Konflikten als gleichberechtigt mit dem Insassen des Wagens zu legitimieren. Von den wenigen Reitern in der Umgebung von Petersburg konnte man in der Regel annehmen, dass sie deutsche oder englische Kaufleute waren und in dieser ihrer Stellung ärgerliche Berührungen nach Möglichkeit vermieden und lieber ertrugen, als sich bei den Behörden zu beschweren. Offiziere machten nur in ganz geringer Zahl von den guten Reitwegen auf den Inseln und weiter ausserhalb der Stadt Gebrauch, und die es taten, waren in der Regel deutschen Herkommens. Das Bemühen höheren Ortes, den Offizieren mehr Geschmack am Reiten beizubringen, hatte keinen dauernden Erfolg und bewirkte nur, dass nach einer jeden Anregung der Art die kaiserlichen Equipagen einige Tage lang mehr Reitern als gewöhnlich begegneten. Eine Merkwürdigkeit war es, dass als die besten Reiter unter den Offizieren die beiden Admiräle anerkannt waren, der Grossfürst Konstantin und der Fürst Menschikow.

Auch abgesehen von der Reiterei musste man wahrnehmen, dass in guten Manieren und gesellschaftlichem Tone die jüngere zeitgenössische Generation zurückstand gegen die vorhergehende des Kaisers Nikolaus und beide wieder in europäischer Bildung und Gesamterziehung gegen die alten Herren aus der Zeit Alexanders I. Dessenungeachtet blieb innerhalb der Hofkreise und der «Gesellschaft» der vollendete gute Ton in Geltung und in den Häusern der Aristokratie, namentlich soweit in diesen die Herrschaft der Damen reichte. Aber die Höflichkeit der Formen verminderte sich erheblich, wenn man mit jüngeren Herren in Situationen geriet, welche nicht durch den Einfluss des Hofes oder vornehmer Frauen kontrolliert waren. Ich will nicht entscheiden, wie weit das Wahrgenommene aus einer sozialen Reaktion der jüngeren Gesellschaftsschicht gegen die früher wirksam gewesenen deutschen Einflüsse oder aus einem Sinken der Erziehung in der jüngeren russischen Gesellschaft seit der Epoche des Kaisers Alexander I. zu erklären ist, vielleicht auch aus der Kontagion, welche die soziale Entwicklung der Pariser Kreise auf die der höheren russischen Gesellschaft auszuüben pflegt. Gute Manieren und vollkommene Höflichkeit sind in den herrschenden Kreisen von Frankreich ausserhalb des Faubourg St. Germain heut nicht mehr so verbreitet, wie es früher der Fall war und wie ich sie in Berührung mit älteren Franzosen und mit französischen und noch gewinnender bei russischen Damen kennengelernt habe. Da übrigens meine Stellung in Petersburg mich nicht zu einem intimen Verkehr mit der jüngsten erwachsenen Generation nötigte, so habe ich von meinem dortigen Aufenthalt nur die angenehme Erinnerung behalten, welche ich der Liebenswürdigkeit des Hofes, der älteren Herren und der Damen der Gesellschaft verdanke.

Die antideutsche Stimmung der jüngeren Generation hat sich demnächst mir und andern auch auf dem Gebiete der politischen Beziehungen zu uns fühlbar gemacht, in verstärktem Masse, seit mein russischer Kollege, Fürst Gortschakow, seine ihn beherrschende Eitelkeit auch mir gegenüber herauskehrte. Solange er das Gefühl hatte, in mir einen jüngeren Freund zu sehen, an dessen politischer Erziehung er einen Anteil beanspruchte, war sein

Wohlwollen für mich unbegrenzt, und die Formen, in denen er mir Vertrauen zeigte, überschritten die unter Diplomaten zulässige Grenze, vielleicht aus Berechnung, vielleicht aus Ostentation einem Kollegen gegenüber, an dessen bewunderndes Verständnis mir gelungen war ihn glauben zu machen. Diese Beziehungen wurden unhaltbar, sobald ich als preussischer Minister ihm die Illusion seiner persönlichen und staatlichen Überlegenheit nicht mehr lassen konnte. *Hinc irae.* Sobald ich selbständig als Deutscher oder Preusse oder als Rival im europäischen Ansehen und in der geschichtlichen Publizistik aufzutreten begann, verwandelte sich sein Wohlwollen in Missgunst.

Ob diese Wandlung erst nach 1870 begann oder ob sie sich vor diesem Jahre meiner Wahrnehmung entzogen hatte, lasse ich dahingestellt. Wenn ersteres der Fall war, so kann ich als ein achtbares und für einen russischen Kanzler berechtigtes Motiv den Irrtum der Berechnung in Anschlag bringen, dass die Entfremdung zwischen uns und Österreich auch nach 1866 dauernd fortbestehen werde. Wir haben 1870 der russischen Politik bereitwillig beigestanden, um sie im Schwarzen Meere von den Beschränkungen zu lösen, welche der Pariser Vertrag ihr auferlegt hatte. Dieselben waren unnatürlich, und das Verbot der freien Bewegung an der eignen Meeresküste für eine Macht wie Russland auf die Dauer unerträglich, weil demütigend. Ausserdem lag und liegt es nicht in unserm Interesse, Russland in der Verwendung seiner überschüssigen Kräfte nach Osten hin hinderlich zu sein; wir sollen froh sein, wenn wir in unserer Lage und geschichtlichen Entwicklung in Europa Mächte finden, mit denen wir auf keine Art von Konkurrenz der politischen Interessen angewiesen sind, wie das zwischen uns und Russland bisher der Fall ist. Mit Frankreich werden wir nie sichern Frieden haben, mit Russland nie die Notwendigkeit des Krieges, wenn nicht liberale Dummheiten oder dynastische Missgriffe die Situation fälschen.

*

Wenn ich in Petersburg auf einem der kaiserlichen Schlösser Zarskoje oder Peterhof anwesend war, auch nur, um mit dem daselbst im Sommerquartier lebenden Fürsten Gortschakow zu konferieren, so fand ich in der mir angewiesenen Wohnung im Schlosse für mich und einen Begleiter ein Frühstück von mehreren Gängen angerichtet, mit drei oder vier Sorten hervorragend guter Weine; andre sind mir in der kaiserlichen Verpflegung überhaupt niemals vorgekommen. Gewiss wurde in dem Haushalte viel gestohlen, aber die Gäste des Kaisers litten darunter nicht; im Gegenteil, ihre Verpflegung war auf reiche Brosamen für den «Dienst» berechnet. Keller und Küche waren absolut einwandfrei, auch in Vorkommnissen, wo sie unkontrolliert blieben. Vielleicht hatten die Beamten, denen die nicht getrunkenen Weine verblieben, durch lange Erfahrung schon einen zu durchgebildeten Geschmack gewonnen, um Unregelmässigkeiten zu dulden, unter welchen die Qualität der Lieferung gelitten hätte. Die Preise der Lieferungen waren nach allem, was ich erfuhr, allerdings gewaltig hoch. Von der Gastfreiheit des Haushalts bekam ich eine Vorstellung, wenn meine Gönnerin, die Kaiserin-Witwe, Schwester unsres Königs, mich einlud. Dann waren für die mit mir eingeladenen Herren der Gesandtschaft zwei und für mich drei Diners der kaiserlichen Küche entnommen. In meinem Quartier wurden für mich und meine Begleiter Frühstücke und Diners angerichtet und berechnet, wahrscheinlich auch gegessen und getrunken, als ob meine und der Meinigen Einladung zu der Kaiserin gar nicht erfolgt sei. Das Couvert für mich wurde einmal in meinem Quartier mit allem Zubehör auf- und abgetragen, das zweite Mal an der Tafel der Kaiserin in Gemeinschaft mit denen meiner Begleiter aufgelegt, und auch dort kam ich mit demselben nicht in Berührung, da ich vor dem Bette der kranken Kaiserin ohne meine Begleiter in kleiner Gesellschaft zu speisen hatte. Bei solchen Gelegenheiten pflegte die damals in der ersten Blüte jugendlicher Schönheit stehende Prinzessin Leuchtenberg, später Gemahlin des Prinzen Wilhelm von Baden, anstelle ihrer Grossmutter mit der ihr eignen Grazie und Heiterkeit die Honneurs zu machen. Auch erinnere ich mich, dass bei einer andern Gelegenheit eine vierjährige Grossfürstin sich um den Tisch von vier Personen bewegte und sich weigerte, einem hohen General die gleiche Höflichkeit wie mir zu erweisen. Es war mir sehr schmeichelhaft, dass dieses grossfürstliche Kind auf die grossmütterliche Vorhaltung antwortete: In bezug auf mich: *on milü* (er ist lieb), in bezug auf den General aber hatte sie die Naivität, zu sagen: *on wonjaet* (er stinkt), worauf das grossfürstliche *enfant terrible* entfernt wurde.

Es ist vorgekommen, dass preussische Offiziere, welche lange in einem der kaiserlichen Schlösser wohnten, von russischen guten Freunden vertraulich befragt wurden, ob sie wirklich so viel Wein u. dergl. verbrauchten, wie für sie entnommen werde; dann würde man sie um ihre Leistungsfähigkeit beneiden und ferner dafür sorgen. Diese vertrauliche Erkundigung traf auf Herren von sehr mässigen Gewohnheiten; und mit ihrem Einverständnisse wurden die von ihnen bewohnten Gemächer untersucht; in Wandschränken, mit denen sie unbekannt waren, fanden sich zurückgelegte Vorräte hochwertiger Weine und sonstiger Bedürfnisse in Massen.

Bekannt ist, dass dem Kaiser einmal das ungewöhnliche Quantum von Talg aufgefallen war, welches jedesmal in den Rechnungen erschien, wenn der Prinz von Preussen zum Besuche dort war, und dass schliesslich ermittelt wurde, dass er bei seinem ersten Besuche sich durchgeritten und am Abend das Verlangen nach etwas Talg gestellt hatte. Das verlangte Lot dieses Stoffes hatte sich bei späteren Besuchen in Pud verwandelt. Die Aufklärung erfolgte zwischen den hohen Herrschaften persönlich und hatte eine Heiterkeit zur Folge, welche den beteiligten Sündern zugute kam.

Von einer andern russischen Eigentümlichkeit gab es bei meiner ersten Anwesenheit in Petersburg 1859 eine Probe. In den ersten Tagen des Frühlings machte damals die zum Hofe gehörige Welt ihren Spaziergang in dem Sommergarten zwischen dem Pauls-Palais und der Newa. Dort war es dem Kaiser aufgefallen, dass in der Mitte eines Rasenplatzes ein Posten stand. Da der Soldat auf die Frage, weshalb er da stehe, nur die Auskunft zu geben wusste: «Es ist befohlen», so liess sich der Kaiser durch seinen Adjutanten auf der Wache erkundigen, erhielt aber auch keine andre Aufklärung, als dass der Posten Winter und Sommer gegeben werde. Der ursprüngliche Befehl sei nicht mehr zu ermitteln. Die Sache wurde bei Hofe zum Tagesgespräch und gelangte auch zur Kenntnis der Dienerschaft. Aus dieser meldete sich ein alter Pensionär und gab an, dass sein Vater ihm gelegentlich im Sommergarten gesagt habe, während sie an der Schildwache vorbeigegangen: «Da steht er noch immer und bewacht die Blume»; die Kaiserin Katharina hat an der Stelle einmal ungewöhnlich früh im Jahre ein Schneeglöckchen wahrgenommen und befohlen, man solle sorgen, dass es nicht abgepflückt werde. Dieser Befehl war durch Aufstellung einer Schildwache zur Ausführung gebracht worden, und seitdem hatte der Posten jahraus, jahrein gestanden. Dergleichen erregt unsre Kritik und Heiterkeit, ist aber ein Ausdruck der elementaren Kraft und Beharrlichkeit, auf welchen die Stärke des russischen Wesens dem übrigen Europa gegenüber beruht. Man erinnert sich dabei der Schildwachen, die während der Überschwemmung in Petersburg 1825, im Schipka-Passe 1877 nicht abgelöst wurden und von denen die einen ertranken, die andern auf ihren Posten erfroren.

Kremlin und dergleichen

Aus einem Brief an die Gattin

(Moskau, 6. Juni 1859)

[...] Nachdem ich in letzter Zeit über die sengende Hitze soviel geklagt habe, wachte ich heut zwischen Twer und hier auf und glaubte zu träumen, als ich das Land und sein frisches Grün weit und breit mit Schnee bedeckt erblickte. Ich wundre mich über nichts mehr und drehte mich, nachdem ich über die Tatsache nicht länger in Zweifel sein konnte, ruhig auf die andre Seite, um weiter zu schlafen und zu rollen, obschon das Farbenspiel von Grün und Weiss im Morgenrot nicht ohne Reiz war. Ich weiss nicht, ob er bei Twer noch liegt, hier ist er weggetaut, und ein kühler grauer Regen rieselt auf das grüne Blech der Dächer. Grün ist mit vollem Recht die russische Leibfarbe. Von den 100 Meilen hierher habe ich etwa 40 verschlafen, aber die andern 60 waren in jeder Handbreite grün in allen Schattierungen. Städte und Dörfer, überhaupt Häuser mit Ausnahme der Bahnhöfe, habe ich nicht bemerkt; buschartige Wälder, meist Birken, decken Sumpf und Hügel, schöner Graswuchs unter ihnen, lange Wiesen dazwischen, so geht es 10, 20, 40 Meilen fort. Acker erinnre ich mich nicht bemerkt zu haben, auch kein Heidekraut und keinen Sand; einsam grasende Kühe oder Pferde wecken mitunter die Vermutung, dass auch Menschen in der Nähe sein könnten. Moskau sieht von oben wie ein Saatfeld aus, die Soldaten grün, die Möbel grün, und ich zweifle nicht, dass die vor mir stehenden Eier von grünen Hühnern gelegt sind. Du wirst wissen wollen, wie ich eigentlich hierher komme; ich habe mich auch schon danach gefragt und zunächst die Antwort erhalten, dass Abwechslung die Seele des Lebens ist. Die Wahrheit dieses tiefsinnigen Spruches wird besonders einleuchtend, wenn man 10 Wochen lang ein sonniges Gasthofszimmer mit Aussicht auf Steinpflaster bewohnt hat. Ausserdem wird man gegen die Freuden des Umziehns, wenn sie sich in kurzer Zeit mehrmals wiederholen, ziemlich abgestumpft, ich beschloss daher, auf selbige zu verzichten, überwies Klübern alles Papier, gab Engel meine Schlüssel, erklärte, dass ich nach 8 Tagen im Stenbockschen Hause absteigen würde, und fuhr nach dem Moskauer Bahnhofe. Das war gestern Mittag 12, und heut früh um 8 stieg ich hier im *Hôtel de France* ab. Jetzt will ich zunächst eine liebenswürdige Bekannte aus frühern Zeiten besuchen, die Fürstin Jussupow, die etwa 20 Werst von hier auf dem Lande wohnt, morgen abend bin ich wieder hier, besehe Mittwoch und Donnerstag Kremlin und dergleichen und schlafe Freitag oder Sonnabend in den Betten, welche Engel inzwischen kaufen wird. Langsam anzuspannen und schnell zu fahren, liegt im Charakter dieses Volkes. Vor 2 Stunden habe ich den Wagen bestellt, auf jede Anfrage, die ich seit 1½ Stunden von 10 zu 10 Minuten ergehn lasse, heisst es **сей часъ** (sseïtschàss), sogleich, mit unerschütterlich freundlicher Ruhe, aber dabei bleibt es. Du kennst meine musterhafte Geduld im Warten, aber alles hat seine Grenzen; nachher wird gejagt, dass in den schlechten Wegen Pferd und Wagen brechen und man schliesslich zu Fuss anlangt. Ich habe inzwischen 3 Gläser Tee getrunken, mehrere Eier vertilgt, die Heizbemühungen sind auch so vollständig gelungen, dass ich das Bedürfnis fühle, frische Luft zu schöpfen. Ich würde mich aus Ungeduld rasieren, wenn ich einen Spiegel hätte, in dessen Ermanglung aber werde ich meine Gönnerin Tata mit dem gestrigen Stoppel begrüssen. Es ist wenigstens sehr tugendhaft, dass mein erster Gedanke an Dich ist, wenn ich einen Moment frei habe, und Du solltest ein Beispiel daran nehmen. Sehr weitläufig ist diese Stadt und sonderbar fremdartig durch ihre Kirchen mit grünen Dächern und unzähligen Kuppeln; ganz anders wie Amsterdam, aber beide sind die originellsten Städte, die ich kenne. Von der Bagage, die man hier im Coupé mitschleppt, hat kein deutscher Kondukteur eine Ahnung; kein Russe ohne zwei wirkliche, überzogne Kopfkissen, Kinder in Körben und Massen von Lebensmitteln aller Art, obschon man 5 grosse Mahlzeiten unterwegs auf den Stationen macht, Frühstück um 2, Mittag 5, Tee 7, Souper 10; 4 sind es doch nur, aber für die kurze Zeit genug. Ich wurde aus Höflichkeit in ein Schlafcoupé komplimentiert, wo ich schlechter situiert war als in meinem Fauteuil; es ist mir überhaupt wunderlich, so viel Umstände wegen einer Nacht zu machen.

Archangelski, am Abend spät. Heut vor einem Jahr liess ich mir auch nicht träumen, dass ich grade hier jetzt sitzen würde; an dem

Flusse, an welchem Moskau liegt, etwa 3 Meilen oberhalb der Stadt, steht inmitten weitläufiger Gartenanlagen ein Schloss im italienischen Stil; vor der Front zieht sich ein breiter, terrassiert abfallender Rasen, mit Hecken wie in Schönbrunn eingefasst bis zum Fluss, und links davon am Wasser liegt ein Pavillon, in dessen 6 Zimmern ich einsam zirkuliere; jenseit des Wassers weite mondhelle Ebne, diesseit Rasenplatz, Hecken, Orangerie; im Kamin heult der Wind und flackert die Flamme, von den Wänden sehn mich alte Bilder spukhaft an, von draussen weisse marmorne durchs Fenster; sehr romantische Einsamkeit, das Schloss wegen Reparatur unbewohnt, der Besitzer Fürst Jussupow im knappen Pächterhaus solange. Seine Frau ist die Tochter des früheren Gesandten in Berlin, Ribeaupierre, in dessen Hause ich meinen ersten Eintritt in die Berliner grosse Welt in jugendlichen Jahren machte. Morgen gehe ich mit meinen Wirten nach Moskau zurück, sie übermorgen von dort über Petsb. nach Berlin, ich bleibe noch bis Freitag, wenn's Gottes Wille ist, *to see what is to be seen.* [...]

Moskau, 8. Juni. Diese Stadt ist wirklich, als *Stadt*, die schönste und originellste, die es gibt, die Umgegend ist freundlich, nicht hübsch, nicht hässlich; aber der Blick von oben aus dem Kremlin, auf diese Rundsicht von Häusern mit grünen Dächern, Gärten, Kirchen, Türmen von der allersonderbarsten Gestalt und Farbe, die meisten grün oder rot oder hellblau, oben am häufigsten von einer riesenhaften goldnen Zwiebel gekrönt, und meist zu 5 und mehr auf einer Kirche, 1000 Türme sind's gewiss! Etwas fremdartiger Schönes wie dieses alles, im Sonnenuntergang schräg beleuchtet, kann man nicht sehn. Das Wetter ist wieder klar, und ich würde noch einige Tage hier bleiben, wenn nicht Gerüchte von einer grossen Schlacht in Italien zirkulierten, die vielleicht Diplomatenarbeit nach sich ziehn kann; da will ich machen, dass ich auf den Posten komme. [...]

«Du bist doch nicht unwohl...»

Aus Aufzeichnungen Gustav v. Wilmowskis

Bismarck erzählte sehr gern von seinem Petersburger Aufenthalte und von den russischen Sitten und Verhältnissen.

Von den Russen, namentlich dem Durchschnittsschlage der gewöhnlichen Klasse, war Bismarck gar nicht erbaut. Ohne Härte und Grobheit sei nichts zu erreichen, aber der Grobheit gäbe der Russe nach, besonders wenn man Militärkleidung oder Orden trage, was in Russland unumgänglich nötig sei, wenn man nicht für einen ganz gewöhnlichen Menschen gehalten werden wolle, der keine Rücksicht verdiene.

«Ich habe hinsichtlich der Behandlung der Leute auch erst mein Lehrgeld zahlen müssen», erzählte Bismarck. «Als ich zuerst russischen Schlitten, die mit Heu und Holz beladen waren, begegnete, schimpfte mein Kutscher mörderisch, und die Schlitten wichen uns aus. Gewohnt, beladenen Fuhrwerken auszuweichen, weise ich meinen Kutscher an, künftig in solchen Fällen selbst auszuweichen. Bei der nächsten Begegnung weicht der Kutscher auch aus; nun schimpfen aber die begegnenden Fuhrleute ihrerseits auf ihn, weil er nicht genügend ausgewichen sei! Der Kutscher lächelt mephistophelisch, und ich habe ihn nun nicht wieder ausweichen lassen.

Später an die nötige Grobheit in der Behandlung gewöhnt, habe ich mich richtiger benommen. Ich war von Zarskoje Selo nach Petersburg mit dem Kaiser gefahren; beim Aussteigen mich empfehlend, will ich, während der Kaiser zur einen Seite aus dem Salon herausging, zur anderen Seite fortgehen und finde unerwartet die Tür verschlossen und mich allein im Salon. Ein Beamter, der hinzukommt und welchen ich ersuche, mir zu öffnen, will mir nicht glauben, dass ich allein in schwarzer Zivilkleidung ohne Orden mit dem Kaiser gekommen und auf diese Weise in den kaiserlichen Salon geraten sei. Er ruft einen Unteroffizier, der auch auf mich zugeht. Ich ergreife ihn aber sofort beim Kragen und herrsche ihm zu: ‹Sohn einer Hündin! Schaffe mir einen Fiaker!› Diese Behandlung überzeugte ihn einigermassen, und ich bekam einen Fiaker, der mich zum preussischen Gesandtschaftshotel fuhr. Aber zwei Polizeibeamte folgten doch dem Fiaker bis dahin und erkundigten sich dort, wer der eben Angekommene gewesen sei. Am nächsten Tage machte mir ein Zivilgeneral in Gala seine Aufwartung und entschuldigte den Beamten im kaiserlichen Salon; der Beamte habe indes, da ich ohne Militärkleidung und ohne Orden dort gewesen sei, allerdings nicht glauben können, dass ich mit dem Kaiser gekommen wäre.

Als meine Frau zuerst nach Petersburg kam und wir mit einem Fiaker nach Hause gefahren waren, gab ich dem Kutscher einen Rubel. Gewöhnlich gibt man einen halben Rubel, das ist, glaube ich, etwa das Vierfache des gesetzlichen

Betrages. Der Kutscher fordert, ins Haus nachgehend, zwei Rubel. Ich beseitige ihn jedoch, indem ich ihn am Kragen schüttele und ihm einen Tritt versetze. Meine Frau, welche von solcher Behandlungsweise noch keine Erfahrungen hatte, fragte mich erschrocken: ‹Du bist doch nicht unwohl...›, und ich musste sie dann mit der Auseinandersetzung beruhigen, dass eine solche Behandlung in Russland Mode und mein Zorn nur aus Zweckmässigkeitsgründen erkünstelt sei.»

Auch hinsichtlich der Unzuverlässigkeit der russischen Beamten machte Bismarck kein Hehl daraus, dass er keine bessere Meinung davon gewonnen habe als die in Deutschland allgemein geltende. Bei der Diskutierung des Projekts eines benachbarten Gutsbesitzers in Pommern, einen Gutskomplex in Russland für einen sehr annehmbaren Preis zu erwerben, sagte er geradezu: er würde entschieden nicht dazu raten, sich in einem Lande niederzulassen, in welchem man der Anwendung der Gesetze gar nicht sicher wäre.

Dagegen betonte er andererseits mit Entschiedenheit, dass wir auf ein gutes politisches Einvernehmen mit Russland ein sehr grosses Gewicht legen müssten. Als im November 1868 der Abgeordnete Dr. Löwe das preussische Ministerium interpellierte, ob beabsichtigt würde, das unheilvolle Zollkartell mit Russland, dessen Vertragsdauer ablief, zu verlängern, befand sich Bismarck in Varzin und erklärte sehr entrüstet: dergleichen sollten die Herren nur der Regierung überlassen; es sei nicht nötig und nicht nützlich, dergleichen an die grosse Glocke zu hängen. «Das muss doch jeder einsehen, dass, wenn wir uns jetzt schroff gegen Russland stellen, ein französisch-österreichisches Bündnis sofort gegen uns auftreten würde.»

*

Ebenso mythisch, wie Bismarcks Verhältnis zu Napoleon in der öffentlichen Meinung geworden war, wurde auch dasjenige zu Russland. Es hat kaum einen Moment während der politischen Laufbahn Bismarcks gegeben, in welchem er nicht im Rufe stand, geheime Abreden mit Russland zur Durchführung besonderer Zwecke getroffen zu haben; oft genug sollte das geheime Bündnis zugleich mit Russland und Frankreich geschlossen sein. Jedenfalls tut aber die Sage Bismarck unrecht, wenn sie ihn als speziellen Russenfreund behandelt. Er hat im Gegenteil ohne Rückhalt stets erklärt, dass er keinem Deutschen raten möchte, seinen Aufenthalt in Russland zu nehmen. Man müsse gegen die Auswanderungen nach Russland wie nach Brasilien indirekt Massregeln treffen; diese gingen grösstenteils von der ländlichen Arbeiterbevölkerung aus, woran wir ohnehin keinen Überfluss hätten, und führten nach Ländern, deren Verkehr der gesetzlichen Regelung entbehre. Von der Unsicherheit in betreff der Anwendung der Gesetze in Russland und von der Unzuverlässigkeit und Bestechlichkeit der Russen wurde er nicht müde zu erzählen.

Bismarck charakterisierte unter anderen die Personen, deren sich die vornehmen Russen zu ihrer Vermögensverwaltung bedienen müssten, durch die Erzählung eines Besuchs, welchen er beim Fürsten Subow gemacht habe. Der Fürst habe während seiner Anwesenheit Besuch bekommen von einem anscheinend feinen Herrn, welcher mit einer herrlichen Troika (Dreigespann) angefahren kam. Der Herr benahm sich demnächst jedoch so kriechend demütig gegen den Fürsten, dass Bismarck nach seiner Entfernung nach seiner Stellung fragte. Der Fürst erwiderte: «Der Mann war Leibeigener meines Vaters und hat meinem Vater, dem er die Güter verwaltete, zwei Millionen genommen; zum Dank dafür hat ihn mein Vater in seinem Testamente freigelassen»; dann fügte der Fürst hinzu: «Nun werde ich Ihnen auch den Mann zeigen, der mir zwei Millionen nimmt, und den ich dafür in meinem Testament freilasse; ich wäre ohne ihn verloren; er hat die Übersicht über alles, und ohne ihn würde ich noch mehr verlieren!»

Obgleich alle diese Äusserungen nichts weniger als Sympathie für russische Zustände verraten, so entwickelte Bismarck bei der öfteren Erwähnung der russischen Allianz folgende Erwägungen: «Bei der Anfeindung der russischen Allianz wird zu häufig das natürliche und geographische Verhältnis von Preussen und Deutschland zu Russland ausser acht gelassen. Russland selbst hat in seinem eigenen Reiche noch so gewaltige innere Aufgaben, und für die dem unzivilisierteren Reiche mehr als dem zivilisierten entstehende Neigung äusserer Ausdehnung gibt ihm Asien ein so grosses Feld, für welches selbst Russland kulturverbreitend auftreten kann. Eine aggressive Politik Russlands gegen Deutschland liegt noch ausser aller Zeitberechnung. Kollidierende Interessen Russlands und Deutschlands sind zur Zeit nicht zu befürchten, zumal selbst Angriffe gegen das türkische Reich bei den weit grösseren entgegengesetzten Interessen und bei der derzeitigen Sachlage an sich für jetzt nicht wahrscheinlich sind. Der Punkt, worin die Interessen von Russland und Deutschland zusammenstossen könnten, ist Polen. Gerade in dieser Beziehung sind aber die richtig verstandenen Interessen von Russland und Preussen nicht kollidierend, sondern identisch. Die nationalpolnischen Aufstände erstreben nach ihren eigenen Proklamationen die Herstellung eines polnischen Gesamtreichs in dem früheren Umfange von 1772; sie richteten sich gleichmässig gegen Russland und Preussen und wechseln nur ihre nächsten Operationsziele je nach der vermeintlich grösseren Aussicht auf Erfolg. Wir haben daher beiderseits keine Ursache zu einer feindlichen Stellung, weder Russland zu uns noch wir zu Russland. Dass keiner dem anderen in seine inneren Verhältnisse hineinzureden hat, ist dabei eine diplomatische Voraussetzung gewöhnlicher Courtoisie. Wir haben dabei nur unsererseits nicht zu reizen und haben dazu keinen Grund, da wir von uns aus weder die Möglichkeit noch den Beruf haben, die Verhältnisse im Innern von Russland zu ordnen. Unser ‹vielgeschmähter Bundesgenosse› Russland ist uns aber als Freund viel wert, schon damit er nicht gegen uns operiert und uns die Ruhe und die Freiheit der Bewegung für unsere deutschen Interessen lässt. Als Feind würde er durch die Möglichkeit des Angriffs auf der langgestreckten östlichen russisch-preussischen Grenze nicht zu unterschätzen sein. Wir haben daher immer das Interesse daran, dass Russland nicht mit einem unserer sonstigen Gegner sich gegen uns verbündet, und Russland hat das gleiche Interesse, dass, wenn es selbst mit anderen Mächten in Streit gerät, es von uns nichts zu befürchten hat. Man solle aus kosmopolitischem Idealismus und aus Antipathie gegen russische Kulturbegriffe nicht das naturgemässe Interesse eines friedlichen internationalen Verkehrs nebeneinander verkennen.» [...]

Gespräche in London

Mitteilungen Heinrich v. Poschingers

(Juni/Juli 1862)

Am 22. Mai erhielt er den Pariser Gesandtschaftsposten. Da Bismarck in Paris verhältnismäßig wenig zu tun hatte, beschloss er den bereits im April 1857 gehegten Wunsch eines Besuches von London Ende Juni bei Gelegenheit der dortigen Weltausstellung zur Ausführung zu bringen.

Bismarck konnte sich über die Aufnahme, die er in London fand, nicht beklagen. Obwohl er nur als Privatmann ohne irgendwelche politische Mission reiste, öffneten sich ihm doch bereitwillig die Türen des leitenden Staatsmannes Lord Palmerston und des Leiters der auswärtigen Politik Lord John Russell. Denn man sah in ihm bereits den kommenden Mann in Preussen, und man wusste, dass er an den Höfen von Paris und Petersburg die besten Beziehungen hatte.

Die erste Frage, die den Gegenstand seiner Unterredung mit *Lord Palmerston* bildete, war der zu Hause zwischen dem König und dem Abgeordnetenhause schwebende Konflikt über den Militäretat. Palmerston erachtete es für absolut geboten, dass der König von Preussen sein Ministerium aus dem Schosse der oppositionellen Mehrheit des Abgeordnetenhauses wähle. Er hatte die Preussische Verfassung nicht zum Gegenstand seines Studiums gemacht, leitete aber die Aufgabe des Königs, seine Minister aus der parlamentarischen Majorität zu wählen, aus dem Wesen des Parlamentarismus ab.

Darauf antwortete Bismarck: «Sie können derartige staatsrechtliche Fragen unmöglich aus der Ferne, ohne genaue Kenntnis der Zustände des betreffenden Landes, beurteilen. Immerhin könnte die praktische Lösung der Frage durch Befolgung Ihrer Theorie versucht werden, vorausgesetzt dass von dem aus der Opposition gebildeten Ministerium nicht Bedingungen gestellt werden, welche tief und dauernd in die Rechte der Krone eingreifen. In keinem Falle dürfte aber die Organisation des Heeres, welche ja auch einmal für England seine Bedeutung gewinnen kann, durch falsche Massregeln in ihrer Grundlage erschüttert werden; denn es wäre keine leichte Sache, sie in kurzer Zeit wieder auf die alte Höhe zu bringen.»

«Ganz recht», erwiderte Palmerston, «indessen können gesetzliche Veränderungen der Armeeorganisation in Preussen doch nicht ohne Zustimmung beider Häuser des Landtags eingeführt werden. Ein liberales Ministerium, das zu weit ginge, würde demnach an dem Widerstande des Herrenhauses scheitern.»

Bismarck: «Eben deshalb würde ein Ministerium, wie es Ihnen vorschwebt, als die erste Bedingung seiner Wirksamkeit eine Reform des Herrenhauses, sei es im Wege der Verordnung, sei es durch einen Pairsschub, von der Krone verlangen, und wenn dieses Verlangen abgeschlagen werden würde, sich zur Erfüllung seiner Aufgabe als ausserstande erklären.»

Palmerston: «Glauben Sie nicht, dass wenn die Liberalen ans Ruder kommen, dies die auswärtige Politik Preussens günstig beeinflussen würde? England wünscht natürlich Preussen in möglichst gutem Einvernehmen mit Österreich, weil darin eine Garantie liegt gegen die Störung des Einvernehmens unter den Mitgliedern des Deutschen Bundes.»

Bismarck: «Ich sehe die Sache mit ganz andern Augen an. Die deutsche Fortschrittspartei hat eine Behandlung der deutschen Frage auf ihre Fahne geschrieben, die notwendigerweise in kurzer Zeit zum Bruche mit unsern deutschen Bundesgenossen, in erster Linie mit Österreich führt. Seien Sie versichert, der Widerstand, den die Majorität des Abgeordnetenhauses in der Militärfrage macht, würde sofort erlöschen, und es würde jeder für die Armee geforderte Betrag ohne Schwierigkeiten bewilligt werden, sobald der König die Verwendung der Armee zur Unterstützung einer Politik im Sinne des Nationalvereins in Aussicht stellen wollte.»

Dieser Gesichtspunkt war für Palmerston vollständig neu und überraschend. Aus der ganzen Unterredung konnte Bismarck den Schluss ziehen, dass der englische Gesandte in Berlin, Lord August Loftus, seiner Regierung über die inneren Angelegenheiten Preussens eine Vorstellung beigebracht, welche der Beobachtungsgabe dieses Diplomaten jedenfalls kein glänzendes Zeugnis ausstellte.

Bei Besprechung der dänischen Frage stellte sich Lord *John Russell* wesentlich auf den eiderdänischen Standpunkt. Bismarck machte geltend, dass die Klage der Deutschen in Schleswig über die politische Einverleibung der Herzogtümer in die dänische Monarchie und über Bedrückung durch dänische Beamte den schwierigsten Teil der Frage bilde und die öffentliche Meinung Deutschlands stets von neuem aufrege. Eine praktische Lösung des schleswigschen Teils der Frage würde er nur in der Teilung dieser Provinz nach Nationalitäten erblicken können.

Lord Russell: «Darauf werden die Dänen aber doch niemals eingehen wollen.»

Bismarck: «Und ich kann darauf nur erwidern, dass der gegenwärtige Zustand von den Deutschen niemals akzeptiert werden wird. Man sollte glauben, dass Deutschlands Freundschaft unter Umständen für England wertvoller sein könnte als die Dänemarks.»

Russell: «Es kann Ihnen aber doch nicht unbekannt sein, dass Österreich eine Teilung Schleswigs niemals zugeben wird?»

Bismarck: «Ich gebe zu, dass die im Schosse der österreichischen Regierung herrschenden Gesichtspunkte sich vielfach mit der öffentlichen Meinung in Deutschland nicht decken. Es dürfte dem Wiener Kabinett daher nicht unwillkommen erscheinen, eine schwierige Frage, für deren Lösung vorzugsweise Preussen in Deutschland verantwortlich gemacht wird, in der Schwebe zu erhalten.»

Russell: «Und was soll denn mit dem deutschen Teile von Schleswig geschehen? Soll er etwa zum Bunde geschlagen werden?»

Bismarck: «Derselbe könnte Holstein einverleibt werden, und er brauchte deshalb nicht notwendigerweise zum Deutschen Bunde zu gehören. Der König von Dänemark würde alsdann nach Analogie von Schweden und Norwegen über einen dänischen und einen deutschen Staat regieren, welch letzterer teilweise zum Deutschen Bunde gehörte. Man hegt bei Ihnen in England, wie mir scheint, die Vermutung, Preussen trage sich hinsichtlich der Herzogtümer mit Eroberungsplänen. Wenn uns derartige Absichten leiteten, so würden wir uns sicherlich nicht die Mühe geben, den Einwohnern jener Länder eine Situation zu verschaffen, in welcher sie mit der jetzigen Regierung zufrieden sein könnten.»

Bei Besprechung der europäischen Politik erkundigte sich Palmerston bei Bismarck über die Wahrscheinlichkeit eines französisch-russischen Bündnisses und über die etwaige Leistungsfähigkeit Russlands für die möglichen Zwecke einer solchen Allianz. Dabei stellte sich heraus, dass Palmerston sich von der geringen Aktionsfähigkeit Russlands eine Meinung gebildet hatte, welche Bismarck auf Grund seiner in Petersburg gewonnenen mehrjährigen Erfahrungen durchaus nicht teilte.

Weit wichtiger als diese Unterhaltungen Bismarcks mit den englischen Staatsmännern war eine Konversation, die er bei Gelegenheit eines Diners auf der russischen Botschaft mit *Disraeli,* damals Führer der Opposition, hatte. Dieser hatte wohl auch den Wunsch, zu erfahren, was Bismarck tun würde, wenn er an das Ruder käme. Mit der ihm eigenen, den Zuhörer oft verblüffenden Offenheit erklärte Bismarck: «Das will ich Ihnen sagen; wenn ich an die Macht komme, so ist mein erstes, dass ich die

Armee organisieren helfe, sei es mit, sei es ohne Hilfe der Zweiten Kammer. Wird die Armee erst stark genug sein, so werde ich die erste Gelegenheit ergreifen, um Österreich den Krieg zu erklären, den Deutschen Bund aufzulösen, die mittleren und kleineren Staaten zu unterwerfen und Deutschland eine nationale Einigkeit unter Führung Preussens zu geben.»

Als Disraeli, ein wenig erstaunt und verwirrt, dem sächsischen Gesandten Grafen Vitzthum von Eckstädt diese Äusserungen wieder erzählte, fügte er hinzu: «Nehmen Sie sich vor dem Manne in acht, der will das, was er sagt, wirklich ausführen.» Disraeli zeigte sich hier als ein weit grösserer Menschenkenner als Napoleon III., dem Bismarck gewiss gleichfalls dasselbe Programm enthüllt hatte und der über Bismarck nach der am 24. September 1862 in St. Cloud gewährten Abschiedsaudienz seiner Umgebung gegenüber der Äusserung fallenliess: *«Ce n'est pas un homme sérieux.»* [...]

Ruf nach Berlin

Aus «Erinnerung und Gedanke»

In Paris erhielt ich folgendes Telegramm, dessen Unterschrift auf einer Verabredung beruhte:

Berlin, le 18 Septembre
Periculum in mora. Dépêchez-vous.
L'oncle de Maurice Henning.

Henning war der zweite Vorname Moritz Blanckenburgs, des Neffen von Roon. Obwohl die Fassung es zweifelhaft liess, ob die Aufforderung aus der eignen Initiative Roons hervorgegangen oder von dem Könige veranlasst war, zögerte ich nicht abzureisen.

Am 20. (19.?) September morgens in Berlin angelangt, wurde ich zu dem Kronprinzen beschieden. Auf seine Frage, wie ich die Situation ansähe, konnte ich nur sehr zurückhaltend antworten, weil ich während der letzten Wochen keine deutschen Zeitungen gelesen und in einer Art von *dépit* mich über heimische Angelegenheiten nicht informiert hatte. Meine Verstimmung hatte ihren Grund darin, dass der König mir in Aussicht gestellt hatte, mir in spätestens sechs Wochen Gewissheit über meine Zukunft, d. h. darüber zu geben, ob ich in Berlin, Paris oder London mein Domizil haben sollte, dass darüber aber schon ein Vierteljahr verflossen war und ich im Herbst noch immer nicht wusste, wo ich im Winter wohnen würde. Ich war mit der Situation in ihren Einzelheiten nicht so vertraut, dass ich dem Kronprinzen ein programmartiges Urteil hätte abgeben können; ausserdem hielt ich mich auch nicht für berechtigt, mich gegen ihn früher zu äussern als gegen den König. Den Eindruck, den die Tatsache meiner Audienz gemacht hatte, ersah ich zunächst aus der Mitteilung Roons, dass der König mit Bezug auf mich zu ihm gesagt habe: «Mit dem ist es auch nichts, er ist ja schon bei meinem Sohne gewesen.» Die Tragweite dieser Äusserung wurde mir nicht sofort verständlich, weil ich nicht wusste, dass der König sich mit dem Gedanken der Abdikation trug und voraussetzte, dass ich davon gewusst oder etwas vermutet hätte und mich deshalb mit seinem Nachfolger zu stellen gesucht habe.

In der Tat war mir jeder Gedanke an Abdikation des Königs fremd, als ich am folgenden Tage, dem 20. September, in Babelsberg empfangen wurde, und die Situation wurde mir erst klar, als Se. Majestät dieselbe ungefähr mit den Worten präzisierte: «Ich will nicht regieren, wenn ich es nicht vermag, wie ich es vor Gott, meinem Gewissen und meinen Untertanen verantworten kann. Das kann ich aber nicht, wenn ich nach dem Willen der heutigen Majorität des Landtags regieren soll, und ich finde keine Minister mehr, die bereit wären, meine Regierung zu führen, ohne sich und mich der parlamentarischen Mehrheit zu unterwerfen. Ich habe mich deshalb entschlossen, die Regierung niederzulegen, und meine Abdikationsurkunde, durch die angeführten Gründe motiviert, bereits entworfen.» Der König zeigte mir das auf dem Tische liegende Aktenstück in seiner Handschrift, ob bereits vollzogen oder nicht, weiss ich nicht. Se. Majestät schloss, indem er wiederholte, ohne geeignete Minister könne er nicht regieren.

Ich erwiderte, es sei Sr. Majestät schon seit dem Mai bekannt, dass ich bereit sei, in das Ministerium einzutreten, ich sei gewiss, dass Roon mit mir bei ihm bleiben werde, und ich zweifelte nicht, dass die weitere Vervollständigung des Kabinetts gelingen werde, falls andre Mitglieder sich durch meinen Eintritt zum Rücktritt bewogen finden sollten. Der König stellte nach einigem Erwägen und Hin- und Herreden die Frage, ob ich bereit sei, als Minister für die Militär-Reorganisation einzutreten, und nach meiner Bejahung die weitere Frage, ob auch gegen die Majorität des Landtags und deren Beschlüsse. Auf meine Zusage erklärte er schliesslich: «Dann ist es meine Pflicht, mit Ihnen die Weiterführung des Kampfes zu versuchen, und ich abdiziere nicht.» Ob er das auf dem Tische liegende Schriftstück vernichtet oder *in rei memoriam* aufbewahrt hat, weiss ich nicht.

Der König forderte mich auf, ihn in den Park zu begleiten. Auf diesem Spaziergange gab er mir ein Programm zu lesen, was in seiner engen Schrift acht Folioseiten füllte, alle Eventualitäten der damaligen Regierungspolitik umfasste und auf Details wie die Reform der Kreistage einging. Ich lasse es dahingestellt sein, ob dieses Elaborat schon Erörterungen mit meinen Vorgängern zur Unterlage gedient hatte oder ob dasselbe zur Sicherstellung gegen eine mir zugetraute konservative Durchgängerei dienen sollte. Ohne Zweifel war, als er damit umging, mich zu berufen, eine Befürchtung der Art in ihm von seiner Gemahlin geweckt worden, von deren politischer Begabung er ursprünglich eine hohe Meinung hatte, welche aus der Zeit datierte, wo Sr. Majestät nur eine kronprinzliche Kritik der Regierung des Bruders, ohne Pflicht zu eigner besserer Leistung, zugestanden hatte. In der *Kritik* war die Prinzessin ihrem Gemahl überlegen. Die ersten Zweifel an dieser geistigen Überlegenheit waren ihm gekommen, als er genötigt war, nicht mehr nur zu kritisieren, sondern selbst zu handeln und die amtliche Verantwortung für das Bessermachen zu tragen. Sobald die Aufgaben beider Herrschaften *praktisch* wurden, hatte der gesunde Verstand des Königs begonnen, sich *allmählich* von der schlagfertigen weiblichen Beredsamkeit mehr zu emanzipieren.

Es gelang mir, ihn zu überzeugen, dass es sich für ihn nicht um Konservativ oder Liberal in dieser oder jener Schattierung, sondern um königliches Regiment oder Parlamentsherrschaft handle und dass die letztere notwendig und auch durch eine Periode der Diktatur abzuwenden sei. Ich sagte: «In dieser Lage werde ich, selbst wenn Ew. Majestät mir Dinge befehlen sollten, die ich nicht für richtig hielte, Ihnen zwar diese meine Meinung offen entwickeln, aber wenn Sie auf der Ihrigen schliesslich beharren, lieber mit den Könige untergehen, als Ew. Majestät im Kampfe mit der Parlamentsherrschaft im Stiche lassen.» Diese Auffassung war damals durchaus lebendig und massgebend in mir, weil ich die Negation und die Phrase der damaligen Opposition für politisch verderblich hielt im Angesicht der nationalen Aufgaben Preussens und weil ich für Wilhelm I. persönlich so starke Gefühle der Hingebung und Anhänglichkeit hegte, dass mir der Gedanke, in Gemeinschaft mit ihm zugrunde zu gehen, als ein nach Umständen natürlicher und sympathischer Abschluss des Lebens erschien.

Der König zerriss das Programm und war im Begriff, die Stücke von der Brücke in die trockene Schlucht im Park zu werfen, als ich daran erinnerte, dass diese Papiere mit der bekannten Handschrift in sehr unrechte Hände geraten könnten. Er fand, dass ich recht hätte, steckte die Stücke in die Tasche, um sie dem Feuer zu übergeben, und vollzog an demselben Tage meine Ernennung zum Staatsminister und interimistischen Vorsitzenden des Staatsministeriums, die am 23. veröffentlicht wurde. Meine Ernennung zum Ministerpräsidenten behielt der König vor, bis er mit dem Fürsten von Hohenzollern, der staatsrechtlich diese Stellung noch inne hatte, die desfallsige Korrespondenz beendet haben werde.

Bundesreform

Aus einem Bericht an den König
(Berlin, 15. September 1863)

Eurer Majestät Allerhöchsten Befehlen entsprechend, beehrt sich das Staatsministerium über die von der Kaiserlich Österreichischen Regierung angeregte Bundesreformfrage in Nachstehendem alleruntertänigst zu berichten.

Die erste Anregung zu einer dem nationalen Bedürfnis entsprechenden Ausbildung der Bundesverfassung ist von Preussen ausgegangen, ehe die Ereignisse von 1848 hereinbrachen. Die ernsten Erfahrungen, die darauf gefolgt sind, haben weder in den Regenten noch in dem Volke Preussens das Bestreben vermindert, dem berechtigten Verlangen nach Verbesserung der bestehenden Einrichtungen Befriedigung zu verschaffen; aber sie haben die Schwierigkeiten richtiger erkennen lassen und heilsame Lehren gegeben, die zur Vorsicht mahnen müssen in einer grossen Sache. Sie haben auch gezeigt, dass es nicht wohlgetan ist, das vorhandene Mass des Guten zu unterschätzen und das Vertrauen auf bestehende Institutionen zu untergraben, ja diese selbst zu erschüttern, ehe das Bessere mit Sicherheit in Aussicht steht.

Diese Erwägungen liessen es Eurer Majestät als geboten erscheinen, in Zeiten, welche jedem Teilnehmer des Bundes den Wert der äusseren und inneren Sicherheit, die ihm derselbe bisher gewährte, besonders anschaulich machen, die wünschenswerten Reformen nur mit sorgfältiger Schonung des vorhandenen Masses von Einigkeit und von Vertrauen auf die Bürgschaften der bestehenden Bundesverträge anzustreben. Wir haben aus den uns von dem Minister der auswärtigen Angelegenheiten vorgelegten Aktenstücken ersehen, dass dieselbe Vorsicht von anderer Seite nicht beobachtet, die Änderung der Bundesverfassung vielmehr aus Gründen verlangt worden ist, deren Darlegung das Vertrauen auf den Wert und den Bestand der Bundesverträge schwer erschüttern und Zweifel an denselben hervorrufen musste, welche noch heut der Widerlegung harren.

Um so dringender wäre zu wünschen gewesen, dass die Einleitung von Verhandlungen zur Verbesserung und Befestigung der so gelockerten Beziehungen auf Wegen erfolgt wäre, welche einen befriedigenden Abschluss mit möglichster *Sicherheit* in Aussicht stellten. Unter denselben lag ohne Zweifel der Versuch einer Verständigung Preussens und Österreichs über die Grundzüge der zu machenden Vorschläge am nächsten und konnte das Kaiserlich Österreichische Kabinett einer bundesfreundlichen Aufnahme derselben von seiten Eurer Majestät gewiss sein. Statt dessen ist von Österreich einseitig die demnächst in Frankfurt vorgelegte Reformakte ausgearbeitet und über den Inhalt derselben Eurer Majestät am 3. August d. J. so unvollständige Mitteilung gemacht worden, dass sich darauf ein Urteil über die Tragweite der Vorschläge nicht begründen liess. Nur die beabsichtigte Form der Verhandlung war klar und gab Eurer Majestät zuerst zu den gerechten Bedenken Anlass, welche Allerhöchstdieselben gegen das Beginnen des Werkes durch einen schleunig zu berufenden Fürstenkongress, in dem Schreiben vom 4. August d. J. an Seine Majestät den Kaiser von Österreich, ausgesprochen haben.

Nicht wenige Tage einer unvorbereiteten Besprechung und nicht der edelste persönliche Wille der Fürsten konnten ein Werk zum Abschluss bringen, dessen Schwierigkeiten nicht allein in den verschiedenen persönlichen Ansichten, sondern in Verhältnissen liegen, welche tief im Wesen der deutschen Nation wurzeln und Jahrhunderte hindurch in wechselnden Formen sich immer von neuem geltend gemacht haben. [...]

Die verhältnismässige Schwäche des Bundes, im Vergleich zu der der deutschen Nation innewohnenden Gesamtkraft, beruht in der Schwierigkeit, die Bundeszentralgewalt so zusammenzusetzen und mit solchen Attributionen zu versehen, dass sie kräftig und wirksam sei, zugleich aber die berechtigte Unabhängigkeit der einzelnen Staaten schone und erhalte und der Bedeutung der einzelnen Bundesglieder nach Massgabe ihrer eigentümlichen und selbständigen Machtverhältnisse Rechnung trage. Diese Schwierigkeit wurzelt in einer tausendjährigen Geschichte des Landes und lässt sich bei dem besten Willen aller Beteiligten weder schnell noch vollständig überwinden. Sie steigert sich notwendig in dem Masse, als dem Bunde die Aufgabe gestellt wird, nicht nur seinem ursprünglichen Zwecke entsprechend die Sicherheit seiner Teilnehmer und des Bundesgebiets zu gewährleisten, sondern auch in der äusseren wie in der inneren Politik die Zwecke eines einheitlichen Staatswesens zu erfüllen.

Bis in die letzten Dezennien ist es deshalb mit Sorgfalt vermieden worden, die Haltbarkeit des Bundes durch eine Erweiterung seines ursprünglichen Zweckes auf die Probe zu stellen. Man sagte sich mit Recht, dass das Einverständnis der mächtigsten Mitglieder über die Zielpunkte der gemeinsamen Bestrebungen die unentbehrliche Grundlage jeder wirksamen Aktion des Bundes bilde. Und diese Gemeinsamkeit ist um so schwerer herzustellen und festzuhalten, als weder Preussen noch Österreich der Freiheit vollständig entsagen können, ihre Stellung zu den Fragen europäischer Politik nach den Interessen der Gesamtheit ihrer Monarchien zu regeln.

Der vorliegende Entwurf löst diese Schwierigkeit durch den einfachen Mechanismus einer Mehrheitsabstimmung im Schosse des Direktoriums und durch eine Erweiterung des Bundeszweckes bis zu dem Masse, dass die Politik jeder dieser beiden Mächte in der durch das Zentralorgan des Bundes zu bestimmenden Gesamtpolitik des letzteren aufzugehen habe. In der Theorie ist diese Lösung eine leichte, in der Praxis ist ihre Durchführung unmöglich und trägt den Keim der Voraussetzung in sich, dass das neue Bundesverhältnis in vergleichungsweise kürzerer Zeit als das alte, um uns der Worte des Kaiserlich Österreichischen Promemoria zu bedienen, den Eindruck von «Resten einer wankend gewordenen Rechtsordnung machen werde, welcher der blosse

Wunsch, dass die morschen Wände den nächsten Sturm noch aushalten mögen, die nötige Festigkeit nimmermehr zurückgeben könnte».

Um einer beklagenswerten Eventualität vorzubeugen, erscheint es uns unerlässlich, dass der Bund durch eigene Aktion in die Beziehungen der europäischen Politik nur mit dem Einverständnisse der *beiden* Grossmächte eingreife und dass jeder der letzteren ein Veto mindestens gegen Kriegserklärungen, solange nicht das Bundesgebiet angegriffen ist, zustehe. Dieses Veto ist für die Sicherheit Deutschlands selbst unentbehrlich. Ohne dasselbe würde je nach den Umständen die eine oder die andere der beiden Grossmächte in die Lage kommen, sich der anderen, durch eine Majorität weniger Stimmen verstärkten – ja, selbst mit der anderen zusammen, sich der Majorität dieser Stimmen unterwerfen zu *sollen* – und doch der Natur der Dinge nach und ihrer eigenen Existenz halber sich nicht unterwerfen zu *können*. Man kann sich einen solchen Zustand auf die Dauer nicht als möglich denken. Es können Institutionen weder haltbar sein noch jemals werden, welche, das Unmögliche von Preussen oder von Österreich fordernd – nämlich, sich fremden Interessen dienstbar zu machen –, den Keim der Spaltung unverkennbar in sich tragen. Nicht auf der gezwungenen oder geforderten und doch nicht zu erzwingenden Unterordnung der einen Macht unter die andere, sondern auf ihrer Einigkeit beruht die Kraft und die Sicherheit Deutschlands. Jeder Versuch, eine grosse politische Massregel gegen den Willen der einen oder der anderen durchzusetzen, wird nur sofort die Macht der realen Verhältnisse und Gegensätze zur Wirksamkeit hervorrufen.

Es wäre eine verhängnisvolle Selbsttäuschung, wenn Preussen sich zugunsten einer scheinbaren Einheit Beschränkungen seiner Selbstbestimmung im voraus auflegen wollte, welche es im gegebenen Falle tatsächlich zu ertragen nicht imstande wäre. [...]

Preussen ist als deutsche Macht nicht nur Österreich ebenbürtig, sondern es hat innerhalb des Bundes die grössere Volkszahl. Die formelle Gleichstellung Preussens und Österreichs ist daher schon zu verschiednen Epochen Gegenstand der Verhandlung gewesen, und bei Gründung der provisorischen Bundes-Zentralkommission infolge der Übereinkunft vom 30. September 1849 haben beide deutsche Grossmächte in *völlig gleicher* Stellung die Ausübung der Zentralgewalt für den Deutschen Bund namens sämtlicher Bundesregierungen übernommen. Auf dem Gebiete, in welchem bisher die Kompetenz des Bundes sich bewegte, steht der Vorsitz dem Kaiserlich Österreichischen Hofe vertragsmässig in Form der geschäftlichen Leitung der Bundesversammlung zu. Bei neu zu schaffenden Institutionen aber auf dem Gebiete umfassender Erweiterungen der Attribute und Befugnisse des Bundes und für Organe, welche den Bund wesentlich nach aussen zu vertreten bestimmt sind, kann Preussen eine bevorzugte Stellung Österreichs nicht zulassen, sondern erhebt den Anspruch auf eine vollkommene Gleichheit.

Dass es sich in dem Reformentwurfe, ungeachtet der Bezeichnung des Vorsitzes als einer nur formalen Leitung der Geschäfte, nicht um eine unwesentliche Äusserlichkeit handelt, wird um so mehr einleuchten, wenn man sich erinnert, dass selbst unter den alten Verhältnissen Preussen sich gegen eine ungerechtfertigte Ausdehnung der Bedeutung des Präsidialrechts hat verwahren müssen, welche dasselbe zu einem wesentlichen politischen Vorrecht Österreichs und zu dem charakteristischen Ausdruck der deutschen Einheit stempeln wollte.

Nach solcher Erfahrung würde die preussische Regierung nicht der Verständigung ein erlaubtes Opfer – und zwar ein Opfer an Österreich, nicht an Deutschland – bringen, sondern ein Unrecht am eigenen Lande begehen, wenn sie bei erweiterter Kompetenz des Bundes und bei erhöhter Bedeutung der dem Präsidium vorbehaltenen diplomatischen Beziehungen nach aussen auf den Anspruch der Gleichstellung verzichtete.

Indem wir Euer Majestät die Parität Preussens mit Österreich und die Beilegung eines Veto in den oben bezeichneten Grenzen als unseres alleruntertänigsten Dafürhaltens notwendige Vorbedingungen der Zustimmung zu einer Erweiterung des Bundeszweckes und der Kompetenz der Bundeskontrollbehörde bezeichnen, verkennen wir nicht, dass damit die Aufgabe einer Vermittlung der divergierenden dynastischen Interessen behufs Erleichterung der einheitlichen Aktion des Bundes nicht gelöst wird. Der Streit derselben durch die Majoritätsabstimmungen der im Direktorium vertretenen Regierungen kurzerhand zu entscheiden, scheint uns weder gerecht noch politisch annehmbar. Das Element, welches berufen ist, die Sonderinteressen der einzelnen Staaten im Interesse der Gesamtheit Deutschlands zur Einheit zu vermitteln, wird wesentlich nur in der Vertretung der deutschen Nation gefunden werden können. Um die Institution der letzteren in diesem Sinne zu einer fruchtbringenden zu machen, wird es notwendig sein, sie mit entsprechenderen Attributionen auszustatten, als dies nach dem Frankfurter Entwurf der Fall sein soll, und ihre Zusammensetzung so zu regeln, dass die Bedeutung eines jeden Bundeslandes den seiner Wichtigkeit angemessenen Ausdruck darin finde.

Die ausgedehnten Befugnisse, welche in der Reformakte dem aus wenigen und ungleichen Stimmen zusammengesetzten Direktorium mit und ohne Beirat des Bundesrates gegeben werden; die unvollkommene und den wirklichen Verhältnissen nicht entsprechende Bildung der anstelle einer Nationalvertretung vorgeschlagenen «Versammlung von Bundesabgeordneten», welche durch ihren Ursprung auf die Vertretung von Partikularinteressen, nicht von deutschen Interessen hingewiesen ist, und die auf einen kleinen Kreis verhältnismässig untergeordneter Gegenstände beschränkte und dennoch vage und unbestimmte Befugnis auch dieser Versammlung – lassen jede Bürgschaft dafür vermissen, dass in der beabsichtigten neuen Organisation des Bundes die wahren Bedürfnisse und Interessen der deutschen Nation und nicht partikularistische Bestrebungen zur Geltung kommen werden.

Diese Bürgschaft kann Euer Majestät Staatsministerium nur in einer wahren, aus direkter Beteiligung der ganzen Nation hervorgehenden Nationalvertretung finden. Nur eine solche

Vertretung wird für Preussen die Sicherheit gewähren, dass es nichts zu opfern hat, was nicht dem ganzen Deutschland zugute komme. Kein noch so künstlich ausgedachter Organismus von Bundesbehörden kann das Spiel und Widerspiel dynastischer und partikularistischer Interessen ausschliessen, welches sein Gegengewicht und sein Korrektiv in der Nationalvertretung finden muss. In einer Versammlung, die aus dem ganzen Deutschland nach dem Massstab der Bevölkerung durch direkte Wahlen hervorgeht, wird der Schwerpunkt, so wenig wie ausser Deutschland, so auch nie in einen einzelnen, von dem Ganzen sich innerlich loslösenden Teil fallen; darum kann Preussen mit Vertrauen in sie eintreten. Die Interessen und Bedürfnisse des preussischen Volkes sind wesentlich und unzertrennlich identisch mit denen des deutschen Volkes; wo dies Element zu seiner wahren Bedeutung und Geltung kommt, wird Preussen niemals befürchten dürfen, in eine seinen eigenen Interessen widerstrebende Politik hineingezogen zu werden – eine Befürchtung, die doppelt gerechtfertigt ist, wenn neben einem Organismus, in welchem der Schwerpunkt ausserhalb Preussens fällt, die widerstrebenden partikularistischen Elemente prinzipiell in die Bildung der Volksvertretung hineingebracht werden. [...]

Für Euer Majestät Regierung wird der nahe bevorstehende Zusammentritt des Landtages die Gelegenheit darbieten, die Auffassung der preussischen Landesvertretung in betreff des Inhalts der vorliegenden Reformakte und der von der Königlichen Regierung derselben gegenüber vertretenen Grundsätze kennenzulernen, und wie wir nicht zweifeln, werden die Kundgebungen der preussischen Landesvertretung schon jetzt mit Bestimmtheit erkennen lassen, dass nur solche Änderungen der bestehenden Bundesverträge auf ihre demnächstige verfassungsmässige Zustimmung zu rechnen haben, vermöge deren die Würde und die Machtstellung Preussens und die Interessen der gesamten deutschen Nation in gleichem Masse ihre Berücksichtigung finden. Das preussische Volk bildet einen so wesentlichen Bestandteil des deutschen und ist in seinen Bedürfnissen und Interessen wie in seinen Wünschen und Gesinnungen mit der Gesamtheit der deutschen Nation so innig verwachsen, dass die Stimme des Preussischen Landtags zugleich die bisher fehlenden Anhaltspunkte für die Beurteilung der Aufnahme der beabsichtigten Institutionen von seiten des deutschen Volkes gewähren wird.

Dynastien und Stämme

Aus «Erinnerung und Gedanke»

Niemals, auch in Frankfurt nicht, bin ich darüber in Zweifel gewesen, dass der Schlüssel zur deutschen Politik bei den Fürsten und Dynastien lag und nicht bei der Publizistik in Parlament und Presse oder bei der Barrikade. Die Kundgebungen der öffentlichen Meinung der Gebildeten in Parlament und Presse konnten fördernd und aufhaltend auf die Entschliessung der Dynastien wirken, aber sie förderten zugleich das Widerstreben der letzteren vielleicht häufiger, als dass sie eine Pression in nationaler Richtung ausgeübt hätten. Schwächere Dynastien suchten Schutz in Anlehnung bei der nationalen Sache, Herrscher und Häuser, die sich zum Widerstande fähiger fühlten, misstrauten der Bewegung, weil mit der Förderung der deutschen Einheit eine Verminderung der Unabhängigkeit zugunsten der Zentralgewalt oder der Volksvertretung in Aussicht stand. Die preussische Dynastie konnte voraussehen, dass ihr die Hegemonie mit einer Vermehrung von Ansehen und Macht im künftigen Deutschen Reiche schliesslich zufallen würde. Ihr kam die von den andern Dynastien besorgte *capitis deminutio* voraussichtlich zugute, soweit sie nicht durch ein nationales Parlament absorbiert wurde. Seit im Frankfurter Bundestage die dualistische Auffassung Österreich-Preussen, unter deren Eindruck ich dorthin gekommen war, dem Gefühl der Notwendigkeit Platz gemacht hatte, unsre Stellung gegen präsidiale Angriffe und Überlistungen zu wahren, nachdem ich den Eindruck erhalten hatte, dass die gegenseitige Anlehnung von Österreich und Preussen ein Jugendtraum war, entstanden durch Nachwirkung der Freiheitskriege und der Schule, nachdem ich mich überzeugt hatte, dass dasjenige Österreich, mit welchem ich bis dahin gerechnet, für Preussen nicht existierte: gewann ich die Überzeugung, dass auf der Basis der bundestäglichen Autorität nicht einmal die vormärzliche Stellung Preussens im Bunde zurückzugewinnen, geschweige denn eine Reform der Bundesverfassung möglich sein werde, durch welche das deutsche Volk der Verwirklichung seines Anspruchs auf völkerrechtliche Existenz als eine der grossen europäischen Nationen Aussicht erhalten hätte.

Ich erinnere mich eines Wendepunkts, der in meinen Ansichten eintrat, als ich in Frankfurt die mir bis dahin unbekannte Depesche des Fürsten Schwarzenberg vom 7. Dezember 1850 zu lesen bekam, in welcher er die Olmützer Ergebnisse so darstellt, als ob es von ihm abgehangen hätte, Preussen «zu demütigen» oder grossmütig zu pardonieren. Der mecklenburgische Gesandte, Herr von Oertzen, mein ehrlicher und konservativer Gesinnungsgenosse in dualistischer Politik, mit dem ich darüber sprach, suchte mein durch diese Schwarzenbergische Depesche verletztes preussisches Gefühl zu besänftigen. Trotz der für preussisches

Gefühl demütigenden Inferiorität unsres Auftretens in Olmütz und Dresden war ich noch gut österreichisch nach Frankfurt gekommen; der Einblick in die Schwarzenbergische Politik, *«avilir, après démolir»*, den ich dort aktenmässig gewann, enttäuschte meine jugendlichen Illusionen. Der gordische Knoten deutscher Zustände liess sich nicht in Liebe dualistisch lösen, nur militärisch zerhauen; es kam darauf an, den König von Preussen, bewusst oder unbewusst, und damit das preussische Heer für den Dienst der nationalen Sache zu gewinnen, mochte man vom borussischen Standpunkte die Führung Preussens oder auf dem nationalen die Einigung Deutschlands als die Hauptsache betrachten; beide Ziele deckten einander. Das war mir klar, und ich deutete es an, als ich in der Budgetkommission (30. September 1862) die vielfach entstellte Äusserung über Blut und Eisen tat.

Preussen war nominell eine Grossmacht, jedenfalls die fünfte, und hatte diese Stellung durch die geistige Überlegenheit Friedrichs des Grossen erlangt und durch die gewaltigen Leistungen der Volkskraft 1813 rehabilitiert. Ohne die ritterliche Haltung des Kaisers Alexander I., die er von 1812 unter Steinschem, jedenfalls deutschem Einfluss bis zum Wiener Kongress beobachtete, wäre es fraglich geblieben, ob die nationale Begeisterung der vier Millionen Preussen des Tilsiter Friedens und einer vielleicht gleichen Zahl von *sympathizers* in altpreussischen oder deutschen Ländern genügt hätte, von der damaligen Humboldtschen und Hardenbergschen Diplomatie und der Schüchternheit Friedrich Wilhelm III. so verwertet zu werden, dass auch nur die künstliche Neubildung Preussens, so wie 1815 geschah, zustande gekommen wäre. Das Körpergewicht Preussens entsprach damals nicht seiner geistigen Bedeutung und seiner Leistung in den Freiheitskriegen.

Deutscher Patriotismus bedarf in der Regel, um tätig und wirksam zu werden, der Vermittlung dynastischer Anhänglichkeit; unabhängig von letzterer kommt er praktisch nur in seltenen Fällen zur Hebung, wenn auch theoretisch täglich, in Parlamenten, Zeitungen und Versammlungen; *in praxi* bedarf der Deutsche einer Dynastie, der er anhängt, oder einer Reizung, die in ihm den Zorn weckt, der zu Taten treibt. Letztere Erscheinung ist aber ihrer Natur nach keine dauernde Institution. Als Preusse, Hannoveraner, Württemberger, Bayer, Hesse ist er früher bereit, seinen Patriotismus zu dokumentieren wie als Deutscher; und in den unteren Klassen und in Parlamentsfraktionen wird es noch lange dauern, ehe das anders wird. Man kann nicht sagen, dass die hannöversche, die hessische Dynastie und andre sich besonders bemüht hätten, sich das Wohlwollen ihrer Untertanen zu erwerben, aber dennoch wird der deutsche Patriotismus der letzteren wesentlich bedingt durch ihre Anhänglichkeit an die Dynastie, nach welcher sie sich nennen. Es sind nicht Stammesunterschiede, sondern dynastische Beziehungen, auf denen die zentrifugalen Elemente ursprünglich beruhen. Es kommt nicht die Anhänglichkeit an schwäbische, niedersächsische, thüringische Eigentümlichkeit zur Hebung, sondern die durch die Dynastien Braunschweig, Brabant, Wittelsbach zu einem dynastischen Anteil an dem Körper der Nation gesonderten Konvolute der Herrschaft einer fürstlichen Familie. Der Zusammenhang des Königreichs Bayern beruht nicht nur auf dem bajuwarischen Stamme, wie er im Süden Bayerns und in Österreich vorhanden ist, sondern der Augsburger Schwabe, der Pfälzer Alemanne und der Mainfranke, sehr verschiedenen Geblüts, nennen sich mit derselben Genugtuung Bayern wie der Altbayer in München und Landshut, lediglich weil sie mit den letzteren durch die gemeinschaftliche Dynastie seit drei Menschenaltern verbunden sind. Die am meisten ausgeprägten Stammeseigentümlichkeiten, die niederdeutsche, plattdeutsche, sächsische, sind durch dynastische Einflüsse schärfer und tiefer als die übrigen Stämme geschieden. Die deutsche Vaterlandsliebe bedarf eines Fürsten, auf den sich ihre Anhänglichkeit konzentriert. Wenn man den Zustand fingierte, dass sämtliche deutsche Dynastien plötzlich beseitigt wären, so wäre nicht wahrscheinlich, dass das deutsche Nationalgefühl alle Deutschen in den Friktionen europäischer Politik völkerrechtlich zusammenhalten würde, auch nicht in der Form föderierter Hansastädte und Reichsdörfer. Die Deutschen würden fester geschmiedeten Nationen zur Beute fallen, wenn ihnen das Bindemittel verlorenginge, welches in dem gemeinsamen Standesgefühl der Fürsten liegt.

Die geschichtlich am stärksten ausgeprägte Stammeseigentümlichkeit in Deutschland ist wohl die preussische, und doch wird niemand die Frage mit Sicherheit beantworten können, ob der staatliche Zusammenhang Preussens fortbestehen würde, wenn man sich die Dynastie Hohenzollern und jeden, der ihr rechtlich nachfolgen könnte, verschwunden denkt. Ist es wohl sicher, dass der östliche und der westliche Teil, dass Pommern, Hannoveraner, Holsteiner und Schlesier, dass Aachen und Königsberg, im untrennbaren preussischen Nationalstaat verbunden, ohne die Dynastie so weiterleben würden? Würde Bayern, isoliert gedacht, geschlossen zusammenhalten, wenn die Wittelsbacher Dynastie spurlos verschwunden wäre? Einige Dynastien haben manche Erinnerungen, die nicht gerade geeignet sind, die heterogenen Teile, aus welchen diese Staaten geschichtlich gebildet sind, mit Anhänglichkeit zu erfüllen. Das Land Schleswig-Holstein hat gar keine dynastischen Erinnerungen, namentlich nicht im antigottorpischen Sinne, und doch hat die Aussicht, einen selbständigen kleinen Hof mit Ministern, Hofmarschällen und Orden neu bilden zu können und auf Kosten der preussischen und österreichischen Bundesleistungen eine kleinstaatliche Existenz zu führen, recht starke partikularistische Bewegungen in den Elbherzogtümern hervorgerufen. Das Grossherzogtum Baden hat sei dem Herzug Ludwig vor Belgrad kaum eine dynastische Erinnerung; das rasche Anwachsen dieses kleinen Fürstentums unter französischer Protektion im Rheinbunde, das Hofleben der letzten Fürsten der alten Linie, die eheliche Verbindung mit dem Hause Beauharnais, die Caspar-Hauser-Geschichte, die revolutionären Vorgänge von 1832, die Vertreibung des bürgerfreundlichen Herzogs Leopold, die Vertreibung des regierenden Hauses 1849 haben den Zwang der dynastischen Fügsamkeit im Lande nicht brechen können, und

Baden hat 1866 seinen Krieg gegen Preussen und die deutsche Idee geführt, weil die dynastischen Interessen des regierenden Hauses es unabweislich machten.

Die andern europäischen Völker bedürfen einer solchen Vermittlung für ihren Patriotismus und ihr Nationalgefühl nicht. Polen, Ungarn, Italiener, Spanier, Franzosen würden unter einer jeden Dynastie oder ganz ohne eine solche ihren einheitlichen Zusammenhang als Nation bewahren. Die germanischen Stämme des Nordens, die Schweden und Dänen, haben sich von dynastischer Sentimentalität ziemlich frei erwiesen, und in England gehört zwar der äusserliche Respekt vor der Krone zu den Erfordernissen der guten Gesellschaft und wird die formale Erhaltung des Königtums von allen den Parteien, die bisher an der Herrschaft Anteil gehabt haben, für nützlich gehalten. Aber ich glaube nicht, dass das Volk zerfallen oder dass ähnliche Gefühle, wie zur Zeit der Jacobiten, sich tatkräftig geltend machen würden, wenn die geschichtliche Entwicklung einen Dynastiewechsel oder den Übergang zur Republik für das britische Volk nötig oder nützlich erscheinen liesse.

Das Vorwiegen der dynastischen Anhänglichkeit und die Unentbehrlichkeit einer Dynastie als Bindemittel für das Zusammenhalten eines bestimmten Bruchteils der Nation unter dem Namen der Dynastie ist eine spezifisch reichsdeutsche Eigentümlichkeit. Die besonderen Nationalitäten, die sich bei uns auf der Basis des dynastischen Familienbesitzes gebildet haben, begreifen in sich in den meisten Fällen Heterogene, deren Zusammengehörigkeit weder auf der Gleichheit des Stammes noch auf der Gleichheit der geschichtlichen Entwicklung beruht, sondern ausschliesslich auf der Tatsache einer in vielen Fällen anfechtbaren Erwerbung durch die Dynastie nach dem Rechte des Stärkeren oder des erbrechtlichen Anfalls vermöge der Verwandtschaft, der Erbverbrüderung oder der bei Wahlkapitulationen von dem kaiserlichen Hofe erlangten Anwartschaft. Welches immer der Ursprung dieser partikularistischen Zusammengehörigkeit in Deutschland ist, das Ergebnis derselben bleibt die Tatsache, dass der einzelne Deutsche leicht bereit ist, seinen deutschen Nachbarn und Stammesgenossen mit Feuer und Schwert zu bekämpfen und persönlich zu töten, wenn infolge von Streitigkeiten, die ihm selbst nicht verständlich sind, der dynastische Befehl dazu ergeht. Die Berechtigung und Vernünftigkeit dieser Eigentümlichkeit zu prüfen, ist nicht die Aufgabe eines deutschen Staatsmannes, solange dieselbe sich kräftig genug erweist, um mit ihr rechnen zu können. Die Schwierigkeit, sie zu zerstören und zu ignorieren oder die Einheit theoretisch zu fördern, ohne Rücksicht auf dieses praktische Hemmnis, ist für die Vorkämpfer der Einheit oft verhängnisvoll gewesen, namentlich bei Benutzung der günstigen Umstände der nationalen Bewegung von 1848 bis 1850. Ich habe ein volles Verständnis für die Anhänglichkeit der heutigen welfischen Partei an die alte Dynastie, und ich weiss nicht, ob ich ihr, wenn ich als Alt-Hannoveraner geboren wäre, nicht angehörte. Aber ich würde auch in dem Falle immer der Wirkung des nationalen deutschen Gefühls mich nicht entziehen können und mich nicht wundern, wenn die *vis major* der Gesamtnationalität meine dynastische Mannestreue und persönliche Vorliebe schonungslos vernichtete. Die Aufgabe, mit Anstand zugrunde zu gehen, fällt in der Politik, und nicht bloss in der deutschen, auch andern und stärker berechtigten Gemütsregungen zu, und die Unfähigkeit, sie zu erfüllen, vermindert einigermassen die Sympathie, welche die kurbraunschweigische Vasallentreue mir einflösst. Ich sehe in dem deutschen Nationalgefühl immer die stärkere Kraft überall, wo sie mit dem Partikularismus in Kampf gerät, weil der letztere, auch der preussische, selbst doch nur entstanden ist in Auflehnung gegen das gesamtdeutsche Gemeinwesen, gegen Kaiser und Reich, im Abfall von beiden, gestützt auf päpstlichen, später französischen, in der Gesamtheit welschen Beistand, welche alle dem deutschen Gemeinwesen gleich schädlich und gefährlich waren. Für die welfischen Bestrebungen ist für alle Zeit ihr erster Merkstein in der Geschichte, der Abfall Heinrichs des Löwen vor der Schlacht bei Legnano, entscheidend, die Desertion von Kaiser und Reich im Augenblick des schwersten und gefährlichsten Kampfes aus persönlichem und dynastischem Interesse.

Dynastische Interessen haben in Deutschland insoweit eine Berechtigung, als sie sich dem allgemeinen nationalen Reichsinteresse anpassen; sie können mit demselben sehr wohl Hand in Hand gehen, und ein reichstreuer Herzog im alten Sinne ist dem Ganzen unter Umständen nützlicher als direkte Beziehungen des Kaisers zu den herzoglichen Hintersassen. Soweit aber die dynastischen Interessen uns mit neuer Zersplitterung und Ohmacht der Nation bedrohen sollten, müssten sie auf ihr richtiges Mass zurückgeführt werden. Das deutsche Volk und sein nationales Leben können nicht unter fürstlichen Privatbesitz verteilt werden. Ich bin mir jederzeit klar darüber gewesen, dass diese Erwägung auf die kurbrandenburgische Dynastie dieselbe Anwendung findet wie auf die bayrische, die welfische und andre; ich würde gegen das brandenburgische Fürstenhaus keine Waffen gehabt haben, wenn ich ihm gegenüber mein deutsches Nationalgefühl durch Bruch und Auflehnung hätte betätigen müssen; die geschichtliche Prädestination lag aber so, dass meine höfischen Talente hinreichten, um den König und damit schliesslich sein Heer der deutschen Sache zu gewinnen. Ich habe gegen den preussischen Partikularismus vielleicht noch schwierigere Kämpfe durchzuführen gehabt als gegen den der übrigen deutschen Staaten und Dynastien, und mein angeborenes Verhältnis zu dem Kaiser Wilhelm I. hat mir diese Kämpfe erschwert. Doch ist es mir schliesslich stets gelungen, trotz der starken dynastischen, aber dank der dynastisch berechtigten und in entscheidenden Momenten immer stärker werdenden nationalen Strebungen des Kaisers, seine Zustimmung für die deutsche Seite unsrer Entwicklung zu gewinnen, auch wenn eine mehr dynastische und partikularistische von allen andern Seiten geltend gemacht wurde. In der Nikolsburger Situation wurde mir dies nur mit dem Beistande des damaligen Kronprinzen möglich. Die territoriale Souveränität der einzelnen Fürsten hatte sich im Laufe der deutschen Geschichte zu einer unnatürlichen Höhe entwickelt; die einzelnen Dynastien, Preussen nicht ausgenommen, hatten an sich dem deutschen Volke gegenüber auf Zerstückelung des letzteren für ihren Privatbesitz, auf den souveränen Anteil am Leibe des Volkes niemals ein höheres historisches Recht, als unter den Hohenstaufen und unter Karl V. in ihrem Besitz war. Die unbeschränkte Staatssouveränität der Dynastien, der Reichsritter, der Reichsstädte und Reichsdörfer war eine revolutionäre Errungenschaft auf Kosten der Nation und ihrer Einheit. Ich habe stets den Eindruck des Unnatürlichen von der Tatsache gehabt, dass die Grenze, welche den niedersächsischen Altmärker bei Salzwedel von dem kurbraunschweigischen Niedersachsen bei Lüchow, in Moor und Heide dem Auge unerkennbar, trennt, doch den zu beiden Seiten plattdeutsch redenden Niedersachsen an zwei verschiedene, einander unter Umständen feindliche völkerrechtliche Gebilde verweisen will, deren eines von Berlin und das andre früher von London, später von Hannover regiert wurde, das eine Augen rechts nach Osten, das andre Augen links nach Westen bereit stand, und dass friedliche und gleichartige, im Konnubium verkehrende Bauern dieser Gegend, der eine für welfisch-habsburgische, der andre für hohenzollernsche Interessen aufeinander schiessen sollen. Dass dies überhaupt möglich war, beweist die Tiefe und Gewalt des Einflusses dynastischer Anhänglichkeit auf den Deutschen. Dass die Dynastien jederzeit stärker geblieben sind als Presse und Parlamente, hat sich durch die Tatsache bestätigt, dass 1866 Bundesländer, deren Dynastien im Bereich des österreichischen Einflusses lagen, ohne Rücksicht auf nationale Bestrebungen mit Österreich, und nur solche, welche «unter den preussischen Kanonen» lagen, mit Preussen gingen. Von den letzteren machten allerdings Hannover, Hessen und Nassau Ausnahmen, weil sie Österreich für stark genug hielten, um alle Zumutungen Preussens siegreich abweisen zu können. Sie haben infolgedessen die Zeche bezahlt, da es nicht gelang, dem Könige Wilhelm die Vorstellung annehmbar zu machen, dass Preussen an der Spitze des Norddeutschen Bundes einer Vergrösserung seines Gebietes kaum bedürfen würde. Gewiss aber ist, dass auch 1866 die materielle Macht der Bundesstaaten noch den Dynastien und nicht den Parlamenten folgte und dass sächsisches, hannöversches und hessisches Blut nicht für die deutsche Einheit, sondern dagegen vergossen ist.

Die Dynastien bildeten überall den Punkt, um welchen der deutsche Trieb nach Sonderung in engeren Verbänden seine Kristalle ansetzte.

Heiliger Abend I

Aus einem Brief an den preussischen Gesandten in Paris, Graf Robert von der Goltz
(Berlin, 24. Dezember 1863)
[...] Was die dänische Sache betrifft, so ist es nicht möglich, dass der König zwei auswärtige Minister habe, d. h. dass der wichtigste Posten in der entscheidenden Tagesfrage eine der ministeriellen Politik entgegengesetzte immediat bei dem Könige vertrete. Die schon übermässige Friktion unsrer Staatsmaschine kann nicht noch gesteigert werden. Ich vertrage jeden mir gegenüber geübten Widerspruch, sobald er aus so kompetenter Quelle wie die Ihrige hervorgeht; die Beratung des Königs aber in dieser Sache kann ich amtlich mit niemandem teilen, und ich müsste, wenn Se. M. mir dies zumuten sollte, aus meiner Stellung scheiden. Ich habe dies dem Könige bei Vorlesung eines Ihrer jüngsten Berichte gesagt. Se. M. fand meine Auffassung natürlich, und ich kann nicht anders als an ihr festhalten. Berichte, welche nur die ministeriellen Anschauungen widerspiegeln, erwartet niemand; die Ihrigen sind aber nicht mehr Berichte im üblichen Sinne, sondern nehmen die Natur ministerieller Vorträge an, die dem Könige die entgegengesetzte Politik von der empfehlen, welche er mit dem gesamten Ministerium im Conseil selbst beschlossen und seit

4 Wochen befolgt hat. Eine, ich darf wohl sagen scharfe, wenn nicht feindselige Kritik dieses Entschlusses ist aber ein andres Ministerprogramm und nicht mehr ein gesandtschaftlicher Bericht. *Schaden* kann solche kreuzende Auffassung allerdings, ohne zu nützen; denn sie kann Zögerungen und Unentschiedenheiten hervorrufen, und jede Politik halte ich für eine bessere als eine schwankende.

Ich gebe Ihnen die Betrachtung vollständig zurück, dass eine «an sich höchst einfache Frage preussischer Politik» durch den Staub, den die dänische Sache aufrührt, durch die Nebelbilder, welche sich an dieselbe knüpfen, verdunkelt wird. Die Frage ist, ob wir eine Grossmacht sind oder ein deutscher Bundesstaat, und ob wir, der erstern Eigenschaft entsprechend, monarchisch oder, wie es in der zweiten Eigenschaft allerdings zulässig ist, durch Professoren, Kreisrichter und kleinstädtische Schwätzer zu regieren sind. Die Jagd hinter dem Phantom der Popularität «in Deutschland», die wir seit den vierziger Jahren betreiben, hat uns unsre Stellung in Deutschland und in Europa gekostet, und wir werden sie dadurch nicht wiedergewinnen, dass wir uns vom Strome treiben lassen, in der Meinung, ihn zu lenken, sondern nur dadurch, dass wir fest auf eignen Füssen stehn und *zuerst* Grossmacht, *dann* Bundesstaat sind. Das hat Österreich zu unsrem Schaden stets als richtig für sich anerkannt, und es wird sich von der Komödie, die es mit deutschen Sympathien spielt, nicht aus seinen europäischen Allianzen, wenn es überhaupt solche hat, herausreissen lassen. Gehn wir ihm zu weit, so wird es scheinbar noch eine Weile mitgehn, namentlich mitschreiben, aber die 20 Prozent Deutsche, die es in seiner Bevölkerung hat, sind kein in letzter Instanz zwingendes Element, sich von uns wider eignes Interesse fortreissen zu lassen. Es wird im geeigneten Momente hinter uns zurückbleiben und seine Richtung in die europäische Stellung zu finden wissen, sobald wir dieselbe aufgeben. Die Schmerlingsche Politik, deren Seitenstück Ihnen als Ideal für Preussen vorschwebt, hat ihr Fiasko gemacht. Unsre von Ihnen im Frühjahr sehr lebhaft bekämpfte Politik hat sich in der polnischen Sache bewährt, die Schmerlingsche bittre Früchte für Österreich getragen. Ist es denn nicht der vollständigste Sieg, den wir erringen konnten, dass Österreich zwei Monate nach dem Reformversuch froh ist, wenn von demselben nicht mehr gesprochen wird, und mit uns identische Noten an seine frühern Freunde schreibt, mit uns seinem Schosskinde, der Bundestags-Majorität, drohend erklärt, es werde sich nicht majorisiren lassen? Wir haben diesen Sommer erreicht, wonach wir 12 Jahre lang vergebens strebten, die Sprengung der Bregenzer Koalition, Österreich hat unser Programm adoptirt, was es im Oktober v. J. öffentlich verhöhnte; es hat die preussische Allianz statt der Würzburger gesucht, empfängt seine Beihülfe von uns, und wenn wir ihm heute den Rücken kehren, so stürzen wir das Ministerium. Es ist noch nicht dagewesen, dass die Wiener Politik in diesem Masse *en gros* und *en détail* von Berlin aus geleitet wurde. Dabei sind wir von Frankreich gesucht, Fleury bietet mehr, als der König mag; unsre Stimme hat in London und Petersburg das Gewicht, was ihr seit 20 Jahren verloren war; und das 8 Monate, nachdem Sie mir die gefährlichste Isolierung wegen unsrer polnischen Politik prophezeiten. Wenn wir jetzt den Grossmächten den Rücken drehn, um uns der in dem Netze der Vereinsdemokratie gefangnen Politik der Kleinstaaten in die Arme zu werfen, so wäre das die elendste Lage, in die man die Monarchie nach innen und nach aussen bringen könnte. Wir würden geschoben, statt zu schieben; wir würden uns auf Elemente stützen, die wir nicht beherrschen und die uns notwendig feindlich sind, denen wir uns aber auf Gnade und Ungnade zu ergeben hätten. Sie glauben, dass in der «deutschen öffentlichen Meinung», Kammern, Zeitungen etc. irgend etwas steckt, was uns in einer Unions- oder Hegemonie-Politik stützen oder helfen könnte. Ich halte das für einen radikalen Irrtum, für ein Phantasiegebilde. Unsre Stärkung kann nicht aus Kammern- und Presspolitik, sondern nur aus waffenmässiger Grossmachtspolitik hervorgehn, und wir haben nicht nachhaltiger Kraft genug, um sie in falscher Front und für Phrasen und Augustenburg zu verpuffen. Sie überschätzen die ganze dänische Frage und lassen sich dadurch blenden, dass dieselbe das allgemeine Feldgeschrei der Demokratie geworden ist, die über das Sprachrohr von Presse und Vereinen disponiert und diese an sich mittelmässige Frage zum Moussieren bringt. Vor zwölf Monaten hiess es zweijährige Dienstzeit, vor acht Monaten Polen, jetzt Schleswig-Holstein. Wie sahen Sie selbst die europäische Lage im Sommer an? Sie fürchteten Gefahren jeder Art für uns und haben in Kissingen kein Hehl gemacht über die Unfähigkeit unsrer Politik; sind denn nun diese Gefahren durch den Tod des Königs von Dänemark plötzlich geschwunden, und sollen wir jetzt an der Seite von Pfordten, Coburg und Augustenburg, gestützt auf alle Schwätzer und Schwindler der Bewegungspartei, plötzlich stark genug sein, alle vier Grossmächte zu brüskieren, und sind letztere plötzlich so gutmütig oder so machtlos geworden, dass wir uns dreist in jede Verlegenheit stürzen können, ohne etwas von ihnen zu besorgen zu haben?

Sie nennen es eine «wundervolle» Politik, dass wir das Gagernsche Programm ohne Reichsverfassung hätten verwirklichen können. Ich sehe nicht ein, wie wir hätten dazu gelangen sollen, wenn wir, im *Bunde* mit den Würzburgern, auf deren Unterstützung angewiesen, Europa hätten besiegen müssen. Entweder standen die Regierungen uns ehrlich bei, und der Kampfpreis war ein Grossherzog mehr in Deutschland, der aus Sorge für seine neue Souveränität am Bunde gegen Preussen stimmt, ein Würzburger mehr; oder wir mussten, und das war das Wahrscheinlichere, unsern Verbündeten *durch* eine Reichsverfassung den Boden unter den Füssen wegziehn und dennoch dabei auf ihre Treue rechnen. Misslang das, wie zu glauben, so waren wir blamiert; gelang es, so hatten wir die Union *mit* der Reichsverfassung.

Sie sprechen von dem Staatenkomplex von 70 Millionen mit einer Million Soldaten, der in kompakter Weise Europa trotzen soll, muten also Österreich ein Aushalten auf Tod und Leben bei einer Politik zu, die Preussen zur Hegemonie führen soll, und trauen doch dem Staate, der 35 dieser 70 Millionen hat, nicht über den Weg. Ich auch nicht; aber ich finde es für jetzt richtig, Österreich bei uns zu haben; ob der Augenblick der Trennung kommt, und von wem, das werden wir sehn. Sie fragen: Wann in aller Welt sollen wir denn Krieg führen, wozu die Armeeorganisation?, und Ihre eignen Berichte schildern uns das Bedürfnis Frankreichs, im Frühjahr Krieg zu haben, die Aussicht auf eine Revolution in Galizien daneben. Russland hat 200000 Mann über den polnischen Bedarf auf den Beinen und kein Geld zu Phantasie-Rüstungen, muss also mutmasslich doch auf Krieg gefasst sein; ich bin es auf Krieg und mit Revolution kombiniert. Sie sagen dann, dass wir uns dem Kriege gar nicht aussetzen; das vermag ich mit Ihren eignen Berichten aus den letzten drei Monaten nicht in Einklang zu bringen. Ich bin dabei in keiner Weise kriegsscheu, im Gegenteil, bin auch gleichgültig gegen Revolutionär oder Konservativ, wie gegen alle Phrasen; Sie werden sich vielleicht sehr bald überzeugen, dass der Krieg auch in meinem Programme liegt; ich halte nur Ihren Weg, dazu zu gelangen, für einen staatsmännisch unrichtigen. Dass Sie dabei im Einverständnis mit Pfordten, Beust, Dalwigk und wie unsre Gegner alle heissen, sich befinden, macht für mich die Seite, die Sie vertreten, weder zur revolutionären noch zur konservativen, aber nicht zur richtigen für Preussen. Wenn der Bierhaus-Enthusiasmus in London und Paris imponiert, so freut mich das, es passt ganz in unsern Kram; deshalb imponiert er mir aber noch nicht und liefert uns im Kampfe keinen Schuss und wenig Groschen. Mögen Sie den Londoner Vertrag revolutionär nennen: die Wiener Traktate waren es zehnmal mehr und zehnmal ungerechter gegen viele Fürsten, Stände und Länder, das europäische Recht wird eben durch europäische Traktate geschaffen. Wenn man aber an letztere den Massstab der Moral und Gerechtigkeit legen wollte, so müssten sie ziemlich alle abgeschafft werden.

Wenn Sie statt meiner hier im Amte wären, so glaube ich, dass Sie sich von der Unmöglichkeit der Politik, die Sie mir heut empfehlen und als so ausschliesslich «patriotisch» ansehn, dass Sie die Freundschaft darüber kündigen, sehr bald überzeugen würden. So kann ich nur sagen: *la critique est aisée;* die Regierung, namentlich eine solche, die ohnehin in manches Wespennest hat greifen müssen, unter dem Beifall der Massen zu tadeln, hat nichts Schwieriges; beweist der Erfolg, dass die Regierung richtig verfuhr, so ist von Tadeln nicht weiter die Rede; macht die Regierung Fiasko in Dingen, die menschliche Einsicht und Wille überhaupt nicht beherrschen, so hat man den Ruhm, rechtzeitig vorhergesagt zu haben, dass die Regierung auf dem Holzwege sei. Ich habe eine hohe Meinung von Ihrer politischen Einsicht; aber ich halte mich selbst auch nicht für dumm; ich bin darauf gefasst, dass Sie sagen, dies sei eine Selbsttäuschung. Vielleicht steigen mein Patriotismus und meine Urteilskraft in Ihrer Ansicht, wenn ich Ihnen sage, dass ich mich seit 14 Tagen auf der Basis der Vorschläge befinde, die Sie in Ihrem Bericht No. ... machen. Mit einiger Mühe habe ich Österreich bestimmt, die holsteinischen Stände zu berufen, falls wir es in Frankfurt durchsetzen; wir müssen erst darin sein im Lande. Die Prüfung der Erbfolgefrage am Bunde erfolgt mit unsrem Einverständnis, wenn wir auch mit Rücksicht auf England nicht dafür stimmen; ich hatte Sydow ohne Instruktion gelassen, er ist zur Ausführung subtiler Instruktionen nicht gemacht.

Vielleicht werden noch andre Phasen folgen, die Ihrem Programm nicht sehr fernliegen; wie aber soll ich mich entschliessen, mich über meine letzten Gedanken frei gegen Sie auszulassen, nachdem Sie mir politisch den Krieg erklärt haben und sich ziemlich unumwunden zu dem Vorsatz bekennen, das jetzige Ministerium und seine Politik zu bekämpfen, also zu beseitigen? Ich urteile dabei bloss nach dem Inhalt Ihres Schreibens an mich und lasse alles beiseite, was mir durch Kolportage und dritte Hand über Ihre mündlichen und schriftlichen Auslassungen in betreff meiner zugeht. Und doch muss ich als Minister, wenn das Staatsinteresse nicht leiden soll, gegen den Botschafter in Paris rückhaltlos offen bis zum letzten Worte meiner Politik sein. Die Friktion, welche jeder in meiner Stellung mit den Ministern und Räten, am Hofe, mit den okkulten Einflüssen, Kammern, Presse, den fremden Höfen zu überwinden hat, kann nicht dadurch vermehrt werden, dass die Disziplin meines Ressorts einer Konkurrenz zwischen dem Minister und dem Gesandten Platz macht und dass ich die unentbehrliche Einheit des Dienstes durch Diskussion im Wege des Schriftwechsels herstelle. Ich kann selten so viel schreiben, wie heut in der Nacht am heiligen Abend, wo alle Beamte beurlaubt sind, und ich würde an niemand als an Sie den vierten Teil des Briefes schreiben.

Ich tue es, weil ich mich nicht entschliessen kann, Ihnen amtlich und durch die Bureaus in derselben Höhe des Tones zu schreiben, bei welchem Ihre Berichte angelangt sind. Ich habe nicht die Hoffnung, Sie zu überzeugen, aber ich habe das Vertrauen zu Ihrer eignen dienstlichen Erfahrung und zu Ihrer Unparteilichkeit, dass Sie mir zugeben werden, es kann nur Eine Politik auf einmal gemacht werden, und das muss die sein, über welche das Ministerium mit dem Könige einig ist. Wollen Sie dieselbe und damit das Ministerium zu werfen suchen, so müssen Sie das hier in der Kammer und der Presse an der Spitze der Opposition unternehmen, aber nicht von Ihrer jetzigen Stellung aus, und dann muss ich mich ebenfalls an Ihren Satz halten, dass in einem Konflikt des Patriotismus und der Freundschaft der erstere entscheidet. Ich kann Sie aber versichern, dass mein Patriotismus von so starker und reiner Natur ist, dass eine Freundschaft, die neben ihm zu kurz kommt, dennoch eine sehr herzliche sein kann.

Heiliger Abend II

An König Wilhelm I.

(Berlin, 24. Dezember 1864)

Eurer Majestät
sage ich meinen ehrfurchtsvollen und wärmsten Dank dafür, dass Allerhöchstdieselben meiner heut in Gnaden gedacht haben. Möge Gott mir soviel Kraft geben, als ich guten Willen habe, den Stab, dessen Symbol Eure Majestät mir als ein lebenslänglich teures Andenken heut schenken, nach Allerhöchst Ihrem Willen zum Heile unsres Vaterlandes zu führen. Ich habe das gläubige Vertrauen zu Gott, dass Eurer Majestät Stab im deutschen Lande blühen werde wie der Stecken Arons laut dem 4. Buch Mosis im 17. Kapitel und dass er zur Not sich auch in die Schlange verwandeln werde, welche die übrigen Stäbe verschlingt, wie es im 7. Kapitel des 2. Buches erzählt ist. Verzeihn Eure Majestät meinem dankbaren Gefühl diese Bezugnahme. Angesichts des Weihnachtsfestes habe ich das Bedürfnis, Eurer Majestät zu versichern, dass meine Treue und mein Gehorsam gegen den Herrn, den Gott mir auf Erden gesetzt hat, auf derselben festen Grundlage beruhn wie mein Glaube.

In tiefster Ehrfurcht und unwandelbarer Treue ersterbe ich Eurer Majestät alleruntertänigster v. Bismarck.

Seelen, die sich zanken

Mitgeteilt von Robert v. Keudell

(18. August 1865)

Als am 18. August Bismarck mit Abeken und mir im offenen Wagen auf dem Wege nach Salzburg durch das grüne Tal von Hofgastein fuhr, sagte er: «Wenn ich es noch erlebe, dass in Kiel ein preussischer Oberpräsident sitzt, will ich mich auch nie mehr über den Dienst ärgern.» Ich sprach die Hoffnung aus, später einmal an diese Worte erinnern zu dürfen. Nach einiger Zeit sagte er: «Faust klagt über die zwei Seelen in seiner Brust; ich beherberge aber eine ganze Menge, die sich zanken. Es geht da zu wie in einer Republik... Das meiste, was sie sagen, teile ich mit. Es sind da aber auch ganze Provinzen, in die ich nie einen andern Menschen werde hineinsehen lassen.» [...]

Attentat

Mitgeteilt von Robert v. Keudell

(7./8. Mai 1866)

[...] Am 7. Mai kam er, wie gewöhnlich, nach fünf Uhr aus dem königlichen Palais zurück, hielt sich aber länger als sonst in seinem Kabinett auf, um einen kurzen Bericht an Seine Majestät zu schreiben, und trat dann mit einer Entschuldigung seiner Verspätung in den Salon. Ehe man sich zu Tische setzte, küsste er seine Gemahlin auf die Stirn und sagte: «Erschrick nicht, mein Herz, es hat jemand auf mich geschossen, ich bin aber durch Gottes Gnade unverletzt geblieben.» So erzählte mir bald nachher einer der Tischgenossen. Vor Abend kamen der König, die königlichen Prinzen und viele Würdenträger, um den wunderbar Erretteten zu begrüssen.

Abends erzählte er in kleinem Kreise den Hergang ungefähr mit diesen Worten: «Ich ging unter den Linden auf dem Fussweg zwischen den Bäumen vom Palais nach Hause. Als ich in die Nähe der russischen Gesandtschaft gekommen war, hörte ich dicht hinter mir zwei Pistolenschüsse. Ohne zu denken, dass mich das anginge, drehte ich mich unwillkürlich rasch um und sah etwa zwei Schritte vor mir einen kleinen Menschen, der mit einem Revolver auf mich zielte. Ich griff nach seiner rechten

Hand, während der dritte Schuss losging, und packte ihn zugleich am Kragen. Er fasste aber schnell den Revolver mit der linken, drückte ihn gegen meinen Überzieher und schoss noch zweimal. Ein unbekannter Zivilist half mir ihn festhalten. Es eilten auch sogleich Schutzleute herbei, die ihn abführten, zusammen mit einer Patrouille vom zweiten Garderegiment, die zufällig des Weges kam.

Als Jäger sagte ich mir: Die letzten beiden Kugeln müssen gesessen haben, ich bin ein toter Mann. Eine Rippe tat zwar etwas weh, ich konnte aber zu meiner Verwunderung bequem nach Hause gehen. Hier untersuchte ich die Sache. Ich fand Löcher im Überzieher, im Rock, Weste und Hemde; an der seidenen Unterjacke aber waren die Kugeln abgeglitten, ohne die Haut zu verletzen. Die Rippe schmerzte etwas wie von einem Stoss, das ging aber bald vorüber. Es kommt bei Rotwild vor, dass eine Rippe elastisch federt, wenn die Kugel aufschlägt. Man kann nachher erkennen, wo sie abgeglitten ist, weil da einige Haare fehlen. So mag auch meine Rippe gefedert haben. Oder vielleicht ist die Kraft der Schüsse nicht voll entwickelt worden, weil die Mündung des Revolvers unmittelbar auf meinen Rock drückte.»

Alle Anwesenden waren in feierlicher Stimmung, als hätten sie Übernatürliches erlebt. Bismarck aber zergliederte den Fall mit einer Ruhe, als handelte es sich um ein gleichgültiges Vorkommnis. Am folgenden Tage wurde bekannt, dass der Verbrecher namens Cohen-Blind, der von London gekommen war, um Bismarck zu erschiessen, im Gefängnis sich durch

Öffnen einer Pulsader getötet hatte. Als abends der kleine Kreis der Hausfreunde wieder versammelt war, meldete ein Diener, dass vor dem Hause grosse Menschenmassen sich bewegten. Man ging in den chinesischen Saal und öffnete die Fenster nach der Strasse. Über die Stimmung des Berliner Volkes war früher Erfreuliches nicht bekannt geworden; jetzt aber ertönte unaufhörlich der Ruf: «Bismarck hoch!»

Er sprach aus dem Fenster mit erhobener Stimme ungefähr folgende Worte: «Meine Herren und Landsleute, herzlichen Dank für diesen Beweis Ihrer Teilnahme. Für unsern König und das Vaterland das Leben zu lassen, ob auf dem Schlachtfelde oder auf dem Strassenpflaster, halte ich für ein hohes Glück und erflehe von Gott, dass mir ein solcher Tod vergönnt sei. Für jetzt hat Er es anders gewollt; Gott hat gewollt, dass ich noch lebendig meinen Dienst tun soll. Sie teilen das patriotische Gefühl mit mir, und Sie werden gern mit mir rufen: ‹Seine Majestät, unser König und Herr, er lebe hoch!›»

Die Folge des Attentats war eine gehobene Stimmung Bismarcks. Mehrmals hatte ich den Eindruck, dass er sich jetzt als Gottes «auserwähltes Rüstzeug» fühlte, um seinem Vaterlande Segen zu bringen. Ausgesprochen aber hat er das nicht.

Uhrmacher beim König

Gespräche mit Jean Vilbort

(4./5. Juni 1866)

Nicht ohne Erregung trat ich in das Kabinett, wo Tag und Nacht dieser ausserordentliche Mann dachte und schrieb, in dessen Händen damals der Friede Europas an einem Faden hing. Er erhob sich, kam auf mich zu und reichte mir die Hand, dann liess er mich in einem Lehnstuhl ihm gegenüber Platz nehmen und fragte: «Rauchen Sie?» Er bot mir eine Zigarre an. Wenn ich diese Einzelheiten heute wiederhole, so tue ich es, weil sie, aus unmittelbarem Eindruck geschöpft, mir den Mann vergegenwärtigen. Hoher Wuchs und durchfurchte Züge, auf einer hohen, breiten Stirn Wohlwollen mit Eigenwillen gepaart. Grosse, tiefe und sanfte Augen, die aber schrecklich blicken können, wenn er in Zorn gerät. Sein Haar ist blond, auf dem Scheitel gelichtet. Ein militärisch gehaltener Schnurrbart verschleiert die Ironie seines Lächelns. In seiner stets bilderreichen Sprache verbindet sich soldatische Geradheit mit diplomatischer Vorsicht, und dabei ist er auch Grandseigneur und Hofmann, der verführerisch seine raffinierte Höflichkeit spielen lässt.

Ich halte es für richtig, die Unterredung vollständig wiederzugeben. Zunächst, weil Herr von Bismarck darin so charakteristisch erscheint! Ich könnte diese historische Gestalt, die unter den mächtigsten und den originellsten dieses Jahrhunderts ihren Platz hat, gar nicht besser beleuchten. Ausserdem gewinnt diese Unterredung zwischen Staatsmann und Journalisten noch dadurch ein besonderes Interesse, dass es der 4. Juni ist, an dem dieser seltsame und wunderbare Diplomat all dieses sagte, also noch vor der Okkupation Holsteins, vor dem Einfall der Preussen in Hannover und Sachsen, vor dem Abbruch der diplomatischen Beziehungen zwischen Berlin und Wien, ja noch bevor Herr von Bismarck mit jenem Bundesreformplan hervorgetreten war, in dem er Österreich aus Deutschland herausdrängte.

«Herr Minister», sagte ich zu ihm, «ich lasse es mir angelegen sein, das französische Publikum über alles, was in Deutschland geschieht, möglichst gut zu unterrichten. Gestatten Sie mir also, mit völliger Offenheit zu Ihnen zu reden. Ich erkenne gern an, dass Preussen in seiner auswärtigen Politik heute Ziele zu verfolgen scheint, die der französischen Nation ganz ausserordentlich sympathisch sind, nämlich: Italien endgültig von Österreich zu befreien und Deutschland auf Grundlage des allgemeinen Stimmrechts zu konstituieren. Aber existiert zwischen Ihrer preussischen und deutschen Politik nicht ein flagranter Widerspruch? Sie proklamieren ein Nationalparlament als einzige Quelle, aus der Deutschland neugeboren hervorgehen könne, als alleinige höchste Gewalt, die fähig ist, seine neuen Geschicke zu erfüllen; und gleichzeitig behandeln Sie die Zweite Berliner Kammer nach der Manier Ludwigs XIV., als er, die Reitpeitsche in der Hand, in das Pariser Parlament trat. Wir in Frankreich geben nicht zu, dass zwischen dem Absolutismus und der Demokratie eine Verbindung möglich ist, und um es offen zu sagen: in Paris hat die öffentliche Meinung Ihr Projekt eines Nationalparlaments nicht für ernst genommen, man hat darin lediglich eine gut ersonnene Kriegslist gesehen und glaubt allgemein, dass Sie der Mann dazu sind, dies Werkzeug, wenn Sie es gebraucht haben, wieder zu zerbrechen, sobald es für Sie lästig oder nutzlos wird.»

«Meiner Treu», erwiderte Bismarck, «Sie gehen auf den Kern der Dinge los. Ich weiss, dass ich mich in Frankreich derselben Unbeliebtheit erfreue wie in Deutschland. Überall macht man mich verantwortlich für eine Lage, die ich nicht gemacht habe, sondern die sich mir genau ebenso wie allen anderen aufgenötigt hat. Ich bin der Sündenbock der öffentlichen Meinung, aber ich kümmere mich wenig darum. Ich verfolge mit dem ruhigsten Gewissen mein Ziel, das mir als richtig für meinen Staat und für Deutschland erscheint. Was die Mittel betrifft, so bediene ich mich derer, die sich mir mangels anderer darbieten. Über die innere Lage Preussens gäbe es viel zu sagen. Um sie unparteiisch zu beurteilen, müsste man von Grund aus den besonderen Charakter seiner Bevölkerung kennen und studieren. Während Frankreich und Italien heute, jedes für sich, eine grosse Gesellschaft darstellt, die vom gleichen Geist und denselben Gefühlen beseelt ist, herrscht in Deutschland im Gegenteil der Individualismus. Jeder lebt hier in seinem Winkel für sich mit seiner eigenen Meinung, immer voll Misstrauen gegen die Regierung und gegen seinen Nachbarn, beurteilt alles nach seinem persönlichen Gesichtspunkt und niemals nach dem des Ganzen. Eigenbrötelei und Widerspruchsbedürfnis sind beim Deutschen bis zu einem unbegreiflichen Grad entwickelt: zeigen Sie ihm eine offene Tür, so wird er lieber sich darauf versteifen, durch ein Mauerloch als durch diese Tür zu gehen. Auch wird niemals eine Regierung in Preussen, sie mag tun, was sie will, populär sein. Die meisten werden immer entgegengesetzter Meinung sein. Schon darum, weil es die Regierung ist und sie sich als Autorität vor dem einzelnen aufgepflanzt, ist sie ein für allemal dazu verdammt, von den Gemässigten verurteilt, von den Exaltados aber verschrien und angespien zu werden. Das war das gemeinsame Los aller Regierungen, die einander seit den Anfängen dieser Dynastie gefolgt sind. Die liberalen Minister haben ebensowenig Gnade vor unseren Politikern gefunden wie die reaktionären...

Man bejubelte», fuhr er fort, «die Siege Friedrichs des Grossen, aber als er tot war, rieb man sich die Hände vor Freude, diesen Despoten los zu sein. Indessen ist neben diesem Widerstreben doch auch eine tiefe Anhänglichkeit für die Dynastie vorhanden. Es gibt keinen Fürsten, keinen Minister, keine Regierung, die je die Gunst dieses preussischen Individualismus erringen könnten, aber alle rufen von Herzen: ‹Es lebe der König!›, und wenn er befiehlt, gehorchen sie.»

«Trotzdem kann man hören, Herr Minister, dass die Unzufriedenheit eines Tages zur Revolution führen könnte.»

«Die Regierung braucht sie nicht zu fürchten und hat auch keine Angst davor. Unsere Revolutionäre sind nicht so fürchterlich. Ihre Feindseligkeit erschöpft sich hauptsächlich in Anwürfen gegen den Minister, aber vor dem König haben sie Respekt. Nur ich bin der Übeltäter, und mir allein zürnen sie! Bei etwas grösserer Unparteilichkeit würden sie anerkennen, dass ich so gehandelt habe, weil ich nicht anders handeln konnte. Bei der gegenwärtigen Lage Preussens in Deutschland, und Österreich gegenüber, brauchten wir vor allem eine Armee. In Preussen ist sie die einzige Kraft, die einer Disziplinierung fähig ist. Der Preusse», fuhr Herr von Bismarck fort, «dem man einen Arm auf einer Barrikade zerschmetterte, würde beschämt nach Hause kommen, und seine Frau würde ihn als Dummkopf auslachen. Aber im Heer ist er ein bewunderungswürdiger Soldat und schlägt sich wie ein Löwe für die Ehre seines Landes. Die von den Umständen geforderte Notwendigkeit einer grossen Heeresstreitkraft hat eine schmollende Politik nicht anerkennen wollen, so offenkundig jene auch war. Für mich aber konnte es kein Zaudern geben! Nach Familie und Erziehung bin ich vor allem ein Mann des Königs. Der König aber hielt an dieser Heeresorganisation so fest wie an seiner Krone, weil auch er in seinem tiefsten Gewissen sie für unentbehrlich erachtete. Darin konnte ihn kein Mensch zum Wanken bringen...»

«Darf ich Sie auch fragen, Herr Minister, wie Sie die liberale Aufgabe eines nationalen Parlamentes mit der rigorosen Behandlung in Einklang bringen wollen, die die Berliner Kammer erfahren hat? Wie haben Sie insbesondere den

König, den Vertreter des Gottesgnadentums, dazu bestimmen können, das allgemeine Wahlrecht anzunehmen, das das demokratische Prinzip *par excellence* ist?»

Herr von Bismarck antwortete mir lebhaft: «Das ist ein Sieg, den ich nach vierjährigem Kampf davongetragen habe! Als der König mich vor vier Jahren rief, war die Situation die denkbar schwierigste. Seine Majestät legte mir eine lange Liste liberaler Zugeständnisse vor, aber darunter war keines zur Militärfrage. Ich habe damals dem König gesagt: Ich nehme an, und je liberaler sich die Regierung zeigen wird, desto besser ist es. Die Kammer hat sich verrannt und die Krone ebenfalls. In diesem Konflikt bin ich mit dem König gegangen. Meine Verehrung für ihn, meine ganze Vergangenheit, alle meine Familientraditionen machten es mir zur Pflicht. Aber dass ich von Natur oder von System wegen Gegner einer Volksvertretung, der geborene Feind des parlamentarischen Regimes sei, das ist eine ganz willkürliche Unterstellung. Ich habe mich nicht vom König in dem Streit mit der Berliner Kammer trennen wollen im Augenblick, wo diese Kammer sich einer Politik entgegenwarf, die für Preussen eine Notwendigkeit erster Ordnung war. Aber dass ich darauf sänne, Deutschland mit meinem Projekt einer Volksvertretung hinters Licht zu führen, einen solchen Vorwurf mir entgegenzuschleudern, hat niemand das Recht. An dem Tag, wo nach Erfüllung meiner Aufgabe meine Pflichten gegen meinen Herren sich mit meinen Pflichten als Staatsmann schlecht vertrügen, steht es bei mir, abzutreten, ohne deshalb mein Werk verleugnen zu müssen.»

Als ich mich gegen Mitternacht zurückzog, reichte mir Bismarck die Hand und sagte mir mit grösster Freundlichkeit: «Ich möchte Sie wiedersehen und mit Ihnen weiterplaudern. Speisen Sie doch morgen bei uns im Familienkreis. Das ist nämlich die einzige Stunde bei Tag und bei Nacht, wo ich mir selber ein wenig gehöre; jetzt muss ich arbeiten, bis die Sonne meine Lampe auslöscht.»

Ich will die Schranken nicht überschreiten, die das Privatleben des Staatsmannes schützen, und lasse die Öffentlichkeit nicht in dieses Familieninterieur hineinblicken, in dem etwas wie ein Hauch französischer Eleganz die pommersche Einfachheit durchtränkt. Aber was ich hier doch enthüllen darf, ist, dass Herr von Bismarck das Mahl mit geradezu echt gallischem Witz und unerschöpflichen Einfällen würzte. Kein Ausdruck von Sorge auf der Stirn oder in seinen Augen, und dabei befand man sich doch im schrecklichsten Augenblick der Krise, der Krieg sollte tags darauf erklärt werden. Er sprach von Frankreich, von Paris und vergass dabei nichts, nicht einmal den Ball Mabille, wie wenn er am Abend zuvor dort gewesen wäre. Es war wie ein Sprühregen feiner und boshafter Scherze in immer neuen glitzernden Wendungen, und er selber lachte als erster und von ganzem Herzen darüber. Aber indem er sich so abwechselnd ganz seiner heiteren und seiner sarkastischen Laune überliess, entging ihm doch kein Wort von dem, was in seiner Umgebung gesprochen wurde.

Pariser Zeitungen, die am Morgen in Berlin angekommen waren, bezweifelten die Existenz eines preussisch-italienischen Vertrages, oder zum mindesten, dass die Bedingungen dieser Allianz für Preussen und Italien gleich wären. Im Laufe der Unterhaltung hatte ich darauf eine Anspielung gemacht, denn ich gestehe es, ich hätte gern darüber etwas erfahren. Herr von Bismarck stellte sich zuerst taub; aber im Augenblick, wo man vom Tisch aufstand, sagte er: «Ich muss Ihnen doch einen Nachtisch anbieten», und zählte mir an den Fingern die Klauseln des preussisch-italienischen Vertrags auf. Diese Freiheit des Geistes und der joviale Humor in einem so kritischen Augenblick haben mir einen um so tieferen Eindruck gemacht, als Herr von Bismarck wahrhaftig nicht auf Rosen gebettet war. Erstlich hatte er unaufhörlich mit den schwankenden Stimmungen des Königs zu kämpfen. Er hatte den Kronprinzen gegen sich, der sich dem Kriege widersetzte und dessen parlamentarische Richtung keineswegs mit einer gewaltsamen Politik harmonierte. Zu seinen erklärten Gegnern zählte die Königin, die sich abseits in Baden-Baden hielt, und auch die Königin-Witwe, die in Pillnitz bei der sächsischen Königsfamilie für den Frieden arbeitete. So musste er den König Wilhelm immer von neuem auf den Weg zurückbringen, den er eingeschlagen hatte und mit der unbeugsamen Zähigkeit des Staatsmannes bis zum Ziel verfolgen will. Der Ministerpräsident, so sagt man in Berlin, muss jeden Morgen beim König den Uhrmacher spielen, der die abgelaufene Uhr wieder aufzieht.

Unter dem sichtbaren Segen Gottes

Thronrede nach Königgrätz

(5. August 1866)

Erlauchte, edle und liebe Herren von beiden Häusern des Landtags!

Indem Ich die Vertretung des Landes um Mich versammelt sehe, drängt Mich Mein Gefühl, vor allem auch von dieser Stelle Meinen und Meines Volkes Dank für Gottes Gnade auszusprechen, welche Preussen geholfen hat, unter schweren, aber erfolgreichen Opfern nicht nur die Gefahren feindlicher Angriffe von unseren Grenzen abzuwenden, sondern in raschem Siegeslauf des vaterländischen Heeres dem ererbten Ruhme neue Lorbeeren hinzuzufügen und der nationalen Entwicklung Deutschlands die Bahn zu ebnen.

Unter dem sichtbaren Segen Gottes folgte die waffenfähige Nation mit Begeisterung dem Rufe in den heiligen Kampf für die Unabhängigkeit des Vaterlandes und schritt unser heldenmütiges Heer, unterstützt von wenigen, aber treuen Bundesgenossen, von Erfolg zu Erfolg, von Sieg zu Sieg, im Osten wie im Westen. Viel teueres Blut ist geflossen, viele Tapfere betrauert das Vaterland, die siegesfroh den Heldentod starben, bis unsere Fahnen sich in einer Linie von den Karpaten bis zum Rheine entfalteten. In einträchtigem Zusammenwirken werden Regierung und Volksvertretung die Früchte zur Reife zu bringen haben, die aus der blutigen Saat, soll sie nicht umsonst gestreut sein, erwachsen müssen.

Liebe Herren von beiden Häusern des Landtags!

Auf die Finanzlage des Staates kann Meine Regierung den Blick mit Befriedigung wenden. Sorgliche Vorsicht und gewissenhafte Sparsamkeit haben sie in den Stand gesetzt, die grossen finanziellen Schwierigkeiten zu überwinden, welche die gegenwärtigen Zeitverhältnisse in naturgemässem Gefolge haben.

Obwohl schon in den letzten Jahren, durch den Krieg mit Dänemark, der Staatskasse beträchtliche Opfer auferlegt worden sind, ist es doch gelungen, die bisher erwachsenen Kosten des gegenwärtigen Krieges aus den Staatseinnahmen und vorhandenen Beständen, ohne andere Belastung des Landes als die durch die gesetzlichen Naturalleistungen für Kriegszwecke erwachsenden, bereitzustellen. Um so zuversichtlicher hoffe Ich, dass die Mittel, welche zur erfolgreichen Beendigung des Krieges und zur Bezahlung der Naturalleistungen, bei Aufrechterhaltung der Ordnung und Sicherheit in den Finanzen, erforderlich sind, von Ihnen bereitwillig werden gewährt werden.

Über die Feststellung des Staatshaushaltsetats hat eine Vereinbarung mit der Landesvertretung in den letzten Jahren nicht herbeigeführt werden können. Die Staatsausgaben, welche in dieser Zeit geleistet worden sind, entbehren daher der gesetzlichen Grundlage, welche der Staatshaushalt, wie Ich wiederholt anerkenne, nur durch das nach Artikel 99 der Verfassungsurkunde alljährlich zwischen Meiner Regierung und den beiden Häusern des Landtags zu vereinbarende Gesetz erhält.

Wenn Meine Regierung gleichwohl den Staatshaushalt ohne diese gesetzliche Grundlage mehrere Jahre geführt hat, so ist dies nach gewissenhafter Prüfung in der pflichtmässigen Überzeugung geschehen, dass die Fortführung einer geregelten Verwaltung, die Erfüllung der gesetzlichen Verpflichtungen gegen die Gläubiger und die Beamten des Staates, die Erhaltung des Heeres und der Staatsinstitute Existenzfragen des Staates waren, und dass daher jenes Verfahren eine der unabweisbaren Notwendigkeiten wurde, denen sich eine Regierung im Interesse des Landes nicht entziehen kann und darf. Ich hege das Vertrauen, dass die jüngsten Ereignisse dazu beitragen werden, die unerlässliche Verständigung insoweit zu erzielen, dass Meiner Regierung in bezug auf die ohne Staatshaushaltsgesetz geführte Verwaltung die Indemnität, um welche die Landesvertretung angegangen werden soll, bereitwillig erteilt und damit der bisherige Konflikt für alle Zeit um so sicherer zum Abschluss gebracht werden wird, als erwartet werden darf, dass die politische Lage des Vaterlandes eine Erweiterung der Grenzen des Staates und die Einrichtung eines einheitlichen Bundesheeres unter Preussens Führung gestatten werde, dessen Lasten von allen Genossen des Bundes gleichmässig werden getragen werden.

Die Vorlagen, welche in dieser Beziehung behufs Einberufung einer Volksvertretung der Bundesstaaten erforderlich sind, werden dem Landtage unverzüglich zugehen.

Meine Herren! Mit Mir fühlen Sie, fühlt das ganze Vaterland die grosse Wichtigkeit des Augenblicks, der Mich in die Heimat zurückführt. Möge die Vorsehung ebenso gnadenreich Preussens Zukunft segnen, wie sie sichtlich die jüngste Vergangenheit segnete. Das walte Gott!

Gefahr des Absolutismus

Mitgeteilt von Heinrich v. Poschinger
(Dezember 1866)

Eines Tages geriet die Unterhaltung auf das Thema der Verfassungskämpfe, und Bismarck sprach sich dabei über den Absolutismus wie folgt aus: «Ich kenne alle Souveräne Europas und empfinde ausserordentliche Hochachtung vor vielen derselben; Sie werden aber, meine Herren, es nicht bloss als eine loyale Phrase ansehen, wenn ich Ihnen versichere, dass ich keinen von allen so tief verehre wie Seine Majestät unsern König Wilhelm. Selbst diesen unseren König Wilhelm möchte ich jedoch nicht als absoluten Monarchen sehen – wie ich denn überhaupt den Absolutismus für die unglücklichste aller Staatsformen halte. Sie glauben nicht, welchen Anteil an den Geschicken eines absolut regierten Landes oft der Einfluss eines raffinierten Kammerdieners besitzt.» – Interessant ist noch folgende, an demselben Tage gefallene Äusserung Bismarcks. Einer aus der Gesellschaft hatte ihn um seine Meinung über Beust gebeten. Der Graf war sofort bereit, Rede zu stehen. «Wenn ich», sagte er, «mir ein Urteil über die Gefährlichkeit eines Gegners bilden will, so subtrahiere ich zunächst von dessen Fähigkeiten seine Eitelkeit. Wende ich dies Verfahren auf Beust an, so bleibt als Rest wenig oder nichts.»

Deutschlands Leidensgeschichte

Aus einer Rede im Norddeutschen Reichstag
(4. März 1867)

[...] Es liegt ohne Zweifel, meine Herren, etwas in unserem Nationalcharakter, was der Vereinigung Deutschlands widerstrebt. Wir hätten die Einheit sonst nicht verloren oder hätten sie bald wiedergewonnen. Wenn wir in die Zeit der deutschen Grösse, die erste Kaiserzeit, zurückblicken, so finden wir, dass kein anderes Land in Europa in dem Masse die Wahrscheinlichkeit für sich hatte, eine mächtige nationale Einheit sich zu erhalten, wie gerade Deutschland. Blicken Sie im Mittelalter von dem russischen Reiche der Rurikschen Fürsten bis zu den westgotischen und arabischen Gebieten in Spanien, so werden Sie finden, dass Deutschland vor allen die grösste Aussicht hatte, ein einiges Reich zu bleiben. Was ist der Grund, der uns die Einheit verlieren liess und uns bis jetzt verhindert hat, sie wiederzugewinnen? Wenn ich es mit einem kurzen Worte sagen soll, so ist es, wie mir scheint, ein gewisser Überschuss an dem Gefühle männlicher Selbständigkeit, welcher in Deutschland den einzelnen, die Gemeinde, den Stamm veranlasst, sich mehr auf die eigenen Kräfte zu verlassen als auf die der Gesamtheit. Es ist der Mangel jener Gefügigkeit des einzelnen und des Stammes zugunsten des Gemeinwesens, jener Gefügigkeit, welche unsere Nachbarvölker in den Stand gesetzt hat, die Wohltaten, die wir erstreben, sich schon früher zu sichern. Die Regierungen, meine Herren, haben Ihnen, glaube ich, im jetzigen Falle ein gutes Beispiel gegeben. Es war keine unter ihnen, die nicht erhebliche Bedenken, mehr oder weniger berechtigte Wünsche dem bisher erreichten Ziele hat opfern müssen. Liefern auch wir den Beweis, meine Herren, dass Deutschland in einer sechshundertjährigen Leidensgeschichte Erfahrungen gemacht hat, die es beherzigt, dass wir – und alle, die wir hier sind, wir haben es selbst erlebt – die Lehren zu Herzen genommen haben, die wir aus den verfehlten Versuchen von Frankfurt und von Erfurt ziehen mussten. Das Misslingen des damaligen Werkes hat in Deutschland einen Zustand der Unsicherheit, der Unzufriedenheit herbeigeführt, der sechzehn Jahre lang gedauert hat und der schliesslich durch eine Katastrophe, wie die des vorigen Jahres – nach irgendeiner Seite hin, wie es Gott gefiel –, seinen Abschluss finden musste. Das deutsche Volk, meine Herren, hat ein Recht, von uns zu erwarten, dass wir der Wiederkehr einer solchen Katastrophe vorbeugen, und ich bin überzeugt, dass Sie mit den verbündeten Regierungen nichts mehr am Herzen liegen haben, als diese gerechten Erwartungen des deutschen Volkes zu erfüllen!

«Setzen wir Deutschland in den Sattel!»

Für die Verfassung – vor dem Reichstag des Norddeutschen Bundes

(11. März 1867)

Wenn ich in diesem Stadium der Diskussion das Wort ergreife, so ist es nicht meine Absicht, Sie nach dem Wunsche des Herrn Vorredners durch staatsmännische Kühnheit zu überraschen, sondern im Gegenteil, vor dieser gefährlichen Eigenschaft zu *warnen*. Es ist auch nicht meine Absicht, und *kann* sie nicht sein, Ihnen die fehlenden Motive für den Gesamtinhalt der Regierungsvorlage zu entwickeln – aus demselben Grunde nicht, aus dem wir überhaupt keine Motive vorgelegt haben. Die Arbeit, meine Herren, ist zu umfassend, es wäre ein *«Werk»* darüber zu schreiben gewesen, wenn die Arbeit sich einigermassen auf der Höhe der Aufgabe, mit der wir beschäftigt sind, halten sollte. Hätten wir Motive der Versammlung der Bundeskommissarien vorgelegt, so würden wir – ich weiss nicht *wieviel* Zeit über deren Diskussion verloren haben; schwerlich nur *so viel* Zeit, wie dazu gehört hätte, sie auszuarbeiten. [...]

Es hat nicht unsere Absicht sein können, ein theoretisches Ideal einer Bundesverfassung herzustellen, in welcher die Einheit Deutschland einerseits auf ewig verbürgt werde, auf der anderen Seite jeder partikularistischen Regung die freie Bewegung gesichert bleibe. Einen solchen Stein der Weisen, wenn er zu finden ist, zu entdecken, müssen wir der Zukunft überlassen, einer solchen Quadratur des Zirkels um einige Dezimalstellen näherzurücken, ist nicht die Aufgabe der Gegenwart. Wir haben uns zur Aufgabe gestellt, in Erinnerung und in richtiger Schätzung, glaube ich, derjenigen Widerstandskräfte, an welchen die früheren Versuche in Frankfurt und Erfurt gescheitert sind, diese Widerstandskräfte so wenig, als es irgend mit dem Zweck verträglich war, herauszufordern. Wir haben es für unsere Aufgabe gehalten, ein Minimum derjenigen Konzessionen zu finden, welche die Sonderexistenzen auf deutschem Gebiete der Allgemeinheit machen müssen, wenn diese Allgemeinheit lebensfähig werden soll; wir mögen das Elaborat, das dadurch zustande gekommen ist, mit dem Namen einer Verfassung belegen oder nicht, das tut zur Sache nichts. Wir glauben aber, dass, wenn es hier angenommen wird, für das deutsche Volk die Bahn frei gemacht worden ist und dass wir das Vertrauen zum Genius unseres eigenen Volkes haben können, dass es auf dieser Bahn den Weg zu finden wissen wird, der zu seinen Zielen führt. *(Bravo!)*

Wenn zu diesem Zweck, nach unserer Ansicht wenigstens, das Gegebene hinreicht, so begreife ich vollständig, dass viele Wünsche unbefriedigt bleiben, dass man daneben noch eine Menge anderer Dinge gewünscht und gleich gewünscht hätte. Ich begreife aber nicht, wie man, weil diese Wünsche bisher unerfüllt geblieben sind, das Gebotene ablehnen will und dabei doch behaupten, man wolle überhaupt eine Verfassung, die Deutschland zur Einheit führen könne. Es sind Einwendungen bisher laut geworden und Wünsche geltend gemacht von zwei Seiten; ich möchte sagen, von der *unitarischen* und von der *partikularistischen* Seite; von der unitarischen dahin gehend, dass man auch von diesem Verfassungsentwurf wie von dem früheren die Herstellung eines konstitutionellen verantwortlichen Ministeriums erwartet hat. Wer sollte dieses Ministerium ernennen? Einem Konsortium von 22 Regierungen ist diese Aufgabe nicht zuzumuten; es würde sie nicht erfüllen können. Ausschliessen können Sie aber 21 von 22 Regierungen von der Teilnahme an der Exekutive ebensowenig. Es wäre der Anforderung nur dadurch zu genügen gewesen, dass eine einheitliche Spitze mit monarchischem Charakter geschaffen wäre. Dann aber, meine Herren, haben Sie kein Bundesverhältnis mehr, dann haben Sie die Mediatisierung derer, denen diese monarchische Gewalt nicht übertragen wird. Diese Mediatisierung ist von unseren Bundesgenossen weder bewilligt noch von uns erstrebt worden. Es ist hier angedeutet worden, man könne sie mit Gewalt erzwingen, von anderen: sie werde sich zum Teil von selbst ergeben, und letzteres von einer mir nahestehenden Seite. Wir erwarten dieses nicht in dem Masse und glauben nicht, dass deutsche Fürsten in grösserer Anzahl bereit sein werden, ihre jetzige Stellung mit der eines englischen Pairs zu vertauschen. Wir haben ihnen diese Zumutung niemals gemacht und beabsichtigen nicht, sie ihnen zu machen *(Sehr gut! Hört! Hört!);* noch weniger aber kann ich als unsere Aufgabe betrachten, etwa im Sinne des Herrn Vorredners auf die Gewalt, auf die Übermacht Preussens in diesem Bunde sich zu berufen, um eine Konzession zu erzwingen, die nicht freiwillig entgegengetragen wird. Eine solche Gewalt konnten wir am allerwenigsten gegen Bundesgenossen anwenden, die im Augenblicke der Gefahr treu zu uns gestanden haben, ebensowenig gegen die, mit denen wir soeben einen völkerrechtlichen Frieden, auf ewig, wie wir hoffen – wie man das Wort auf dieser Erde zu gebrauchen pflegt –, besiegelt haben. *(Bravo!)*

Die Basis dieses Verhältnisses soll nicht die Gewalt sein, weder den Fürsten noch dem Volke gegenüber. *(Bravo!)*

Die Basis soll das Vertrauen zu der Vertragstreue Preussens sein *(Bravo!)*, und dieses Vertrauen darf nicht erschüttert werden, solange man uns die Vertragstreue hält. *(Sehr gut! Bravo!)*

Es ist angespielt worden von einem Vorredner auf die Erklärungen, die im Sinne einer einheitlicheren Reichsgewalt von einigen der Bundesregierungen in den Schlussprotokollen niedergelegt seien. Ich kann nur bedauern, dass diese Erklärungen erst in dem Schlussprotokoll zutage getreten sind; wären sie in der Diskussion gemacht, bevor das Schlussprotokoll redigiert wurde, so hätte man wenigstens darüber urteilen können, welche Aufnahme solche Ansichten bei der Mehrzahl der Regierungen gefunden haben würden. Da sie erst nach dem Schlusse der Verhandlungen zutage traten, so kann ich sie nur auffassen als ein totes Glaubensbekenntnis ohne Werke.

Schwerer als die Einwendungen vom unitari-

schen Standpunkte, und ernstlicher gemeint, sind meines Erachtens diejenige vom partikularistischen. Unter Partikularismus denkt man sich sonst eine widerstrebende Dynastie, eine widerstrebende Kaste in irgendeinem Staate, die sich der Herstellung gemeinsamer Einrichtungen aus Sonderinteressen entgegenstellt. Wir haben es heute mit einer neuen Spezies von Partikularismus zu tun, mit dem parlamentarischen Partikularismus. *(Heiterkeit)*
Früher hiess es vom dynastischen Standpunkte aus: «hie Waiblingen, hie Welf», jetzt heisst es: «hie Landtag, hie Reichstag!».
Das Recht, das der Preussische Landtag hat, zu unseren Vereinbarungen hier *nein* zu sagen, es ist schon vorhin von anderer Seite hervorgehoben, und ich glaube, es wird das niemand ernstlich bestreiten und sich demgegenüber auf die Macht berufen – dieses Recht hat ein *jeder* Landtag, so klein oder so gross er sein mag; denn wir wollen nicht in einer gewalttätigen, sondern in einer rechtlichen Gemeinschaft leben. Bis jetzt aber sind die Widersprüche der übrigen Landtage auf dieser Tribüne nicht in einer gleichen Weise angemeldet worden wie die des Preussischen Landtages, und zwar von Seiten, von denen es mich überrascht hat. Der Vertreter einer norddeutschen Republik begeistert sich plötzlich für die monarchische Verfassung Preussens *(Heiterkeit);* ein katholischer Geistlicher stellt diese selbe Verfassung mit dem Heile seiner Seele an dem Leitfaden eines Bibelspruchs auf dieselbe Höhe und sprach zu uns, in Ton und Worten die tiefste Erschütterung darüber verratend, dass an dieser Verfassung auch nur ein Artikel geändert wer-

den könnte – auf gesetzmässigem Wege, wohlverstanden. Ich zweifle keinen Augenblick an der aufrichtigen Überzeugung, mit der diese Worte gesprochen wurden; aber überrascht hat es mich, dass er die Wirkung davon abschwächte durch einen scherzhaften Seitenhieb auf meine Person: «ich würde mir auch zu helfen wissen, wenn hier nichts zustande käme». Meine Herren, ob ich mir in diesem Falle zu helfen *wüsste,* das will ich hier unerörtert lassen; ich *würde* mir aber *nicht* helfen. Ich habe meinem Könige und Lande niemals den Dienst versagt; in einem solchen Falle aber würde ich ihn versagen und würde denjenigen, die das Chaos herbeigeführt haben, auch überlassen, den Weg aus dem Labyrinthe wieder herauszufinden! *(Bravo!)*

Wenn von anderer Seite, von Abgeordneten, mit denen ich mir mancher gemeinschaftlichen Ansicht bewusst bin, von Mitgliedern des Preussischen Abgeordnetenhauses – von solcher Seite, von der ich glaube, dass sie wirklich das Zustandekommen der Sache will –, dennoch hier der Satz aufgestellt worden ist, dass die Preussische Verfassung über der Reichsverfassung einstweilen stehe, wenn dasjenige, was hier vereinbart wird zwischen der Gesamtheit der Bundesregierungen, nachdem mit Mühe eine Vereinigung unter diesen erzielt worden, und zwischen den freigewählten Vertretern von 30 Millionen Deutschen, schon jetzt vor die Assisen des Preussischen Landtages zitiert wurde: meine Herren, da hat mich ein demütigendes Gefühl beschlichen, dass diejenigen, die uns neu zugetreten sind, so rasch die Illusion verlieren, die sie etwa gehabt haben könnten, dass der Mensch wirklich mit seinen grösseren Zwecken wächst, und dass der weitere Gesichtskreis, den der grössere Staat haben soll, sich auch allen seinen Mitgliedern mitteilt. *(Bravo!)*

Die Herren, die so kurzweg hier das Wort aussprechen, dass der Preussische Landtag das Produkt unserer Arbeiten in den und den Fällen verwerfen oder genehmigen werde – ihre Legitimation dazu ist schon vorgestern angezweifelt worden. Aber ich möchte Sie fragen: Was würden Sie sagen, wenn heutzutage eine der verbündeten Regierungen schon von Hause aus erklärte: wenn dies und das nicht in der Verfassung steht, so nehme ich sie unter allen Umständen nicht an! Wenn ein Stand oder eine Kaste diese selbe Erklärung abgäbe, wenn ein Mitglied der mecklenburgischen Ritterschaft aufträte und sagte, wenn unsere Rechte nicht geschont werden – und sie wiegen auf der Waagschale der Gerechtigkeit gerade ebensoschwer wie die des Preussischen Landtags –, so spielen wir nicht mit! *(Sehr gut!)*

Ich erinnere Sie daran, meine Herren, als die Versuche von Frankfurt und von Erfurt misslangen – der von Erfurt nicht so sehr, wie hier gemeint wurde, durch das Widerstreben der *beteiligten* Regierungen, wenn ich auch nicht behaupten kann, dass unsere preussische Regierung damals mit der wünschenswerten Energie ihre Aufgabe vertreten hätte; er scheiterte meines Erachtens daran, dass Hannover und Sachsen einfach auf die österreichische Armee, die hinter Olmütz stand, mehr Vertrauen hatten als auf den Dreikönigsbund (das war wohl das Durchschlagende, wenn es auch eine Menge anderer Ursachen gegeben haben mag) –, ich erinnere Sie daran, dass man für uns, die wir damals unter dem Namen der preussischen Junkerpartei uns die Verantwortung für das Nichtzustandekommen vor der Öffentlichkeit aufladen lassen mussten, kein Wort finden konnte in der öffentlichen Presse, was stark genug war, um «diesen unwürdigen Mangel an Vaterlandsliebe» zu brandmarken, der dahin führte, «aus Standesinteressen lieber einen Junkerstaat von der Grösse der Mark Brandenburg zu gründen» – und was dergleichen von Ihnen bereits vergessene Zeitungsartikel waren, die auf uns Schmach und Vorwurf häuften, weil wir das Werk gehindert hätten, das wir zustande zu bringen in der Lage nicht waren. Ich habe, als hier vorgestern dasselbe Recht für den Preussischen Landtag in Anspruch genommen wurde, in der ganzen Versammlung keinen Ausruf des Erstaunens gehört, ausser dem, den ich in meinem Inneren unterdrückte. Ich glaube, meine Herren, diejenigen, die dieses Wort aussprachen, unterschätzen denn doch den Ernst der Situation, in der wir uns befinden. Glauben Sie wirklich, dass die grossartige Bewegung, die im vorigen Jahre die Völker vom Belt bis an die Meere Siziliens, vom Rhein bis an den Pruth und den Dnjestr zum Kampf führte, zu dem eisernen Würfelspiele, in dem um Königs- und Kaiserkronen gespielt wurde; dass die Millionen deutscher Krieger, die gegeneinander gekämpft und geblutet haben auf den Schlachtfeldern vom Rhein bis zu den Karpaten; dass die Tausende und aber Tausende von Gebliebenen und der Seuche Erlegenen, die durch ihren Tod diese nationale Entscheidung besiegelt haben, mit einer Landtagsresolution *ad acta* geschrieben werden können *(Bravo!)* – meine Herren, dann stehen Sie wirklich nicht auf der Höhe der Situation!

Es liegt mir fern, irgendeine Drohung auszusprechen, ich achte die Rechte unseres Landtages, ebenso wie ich sie von Hause aus gern geachtet hätte, wenn es mit dem Bestande des preussischen Staates nach meiner Überzeugung verträglich gewesen wäre; aber ich habe die sichere Überzeugung, kein deutscher Landtag wird einen solchen Beschluss fassen, wenn wir uns hier einigen. *(Bravo!)*

Ich möchte die Herren, die sich diese Möglichkeiten denken, wohl sehen, wie sie etwa einem Invaliden von Königgrätz antworten würden, wenn der nach dem Ergebnisse dieser gewaltigen Anstrengung fragt. Sie würden ihm etwa sagen: Ja freilich, mit der deutschen Einheit ist es wiederum nichts geworden, die wird sich wohl bei Gelegenheit finden, sie ist ja leicht zu haben, eine Verständigung ist ja alle Tage wieder möglich; aber wir haben das Budgetrecht des Abgeordnetenhauses, des Preussischen Landtages gerettet, das Recht, jedes Jahr die Existenz der preussischen Armee in Frage zu stellen *(Unruhe links),* ein Recht, von dem wir als gute Patrioten niemals Gebrauch machen würden, und sollte je eine Versammlung jemals so weit auf Abwege geraten, die es wirklich wollte, so würden wir den Minister als Landesverräter zur Verantwortung ziehen, welcher sich zur Ausführung hergibt. Aber es ist doch unser Recht; *darum* haben wir um die Mauern von Pressburg mit dem Kaiser von Österreich gerungen – und damit soll der Invalide sich trösten über den Verlust seiner Glieder, damit die Witwe, die ihren Mann begraben hat?

Meine Herren, es ist wirklich eine vollständig unmögliche Situation, die Sie sich da machen; ich wende mich gern von diesen phantastischen Unmöglichkeiten in das reale Gebiet zurück zu einigen Einwendungen, die hier gegen den Inhalt der Verfassung gemacht worden sind. Es ist – ich weiss nicht, ob in der Thronrede der Ausdruck stehengeblieben ist – schon gesagt, dass wir das Werk der Verbesserung fähig halten. Ich darf wenigstens hier bezeugen, dass wir für keinen Vorschlag, der wirklich mit der Erleichterung des Zustandekommens und der Verbesserung des Werkes ernstlich gemeint ist, unempfänglich sind. *(Bravo!)*

Sie müssen doch die Regierung nicht in Verdacht haben und keine der 22 Bundesregierungen, dass sie sich von der historischen konstitutionellen Entwickelung Deutschlands lossagen wolle, dass sie nun dieses Parlament etwa benutzen wolle, um den Parlamentarismus im Kampf der Parlamente gegeneinander aufzureiben. Was hätten wir denn davon? Ist denn eine Regierung auf die Dauer denkbar, namentlich eine solche, die sich zur Aufgabe gestellt hat, eine Einheit in Feuer oder gar in kaltem Metall, wenn das Feuer erkaltet sein wird, zu schmieden, eine Einigung, die nicht überall in Europa mit Wohlwollen gesehen wird, dass diese Regierung es sich gewissermassen zur systematischen Aufgabe stellt, die Rechte der Bevölkerung auf die Teilnahme an ihren eigenen Geschäften zu unterdrücken, abzuschaffen, auf ein wildes Reaktionswesen sich einzulassen, sich in

Kämpfen mit der eigenen Bevölkerung aufzuhalten – meine Herren, das können Sie von einer Dynastie, wie sie über Preussen regiert, das können Sie von keiner der Dynastien, die augenblicklich in Deutschland regieren, erwarten, dass sie an ein nationales Werk mit dieser Heuchelei – ich kann es nicht anders nennen – herangeht. *(Lebhaftes Bravo!)*

Wir *wollen* den Grad von Freiheitsentwikkelung, der mit der Sicherheit des Ganzen nur irgend verträglich ist. Es kann sich nur handeln um die Grenze: Wieviel, was ist mit dieser Sicherheit *auf die Dauer* verträglich? Was ist *jetzt* mit ihr verträglich? Ist ein Übergangsstadium nötig? Wie lange muss dies dauern? *(Sehr gut! Bravo!)*

Es kann nicht in unserer Absicht liegen, das Militärbudget auch für den Zeitraum, wo es von Ihnen selbst als eisern behandelt werden sollte, und ein solcher Zeitraum ist meines Erachtens unentbehrlich, Ihrer Kenntnis zu entziehen. Es ist hier gesagt worden, als wenn das Militärbudget mit einer gewissen Heimlichkeit nachher behandelt werden sollte. Soweit ich mir überhaupt diesen Gedanken schon klar gedacht habe, so schwebt er mir in der Art vor, dass wir jedenfalls ein Budget vorlegen würden, welches die Gesamtausgaben des Bundes umfasst, die militärischen nicht ausgeschlossen; nur würden wir das auf der Basis des mit der Vertretung für eine gewisse Dauer von Jahren abzuschliessenden Vertrages tun, so dass man uns an dem Militärbudget für diese Zeit keine Streichung machen kann, wenigstens keine solche, die nicht mit dem Bundesfeldherrn vereinbart wäre. Es ist ja möglich, dass der

Bundesfeldherr sich überzeugt, dies oder jenes kann ich entbehren, dass er selbst sagt, das will ich. Aber es muss einen Zeitraum geben, in welchem die Existenz des Bundesheeres nicht von zufälligen Schwankungen der Majorität abhängt. Ich will gern zugeben, dass es sehr unwahrscheinlich ist, dass sich in diesem Reichstage eine Majorität finden würde, die nicht dasjenige bewilligen würde, was *ihrer* Meinung nach zur Verteidigung des Landes hinreichend ist. Ich fürchte in dieser Beziehung nicht gerade von Partikularisten auf diese Weise, auf die hier hingewiesen wurde, ich fürchte viel mehr von der Vermischung der Frage über die Grenze zwischen parlamentarischer und fürstlicher Gewalt mit der Frage von der Verteidigungsfähigkeit Deutschlands dem Auslande gegenüber; ich halte es nicht für gut, dass man das Bedürfnis hat, den parlamentarischen Einfluss, den man erstrebt und den wir ja gerne den Parlamenten gönnen, vorzugsweise an der Armee zu üben, während mannigfache andere Felder immer überbleiben, um ihn zu üben. Ich glaube, meine Herren, es ist ein fast wirksameres Mittel, sich den Einfluss auf die Regierungen zu sichern, den mehrere vorgestrige Redner vermissten, wenn Sie beispielsweise die Zollverträge in der Richtung Ihrer Gesetzgebung unterzögen, welche dem Reiche Hilfsquellen abschnitten, wenn Sie beispielsweise diejenigen Beamten abstrichen, die auf dem Reichsbudget für Zollerhebung stehen; wenn Sie Ihre Tätigkeit dahin richten wollten, ein Ihnen unannehmbares System der Regierung zu beseitigen, das Eisenbahn- und Telegraphenwesen lahmzulegen. Ich glaube, meine Herren, das wäre vielleicht wirksamer, als wenn Sie sich die Beschliessung über die Zusammensetzung und Ausdehnung der Armee vorbehalten; denn dann richtet sich der Beschluss auf die Fundamente der Sicherheit und der staatlichen Existenz, namentlich in einem Bundesstaate; da ist die Regierung in derselben Unmöglichkeit nachzugeben, in der die preussische Regierung sich seit mehreren Jahren zu befinden glaubte. Wenn diese Einrichtung, die Bundesarmee, vorläufig diejenige Basis, die am vollständigsten ausgebildet ist, diejenige Basis, die wir am unentbehrlichsten brauchen, durch ein jährliches Votum in Frage gestellt werden sollte, meine Herren, es würde mir das – verzeihen Sie mir, wenn ich ein Gleichnis brauche aus einem Beruf, in dem ich mich früher befand – den Eindruck eines Deichverbandes machen, in welchem jedes Jahr nach Kopfzahl, auch der Besitzlosen, darüber abgestimmt wird, ob die Deiche bei Hochwasser durchstochen werden sollen oder nicht. Aus solchem Deichverbande würde ich einfach ausscheiden, da wäre mir das Wohnen zu unsicher, und ich würde mich der Gefahr nicht hingeben, dass einmal diejenigen, die die Wirtschaft mit freier Weide wünschen, über diejenigen, die mit bestellten und wasserfreien Äckern wirtschaften, die Oberhand gewännen und alle durch eine Wasserflut zugrunde gingen.

Jedenfalls, wie ich es mir schon anzudeuten erlaubte, brauchen wir in dieser Beziehung ein unantastbares Übergangsstadium, bis wir organisch zu Fleisch und Blut miteinander verwachsen sind *(Bravo!),* und dieser Gedanke wird auch, wie ich glaube, von einem grossen Teil der strengeren Konstitutionellen, die aber das Zustandekommen der Sache wollen, nicht angefochten. *(Bravo! Sehr richtig!)*

Im übrigen bemerke ich in bezug auf einige Einzelheiten, die moniert worden sind, um zu verhindern, dass die Diskussion sich öfter auf dieses Gebiet begibt, als nötig ist, beispielsweise unsere Beziehungen zu Süddeutschland. Der Herr Abg. Waldeck hat vorgestern sich lediglich von der Herstellung eines konstitutionellen einheitlichen Ministeriums die Wirkung versprochen, «dann hätten wir die Süddeutschen», wie er sich ausdrückte. Ich glaube, wir können sie nicht sicherer zurückschrecken, als wenn wir in eine solche Richtung treten, die, wie ich vorhin andeutete, mit der Mediatisierung der deutschen Fürsten grosse Ähnlichkeit hätte.

Wer sind diese Süddeutschen? Einstweilen ist es die bayrische, die württembergische, die badische Regierung. Glauben Sie, dass Se. Majestät der König von Bayern oder von Württemberg sich durch solche Einrichtungen, wie sie der Abg. Waldeck in Vorschlag brachte, besonders angezogen fühlt? *(Heiterkeit)*

Meine Herren! Ich weiss das Gegenteil.

Unser Verhältnis zu Süddeutschland wird sich an der Hand des Artikels, der sich im Verfassungsentwurfe darüber befindet, meines Erachtens einfach und mit Sicherheit entwickeln. Wir haben zunächst mit Süddeutschland die Gemeinschaft des Zollvereins, eine Gemeinschaft, die in diesem Augenblicke allerdings bis zu einem gewissen Grade in der Luft schwebt, weil die Friedensverträge eine sechsmonatliche Kündigung vorbehalten, bis wir uns über das Verhältnis von Nord- und Süddeutschland in dieser Beziehung geeinigt haben werden; um eine Einigung möglich zu machen, war dieses Kündigungsrecht notwendig. Ich denke also, sobald wir mit der Norddeutschen Verfassung fertig sind, dass wir zunächst den süddeutschen Regierungen Eröffnungen machen, damit sie mit uns zusammentreten, um den Weg zu beraten, auf dem wir zu einem dauernden organischen, nicht alle zwölf Jahre kündbaren Zollvereine gelangen. Wir haben für den Norddeutschen Bund diese Wohltat gesichert durch Artikel über Zollgesetzgebung; wir können aber weder verlangen, dass die drei oder vier süddeutschen Staaten alles dasjenige, was wir hier durch die Gesetzgebung, an der sie selbst nicht teilnehmen, beschliessen, ohne weiteres annehmen sollen, noch können wir ihnen gegen das, was der Norddeutsche Reichstag gesetzlich beschliesst, ein Veto einräumen; ein Veto, das jede von drei oder vier Regierungen ausüben und mit ihren Ständen teilen würde. Soll der Zollverein im bisherigen Umfange fortbestehen, so ist es ganz unvermeidlich, dass organische Einrichtungen geschaffen werden, vermöge deren Süddeutschland an der Gesetzgebung über Zollsachen teilnimmt. Ich enthalte mich, das Nähere anzudeuten, ich glaube aber, es ergibt sich von selbst, wie die Einrichtungen beschaffen sein müssen. *(Ruf: Sehr richtig!)*

Es ist schwer zu glauben, dass eine solche gemeinschaftliche organische Gesetzgebung für Zollsachen – und ich möchte doch dies nicht so unterschätzen und bloss mit dem geringschätzigen Namen «Zollparlament» belegen; was haben wir nicht für Kämpfe gekämpft! Nur wer in den Geschäften gestanden hat, kann das beurteilen; wie erschienen uns nicht in den Jahren 1852 und 1864 gerade die Zollinteressen als die höchsten politischen Lebensinteressen – ich möchte das nicht unterschätzen, dass eine wirtschaftliche Gemeinschaft für Gesamtdeutschland geschaffen werden kann; also es ist schwer zu glauben, dass solche gemeinsame Organe der Gesetzgebung, wenn sie einmal geschaffen, sich der Aufgabe entziehen könnten, auch die meisten der übrigen Titel der materiellen Wohlfahrt, so wie mancher formalen Gesetzgebung, über Prozesswesen usw., allmählich sich anzueignen und auch darüber gemeinsame Bestimmungen für ganz Deutschland herbeizuführen.

Was ferner die Machtfrage betrifft, so halte ich die Vereinigung von Nord- und Süddeutschland jedem Angriffe gegenüber in allen Fragen, wo es sich um die Sicherheit des deutschen Bodens handelt, für definitiv gesichert. Im Süden kann kein Zweifel darüber sein, dass, wenn er in seiner Integrität gefährdet werden sollte, Norddeutschland ihm unbedingt brüderlich beisteht *(Lebhaftes Bravo!)*, im Norden ist kein Zweifel darüber, dass wir des Beistandes Süddeutschlands gegen jeden Angriff, der uns treffen könnte, vollständig sicher sind. *(Bravo!)* [...]

Ich weiss nicht, ob ich während der Generaldiskussion noch weiter Veranlassung habe, das Wort zu nehmen, oder einer meiner Herren Kollegen. Für den Augenblick wüsste ich dem, was ich gesagt habe, nichts weiter hinzuzufügen als die nochmalige Aufforderung: Meine Herren, arbeiten wir rasch! Setzen wir Deutschland, sozusagen, in den Sattel! Reiten wird es schon können. *(Lebhafter Beifall)*

Verhältnis zu Süddeutschland

Aus einem Erlass an den Gesandten Goltz in Paris
(15. März 1867)
[...] Vor allem aber müsste ich mich wundern, wenn die französischen Staatsmänner nicht längst erkannt haben sollten, dass die gegenseitige Stellung des Nordens und Südens Deutschlands zueinander, wie sie in diesen Verträgen traktatenmässig ausgesprochen ist, eine notwendige Folge des Gefühls der nationalen Zusammengehörigkeit, der Erfahrungen des Jahres 1866 und gerade der französischen Politik im Augenblicke der Katastrophe geworden. Ich habe es meinerseits schon während der Friedensverhandlungen Herrn Benedetti ausgesprochen, dass mir diese Politik – vom Standpunkte der traditionellen Interessen Frankreichs aus – eine falsche Richtung einzuschlagen scheine, wenn sie durch ihre Intervention zugunsten Österreichs und der süddeutschen Staaten uns veranlasse, diese Staaten milde zu behandeln und uns dadurch den Weg zu ihrem Bündnisse offenzuhalten, und wenn sie zugleich durch Kompensationsforderungen, wie sie damals auftraten, uns auf diesen Weg drängte und das Nationalgefühl aufregte. Man hat die Mainlinie als eine Mauer zwischen uns und Süddeutschland aufrichten wollen, und wir haben sie akzeptiert, weil sie unserm Bedürfnis

und unserm realen Interesse entsprach; aber sollte man sich darüber getäuscht haben, dass sie nicht eine wirkliche Mauer, sondern eine ideale Grenze – um im Gleichnis zu bleiben, gewissermassen ein Gitter ist, durch welches der nationale Strom – dessen Unaufhaltsamkeit man in dem Vorbehalt der *liens nationaux* anerkennen musste – seinen Weg findet? Ich müsste dies für einen Beweis grosser Kurzsichtigkeit halten; finde aber allerdings diese Kurzsichtigkeit darin wieder, dass man nicht verstanden hat, wie das ganze Auftreten Frankreichs in jenen Tagen und seit jenen Tagen nur dazu beigetragen hat, den notwendigen Prozess innerhalb Deutschlands zu beschleunigen. Ich hege auch keinen Zweifel darüber, dass die Interpellationen und Diskussionen im *Corps législatif,* wenn sie wirklich den Charakter annehmen, den die Regierung dortselbst zu erwarten scheint, ebenfalls diese Wirkung haben und uns durch den Druck, den sie auf die öffentliche Meinung in Preussen, in Deutschland und namentlich im Reichstage ausüben müssen, uns wesentlich helfen werden, den Abschluss des Norddeutschen Bundes und in weiterer Folge das nationale Werk zu fördern. Von der Stimmung, die in dieser Beziehung in den liberalen, ja den demokratischen und oppositionellen Elementen selbst herrscht, gebe ich Ihnen in dem anliegenden Zeitungsausschnitt aus der Berliner «Reform», einem ultrademokratischen Blatte, eine charakteristische Probe.

Ich komme aber mehr und mehr zu der Überzeugung, dass die Unkenntnis der deutschen Verhältnisse und die Illusionen, welche man sich über das in Deutschland Mögliche macht, auch in französischen Regierungskreisen und vielleicht bei dem Kaiser Napoleon selbst grösser sind, als ich es früher angenommen. In der ganzen Haltung des Kaisers uns gegenüber seit der Katastrophe des vorigen Jahres vermisse ich die Klugheit und Sicherheit, auf die ich früher gerechnet hatte und mit der das Drängen auf ein einzelnes, und zwar sehr bedenkliches Objekt, die scheinbare oder wirkliche Überschätzung dieses Objekts in seiner Wirkung auf die öffentliche Meinung und die besorgte Nachgiebigkeit gegen diese öffentliche Meinung schwer zu vereinigen sind. Wenn man in Paris über solchen augenblicklichen Vorteilen, die dürftige Expedients sind, die höheren Ziele einer Politik gemeinschaftlicher Interessen aus den Augen verliert, so müssen wir an dem leitenden Gedanken dieser Politik irre werden. Die Wirkung, welche das Bekanntwerden unserer Verträge hervorbringt, wird zum Teil zu einem Prüfstein hierfür werden.

Viel von dieser Unklarheit der französischen Politik muss ich allerdings dem verhältnismässig niedrigen Standpunkt zuschreiben, in welchem ich die französische Diplomatie in betreff der Kenntnis der deutschen Zustände finde. Die kaiserliche Regierung muss durch ihre Diplomaten in Deutschland erstaunlich schlecht bedient sein, wenn sie über den Entwicklungsgang in Deutschland und namentlich in Süddeutschland so wenig unterrichtet ist, um durch den Abschluss der Verträge überrascht zu werden. In der Broschüre von Edgar Quinet, *«France et Allemagne»,* die sonst selbst vielfach von einer verkehrten Auffassung namentlich der preussischen Zustände ausgeht, wird dieser Vorwurf der Unkenntnis in der Tat nicht mit Unrecht der französischen Diplomatie gemacht. Seit dem Tode des Herrn von Tallenay in Frankfurt wüsste ich in der Tat kaum einen französischen Diplomaten, bei dem ich ein Verständnis für deutsche Politik voraussetzen dürfte. Ein wirklich gutes und dem gemeinsamen Interesse förderliches Verhältnis zwischen beiden Ländern lässt sich aber nur auf gegenseitiges Verständnis begründen.

Krieg für die Ehre des Landes

Gespräch mit dem Grafen Eduard v. Bethusy-Huc
(Ende März 1867)

Abgeordneter Bethusy: «Glauben Eure Exzellenz, dass binnen jetzt und fünf Jahren ein Krieg mit Frankreich unvermeidlich eintreten wird?»

Graf Bismarck: «Ja, das glaube ich leider.»

Abgeordneter: «Glauben Eure Exzellenz mit mir, dass innerhalb dieses fünfjährigen Zeitraumes der gegenwärtige Moment der günstigste bezüglich des gegenseitigen Verhältnisses unserer Streitkraft ist?»

Graf Bismarck: «Das glaube ich ohne Zweifel.»

Abgeordneter: «Können Euer Exzellenz binnen jetzt und vierundzwanzig Stunden den Krieg herbeiführen?»

Graf Bismarck: «Die Regierung Seiner Majestät kann dies sicherlich. Ich brauche aber Ihre vierte Frage nicht abzuwarten. Sie würde logisch lauten müssen: Warum dann raten Sie Seiner Majestät nicht zum Kriege?, und ich könnte nur antworten: Weil ich ein sehr törichter oder sehr furchtsamer Mann bin, *wenn* ich das ‹Ja› auf Ihre erste Frage in allem Ernst so bedingungslos ausgesprochen hätte, als es unterhaltungsweise geschehen durfte. Ja, ich glaube leider an einen deutsch-französischen Krieg in nicht allzu langer Frist. Die durch unsre Siege verletzte krankhafte französische Eitelkeit wird dazu drängen. Für absolut unvermeidlich vermag ich ihn aber nicht zu erachten, weil ich weder für Frankreich noch für uns ein ernstes Interesse sehe, welches die Entscheidung der Waffen erheischte. Für 200 000 Wallonen und eine *bicoque* wie die Luxemburger Festung werden wir einen grossen Krieg nicht beginnen, solange Deutschlands Ehre nicht im Spiel ist. Die würden wir allerdings für gefährdet halten, wenn Frankreich ein nominell deutsches Land von einem Dritten käuflich erwürbe. Das aber hoffen wir ohne Krieg verhindern zu können. Gelingt es jetzt, diesen aufzuschieben, so ist die Dauer des Aufschubs schwer zu berechnen. Napoleon will den Krieg weniger als viele andere Franzosen, und doch ist er vielleicht der Befähigtste, ihn zu führen. Eine Revolution, die ihn stürzt, kann den unmittelbaren Ausbruch des Krieges oder seinen Aufschub *ad infinitum* zur Folge haben. *Chi lo sa?*

Nur für die Ehre seines Landes – nicht zu verwechseln mit dem sogenannten Prestige –, nur für seine vitalsten Interessen darf ein Krieg begonnen werden. Kein Staatsmann hat das Recht, ihn zu beginnen, bloss weil er nach seinem subjektiven Ermessen ihn in gegebener Frist für unvermeidlich hält. Wären zu allen Zeiten die Minister des Äusseren ihren Souveränen bzw. deren Oberfeldherren in die Feldzüge gefolgt, wahrlich, die Geschichte würde weniger Kriege zu verzeichnen gehabt haben.

Ich habe auf dem Schlachtfelde und, was noch weit schlimmer ist, in den Lazaretten die Blüte unserer Jugend dahinraffen sehen durch

Wunden und Krankheit, ich sehe jetzt aus diesem Fenster gar manchen Krüppel auf der Wilhelmstrasse gehen, der heraufsieht und bei sich denkt: Wäre nicht der Mann da oben und hätte er nicht den bösen Krieg gemacht, ich sässe jetzt gesund bei ‹Muttern›. Ich würde mit diesen Erinnerungen und bei diesem Anblick keine ruhige Stunde haben, wenn ich mir vorzuwerfen hätte, den Krieg leichtsinnig oder aus Ehrgeiz oder auch aus eitler Ruhmessucht für die Nation gemacht zu haben.

Ja, ich habe den Krieg von 1866 gemacht in schwerer Erfüllung einer harten Pflicht, weil ohne ihn die preussische Geschichte stillgestanden hätte, weil ohne ihn die Nation politischer Versumpfung verfallen und bald die Beute habsüchtiger Nachbarn geworden wäre, und stünden wir wieder, wo wir damals standen, würde ich entschlossen wieder den Krieg machen. Niemals aber werde ich Seiner Majestät zu einem Kriege raten, welcher nicht durch die innersten Interessen des Vaterlandes geboten ist.»

Nationalitätenfrage

Aus einer Rede im Norddeutschen Reichstag
(24. September 1867)

[...] Ich halte eine Herrschaft Deutscher über widerstrebende Nationen, ich will nicht sagen eine Herrschaft, aber ein Zusammenleben Deutscher in demselben Gemeinwesen mit solchen Nationen, welche danach streben, sich von diesem Gemeinwesen zu lösen, nicht für nützlich; mitunter aber ist es notwendig. In Polen ist es notwendig, wie ein Blick auf die Karte zeigt; und bei der Kenntnis der Geschichte, welche ich bei dem Herrn Vorredner voraussetzen darf, wird die heutige Karte für ihn durchsichtig sein und die Grenzen der alten Republik Polen durchscheinen lassen. Die Schwierigkeit der von ihm berührten Frage liegt deshalb für uns nicht in der Zession von Dänen, welche dänisch sein wollen, an Dänemark, nicht darin, dass wir ablehnen wollen, Dänemark zu geben, was dänisch, sondern in der Mischung der Bevölkerung, darin, dass wir Dänen nicht an Dänemark zurückgeben können, ohne ihm Deutsche mitzugeben. Darin liegt die Schwierigkeit und zugleich der prinzipielle Unterschied meiner politischen Ansicht gegen die des Herrn Vorredners. Wohnten sämtliche Dänen in einem an der dänischen Grenze belegenen Landstriche und sämtliche

Deutsche diesseits, so würde ich es für eine falsche Politik halten, diese Sache nicht mit einem Strich zu lösen und den rein dänischen Distrikt an Dänemark zurückzugeben. Ich würde dann die Rückgabe für eine einfache Forderung derselben nationalen Politik halten, welcher wir in Deutschland folgen und welcher in bezug auf Polen zu folgen wir in der Unmöglichkeit sind durch die geschichtliche Entwickelung des preussischen Staates, welche wir hundert Jahre zurück nicht mehr ändern können. Wir müssen tragen, was daraus folgt. [...]

«Nun, habe ich geschossen?»

Mitgeteilt von Julius v. Eckardt

(2. Februar 1868)

In dem mir bekannten Salon war diesmal eine grössere Gesellschaft um den Teetisch versammelt. Zur Rechten des Hausherrn, der auf dem Sofa Platz genommen hatte, den bekannten dunkelblauen Uniformrock trug und hübscher aussah, als ich ihn mir gedacht hatte, sass ein alter Herr, der, soviel ich verstand, von Arnim hiess, als Verwandter des Hauses kurzweg «Onkel Alexander» genannt wurde und mit dem Grafen Bismarck in eine Unterhaltung über den ostpreussischen Notstand vertieft war [Alexander von Below-Hohendorf]. Zur Linken Bismarcks hatte eine junge Dame ihren Platz, mit der der älteste Sohn des Kanzlers, damals hoffnungsvoller Primaner, beschäftigt zu sein schien. Der Typus der Schönen, die ihrem jugendlichen Verehrer an Alter und Welterfahrung sichtlich überlegen war, liess auf eine Slawin, mindestens auf eine Nichtdeutsche schliessen. Dem Hausherrn gegenüber sass die Gräfin vor dem Teeapparat, den sie selbst bediente, rings um den Tisch hatte eine Anzahl jüngerer Personen Platz genommen... Ich hörte den «Onkel Alexander» in ernstem Tone Klagen über die schweren Opfer vorbringen, die «wir Konservativen» der Regierung und der im

Zuge begriffenen neuen Ordnung der deutschen Dinge bringen müssten und die «uns» um so schwerer ankämen, als es dabei nicht ohne Verletzung geheiligter Prinzipien abgehe. «Von was für Prinzipien reden Sie, Onkel Alexander?» fragte Bismarck, «und welche Opfer haben Sie mir denn eigentlich gebracht?» Der alte Herr erwiderte, die Prinzipien, die er meine, seien diejenigen des Wiener Kongresses, und von den gebrachten Opfern wollte er nur eines, die Entlassung «unseres würdigen B[odelschwingh], der jetzt so schlecht behandelt wird», erwähnen. «Sie reden von den Prinzipien des Wiener Kongresses», fuhr Bismarck lebhaft auf, «was waren denn das für Prinzipien? Die revolutionärsten von der Welt! Länder und Völker wurden auf diesem Kongresse wie alte Hosen und Röcke zerschnitten, aus denen der jüdische Händler neue Kleider machen will. Wir sind bei den Annexionen, die wir 1866 vornehmen mussten, unvergleichlich konservativer verfahren, als damals in Wien geschehen war, wo man in Wahrheit gar keinen Prinzipien gefolgt ist. Und was Ihren B. anlangt, so kann ich Ihnen nur sagen, dass dieser gute Konservative ein schlechter Kerl ist. Er hat aus purer Feigheit die Flinte ins Korn geworfen, als es das Vorgehen gegen Österreich galt. Und dabei hat er schamlos gelogen! B. ist der grösste Lügner, den ich kenne.» – «Nein, Otto», unterbrach die Gräfin, «P[rokesch-Osten] war noch ein grösserer Lügner als B.» – Bismarck aber fuhr in der begonnenen Auseinandersetzung weiter fort. «Sie reden von Opfern, die Sie, die Konservativen, mir gebracht haben, und nennen dabei einen Menschen wie B., der immer noch dem

Vorstande Ihrer Partei angehört. Die Sache liegt umgekehrt – ich habe Ihnen die schwersten Opfer gebracht und bringe noch fortwährend solche Opfer. Rücksichten auf Sie verwikkeln mich immer wieder in Schwierigkeiten, die ich mit den verständigsten Leuten der übrigen Parteien habe und die ich mir sonst sparen könnte. Und dafür wird mir von Ihnen mit schwarzem Undank gelohnt. Jetzt z. B., wo die prinzipiell und praktisch höchst wichtige Angelegenheit des hannöverschen Provinzialfonds vorliegt, ist die konservative Partei drauf und dran, gegen mich zu stimmen.»

Es darf eingeschaltet werden, dass die Frage, ob den Ständen der frisch annektierten Provinz Hannover die selbständige Verwaltung ihres Provinzialvermögens und der aus ihm erhaltenen Anstalten, Wegeanlagen usw. belassen werden solle, damals zur Diskussion des Preussischen Landtags und inmitten der öffentlichen Aufmerksamkeit gestellt war.

Auf Dinge, die von der Heerstrasse altpreussisch-konservativer Routine so weit ablagen wie die Fragen der hannoverschen Selbstverwaltung, schien Herr von Arnim sich nicht einlassen zu wollen. Statt seiner ergriff jetzt der Abgeordnete von der Marwitz das Wort, der bisher schweigsam dagesessen hatte. «Ich muss dir sagen, lieber Bismarck», hob er mit einiger Befangenheit an, «ich muss dir aufrichtig sagen, dass wir Konservativen dir in dieser Sache nicht zu folgen vermögen. Dergleichen Abweichungen von der erprobten altpreussischen Ordnung können unsere Sache nicht sein, wo die neuen Verhältnisse ohnehin immer wieder Störungen verursachen. Ich glaube, dass der grösste Teil unserer Fraktion in beiden Häusern dagegen stimmen wird, und du wirst dich darüber nicht wundern können.» – «Und ich», fuhr Bismarck heftig heraus, «ich sage dir: Wenn ihr mir diese wichtige Sache verderbt, so sollt ihr eine Kreisordnung bekommen, die so aussehen wird, als wäre sie von lauter Kreisrichtern gemacht worden.»

Herr von der Marwitz stutzte. «Du sagst das wohl, lieber Bismarck», lautete sein im Ton der Begütigung vorgetragener Einwurf, «aber tun wirst du es nicht.»

«So!» fuhr der mehr und mehr in Feuer gekommene Minister auf. «Da kennt ihr mich schlecht. Im Jahre sechsundsechzig haben die Österreicher auch gesagt: Schiessen wird der Bismarck nicht – das tut er doch nicht! Nun, habe ich geschossen?»

Dass und warum auf dieses unvergleichliche Argument die Antwort ausblieb, braucht nicht erst gesagt zu werden. Den Wortlaut von Bismarcks weiteren Ausführungen vermag ich nicht wiederzugeben, weil sie zu rasch und zu überstürzt vorgetragen wurden, als dass eine spätere Niederschrift mit der nötigen Genauigkeit hätte vorgenommen werden können. Der Sinn ging ungefähr dahin, dass freie Bewegung und schonungsvolle Behandlung der neuen Provinzen sowohl für das Zusammenwachsen derselben mit dem preussischen Staate als für den gedeihlichen Fortgang des begonnenen nationalen Einigungswerkes unerlässliche Bedingungen seien.

In dem Katechismus der Kreuzzeitungspartei stand von Dingen, die jenseits der schwarzweissen Pfähle lagen, im Jahre 1868 noch nichts geschrieben. Den anwesenden Worthaltern der Doktrin von der «Solidarität aller konservativen Interessen» blieb darum nichts übrig, als den Rückzug anzutreten. Herr von Arnim, dem man die Ermüdung ansah, verhielt sich (meines Erinnerns) stumm, von der Marwitz aber legte ein Bekenntnis ab, das nach Form und Inhalt bemerkenswert genug war, um in der Erinnerung haftenzubleiben.

«Lieber Bismarck», lauteten seine Worte, «du weisst, dass wir Landleute sind, die einen Kuhschwanz vom Pferdeschwanz wohl zu unterscheiden wissen – auf deine grosse Politik, und was mit derselben zusammenhängt, verstehen wir uns dagegen nicht. Wenn an dieser hannoverschen Geschichte wirklich so viel gelegen ist, wie du sagst, so gibt es unserer Meinung nach nur ein Mittel, um mit ihr fertig zu werden. Auf dem nächsten Hofball muss Majestät dem einen oder dem anderen von uns sagen, sie wünschten entschieden, dass wir für den hannoverschen Provinzialfond stimmen. So wird sich vielleicht die Sache machen lassen.»

Bismarck liess sich diesen staatsmännischen Wandel seines Gastfreundes begreiflicherweise gefallen. «Übrigens», sagte er mit sichtlich wiederkehrender guter Laune, «hat Majestät bereits auf dem vorigen Hofball in diesem Sinne gesprochen, wenn auch nicht mit Glück. Ich weiss nicht, aus welchem Grunde der König der Meinung war, Bethusy-Huc gehöre zu den Gegnern der Sache, während dieser und die übrigen Freikonservativen in Wirklichkeit auf meiner Seite stehen. Majestät geht also auf den Bethusy zu und sagt: ‹Lieber Graf, Sie haben sich sonst immer als patriotischer und einsichtiger Mann bewährt, und jetzt sind Sie Gegner des hannoverschen Provinzialfonds, der durchaus notwendig ist. Ich habe das zu meinem Bedauern gehört.› – ‹Majestät›, wendet Bethusy betroffen ein, ‹Majestät wollen mir allergnädigst gestatten, zu sagen...› – ‹Mein lieber Bethusy›, antwortet Majestät, ‹ich gestatte nichts! Ich weiss, was Sie mir sagen wollen; Sie haben unrecht, und ich bedaure, wie ich Ihnen gesagt, lebhaft, dass Sie in dieser Frage Gegner meiner Regierung sind.› Und damit lässt der König den begossenen Bethusy stehen und setzt die Runde durch den Saal weiter fort.»

Mitternacht war längst vorüber, als die an diese Erzählung geknüpften Erörterungen ihr Ende nahmen. «Onkel Alexander» nahm den Hut, und uns übrigen blieb nichts übrig, als dem Beispiel des venerablen Greises zu folgen.

Nervenbankerott

Mitgeteilt von George Bancroft

(Frühsommer 1868)

Letztes Frühjahr wohnte Bismarck zu Pferde einer Parade in Berlin bei; die Anstrengung war fast zu gross für ihn, denn es war ein heisser und staubiger Tag. Der Präsident des Reichstages kam auf ihn zu (er hat es mir selbst erzählt und auf meine Bitte wiederholt, damit ich nichts Falsches sage), um sich nach seiner Gesundheit zu erkundigen. «Kläglich», antwortete Bismarck. «Wieso, was fehlt Ihnen?» fragte Simson. Bismarck erwiderte, so dass die zwei Dutzend Umstehenden es hören konnten: «Ich kann nicht schlafen, ich kann nicht essen, nicht trinken, nicht lachen, nicht rauchen, nicht arbeiten.» Simson riet ihm zu Dampfbädern. «Die Ursache meines Leidens», sagte Bismarck, «können keine Bäder beseitigen.» – «Und was ist die Ursache?» – «Ach», sagte Bismarck, «ich habe Nervenbankerott.»

Bitte um Entlassung

An König Wilhelm I.

(Berlin, 22. Februar 1869)
Das huldreiche Schreiben, mit welchem Eure Majestät mich beehrt haben, würde mich tief beschämen, wenn die Gründe, welche mich nach langem Kampfe zu der durch Wehrmann gemeldeten Entschliessung bestimmt haben, diejenigen wären, welche Eure Majestät voraussetzen. Eine einzelne Meinungsverschiedenheit in einer verhältnismässig so untergeordneten Frage, wie es die Frankfurter ist, würde mich niemals zu einem so ernsten und meinem eigenen Gefühle so sehr widerstrebenden Schritte bestimmt haben. Die von Varzin aus bekundete Auffassung meiner Stellung in Eurer Majestät Dienst ist noch heut die meinige; ich stütze mich nicht einmal darauf, dass Eure Majestät in dem Frankfurter Falle *nicht* die Gnade gehabt haben, mich vor Feststellung der allerhöchsten Willensmeinung zu pflichtmässiger Äusserung meiner Ansicht und meiner Gegengründe zu berufen. Die Frage, ob einer Stadt ein Vorteil in Gelde zuzuwenden sei, dessen Höhe nach meiner Auffassung mit der Rücksicht auf die übrigen Steuerzahler nicht vereinbar ist, würde mich an sich nicht haben dahin bringen können, dass ich zum ersten Male in meinem Leben die Entlassung aus Eurer Maje-

stät Diensten erbat. Mein einziges Motiv zu diesem schweren Schritte ist das in den letzten Monaten täglich wachsende Gefühl der Unzulänglichkeit meiner Kräfte und meiner Gesundheit für die Erledigung der unabweisbaren Geschäfte. Eure Majestät wollen Sich huldreichst erinnern, dass ich zu Anfang des Dezember 1865 zuerst nachhaltig erkrankte und seitdem unter stets wachsender Geschäftslast niemals meine Herstellung habe vollständig abwarten können. Wenn ich vor 3 Monaten glaubte, den Geschäften bei regelmässigem Verlaufe derselben bis auf weiteres wieder gewachsen zu sein, so hat sich dies als eine Unterschätzung der bevorstehenden Geschäfte herausgestellt.

Die Gesamtheit der mir obliegenden Arbeiten ist schon dann nur mit Aufwand aller Kräfte zu erledigen, wenn mir jede Erleichterung zuteil wird, welche in der Auswahl der Mitarbeiter, so wie in dem vollsten Masse des allerhöchsten Vertrauens und der dadurch gestatteten Freiheit der Bewegung liegen kann. Zu einer unmöglichen aber wird die Leistung, sobald sie nicht von dem einheitlichen Zusammenwirken der berufenen Organe mit Eurer Majestät getragen wird oder wenn die erzielte und geschäftlich konstatierte Übereinstimmung nachträglich wieder in Frage gestellt wird.

Die Hemmungen, welche in der Friktion einer konstitutionellen Staatsmaschine liegen, haben bisher den regelmässigen Gang der Geschäfte nicht auffällig gestört. Die Aufgabe, über schwierige Fragen die Übereinstimmung zwischen Eurer Majestät und acht Ministern herzustellen, dabei die Fühlung mit drei parlamentarischen Körperschaften und ihren Fraktionen nicht zu verlieren und die nötige Rücksicht auf verbündete und fremde Regierungen zu nehmen, hat bisher annähernd gelöst werden können. Die entscheidende Vorbedingung dieser Möglichkeit lag, nach meinem ehrfurchtsvollen Dafürhalten, in dem Umstande, dass Eure Majestät niemals, solange ich die Ehre habe, im unmittelbaren Dienste zu sein, eine amtlich festgestellte allerhöchste Entschliessung später wieder in Zweifel gezogen und dass Eure Majestät vor Feststellung einer Entschliessung jederzeit den von Allerhöchstdenselben dafür verordneten verantwortlichen Minister gehört haben. Wenn dagegen durch Darstellungen in der Presse, in Briefen oder im mündlichen Verkehr, bei deren Entstehung kein Gefühl der Verantwortlichkeit für die *Gesamtheit* der Geschäfte mitgewirkt hat, Eurer Majestät Interesse für lokale Fragen angeregt und voreingenommen wird, oder wenn bereits festgestellte Entschliessungen in erneuten Verhandlungen die Arbeitskraft der Minister wiederholt in Anspruch nehmen, so wird leicht, wie es in den letzten Wochen der Fall war, die Geschäftslast der berufenen Räte der Krone über die Möglichkeit der Leistung hinaus gesteigert, und auch die angestrengteste Arbeit vermag das niederdrückende Bewusstsein nicht zu beseitigen, dass die laufenden Geschäfte unerledigt, dringende Pflichten unerfüllt bleiben. Die Entmutigung, mit welcher mich dieses Bewusstsein erfüllt, wird vermehrt durch die Wahrnehmung, dass in den Personenfragen die wohlwollenden Traditionen der Dienstpragmatik jeden Wechsel minder leistungsfähiger Beamten erschweren; die Geschäfte derer, die nicht arbeiten, fallen zum Teil auf die zurück, welche arbeiten. [...] Eure Majestät wollen mir huldreichst glauben, dass ich unter dem Drucke dieser Verhältnisse und in täglich steigendem Masse schwer gelitten habe und dass ich meinen erschöpften Kräften jede Anstrengung zugemutet habe, bevor ich zu dem Gedanken kommen konnte, aus Eurer Majestät Dienst zu scheiden. Ich habe unter den Eindrücken der letzten Monate die Zuversicht verloren, der Erfüllung meiner Pflichten noch gewachsen zu sein und daneben die mächtigen Gegenströmungen überwinden zu können, mit denen jeder in meiner Stellung zu kämpfen haben würde. Diese Kämpfe, welche ich in dem mir von Eurer Majestät anvertrauten Amte zu bestehn gehabt, haben mir die Ungnade hochstehender und die Abneigung einflussreicher Personen zugezogen. Als Äquivalent dafür habe ich stets nur die Zufriedenheit Eurer Majestät erstrebt, und Allerhöchstdieselben können es in Ihrer erhabenen Stellung nicht nachempfinden, wie schwer jeder Moment der Unzufriedenheit, der Kälte, ja jede Meinungsverschiedenheit mit Eurer Majestät auf dem Herzen eines anhänglichen Dieners lastet und wie Gemütsbewegungen auf körperliche Leiden zurückwirken. Eure Majestät wollen mit dieser Schwäche Nachsicht haben, da sie ein Ausfluss, wenn auch ein krankhafter, der Liebe zu Eurer Majestät Person ist. Ein Minister sollte kühlern Herzens, weniger reizbar und vor allem gesunder sein, als ich es bin. Ich habe seit dem Vortrage am 14. d. M. (Sonntag), nach welchem ich glaubte, dass mein Entlassungsgesuch Eurer Majestät nicht unerwartet sein würde, weder Ruhe noch Schlaf mehr gefunden. Bei solchen Nervenzuständen ist meine Brauchbarkeit eine bedingte, mein Recht, in dieser Stellung zu bleiben, ein sehr zweifelhaftes. Eure Majestät weisen den Gedanken an mein Ausscheiden in Gnaden zurück, und ich werde mich der huldvollen Weise, in der es geschieht, auch dann dankbar erinnern, wenn die Vermutungen, die ich bezüglich meiner Gesundheit hege, sich als richtig bewähren sollten. Es hat nicht meine Absicht sein können, dem bevorstehenden Reichstage gegenüber den Dienst zu versagen, und im Verlaufe dieser Arbeit wird sich herausstellen, ob und inwieweit ich dieselbe noch zu leisten vermag. Eure Majestät werden dann die Gnade haben zu entscheiden, ob ich die letzten Jahre meines Lebens, von denen ich nicht so fern zu sein glaube, wie mein Alter besagt, in Ruhe und dankbarer Erinnerung an Eurer Majestät Gnade zubringen kann. Meine innere Müdigkeit ist eine so grosse, dass der Gedanke an Ruhe in jeglicher Gestalt, und sobald es Gott gefällt, mir kein unwillkommener ist; nur *die* Möglichkeit schreckt mich, dass mein Geist früher zur Ruhe gelangen könnte als mein Körper. Verzeihn Eure Majestät, dass ich so viel von mir rede; aber es ist mir ein Herzensbedürfnis, darzutun, dass ich der Überhebung nicht schuldig bin, Eurer Majestät gegenüber in der Frankfurter Geldsache meine abweichende Meinung mit einem willkürlichen Entlassungsgesuch unterstützen zu wollen. Letztres ist nur der Ausdruck der Hoffnungslosigkeit, mit welcher der Kontrast zwischen der wachsenden Arbeitslast und meinen abnehmenden Kräften mich erfüllt.

Entziehn Eure Majestät mir Ihre Gnade nicht deshalb, weil mein Wille die schon längere Zeit fehlende Kraft nicht mehr zu ersetzen vermag. In treuer Anhänglichkeit ersterbe ich ehrfurchtsvoll

                Eurer Majestät
                    alleruntertänigster
                      v. Bismarck

Die spanische Thronfolge

Bericht an den König

(Berlin, 9. März 1870)

Eure Königliche Majestät wollen mir huldreichst gestatten, die Motive, welche nach meiner unvorgreiflichen Auffassung für die Annahme der spanischen Krone durch Seine Durchlaucht den Erbprinzen von Hohenzollern sprechen, nachdem ich dieselben bereits mündlich ehrfurchtsvoll angedeutet, nunmehr schriftlich alleruntertänigst zusammenzufassen.

Ich bin der Meinung, dass es dem preussischen und deutschen Staatsinteresse direkte und indirekte Vorteile bringt, wenn die Annahme erfolgt, sowie, dass entgegengesetztenfalls Nachteile und Gefahren zu besorgen sind.

Die Annahme der spanischen Königskrone durch einen Prinzen aus Eurer Majestät erlauchtem Hause würde die vorhandenen Sympathien zwischen zwei Nationen stärken, welche ausnahmsweise in der glücklichen Lage sind, keine streitigen Interessen zu haben, weil sie nicht benachbart sind, und deren freundschaftliche Beziehungen einer bedeutenden Entwicklung fähig scheinen. Die Spanier würden ein Gefühl der Dankbarkeit Deutschland gegenüber empfinden, wenn man sie vor den anarchischen Zuständen rettet, in welche ein überwiegend monarchisches Volk zu verfallen droht, weil ihm der König fehlt.

Für Deutschland ist es wünschenswert, jenseits Frankreichs ein Land zu haben, auf dessen Sympathien wir rechnen können und mit dessen Empfindungen zu rechnen Frankreich genötigt ist. Wenn während eines Krieges zwischen Deutschland und Frankreich Verhältnisse obwalten, wie sie unter der Königin Isabella waren, wo eine Allianz der lateinisch-katholischen Mächte in Aussicht stand, und wenn auf der andern Seite in solchem Falle man sich eine Regierung in Spanien vorstellt, welche mit Deutschland sympathisiert, so würde sich der Unterschied zwischen beiden Situationen bezüglich der für Frankreich gegen Deutschland verfügbaren Kriegsmacht immerhin auf ein bis zwei französische Armeekorps beziffern lassen. Im ersteren Falle nämlich würde es sogar möglich werden, französische Truppen durch spanische Ablösung verfügbar zu machen, im zweiten Falle wäre die Belassung mindestens eines französischen Korps an der spanischen Grenze geboten. Die Friedensliebe Frankreichs gegen Deutschland würde immer im Verhältnis der *Gefahren* des Krieges mit Deutschland wachsen oder abnehmen. Wir haben die Erhaltung des Friedens auf die Dauer nicht von dem Wohlwollen Frankreichs, sondern nur von dem Eindrucke unserer Machtstellung zu gewärtigen.

Die Wohlfahrt Spaniens und der deutsche Handel mit diesem Lande würde unter Hohenzollernscher Herrschaft einen mächtigen Aufschwung erfahren. Wenn schon die deutsche Dynastie in Rumänien die Handelsbeziehungen zwischen diesem küstenlosen Lande und Deutschland in sehr bemerkbarer Weise belebt hat, so ist mit grosser Wahrscheinlichkeit zu schliessen, dass die Wiedererweckung deutscher Sympathien in dem küstenreichen Spanien dem dort vormals so blühenden deutschen Handel neue Bahnen eröffnen würde. Unvergessen ist, wie die politische Haltung Preussens gegenüber Spanien nach den Ereignissen von 1833 dem vaterländischen Handel, namentlich der Leinenindustrie Schlesiens, verderblich wurde; die umgekehrte Wirkung lässt sich aus einer Belebung gegenseitiger politischer Sympathien mit einiger Sicherheit voraussehen.

Das Ansehen der Dynastie der Hohenzollern, der gerechte Stolz, mit dem nicht nur Preussen auf sein Königshaus blickt, sondern auch Deutschland sich mehr und mehr gewöhnt, auf diesen Namen als auf ein gemeinsames, nationales Besitztum, als auf ein Symbol deutschen Ruhmes und deutschen Ansehens im Auslande stolz zu sein, dieses wichtige Element politischen Selbstgefühls zu heben und zu stärken, das würde der Kräftigung des Nationalgefühls überhaupt, und zwar in monarchischer Richtung, zustatten kommen. Es liegt daher im politischen Interesse Deutschlands, dass das Haus Hohenzollern das Ansehen und die hohe Weltstellung einnehme, welche nur in den Habsburgischen Antezedentien seit Karl V. eine Analogie haben. Dieses Element des Stolzes auf die Dynastie ist ein keineswegs gering anzuschlagendes Gewicht für die Zufriedenheit unseres Volkes und die Konsolidation unserer Verhältnisse. Ebenso wie in Spanien die

Beschämung über die wenig würdige Stellung der Dynastie seit Jahrzehnten die Kräfte der Nation gelähmt hat, so war bei uns der Stolz auf eine ruhmreiche Dynastie eine gewaltige moralische Triebfeder zu der deutschen Machtentwicklung Preussens. Diese Triebkraft wird mächtig wachsen, wenn dem früher so wenig befriedigten Bedürfnis der Deutschen nach Anerkennung im Auslande eine unvergleichliche Weltstellung der Dynastie entgegenkommt.

Die Ablehnung der angebotenen Krone würde voraussichtlich unerwünschte Folgen haben.

Es müsste zunächst die Spanier in hohem Grade verletzen, dass man eine Krone, die in der Geschichte stets einen hohen Rang eingenommen hat, zurückweist und eine Nation von 16 Millionen Menschen, welche um Rettung aus der Anarchie bittet, in die sie sich versinken fühlt, zurückstösst, indem man ihr den König ihrer Wahl versagt.

Im Falle der Ablehnung würden die Wünsche der Spanier sich wahrscheinlich zunächst auf Bayern richten. Wenn dort die Linie des Prinzen Adalbert oder die Herzogliche auf das Anerbieten einginge, so würde man in Spanien eine Dynastie haben, welche ihre Anlehnung in Frankreich und Rom suchte, mit den antinationalen Elementen in Deutschland Fühlung behielte und ihnen einen, wenn auch entfernten, doch sichern Anhaltspunkt darböte. Der gleichen Richtung der Anlehnung an Rom, Frankreich und Österreich, unter Begünstigung ultramontaner Reaktion im Innern, würde Spanien unter carlistischer Herrschaft verfallen. Wir würden es auch dann regelmässig in den Reihen unserer Widersacher zu suchen haben.

In Ermangelung der bayrischen und der carlistischen Eventualität würde Spanien zunächst wohl der Republik verfallen. Die Rückwirkungen einer spanischen Republik würden sich am unmittelbarsten in Frankreich und Italien fühlbar machen. Wie leicht revolutionäre Bewegungen sich von Spanien nach Italien fortpflanzen, ist aus dem Anfange der zwanziger Jahre erinnerlich. In Frankreich würde die jetzt zurückgedrängte Partei von Rochefort und Genossen aus einer spanischen Republik neue Kräfte gewinnen, und ob dann nicht die vermehrten Gefahren einer Republik in Frankreich den Kaiser zum Friedensbruche drängen würden, ist eine Frage, die wenigstens nicht verneint werden kann.

Für alle Verstimmungen in Spanien, für alle Gefahren, mit denen eine spanische Republik Europa bedroht, würde die öffentliche Meinung in Deutschland – da die gegenwärtigen Vorgänge auf die Dauer schwerlich geheim bleiben können – diejenigen verantwortlich machen, von denen die Ablehnung der spanischen Krone ausgegangen ist.

Durch die Annahme würde eine ungefährliche Entwicklung der spanischen Frage eingeleitet werden. Für Frankreich wäre es von grossem Werte, wenn die orleanistische Kandidatur ebenso wie die Republik in Spanien definitiv beseitigt schiene.

Die Wahl des Erbprinzen durch die Cortes würde nach den mitgeteilten Nachrichten mit einer Mehrheit von über ¾ aller Stimmen erfolgen.

Dass eine grosse Nation wie die spanische mit solcher an Einstimmigkeit grenzenden Majorität ihren Herrscher beruft, ist in der Geschichte seit Jahrhunderten nur zweimal vorgekommen: in England bei der Wahl des jetzt regierenden Hauses anstelle der vertriebenen Stuarts und in Russland bei der Wahl der Dynastie Romanow. Die Legitimität des Rechts, kraft dessen diese Dynastien in England und Russland regieren, steht ausser Anfechtung. Dasselbe lässt sich von dem Rechte der Bourbonen in Spanien kaum behaupten, da diese Dynastie dem Lande durch ausländische Waffengewalt zum Nachteile der angestammten Habsburgischen Dynastie zu Anfang des vorigen Jahrhunderts aufgedrängt wurde und seit 1808 eine Reihe von Revolutionen und Gewalttaten jedes Anrecht an die Krone in Zweifel gestellt haben. Ein Wiedererscheinen der Königin Isabella auf dem Throne schiene mir für die monarchischen Interessen in ganz Europa gefährlich. Eine Königin von solchen Lebensgewohnheiten würden die Engländer nicht *ein* Jahr lang ertragen haben. Es spricht für den streng monarchischen Sinn der Spanier, dass sie nach allen Erschütterungen seit 1808 und nach allen Missregierungen seit 100 Jahren die Herrschaft der Königinnen Christine und Isabella 35 Jahre lang getragen haben.

Irgendeine Gefahr für die Person des Erbprinzen ist nicht abzusehen. Bei allen Revolutionen, welche Spanien erschüttert haben, ist nie der Gedanke einer Gewalttat gegen die allerhöchste Person aufgekommen, nie eine Drohung auch nur ausgesprochen worden. Die Truppen der gegenwärtigen spanischen Armee haben bei Bekämpfung der republikanischen Aufstände in den Städten ausserordentliche

Hingebung für das monarchische Prinzip und grosse Tapferkeit bewiesen; sie werden dem künftigen Monarchen eine zuverlässige Stütze darbieten, dessen dankbare Aufgabe sein würde, durch wohlwollendes Regiment die reichen Hilfsquellen des Landes von neuem zu entwickeln.

Eurer Königlichen Majestät kann ich daher nur ehrfurchtsvoll empfehlen, allergnädigst zu verhindern, dass die spanische Krone abgelehnt werde, wenn nicht eine unüberwindliche Abneigung bei dem Erbprinzen dagegen obwaltet.

Bei der Notwendigkeit der unbedingten Geheimhaltung aller bezüglichen Verhandlungen wage ich nicht, eine Beratung im Staatsministerium zu empfehlen, gestatte mir aber den alleruntertänigsten Vorschlag, den Kriegsminister von Roon, den General der Infanterie von Moltke, allenfalls auch den Minister Delbrück in das Geheimnis zu ziehen und bei eingehender Erörterung der Sache in Gegenwart Seiner Königlichen Hoheit des Kronprinzen – Höchstwelcher der *Annahme* entgegen ist – und Seiner Königlichen Hoheit des Fürsten von Hohenzollern auch den Rat jener einsichtigen und treuen Diener Eurer Königlichen Majestät huldreichst anhören zu wollen. Dieselben kennen, wenn ich nicht irre, Spanien aus eigener Anschauung; das gleiche ist bei dem Gesandten Generalmajor von Schweinitz der Fall, dessen Zuziehung bei dieser folgenschweren Beratung mir ebenfalls unbedenklich erscheinen würde.

Mir persönlich ist es ein Bedürfnis, durch den gegenwärtigen ehrfurchtsvollen Vortrag zu konstatieren, dass für die Ablehnung, wenn sie erfolgt, die Verantwortung mich nicht trifft, namentlich dann nicht, wenn in einer näheren oder fernern Zukunft die Geschichtsschreibung und die öffentliche Meinung nach den Gründen forschen sollten, welche die Ablehnung bewirkt haben.

Die Emser Depesche I

Aus «Erinnerung und Gedanke»

Am 2. Juli 1870 entschied sich das spanische Ministerium für die Thronbesteigung des Erbprinzen Leopold von Hohenzollern. Damit war die erste völkerrechtliche Anregung zu der späteren Kriegsfrage gegeben, aber doch nur in Gestalt einer spezifisch spanischen Angelegenheit. Ein völkerrechtlicher Vorwand für Frankreich, in die Freiheit der spanischen Königswahl einzugreifen, war schwer zu finden; er wurde, seitdem man es in Paris auf den Krieg mit Preussen abgesehen hatte, künstlich gesucht in dem Namen Hohenzollern, welcher an sich für Frankreich nichts Bedrohlicheres hatte als jeder andre deutsche Name. Im Gegenteil konnte man in Spanien sowohl als in Deutschland annehmen, dass der Prinz Leopold wegen seiner persönlichen und Familienbeziehungen in Paris eher *persona grata* sein werde als mancher andre deutsche Prinz. Ich erinnere mich, dass ich in der Nacht nach der Schlacht von Sedan in tiefer Finsternis mit einer Anzahl unsrer Offiziere nach der Rundfahrt des Königs um Sedan auf dem Wege nach Donchery ritt und auf Befragen, ich weiss nicht welches Begleiters, die Vorbereitung zu diesem Kriege besprach und dabei erwähnte, dass ich geglaubt hätte, der Prinz Leopold werde dem Kaiser Napoleon kein unerwünschter Nachbar in Spanien sein und seinen Weg über Paris nach Madrid nehmen, um dort die Fühlung mit der kaiserlich französischen Politik zu gewinnen, welche zu den Vorbedingungen gehörte, unter denen er Spanien zu regieren haben werde. Ich sagte: *wir* wären vielmehr berechtigt gewesen zu der Besorgnis vor einem engern Verständnisse zwischen der spanischen und der französischen Krone als zu der Hoffnung, auf Herstellung einer spanisch-deutschen und antifranzösischen Konstellation nach Analogie Karls V.; ein König von Spanien könne eben nur spanische Politik treiben, und der Prinz werde Spanier durch Übernahme der Krone des Landes. Zu meiner Überraschung erfolgte aus der Finsternis hinter mir eine lebhafte Erwiderung des Prinzen von Hohenzollern, von dessen Anwesenheit ich keine Ahnung gehabt hatte; er protestierte lebhaft gegen die Möglichkeit, bei ihm französische Sympathien vorauszusetzen. Dieser Protest inmitten des Schlachtfeldes von Sedan war für einen deutschen Offizier und Hohenzollernschen Prinzen natürlich, und ich konnte denselben nur damit beantworten, dass der Prinz als König von Spanien sich nur von spanischen Interessen hätte leiten lassen können und dass zu solchem namentlich behufs Befestigung des neuen Königtums zunächst eine schonende Behandlung des mächtigen Nachbarn an den Pyrenäen gehört haben würde. Ich machte dem Prinzen meine Entschuldigung über die in seiner mir unbekannten Gegenwart getane Äusserung.

Diese antizipierte Episode legt Zeugnis ab

über die Auffassung, welche ich von der ganzen Frage hatte. Ich betrachtete dieselbe als eine spanische und nicht als eine deutsche, wenn es mir auch erfreulich schien, den deutschen Namen Hohenzollern in Vertretung der Monarchie in Spanien tätig zu sehn, und wenn ich auch nicht versäumte, alle möglichen Folgen unter dem Gesichtspunkte unsrer Interessen zu erwägen, was bei jedem Vorgange von ähnlicher Wichtigkeit in einem andern Staate zu tun die Pflicht eines auswärtigen Ministers ist. Ich dachte zunächst mehr an wirtschaftliche wie an politische Beziehungen, denen ein König von Spanien deutscher Abstammung förderlich sein könnte. Für Spanien erwartete ich von der Person des Prinzen und von seinen verwandtschaftlichen Beziehungen beruhigende und konsolidierende Ergebnisse, welche den Spaniern zu missgönnen ich keinen Anlass hatte. Spanien gehört zu den wenigen Ländern, welche nach ihrer geographischen Lage und ihrem politischen Bedürfnis keinen Grund haben, antideutsche Politik zu treiben; es ist ausserdem in wirtschaftlicher Beziehung nach Produktion und Bedarf für einen entwickelten Verkehr mit Deutschland wohl geeignet. Ein uns befreundetes Element in der spanischen Regierung wäre ein Vorteil gewesen, den *a limine* abzuweisen in den Aufgaben der deutschen Politik kein Grund vorhanden war, es sei denn, dass man die Besorgnis, Frankreich könne unzufrieden werden, als einen solchen gelten lassen wollte. Wenn Spanien sich wieder kräftiger entwickelte, als seither geschehen ist, konnte die Tatsache, dass die spanische Diplomatie uns befreundet wäre, im Frieden für uns von

Nutzen sein; dass der König von Spanien bei Eintritt des früher oder später vorauszusehenden deutsch-französischen Krieges, auch wenn er den besten Willen gehabt hätte, seine deutschen Sympathien durch einen Angriff oder eine Aufstellung gegen Frankreich zu betätigen imstande sein werde, war mir nicht wahrscheinlich, und das Verhalten Spaniens nach Ausbruch des Kriegs, den wir uns durch die Gefälligkeit deutscher Fürsten zugezogen hatten, bewies die Richtigkeit meiner Zweifel. Der ritterliche Cid hätte Frankreich wegen der Einmischung in die Freiheit der spanischen Königswahl zur Rechenschaft gezogen und die Wahrung der spanischen Unabhängigkeit nicht Fremden überlassen. Die früher zu Wasser und zu Lande so mächtige Nation kann heut nicht die stammverwandte Bevölkerung von Kuba im Zaume halten; wie sollte man von ihr erwarten, dass sie eine Macht wie Frankreich aus Liebe zu uns angriffe? Keine spanische Regierung und am wenigsten ein ausländischer König würde im Lande die Macht besitzen, auch nur ein Regiment aus Liebe zu Deutschland an die Pyrenäen zu schicken. Politisch stand ich der ganzen Frage ziemlich gleichgültig gegenüber. [...]

Die Einmischung Frankreichs galt in ihren Anfängen spanischen, nicht preussischen Angelegenheiten; die Fälschung der Napoleonischen Politik, vermöge deren die Frage zu einer preussischen werden sollte, war eine international unberechtigte und provozierende und bewies mir, dass der Moment gekommen war, wo Frankreich Händel mit uns suchte und bereit war, dafür jeden Vorwand zu ergreifen, der brauchbar schien. Ich betrachtete die französische Einmischung zunächst als eine Verletzung und deshalb als eine Beleidigung Spaniens und erwartete, dass das spanische Ehrgefühl sich dieses Eingriffs erwehren würde. Nachdem später die Sache die Wendung genommen hatte, dass Frankreich im Sinne seines Eingriffs in die *spanische* Unabhängigkeit *uns* mit Krieg bedrohte, habe ich einige Tage lang erwartet, dass die spanische Kriegserklärung gegen Frankreich der französischen gegen uns folgen werde. Ich war nicht darauf gefasst, dass eine selbstbewusste Nation wie die spanische Gewehr beim Fuss hinter den Pyrenäen ruhig zusehen werde, wie die Deutschen sich auf Tod und Leben für Spaniens Unabhängigkeit und freie Königswahl gegen Frankreich schlugen. Das spanische Ehrgefühl, welches in der Karolinen-Frage sich so empfindlich anstellte, liess uns 1870 einfach im Stiche. Wahrscheinlich sind in beiden Fällen die Sympathien und internationalen Verbindungen der republikanischen Parteien entscheidend gewesen.

Von seiten unsres Auswärtigen Amtes waren die ersten schon unberechtigten Anfragen Frankreichs über die spanische Thronkandidatur der Wahrheit entsprechend in der ausweichenden Antwort beantwortet worden, dass das *Ministerium* nichts von der Sache wisse. Es traf das insofern zu, als die Frage der Annahme der Wahl durch den Prinzen Leopold von Sr. Majestät lediglich als Familiensache behandelt worden war, die weder Preussen noch den Norddeutschen Bund etwas anging, bei der es sich nur um die persönliche Beziehung des Kriegsherrn zu einem deutschen Offizier und des Hauptes nicht der Kön. Preussischen, sondern der Hohenzollernschen Gesamtfamilien, zu deren Gliedern, zu den Trägern des Namens Hohenzollern, handelte.

In Frankreich aber suchte man nach einem Kriegsfalle gegen Preussen, der möglichst frei von national-deutscher Färbung wäre, und glaubte einen solchen auf dynastischem Gebiete in dem Auftreten eines spanischen Thronprätendenten des Namens Hohenzollern gefunden zu haben. Dabei war die Überschätzung der militärischen Überlegenheit Frankreichs und die Unterschätzung des nationalen Sinns in Deutschland wohl die Hauptursache, dass man die Haltbarkeit dieses Kriegsvorwandes nicht mit Ehrlichkeit und nicht mit Sachkunde geprüft hatte. Der deutsch-nationale Aufschwung, welcher der französischen Kriegserklärung folgte, vergleichbar einem Strome, der die Schleusen bricht, war für die französischen Politiker eine Überraschung; sie lebten, rechneten und handelten in Rheinbundserinnerungen, genährt durch die Haltung einzelner westdeutscher Minister und durch ultramontane Einflüsse, welche hofften, dass Frankreichs Siege, *gesta Dei per Francos,* die Ziehung weiterer Konsequenzen des Vatikanums in Deutschland, gestützt auf Allianz mit dem katholischen Österreich, erleichtern würden. Die ultramontanen Tendenzen in der französischen Politik waren derselben in Deutschland förderlich, in Italien nachteilig, da das Bündnis mit letzterem schliesslich an der Weigerung Frankreichs, Rom zu räumen, scheiterte. In dem Glauben an die Überlegenheit der französischen Waffen wurde der Kriegsvorwand, man kann sagen, an den Haaren herbeigezogen, und anstatt Spanien für seine, wie man annahm, antifranzösische Königswahl verantwortlich zu machen, hielt man sich an den deutschen Fürsten, der es nicht abgelehnt hatte, dem Bedürfnis der Spanier auf deren Wunsch durch Gestellung eines brauchbaren und voraussichtlich in Paris als *persona grata* betrachteten Königs abzuhelfen, und an den König von Preussen, den nichts als der Familienname und die deutsche Landsmannschaft zu dieser spanischen Angelegenheit in Beziehung brachte. Schon in der Tatsache, dass das französische Kabinett sich erlaubte, die preussische Politik über die Annahme der Wahl zur Rede zu stellen, und zwar in einer Form, welche durch die Interpretation der französischen Blätter zu einer öffentlichen Bedrohung wurde, schon in dieser Tatsache lag eine internationale Unverschämtheit, welche für uns nach meiner Ansicht die Unmöglichkeit involvierte, auch nur um einen Zoll breit zurückzuweichen. Der beleidigende Charakter der französischen Zumutung wurde verschärft durch die drohenden Herausforderungen nicht nur der französischen Presse, sondern auch durch die Parlamentsverhandlungen und die Stellungnahme des Gramont-Ollivierschen Ministeriums zu diesen Manifestationen. Die Äusserungen Gramonts in der Sitzung des gesetzgebenden Körpers vom 5. Juli:

«Wir glauben nicht, dass die Achtung vor den Rechten eines Nachbarvolkes uns verpflichtet, zu dulden, dass eine fremde Macht einen ihrer Prinzen auf den Thron Karls V. setze... Dieser Fall wird nicht eintreten, dessen sind wir ganz gewiss... Sollte es anders kommen, so würden wir... unsre Pflicht ohne Zaudern und ohne Schwäche zu erfüllen wissen.»

Schon diese Äusserung war eine amtliche internationale Bedrohung mit der Hand am Degengriff. Die Phrase *«La Prusse cane»* bildete in der Presse eine Erläuterung zu der Tragweite der Parlamentsverhandlungen vom 6. und 7. Juli, die für unser nationales Ehrgefühl nach meiner Empfindung jede Nachgiebigkeit unmöglich machte.

Ich entschloss mich, am 12. Juli von Varzin nach Ems aufzubrechen, um bei Sr. Majestät die Berufung des Reichstags behufs der Mobilmachung zu befürworten. Als ich durch Wussow fuhr, stand mein Freund, der alte Prediger Mulert, vor der Tür des Pfarrhofes und grüsste mich freundlich; meine Antwort im offenen Wagen war ein Lufthieb in Quart und Terz, und er verstand, dass ich glaubte in den Krieg zu gehn. In den Hof meiner Berliner Wohnung einfahrend und bevor ich den Wagen verlassen hatte, empfing ich Telegramme, aus denen hervorging, dass der Prinz von Hohenzollern der Kandidatur entsagt habe, um den Krieg abzuwenden, mit dem uns Frankreich bedrohte, und dass der König nach den französischen Bedrohungen und Beleidigungen im Parlament und in der Presse mit Benedetti zu verhandeln fortfuhr, ohne ihn in kühler Zurückhaltung an seine Minister zu verweisen. Mein erster Gedanke war, aus dem Dienste zu scheiden, weil ich nach allen beleidigenden Provokationen, die vorhergegangen waren, in diesem erpressten Nachgeben eine Demütigung Deutschlands sah, die ich nicht amtlich verantworten wollte. Dieser Eindruck der Verletzung des nationalen Ehrgefühls durch den aufgezwungenen Rückzug war in mir so vorherrschend, dass ich den Wagen schon mit dem Entschlusse verliess, meinen Rücktritt aus dem Dienste nach Ems zu melden; ich hielt die Demütigung vor Frankreich und seinen renommistischen Kundgebungen für schlimmer als die von Olmütz, zu deren Entschuldigung die gemeinsame Vorgeschichte und unser damaliger Mangel an Kriegsbereitschaft immer dienen werden. Ich nahm an, Frankreich werde die Entsagung des Prinzen als einen befriedigenden Erfolg eskomptieren in dem Gefühl, dass eine kriegerische Drohung, auch wenn sie in den Formen internationaler Beleidigung und Verhöhnung geschehen und der Kriegsvorwand gegen Preussen vom Zaune gebrochen wäre, genüge, um Preussen zum Rückzuge auch in einer gerechten Sache zu nötigen, und dass auch der Norddeutsche Bund in sich nicht das hinreichende Machtgefühl trage, um die nationale Ehre und Unabhängigkeit gegen französische Anmassung zu schützen. Ich sah kein Mittel, den fressenden Schaden, den ich von einer schüchternen Politik für unsre nationale Stellung befürchtete, wieder gutzumachen, ohne Händel ungeschickt vom Zaune zu brechen und künstlich zu suchen. Den Krieg sah ich als eine Notwendigkeit an, der wir mit Ehren nicht mehr ausweichen konnten. Ich telegraphierte an die Meinigen nach Varzin, man sollte nicht abreisen, nicht packen, ich würde in wenig Tagen wieder dort sein. Ich glaubte nunmehr an Frieden; wollte aber die Haltung nicht vertreten, durch welche dieser Friede erkauft gewesen wäre, gab die Reise nach Ems auf und bat Graf Eulenburg, dorthin zu reisen und Sr. M. meine Auffassung vorzutragen. In gleichem Sinne sprach ich zunächst mit dem

Kriegsminister von Roon: wir hätten die französische Ohrfeige weg und wären durch die Nachgiebigkeit in die Lage gebracht, als Händelsucher zu erscheinen, wenn wir zum Kriege schritten, durch den allein wir den Flecken abwaschen könnten. Meine Stellung sei jetzt unhaltbar und das eigentlich schon dadurch geworden, dass der König den französischen Botschafter unter dem Drucke von Drohungen während seiner Badekur vier Tage hintereinander in Audienz empfangen und seine monarchische Person der unverschämten Bearbeitung durch diesen fremden Agenten ohne geschäftlichen Beistand exponiert habe. Ich war sehr niedergeschlagen. Durch diese Neigung, die Staatsgeschäfte persönlich und allein auf sich zu nehmen, sei der König in eine Lage gedrängt, die ich nicht vertreten könne; meines Erachtens hätte Se. Majestät in Ems jede geschäftliche Zumutung des ihm nicht gleichstehenden französischen Unterhändlers ablehnen und ihn nach Berlin an die amtliche Stelle verweisen müssen, die dann durch Vortrag in Ems oder, wenn man dilatorische Behandlung nützlich gefunden, durch schriftlichen Bericht die Entscheidung des Königs einzuholen gehabt haben würde. Aber bei dem hohen Herrn, so korrekt er in der Regel die Ressortverhältnisse respektierte, war die Neigung, wichtige Fragen persönlich zwar nicht zu entscheiden, aber doch zu verhandeln, zu stark, um ihm eine richtige Benutzung der Deckung zu ermöglichen, mit welcher die Majestät gegen Zudringlichkeiten, unbequeme Fragestellung und Zumutung zweckmässigerweise umgeben ist. Dass der König sich nicht dem ihm in so grossem Masse eignen Gefühle seiner hoheitvollen Würde der Benedettischen Aufdringlichkeit von Hause aus entzogen hatte, davon lag die Schuld zum grossen Teile in dem Einflusse, den die Königin von dem benachbarten Koblenz her auf ihn ausübte. Er war 73 Jahre alt, friedliebend und abgeneigt, die Lorbeeren von 1866 in einem neuen Kampfe auf das Spiel zu setzen; aber wenn er vom weiblichen Einflusse frei war, so blieb das Ehrgefühl des Erben Friedrichs des Grossen und des preussischen Offiziers in ihm stets leitend. Gegen die Konkurrenz, welche seine Gemahlin mit ihrer weiblich berechtigten Furchtsamkeit und ihrem Mangel an Nationalgefühl machte, wurde die Widerstandsfähigkeit des Königs abgeschwächt durch sein ritterliches Gefühl der Frau und durch sein monarchisches Gefühl einer Königin und besonders der seinigen gegenüber. Man hat mir erzählt, dass die Königin Augusta ihren Gemahl vor seiner Abreise von Ems nach Berlin in Tränen beschworen habe, den Krieg zu verhüten im Andenken an Jena und Tilsit. Ich halte die Angabe für glaubwürdig bis auf die Tränen.

Zum Rücktritt entschlossen trotz der Vorwürfe, die mir Roon darüber machte, lud ich ihn und Moltke zum 13. ein, mit mir zu drei zu speisen, und teilte ihnen bei Tische meine An- und Absichten mit. Beide waren sehr niedergeschlagen und machten mir indirekt Vorwürfe, dass ich die im Vergleiche mit ihnen grössere Leichtigkeit des Rückzuges aus dem Dienste egoistisch benutzte. Ich vertrat die Meinung, dass ich mein Ehrgefühl nicht der Politik opfern könne, dass sie beide als Berufssoldaten wegen der Unfreiheit ihrer Entschliessung nicht dieselben Gesichtspunkte zu nehmen brauchten wie ein verantwortlicher auswärtiger Minister. Während der Unterhaltung wurde mir gemeldet, dass ein Ziffertelegramm, wenn ich mich recht erinnere von ungefähr 200 Gruppen, aus Ems, von dem Geheimrat Abeken unterzeichnet, in der Übersetzung begriffen sei. Nachdem mir die Entzifferung überbracht war, welche ergab, dass Abeken das Telegramm auf Befehl Sr. Majestät redigiert und unterzeichnet hatte, las ich dasselbe meinen Gästen vor, deren Niedergeschlagenheit so tief wurde, dass sie Speise und Trank verschmähten. Bei wiederholter Prüfung des Aktenstücks verweilte ich bei der einen Auftrag involvierenden Ermächtigung Seiner Majestät, den Inhalt *ganz oder teilweise* zu veröffentlichen. Ich stellte an Moltke einige Fragen in bezug auf das Mass seines Vertrauens auf den Stand unsrer Rüstungen respektive auf die Zeit, deren dieselben bei der überraschend aufgetauchten Kriegsgefahr noch bedürfen würden. Er antwortete, dass er, wenn Krieg werden sollte, von einem Aufschub des Ausbruchs keinen Vorteil für uns erwarte; selbst wenn wir zunächst nicht stark genug sein sollten, sofort alle linksrheinischen Landesteile gegen französische Invasion zu decken, so würde unsre Kriegsbereitschaft die französische sehr bald überholen, während in einer späteren Periode dieser Vorteil sich abschwächen würde; er halte den schnellen Ausbruch im ganzen für uns vorteilhafter als eine Verschleppung.

Der Haltung Frankreichs gegenüber zwang uns nach meiner Ansicht das nationale Ehrgefühl zum Kriege, und wenn wir den Forderungen dieses Gefühls nicht gerecht wurden, so verloren wir auf dem Wege zur Vollendung unsrer nationalen Entwicklung den ganzen 1866 gewonnenen Vorsprung, und das 1866 durch unsre militärischen Erfolge gesteigerte deutsche Nationalgefühl südlich des Mains, wie es sich in der Bereitwilligkeit der Südstaaten zu den Bündnissen ausgesprochen hatte, würde wieder erkalten. Das in den süddeutschen Staaten neben dem partikularistischen und dynastischen Staatsgefühle lebendige Deutschtum hatte bis 1866 das politische Gefühl gewissermassen mit der gesamtdeutschen Fiktion unter Österreichs Leitung beschwichtigt, teils aus süddeutscher Vorliebe für den alten Kaiserstaat, teils in dem Glauben an die militärische Überlegenheit desselben über Preussen. Nachdem die Ereignisse den Irrtum der Schätzung festgestellt hatten, war gerade die Hülflosigkeit der süddeutschen Staaten, in der Österreich sie beim Friedensschlusse gelassen hatte, ein Motiv für das politische Damaskus, welches zwischen Varnbülers *«Vae Victis»* und dem bereitwilligen Abschlusse des Schutz- und Trutz-Bündnisses mit Preussen lag. Es war das Vertrauen auf die durch Preussen entwickelte germanische Kraft und die Anziehung, welche einer entschlossenen und tapfern Politik innewohnt, wenn sie Erfolg hat und dann sich in vernünftigen und ehrlichen Grenzen bewegt. Diesen Nimbus hatte Preussen gewonnen; er ging unwiderruflich oder doch auf lange Zeit verloren, wenn in nationaler Ehrenfrage die Meinung im Volke Platz griff, dass die französische Insulte *«La Prusse cane»* einen tatsächlichen Hintergrund habe.

In derselben psychologischen Auffassung, in welcher ich 1864 im dänischen Kriege aus politischen Gründen gewünscht hatte, dass nicht den altpreussischen, sondern den westfälischen Bataillonen, die bis dahin keine Gelegenheit gehabt hatten, unter preussischer Führung ihre Tapferkeit zu bewähren, der Vortritt gelassen werde, und bedauerte, dass der Prinz Friedrich Karl meinem Wunsche entgegen gehandelt hatte, in derselben Auffassung war ich überzeugt, dass die Kluft, welche die Verschiedenheit des dynastischen und Stammesgefühls und der Lebensgewohnheiten zwischen dem Süden und dem Norden des Vaterlandes im Laufe der Geschichte geschaffen hatten, nicht wirksamer überbrückt werden könne als durch einen gemeinsamen nationalen Krieg gegen den seit Jahrhunderten aggressiven Nachbar. Ich erinnerte mich, dass schon in dem kurzen Zeitraum von 1813 bis 1815, von Leipzig und Hanau bis Belle Alliance, der gemeinsame und siegreiche Kampf gegen Frankreich die Beseitigung des Gegensatzes ermöglicht hatte zwischen einer hingebenden Rheinbundspolitik und dem national-deutschen Aufschwung der Zeit von dem Wiener Kongresse bis zu der Mainzer Untersuchungskommission, unter der Signatur Stein, Görres, Jahn, Wartburg bis zu dem Exzess von Sand. Das gemeinsam vergossene Blut von dem Übergange der Sachsen bei Leipzig bis zu der Beteiligung unter englischem Kommando bei Belle Alliance hatte ein Bewusstsein gekittet, vor welchem die Rheinbundserinnerungen erloschen. Die Entwicklung der Geschichte in dieser Richtung wurde unterbrochen durch die Besorgnis, welche die Übereilung des nationalen Dranges für den Bestand staatlicher Einrichtungen erweckte.

Dieser Rückblick bestärkte mich in meiner Überzeugung, und die politischen Erwägungen in betreff der süddeutschen Staaten fanden *mutatis mutandis* auch auf unsre Beziehungen zu der Bevölkerung von Hannover, Hessen, Schleswig-Holstein Anwendung. Dass diese Auffassung richtig war, beweist die Genugtuung, mit der heut, nach zwanzig Jahren, nicht nur die Holsteiner, sondern auch die Hanseaten der 1870er Heldentaten ihrer Söhne gedenken. Alle diese Erwägungen, bewusst und unbewusst, verstärkten in mir die Empfindung, dass der Krieg nur auf Kosten unsrer preussischen Ehre und des nationalen Vertrauens auf dieselbe vermieden werden könne.

In dieser Überzeugung machte ich von der mir durch Abeken übermittelten königlichen Erlaubnis Gebrauch, den Inhalt des Telegramms ganz oder teilwes zu veröffentlichen, reduzierte in Gegenwart meiner beiden Tischgäste das Telegramm durch Streichungen, ohne ein Wort hinzuzusetzen oder zu ändern, auf die nachstehende Fassung:

«Nachdem die Nachrichten von der Entsagung des Erbprinzen von Hohenzollern der kaiserlich französischen Regierung von der königlich spanischen amtlich mitgeteilt worden sind, hat der französische Botschafter in Ems an Seine Majestät den König noch die Forderung gestellt, ihn zu autorisieren, dass er nach Paris telegraphiere, dass Seine Majestät der König sich verpflichte, niemals wieder seine Zustimmung zu geben, wenn die Hohenzollern auf ihre Kandidatur wieder zurückkommen sollten.

Seine Majestät der König hat es darauf abgelehnt, den französischen Botschafter nochmals zu empfangen, und demselben durch den Adjutanten vom Dienst sagen lassen, dass Seine Majestät dem Botschafter nichts weiter mitzuteilen habe.»

Der Unterschied in der Wirkung des gekürzten Textes der Emser Depesche im Vergleich mit der, welche das Original hervorgerufen hätte, wenn es bekannt wurde, war kein Ergebnis stärkerer Worte, sondern der Form, welche die Kundgebung als eine abschliessende erscheinen liess, während die Redaktion Abekens nur als ein Bruchstück einer schwebenden und in Berlin fortzusetzenden Verhandlung erschienen sein würde.

Nachdem ich meinen beiden Gästen die konzentrierte Redaktion vorgelesen hatte, bemerkte Moltke: «So hat das einen andern Klang, vorher klang es wie Chamade, jetzt wie eine Fanfare in Antwort auf eine Herausforderung.» Ich erläuterte: «Wenn ich diesen Text, welcher keine Änderungen und keinen Zusatz des Telegramms enthält, sofort nicht nur an die Zeitungen, sondern auch telegraphisch an alle unsre Gesandtschaften mitteile, so wird er vor Mitternacht in Paris bekannt sein und dort nicht nur wegen des Inhalts, sondern auch wegen der Art der Verbreitung den Eindruck des roten Tuches auf den gallischen Stier machen. Schlagen müssen wir, wenn wir nicht die Rolle des Geschlagenen ohne Kampf auf uns nehmen wollen. Der Erfolg hängt aber doch wesentlich von den Eindrücken bei uns und andern ab, welche der Ursprung des Krieges hervorruft; es ist wichtig, dass wir die Angegriffenen seien, und die gallische Überhebung und Reizbarkeit wird uns dazu machen, wenn wir *mit europäischer Öffentlichkeit,* soweit es uns ohne das Sprachrohr des Reichstags möglich ist, verkünden, dass wir den öffentlichen Drohungen Frankreichs furchtlos entgegentreten.»

Diese meine Auseinandersetzung erzeugte bei den beiden Generalen einen Umschlag zu freudiger Stimmung, dessen Lebhaftigkeit mich überraschte. Sie hatten plötzlich die Lust zu essen und zu trinken wiedergefunden und sprachen in heiterer Laune. Roon sagte: «Der alte Gott lebt noch und wird uns nicht in Schande verkommen lassen.» Moltke trat so weit aus seiner gleichmütigen Passivität heraus, dass er sich, mit freudigem Blick gegen die Zimmerdecke und mit Verzicht auf seine sonstige Gemessenheit in Worten, mit der Hand vor die Brust schlug und sagte: «Wenn ich das noch erlebe, in solchem Kriege unsre Heere zu führen, so mag gleich nachher ‹die alte Carcasse› der Teufel holen.» Er war damals hinfälliger als später und hatte Zweifel, ob er die Strapazen des Feldzuges überleben werde.

Wie lebhaft sein Bedürfnis war, seine militärisch-strategische Neigung und Befähigung praktisch zu betätigen, habe ich nicht nur bei dieser Gelegenheit, sondern auch in den Tagen vor dem Ausbruch des böhmischen Krieges beobachtet. In beiden Fällen fand ich meinen militärischen Mitarbeiter im Dienste des Königs abweichend von seiner sonstigen trocknen und schweigsamen Gewohnheit heiter, belebt, ich kann sagen lustig. In der Juninacht 1866, in der ich ihn zu mir eingeladen hatte, um mich zu vergewissern, ob der Aufbruch des Heeres nicht um vierundzwanzig Stunden verfrüht werden könnte, bejahte er die Frage und war durch die Beschleunigung des Kampfes angenehm erregt. Indem er elastischen Schrittes den Salon meiner Frau verliess, wandte er sich an der Tür noch einmal um und richtete im ernsthaften Tone die Frage an mich: «Wissen Sie, dass die Sachsen die Dresdener Brücke gesprengt haben?» Auf meinen Ausdruck des Erstaunens und Bedauerns erwiderte er: «Aber mit Wasser, wegen Staub.» Eine Neigung zu harmlosen Scherzen kam bei ihm in dienstlichen Beziehungen wie den unsrigen sehr selten zum Durchbruch. In beiden Fällen war mir, gegenüber der erklärlichen und berechtigten Abneigung an massgebender Stelle, seine Kampflust, seine Schlachtenfreudigkeit für die Durchführung der von mir für notwendig erkannten Politik ein starker Beistand. Unbequem wurde sie mir 1867 in der Luxemburger Frage, 1875 und später angesichts der Erwägung, ob es sich empfehle, einen Krieg, der uns früher oder später wahrscheinlich bevorstand, *anticipando* herbeizuführen, bevor der Gegner zu besserer Rüstung gelange. Ich bin der bejahenden Theorie nicht bloss zur Luxemburger Zeit, sondern auch später, zwanzig Jahre lang, stets entgegengetreten in der Überzeugung, dass auch siegreiche Kriege nur dann, wenn sie aufgezwungen sind, verantwortet werden können und dass man der Vorsehung nicht so in die Karte sehen kann, um der geschichtlichen Entwicklung nach eigner Berechnung vorzugreifen. Es ist natürlich, dass in dem Generalstabe der Armee nicht nur jüngere strebsame Offiziere, sondern auch erfahrene Strategen das Bedürfnis haben, die Tüchtigkeit der von ihnen geleiteten Truppen und die eigne Befähigung zu dieser Leitung zu verwerten und in der Geschichte zur Anschauung zu bringen. Es wäre zu bedauern, wenn diese Wirkung kriegerischen Geistes in der Armee nicht stattfände; die Aufgabe, das Ergebnis derselben in den Schranken zu halten, auf welche das Friedensbedürfnis der Völker berechtigten Anspruch hat, liegt den politischen, nicht den militärischen Spitzen des Staates ob. Dass sich der Generalstab und seine Chefs zur Zeit der Luxemburger Frage, während der von Gortschakow und Frankreich fingierten Krisis von 1875 und bis in die neueste Zeit hinein zur Gefährdung des Friedens haben verleiten lassen, liegt in dem notwendigen Geiste der Institution, den ich nicht missen möchte, und wird gefährlich nur unter einem Monarchen, dessen Politik das Augenmass und die Widerstandsfähigkeit gegen einseitige und verfassungsmässig unberechtigte Einflüsse fehlt.

Die Emser Depesche II

Vor dem Norddeutschen Bundesrat
(16. Juli 1870)

Die Ereignisse, durch welche Europa im Laufe der letzten vierzehn Tage aus dem Zustande einer seit Jahren nicht erlebten Ruhe zum Ausbruch eines grossen Krieges geführt ist, haben sich so sehr vor aller Augen vollzogen, dass eine Darstellung der Genesis der augenblicklichen Lage kaum etwas anderes sein kann als eine Zusammenstellung bekannter Tatsachen.

Man weiss aus den Mitteilungen, welche der Herr Präsident des spanischen Ministerrats am 11. v. M. in der Sitzung der konstituierenden Cortes machte, aus der durch die Presse veröffentlichten Zirkulardepesche des spanischen Herrn Ministers des Auswärtigen vom 7. d. M. und aus einer Erklärung, welche Herr Salazar y Mazarredo am 8. d. M. in Madrid drucken liess, dass die spanische Regierung seit Monaten mit Sr. Durchlaucht dem Erbprinzen Leopold von Hohenzollern über die Annahme der spanischen Krone unterhandeln liess, dass diese dem Herrn Salazar übertragenen Unterhandlungen ohne Beteiligung oder Dazwischenkunft irgendeiner anderen Regierung unmittelbar mit dem Prinzen und dessen erlauchtem Vater geführt wurden und dass Se. Durchlaucht sich endlich entschloss, die Thronkandidatur anzunehmen.

Se. Majestät der König von Preussen, welchem hiervon Anzeige gemacht wurde, hat nicht geglaubt, dem von einem grossjährigen Fürsten nach reiflicher Überlegung und im Einverständnis mit dessen Herrn Vater gefassten Entschlusse entgegentreten zu sollen.

Dem Auswärtigen Amte des Norddeutschen Bundes wie der Regierung Sr. Majestät des Königs von Preussen waren diese Vorgänge vollständig fremd geblieben. Sie erfuhren erst durch das am 3. d. M. abends aus Paris abgegangene Havassche Telegramm, dass das spanische Ministerium beschlossen habe, dem Prinzen die Krone anzubieten.

Am 4. d. M. erschien der kaiserlich französische Geschäftsträger auf dem Auswärtigen Amte. Im Auftrage seiner Regierung gab er der peinlichen Empfindung Ausdruck, welche die von dem Marschall Prim bestätigte Nachricht von der Annahme der Kandidatur durch den Prinzen in Paris hervorgebracht habe, und fragte an, ob Preussen bei der Sache beteiligt sei. Der Herr Staatssekretär erwiderte ihm, dass die Angelegenheit für die preussische Regierung nicht existiere und letztere nicht in der Lage sei, über etwaige Verhandlungen des spanischen Ministerpräsidenten mit dem Prinzen Auskunft zu geben.

An demselben Tage hatte der Herr Botschafter des Bundes zu Paris mit dem Herrn Duc de Gramont eine Unterhaltung über den nämlichen Gegenstand, welcher auch der Herr Minister Ollivier beiwohnte. Der kaiserlich französische Herr Minister sprach ebenfalls den peinlichen Eindruck aus, welchen die Nachricht gemacht habe. Man wisse nicht, ob Preussen in die Verhandlung eingeweiht sei, die öffentliche Meinung werde es glauben und in dem Geheimnis, welches die Verhandlung umgeben habe, ein unfreundliches Verfahren nicht bloss Spaniens, sondern besonders Preussens erblicken. Das Ereignis, wenn es sich wirklich vollziehe, werde geeignet sein, die Fortdauer des Friedens zu kompromittieren. Man appelliere daher an die Weisheit Sr. Majestät des Königs, welche einer solchen Kombination nicht zustimmen werde. Der Herr Minister hielt es für ein glückliches Zusammentreffen, dass der Herr Botschafter, welcher schon acht Tage vorher die Erlaubnis nachgesucht und erhalten hatte, Sr. Majestät dem Könige von Preussen in Ems aufzuwarten, den folgenden Tag für seine Abreise bestimmt habe, also imstande sei, die Eindrücke, welche in Paris herrschten, aus frischer Anschauung vortragen zu können, und ersuchte ihn, ihm etwaige Mitteilungen auf telegraphischem Wege zugehen zu lassen. Der Herr Botschafter konnte auf diese Eröffnung nur erwidern, dass ihm von der Angelegenheit gar nichts bekannt sei, zugleich übernahm er es, die ihm gemachten Mitteilungen zur Kenntnis Sr. Majestät des Königs zu bringen. Er trat am 5. die Reise nach Ems an, welche er unter den obwaltenden Umständen unterlassen haben würde, wenn er nicht geglaubt hätte, dem ihm kundgegebenen Wunsche nach rascher Erteilung von Information und rascher Zurückgabe von Aufklärungen entsprechen zu sollen.

Am Tage seiner Abreise brachte Herr Cochery im *Corps législatif* eine Interpellation über die spanische Frage ein. Schon am folgenden Tage, bevor es möglich war, dass der Herr

Botschafter irgendeine Nachricht aus Ems hätte nach Paris gelangen lassen können, beantwortete der Herr Duc de Gramont diese Interpellation. Seine Antwort, obgleich sie davon ausging, dass die Einzelheiten der Verhandlung noch nicht bekannt seien, gipfelte in dem Satze, dass die französische Regierung nicht glaube, durch die Achtung vor den Rechten eines Nachbarvolkes verpflichtet zu sein, zu dulden, dass «eine fremde Macht», indem sie einen ihrer Prinzen auf den Thron Karls V. setze, zum Nachteile Frankreichs das gegenwärtige Gleichgewicht der Kräfte in Europa stören und das Interesse und die Ehre Frankreichs gefährden dürfe.

Nach einer solchen Erklärung war der Herr Botschafter nicht mehr in der Lage, Aufklärungen nach Paris gelangen zu lassen. Sein dasiger Vertreter wurde am 9. d. M. von der Sachlage in Kenntnis gesetzt, wie sie schon am 4. dem Herrn Geschäftsträger Frankreichs hier bezeichnet war. Die Angelegenheit, wurde ihm gesagt, geht nicht Preussen und Deutschland, sondern nur Spanien und dessen Thronkandidaten etwas an. Die Verhandlungen mit dem letzteren hat der Marschall Prim ohne Beteiligung Preussens direkt führen lassen. Se. Majestät der König von Preussen haben aus Achtung für den Willen Spaniens und des Prinzen eine Einwirkung auf diese Verhandlungen weder üben wollen noch geübt, und daher die Kandidatur weder befördert noch vorbereitet.

Inzwischen hatte die kaiserlich französische Regierung ihren auf Urlaub in Wildbad weilenden Botschafter bei Sr. Majestät und dem Bunde beauftragt, sich nach Ems zu begeben. Herr

Graf Benedetti wurde am 9. Juli von Sr. Majestät wohlwollend empfangen, obschon der Aufenthalt des Königs im Bade und die Abwesenheit aller Minister geschäftliche Anforderungen an Se. Majestät auszuschliessen schienen.

Die Mitteilungen des Botschafters stimmten mit den Eröffnungen überein, welche der Herr Duc de Gramont dem Herrn Frhr. v. Werther gemacht hatte; er appellierte an die Weisheit Sr. Majestät, um durch ein an den Prinzen zu richtendes Verbot das Wort zu sprechen, welches Europa die Ruhe wiedergebe. Es wurde ihm erwidert, dass die Unruhe, von welcher Europa erfüllt sei, nicht von einer Handlung Preussens, sondern von den Erklärungen der kaiserlichen Regierung im *Corps législatif* herrühre. Die Stellung, welche Se. Majestät der König als Familienhaupt zu der Frage eingenommen, wurde als eine ausserhalb der Staatsgeschäfte liegende bezeichnet und eine jede Einwirkung auf den Fürsten und den Prinzen von Hohenzollern als ein Eingriff in deren berechtigte freie Selbstbestimmung abgelehnt. So war es denn auch ein Akt freier Selbstbestimmung, dass der Prinz am 12. d. M. im Gefühle der Verantwortlichkeit, welche er der eingetretenen Sachlage gegenüber durch die Aufrechthaltung seiner Kandidatur übernommen haben würde, dieser Kandidatur entsagte und der spanischen Nation die Freiheit ihrer Initiative zurückgab. Die preussische Regierung erhielt die erste Nachricht von diesem Schritte aus Paris. Der dortige spanische Gesandte überbrachte nämlich das Telegramm des Fürsten dem Herrn Duc de Gramont in dem Augenblick, als letzterer den Herrn Frhrn. v. Werther empfing.

Der Botschafter hatte am 11. d. M. Ems verlassen und war am 12. wieder in Paris eingetroffen. In einer Unterredung, welche er an demselben Tage mit dem Herrn Duc de Gramont hatte, erklärte letzterer die eingegangene Entsagung als Nebensache, da Frankreich die Thronbesteigung des Prinzen doch niemals zugelassen haben würde. In den Vordergrund stellte er die Verletzung, welche Frankreich dadurch zugefügt sei, dass Se. Majestät der König von Preussen dem Prinzen die Annahme der Kandidatur erlaubt habe, ohne sich vorher mit Frankreich zu benehmen. Er bezeichnete als ein befriedigendes Mittel zur Ausgleichung dieser Verletzung ein Schreiben Sr. Majestät des Königs an Se. Majestät den Kaiser der Franzosen, in welchem ausgesprochen werde, dass Se. Majestät der König bei Erteilung jener Erlaubnis nicht habe glauben können, dadurch der Würde und dem Interesse Frankreichs zu nahe zu treten, und sich der Entsagung des Prinzen anschliesse.

Am Tage darauf stellte Herr Graf Benedetti, als er Sr. Majestät dem Könige in Ems begegnete, an allerhöchstdieselben das Ansinnen, dass sie die Verzichtleistung des Prinzen approbieren und die Versicherung erteilen sollten, dass auch in Zukunft diese Kandidatur nicht wieder aufgenommen werden würde. Herr Graf Benedetti ist hierauf von Sr. Majestät nicht weiter empfangen worden. Dem Botschafter des Norddeutschen Bundes gegenüber hat der Duc de Gramont vorstehenden Forderungen noch die eines entschuldigenden Schreibens Sr. Majestät des Königs an den Kaiser Napoleon hinzugefügt.

Es ist der vorstehenden Schilderung der Tatsachen nur eine Bemerkung hinzuzufügen. Als Se. Majestät der König von Preussen von den zwischen der spanischen Regierung und dem Prinzen geführten Verhandlungen ausseramtlich Kenntnis erhielten, geschah dies unter der ausdrücklichen Bedingung der Geheimhaltung. In betreff eines fremden Geheimnisses, welches weder Preussen noch den Bund berührte, konnten Se. Majestät keinen Anstand nehmen, die Geheimhaltung zuzusagen. Allerhöchstdieselben haben daher ihre Regierung von der Angelegenheit, welche für sie nur eine Familiensache war, nicht in Kenntnis gesetzt, und hatten das Benehmen mit anderen Regierungen, soweit solches erforderlich sein konnte, von der spanischen Regierung oder deren Thronkandidaten erwartet und denselben überlassen. Das Verhältnis, in welchem die spanische Regierung zu der benachbarten französischen steht, und die persönlichen Beziehungen, welche zwischen dem fürstlich hohenzollernschen Hause und Sr. Majestät dem Kaiser der Franzosen seit langer Zeit obwalten, eröffneten einem unmittelbaren Benehmen der wirklich Beteiligten mit Frankreich den einfachsten Weg.

Die hohen verbündeten Regierungen werden ermessen, wie wenig unter diesen Umständen das Bundespräsidium darauf gefasst sein konnte, zu erfahren, dass die französische Regierung, deren Interesse an der spanischen Frage ihm auf die Verhütung einer republikanischen oder orleanistischen Entwickelung sich zu begrenzen schien, in der Annahme der Thronkandidatur durch den Prinzen von Hohenzollern eine ihr zugefügte Kränkung erblicke. Wäre es dem französischen Kabinett lediglich darum zu tun gewesen, zum Zwecke der Beseitigung dieser Kandidatur die guten Dienste Preussens in Anspruch zu nehmen, so hätte sich demselben hierfür in einem vertraulichen Benehmen mit der preussischen Regierung der einfachste und geeignetste Weg dargeboten. Der Inhalt der vom Herrn Duc de Gramont im *Corps législatif* gehaltenen Rede schnitt dagegen jede Möglichkeit solcher vertraulicher Erörterung ab. Die Aufnahme, welche diese Rede in der genannten Versammlung fand, die von der französischen Regierung seitdem eingenommene Haltung, die von ihr gestellten unannehmbaren Zumutungen konnten dem Bundespräsidium keinen Zweifel mehr darüber lassen, dass die französische Regierung es von vornherein darauf abgesehen hatte, entweder seine Demütigung oder den Krieg herbeizuführen. Der ersteren Alternative sich zu fügen, war unmöglich. Die Leiden, welche mit dem Ausbruch eines Krieges zwischen Deutschland und Frankreich im Zentrum der europäischen Zivilisation unausbleiblich verbunden sind, machen den gegen Deutschland geübten Zwang zum Kriege zu einer schweren Versündigung an den Interessen der Menschheit. Die öffentliche Meinung Deutschlands hat dies empfunden. Die Erregung des deutschen Nationalgefühls gibt davon Zeugnis. Es bleibt keine Wahl mehr als der Krieg oder die der französischen Regierung obliegende Bürgschaft gegen Wiederkehr ähnlicher Bedrohungen des Friedens und der Wohlfahrt Europas.

Die Emser Depesche III

An die diplomatischen Vertretungen Preussens
(Berlin, 18. Juli 1870)

Das Auftreten der französischen Minister in den Sitzungen des Senats und des Gesetzgebenden Körpers am 15. d. M. und die dort mit dem feierlichen Charakter amtlicher Erklärungen vorgebrachten Entstellungen der Wahrheit haben den letzten Schleier von den Absichten hinweggenommen, welche schon keinem Unbefangenen mehr zweifelhaft sein konnten, seit das erstaunte Europa zwei Tage zuvor aus dem Munde des französischen Ministers der auswärtigen Angelegenheiten vernommen hatte, dass Frankreich mit dem freiwilligen Verzicht des Erbprinzen nicht befriedigt sei und noch mit Preussen Verhandlungen zu führen habe.

Während die übrigen europäischen Mächte mit Erwägungen beschäftigt waren, wie sie dieser neuen und unerwarteten Phase begegnen und vielleicht auf diese angeblichen Verhandlungen, deren Natur und Gegenstand niemand ahnen konnte, einen versöhnenden und vermittelnden Einfluss üben sollten, hat die französische Regierung es für gut befunden, durch eine öffentliche und feierliche Erklärung, welche den Drohungen vom 6. d. M. unter Entstellung bekannter Tatsachen neue Beleidigungen hinzufügte, die Verhältnisse auf eine Spitze zu treiben, wo jeder Ausgleich unmöglich werden und, indem den befreundeten Mächten jede Handhabe der Einwirkung entzogen würde, der Bruch unvermeidlich werden sollte.

Schon seit einer Woche konnte es für uns keinem Zweifel mehr unterworfen sein, dass der Kaiser Napoleon rücksichtslos entschlossen sei, uns in eine Lage zu bringen, in der uns nur die Wahl zwischen dem Kriege oder einer Demütigung bliebe, welche das Ehrgefühl keiner Nation ertragen kann. Hätten wir noch Zweifel hegen können, so hätte uns der Bericht des königlichen Botschafters über seine erste Unterredung mit dem Herzog von Gramont und Herrn Ollivier nach seiner Rückkehr aus Ems, in welcher ersterer den Verzicht des Erbprinzen als Nebensache bezeichnete und beide Minister die Zumutung aussprachen, Seine Majestät der König solle einen entschuldigenden Brief an den Kaiser Napoleon schreiben, dessen Publikation die aufgeregten Gemüter in Frankreich beschwichtigen könne. Abschrift dieses Berichtes füge ich bei; er bedarf keines Kommentars.

Der Hohn der französischen Regierungspresse antizipierte den erstrebten Triumph; die Regierung aber scheint gefürchtet zu haben, dass ihr der Krieg dennoch entgehen könnte, und beeilte sich, durch ihre amtlichen Erklärungen vom 15. d. M. die Sache auf ein Feld zu verlegen, auf dem es keine Vermittlung mehr gibt, und uns und aller Welt zu beweisen, dass keine Nachgiebigkeit, welche innerhalb der Grenzen nationalen Ehrgefühls bliebe, ausreichend sein würde, um den Frieden zu erhalten.

Da aber niemand in Zweifel darüber war und sein konnte, dass *wir* aufrichtig den Frieden wollten; und wenige Tage zuvor keinen Krieg möglich hielten, da jeder Vorwand zum Kriege fehlte und auch der letzte künstlich und gewaltsam geschaffene Vorwand, wie er ohne unser Zutun erfunden, so auch von selbst wieder verschwunden war; da es somit gar keinen *Grund* zum Kriege gab, blieb den französischen Ministern, um sich vor dem eigenen, in der Mehrheit friedlich gesinnten und der Ruhe bedürftigen Volke scheinbar zu rechtfertigen, nur übrig, durch Entstellung und Erfindung von Tatsachen, deren Unwahrheit ihnen aktenmässig bekannt war, den beiden repräsentativen Körperschaften und durch sie dem Volke einzureden, es sei von Preussen beleidigt worden, um dadurch die Leidenschaften zu einem Ausbruch aufzustacheln, von dem sie sich selbst als fortgerissen darstellen konnten.

Es ist ein trauriges Geschäft, die Reihe dieser Unwahrheiten aufzudecken; glücklicherweise haben die französischen Minister diese Aufgabe abgekürzt, indem sie durch die Weigerung, die von einem Teil der Versammlung geforderte Vorlage der Note oder Depesche zu gewähren, die Welt darauf vorbereitet haben, zu erfahren, dass dieselbe gar nicht existiere.

Dies ist in der Tat der Fall. Es existiert keine Note oder Depesche, durch welche die preussische Regierung den Kabinetten Europas eine Weigerung, den französischen Botschafter zu empfangen, angezeigt hätte. Es existiert nichts als das aller Welt bekannte Zeitungstelegramm, welches den deutschen Regierungen und einigen unserer Vertreter bei ausserdeutschen Regierungen nach dem Wortlaute der Zeitungen mitgeteilt worden ist, um sie über die Natur der französischen Forderungen und die Unmöglichkeit ihrer Annahme zu informieren, und welches überdies nichts Verletzendes für Frankreich enthält. Der Text desselben erfolgt hierbei. Weitere Mitteilungen haben wir über den Inzidenzfall an keine Regierung gerichtet.

Was aber die Tatsache der Weigerung, den französischen Botschafter zu empfangen, betrifft, so bin ich, um diese Behauptung in ihr rechtes Licht zu stellen, von Seiner Majestät dem Könige ermächtigt worden, Ew. pp. mit dem Ersuchen der Mitteilung an die Regierung, bei der Sie beglaubigt zu sein die Ehre haben, die beiden anliegenden Aktenstücke zu übersenden, von denen das erste eine auf Befehl und unter unmittelbarer Approbation Seiner Majestät des Königs redigierte buchstäblich getreue Darstellung der Vorgänge in Ems, das zweite den amtlichen Bericht des Flügeladjutanten Seiner Majestät vom Dienst über die Ausführung des ihm gewordenen Auftrages enthält.

Es wäre unnötig, darauf hinzuweisen, dass die Festigkeit der Zurückweisung französischer Anmassung *in der Sache* zugleich in der *Form* mit aller rücksichtsvollen Freundlichkeit umgeben gewesen ist, welche ebensosehr den persönlichen Gewohnheiten Seiner Majestät des Königs wie den Grundsätzen internationaler Höflichkeit gegen die Vertreter fremder Souveräne und Nationen entspricht.

In bezug endlich auf die Abreise *unseres* Botschafters bemerke ich nur, wie es dem französischen Kabinett amtlich bekannt war, dass dieselbe keine Abberufung, sondern ein von dem

Botschafter aus persönlichen Rücksichten erbetener Urlaub war, bei welchem der letztere die Geschäfte dem ersten Botschaftsrat, der ihn schon öfter vertreten, übergab und dies wie üblich anzeigte. Auch die Angabe ist unwahr, dass S. M. der König mir, dem unterzeichneten Bundeskanzler, von der Kandidatur des Prinzen Leopold Mitteilung gemacht habe. Ich habe gelegentlich durch eine bei den Verhandlungen beteiligte Privatperson vertraulich Kenntnis von dem spanischen Anerbieten erhalten.

Wenn hiernach alle von den französischen Ministern angeführten Gründe für die Unvermeidlichkeit des Krieges in nichts zerfallen und absolut aus der Luft gegriffen erscheinen, so bleibt uns leider nur die traurige Notwendigkeit, die wahren Motive in den schlechtesten und seit einem halben Jahrhundert von den Völkern und Regierungen der zivilisierten Welt gebrandmarkten Traditionen Ludwigs XIV. und des ersten Kaiserreiches zu suchen, welche eine Partei in Frankreich noch immer auf ihre Fahne schreibt, und denen Napoleon III., wie wir glaubten, bisher glücklich widerstanden hatte.

Als bewegende Ursachen dieser bedauerlichen Erscheinung können wir leider nur die Instinkte des Hasses und der Eifersucht auf die Selbständigkeit und Wohlfahrt Deutschlands erkennen, neben dem Bestreben, die Freiheit im eignen Lande durch Verwicklung desselben in auswärtige Kriege niederzuhalten.

Schmerzlich ist es zu denken, dass durch einen so riesenhaften Kampf, wie ihn die nationale Erbitterung und die Grösse und Macht der beiden Länder in Aussicht stellt, die friedliche

Entwicklung der Zivilisation und des nationalen Wohlstandes, die in steigender Blüte begriffen war, auf viele Jahre gehemmt und zurückgedrängt wird. Aber wir müssen vor Gott und Menschen die Verantwortung dafür denen überlassen, welche durch ihr frevelhaftes Beginnen uns zwingen, um der nationalen Ehre und der Freiheit Deutschlands willen den Kampf aufzunehmen; und bei einer so gerechten Sache dürfen wir vertrauensvoll auf den Beistand Gottes hoffen; wie wir schon jetzt des Beistandes der gesamten deutschen Nation durch die sich immer steigernden Zeichen der freudigen Opferwilligkeit sicher sind und auch die Zuversicht hegen dürfen, dass Frankreich für einen so mutwillig und so rechtlos heraufbeschworenen Krieg keinen Bundesgenossen finden werde.

Der besiegte Kaiser

Bericht an den König
(Donchery, 2. September 1870)
Nachdem ich mich gestern abend auf Eurer Königlichen Majestät Befehl hierher begeben hatte, um an den Verhandlungen über die Kapitulation teilzunehmen, wurden letztere bis etwa 1 Uhr nachts durch die Bewilligung einer Bedenkzeit unterbrochen, welche General Wimpffen erbeten, nachdem General von Moltke bestimmt erklärt hatte, dass keine andere Bedingung als die Waffenstreckung bewilligt werden und das Bombardement um 9 Uhr morgens wieder beginnen würde, wenn bis dahin die Kapitulation nicht abgeschlossen wäre. Heut früh gegen 6 Uhr wurde mir der General Reille angemeldet, welcher mir mitteilte, dass der Kaiser Napoleon mich zu sehen wünsche und sich bereits auf dem Wege von Sedan hierher befinde. Der General kehrte sofort zurück, um Seiner Majestät zu melden, dass ich ihm folgte, und ich befand mich kurz darauf etwa auf halbem Wege zwischen hier und Sedan, in der Nähe von Fresnois, dem Kaiser gegenüber. Seine Majestät befand sich in einem offenen Wagen mit drei höheren Offizieren und ebenso vielen zu Pferde daneben. Persönlich bekannt waren mir von letzteren die Generäle Castelnau, Reille, Moskowa, der am Fusse ver-

wundet schien, und Vaubert. Am Wagen angekommen, stieg ich vom Pferde, trat an der Seite des Kaisers an den Schlag und fragte nach den Befehlen Seiner Majestät. Der Kaiser drückte zunächst den Wunsch aus, Eure Königliche Majestät zu sehen, anscheinend in der Meinung, dass Allerhöchstdieselben sich ebenfalls in Donchery befänden. Nachdem ich erwidert, dass Euerer Majestät Hauptquartier augenblicklich drei Meilen entfernt, in Vendresse sei, fragte der Kaiser, ob Euere Majestät einen Ort bestimmt hätten, wohin er sich zunächst begeben solle, und eventuell, welches meine Meinung darüber sei. Ich entgegnete ihm, dass ich in vollständiger Dunkelheit hierher gekommen und die Gegend mir deshalb unbekannt sei, und stellte ihm das in Donchery von mir bewohnte Haus zur Verfügung, welches ich sofort räumen würde. Der Kaiser nahm dies an und fuhr im Schritt gegen Donchery, hielt aber einige hundert Schritt von der in die Stadt führenden Maasbrücke vor einem einsam gelegenen Arbeiterhause an und fragte mich, ob er nicht dort absteigen könne. Ich liess das Haus durch den Legationsrat Grafen Bismarck-Bohlen, der mir inzwischen gefolgt war, besichtigen; nachdem gemeldet, dass seine innere Beschaffenheit sehr dürftig und eng, das Haus aber von Verwundeten frei sei, stieg der Kaiser ab und forderte mich auf, ihm in das Innere zu folgen. Hier hatte ich in einem sehr kleinen, einen Tisch und zwei Stühle enthaltenden Zimmer eine Unterredung von etwa einer Stunde mit dem Kaiser. Seine Majestät betonte vorzugsweise den Wunsch, günstigere Kapitulationsbedingungen für die Armee zu erhalten. Ich lehnte von Hause aus ab, hierüber mit Seiner Majestät zu unterhandeln, indem diese rein militärische Frage zwischen dem General von Moltke und dem General von Wimpffen zu erledigen sei. Dagegen fragte ich den Kaiser, ob Seine Majestät zu Friedensunterhandlungen geneigt sei. Der Kaiser erwiderte, dass er jetzt als Gefangener nicht in der Lage sei, und auf mein weiteres Befragen, durch wen seiner Ansicht nach die Staatsgewalt Frankreichs gegenwärtig vertreten werde, verwies mich Seine Majestät auf das in Paris bestehende Gouvernement. Nach Aufklärung dieses aus dem gestrigen Schreiben des Kaisers an Eure Majestät nicht mit Sicherheit zu beurteilenden Punktes erkannte ich und verschwieg dies auch dem Kaiser nicht, dass die Situation noch heut wie gestern kein anderes praktisches Moment als das militärische darbiete, und betonte die daraus für uns hervorgehende Notwendigkeit, durch die Kapitulation Sedans vor allen Dingen ein materielles Pfand für die Befestigung der gewonnenen militärischen Resultate in die Hand zu bekommen.

Ich hatte schon gestern abend mit dem General von Moltke nach allen Seiten hin die Frage erwogen: ob es möglich sein würde, ohne Schädigung der deutschen Interessen dem militärischen Ehrgefühl einer Armee, die sich gut geschlagen hatte, günstigere Bedingungen als die festgestellten anzubieten. Nach pflichtmässiger Erwägung mussten wir beide in der Verneinung dieser Frage beharren. Wenn daher der General von Moltke, der inzwischen aus der Stadt hinzugekommen war, sich zu Euerer Majestät begab, um Allerhöchstdenenselben die Wünsche des Kaisers vorzulegen, so geschah dies, wie Eurer Majestät bekannt, nicht in der Absicht, dieselben zu befürworten.

Der Kaiser begab sich demnächst ins Freie und lud mich ein, mich vor der Tür des Hauses neben ihn zu setzen. Seine Majestät stellte mir die Frage, ob es nicht tunlich sei, die französische Armee über die belgische Grenze gehen zu lassen, damit sie dort entwaffnet und interniert werde. Ich hatte auch diese Eventualität bereits am Abend zuvor mit General von Moltke besprochen und ging unter Anführung der oben bereits angedeuteten Motive auch auf die Besprechung dieser Modalität nicht ein. In Berührung der politischen Situation nahm ich meinerseits keine Initiative, der Kaiser nur insoweit, dass er das Unglück des Krieges beklagte und erklärte, dass er selbst den Krieg nicht gewollt habe, durch den Druck der öffentlichen Meinung Frankreichs aber dazu genötigt worden sei. Ich hielt es nicht für meinen Beruf, in diesem Augenblick darauf hinzuweisen, wie das, was der Kaiser als öffentliche Meinung bezeichnete, nur das künstliche Produkt von einigen ehrgeizigen und politisch beschränkten Koterien der französischen Presse sei. Ich entgegnete nur, dass in Deutschland niemand den Krieg gewollt habe, namentlich Eure Majestät nicht, und dass die spanische Frage für keine deutsche Regierung ein Interesse, welches eines Krieges wert gewesen wäre, dargeboten hätte. Euerer Majestät Stellung zu der spanischen Thronbesetzung sei schliesslich durch den Gewissenszweifel bestimmt worden, ob es recht sei, der spanischen Nation den Versuch, durch diese Königswahl zur Wiederherstellung dauernder innerer Einrichtungen zu gelangen, aus persönlichen und dynastischen Bedenken zu verkümmern; daran, dass es dem Erbprinzen gelingen würde, sich mit Seiner Majestät dem Kaiser über die Annahme der spanischen Wahl in befriedigendes Einvernehmen zu setzen, hätten Euere Majestät bei den langjährigen guten Beziehungen der Mitglieder des Fürstlich Hohenzollernschen Hauses zum Kaiser niemals Zweifel gehegt, dies aber nicht als eine deutsche oder preussische, sondern als eine spanische Angelegenheit angesehen.

Durch Erkundigungen in der Stadt und insbesondere durch Rekognoszierungen der Offiziere vom Generalstabe war inzwischen, etwa zwischen 9 und 10 Uhr, festgestellt worden, dass das Schloss Bellevue bei Fresnois zur Aufnahme des Kaisers geeignet und auch noch nicht mit Verwundeten belegt sei. Ich meldete dies Seiner Majestät in der Form, dass ich Fresnois als den Ort bezeichnete, den ich Euerer Majestät zur Zusammenkunft in Vorschlag bringen würde, und deshalb dem Kaiser anheimstelle, ob Seine Majestät sich gleich dahin begeben wolle, da der Aufenthalt innerhalb des kleinen Arbeiterhauses unbequem sei und der Kaiser vielleicht einiger Ruhe bedürfen würde. Seine Majestät ging hierauf bereitwillig ein, und geleitete ich den Kaiser, dem eine Ehren-Eskorte von Euerer Majestät Leib-Kürassier-Regiment voranritt, nach dem Schlosse Bellevue, wo inzwischen das weitere Gefolge und die Equipagen des Kaisers, deren Ankunft aus der Stadt bis dahin für unsicher gehalten zu werden schien, von Sedan eingetroffen waren. Ebenso der General Wimpffen, mit welchem in Erwartung der Rückkehr des Generals von

Moltke die Besprechung der gestern abgebrochenen Kapitulationsverhandlungen durch den General von Podbielski im Beisein des Oberstleutnant von Verdy und des Stabschefs des Generals von Wimpffen, welche beiden Offiziere das Protokoll führten, wieder aufgenommen wurde. Ich habe nur an der Einleitung derselben durch die Darlegung der politischen und rechtlichen Situation nach Massgabe der mir vom Kaiser selbst gewordenen Aufschlüsse teilgenommen, indem ich unmittelbar darauf durch den Rittmeister Grafen von Nostitz im Auftrage des Generals von Moltke die Meldung erhielt, dass Euere Majestät den Kaiser erst nach Abschluss der Kapitulation der Armee sehen wollten – eine Meldung, nach welcher gegnerischerseits die Hoffnung, andere Bedingungen als die abgeschlossenen zu erhalten, aufgegeben wurde. Ich ritt darauf in der Absicht, Euerer Majestät die Lage der Dinge zu melden, Allerhöchstdenenselben nach Chéhery entgegen, traf unterwegs den General von Moltke mit dem von Euerer Majestät genehmigten Texte der Kapitulation, welcher, nachdem wir mit ihm in Fresnois eingetroffen, nunmehr ohne Widerspruch angenommen und unterzeichnet wurde. Das Verhalten des Generals von Wimpffen war, ebenso wie das der übrigen französischen Generäle in der Nacht vorher, ein sehr würdiges, und konnte dieser tapfere Offizier sich nicht enthalten, mir gegenüber seinem tiefen Schmerz darüber Ausdruck zu geben, dass gerade er berufen sein müsse, 48 Stunden nach seiner Ankunft aus Afrika und einen halben Tag nach seiner Übernahme des Kommandos seinen Namen unter eine für die französischen Waffen so verhängnisvolle Kapitulation zu setzen; indessen der Mangel an Lebensmitteln und Munition und die absolute Unmöglichkeit jeder weiteren Verteidigung lege ihm als General die Pflicht auf, seine persönlichen Gefühle schweigen zu lassen, da weiteres Blutvergiessen in der Situation nichts mehr ändern könne. Die Bewilligung der Entlassung der Offiziere auf ihr Ehrenwort wurde mit lebhaftem Danke entgegengenommen als ein Ausdruck der Intentionen Euerer Majestät, den Gefühlen einer Truppe, welche sich tapfer geschlagen hatte, nicht über die Linie hinaus zu nahe zu treten, welche durch das Gebot unserer politisch-militärischen Interessen mit Notwendigkeit gezogen war. Diesem Gefühle hat der General von Wimpffen auch nachträglich in einem Schreiben Ausdruck gegeben, in welchem er dem General von Moltke seinen Dank für die rücksichtsvollen Formen ausdrückt, in denen die Verhandlungen von seiten desselben geführt worden sind.

Annexion Elsass-Lothringens

Rede vor dem Deutschen Reichstag
(2. Mai 1871)

Ich habe zur Einleitung des Ihnen vorliegenden Gesetzentwurfs nur wenige Worte zu sagen. Über das Detail desselben wird die Diskussion ja Gelegenheit geben, mich zu äussern; das Hauptprinzip desselben aber ist, glaube ich, einer Meinungsverschiedenheit kaum unterworfen, nämlich die Frage, ob Elsass und Lothringen dem Deutschen Reiche einverleibt werden sollen. Die Form, in welcher es zu geschehen haben wird, die Form namentlich, in welcher es anzubahnen sei, wird ja Gegenstand Ihrer Beschlüsse sein, und Sie werden die verbündeten Regierungen bereit finden, alle Vorschläge, die in dieser Beziehung abweichend von den unserigen gemacht werden, sorgfältig zu erwägen.

In dem Prinzipe selbst, glaube ich, dass eine Meinungsverschiedenheit um deshalb nicht vorhanden sein wird, weil sie schon vor einem Jahre nicht vorhanden war und während dieses Kriegsjahres nicht zutage getreten ist. Wenn wir uns ein Jahr – oder genauer zehn Monate – zurückversetzen, so werden wir uns sagen können, dass Deutschland einig war in seiner Liebe zum Frieden; es gab kaum einen Deutschen, der nicht den Frieden mit Frankreich wollte, solange er mit Ehren zu halten war. Diejenigen krankhaften Ausnahmen, die etwa den Krieg wollten in der Hoffnung, ihr eigenes Vaterland werde unterliegen – sie sind des Namens nicht würdig, ich zähle sie nicht zu den Deutschen. *(Bravo!)*

Ich bleibe dabei, die Deutschen in ihrer Einstimmigkeit wollten den Frieden. Ebenso einstimmig aber waren sie, als der Krieg uns aufgedrängt wurde, als wir gezwungen wurden, zu unserer Verteidigung zur Wehr zu greifen, wenn Gott uns den Sieg in diesem Kriege, den wir mannhaft zu führen entschlossen waren, verleihen sollte, nach Bürgschaften zu suchen, welche eine Wiederholung eines ähnlichen Krieges unwahrscheinlicher und die Abwehr, wenn er dennoch eintreten sollte, leichter machen. Jedermann erinnerte sich, dass unter unseren Vätern seit dreihundert Jahren wohl schwerlich eine Generation gewesen ist, die nicht gezwungen war, den Degen gegen Frankreich zu ziehen, und jedermann sagte sich, dass, wenn bei früheren Gelegenheiten, wo Deutschland zu den Siegern über Frankreich gehörte, die Möglichkeit versäumt worden war, Deutschland einen besseren Schutz gegen Westen zu geben, dies darin lag, dass wir den Sieg in Gemeinschaft mit Bundesgenossen erfochten hatten, deren Interessen eben nicht die unserigen waren. Jedermann war also entschlossen, wenn wir jetzt, selbständig und rein auf unser Schwert und unser eigenes Recht gestützt, den Sieg erkämpften, mit vollem Ernste dahin zu wirken, dass unseren Kindern eine gesicherte Zukunft hinterlassen werde.

Die Kriege mit Frankreich hatten im Laufe der Jahrhunderte, da sie vermöge der Zerrissenheit Deutschlands fast stets zu unserem Nachteile ausfielen, eine geographisch-militärische Grenzbildung geschaffen, welche an sich für Frankreich voller Versuchung, für Deutschland voller Bedrohung war, und ich kann die Lage, in der wir uns befanden, in der namentlich Süddeutschland sich befand, nicht schlagender charakterisieren, als es mir gegenüber von einem geistreichen süddeutschen Souverän einst geschah, als Deutschland gedrängt wurde, im orientalischen Kriege für die Westmächte Partei zu nehmen, ohne dass es der Überzeugung seiner Regierungen nach ein selbständiges Interesse hatte, den Krieg zu führen. Ich kann ihn auch nennen – es war der hochselige König Wilhelm von Württemberg. Der sagte mir: «Ich teile Ihre Ansicht, dass wir kein Interesse haben, uns in diesen Krieg zu mischen, dass kein deutsches Interesse dabei auf dem Spiele steht, welches der Mühe wert wäre, deutsches Blut dafür zu vergiessen. Aber wenn wir uns darum mit den Westmächten überwerfen sollten, wenn es so weit kommen sollte, zählen Sie auf meine Stimme im Bundestage, bis zu der Zeit, wo der Krieg zum Ausbruch kommt. Dann aber nimmt die Sache eine andere Gestalt an. Ich bin entschlossen, so gut wie jeder andere, die Verbindlichkeiten einzuhalten, die ich eingegangen bin. Aber hüten Sie sich, die Menschen anders zu beurteilen, wie sie sind. Geben Sie uns Strassburg, und wir werden einig sein für alle Eventualitäten; solange Strassburg aber ein Ausfallstor ist für eine stets bewaffnete Macht, muss ich befürchten, dass mein Land überschwemmt wird von fremden Truppen, bevor mir der Deutsche Bund zu

Hilfe kommen kann. Ich werde mich keinen Augenblick bedenken, das harte Brot der Verbannung in Ihrem Lager zu essen, aber meine Untertanen werden an mich schreiben. Sie werden von Kontributionen erdrückt werden, um auf Änderung meines Entschlusses zu wirken. Ich weiss nicht, was ich tun werde, ich weiss nicht, ob alle Leute fest genug bleiben werden. Aber der Knotenpunkt liegt in Strassburg, denn solange das nicht deutsch ist, wird es immer ein Hindernis für Süddeutschland bilden, sich der deutschen Einheit, einer deutsch-nationalen Politik ohne Rückhalt hinzugeben. Solange Strassburg ein Ausfallstor für eine stets waffenbereite Armee von 100 000 bis 150 000 Mann ist, bleibt Deutschland in der Lage, nicht rechtzeitig mit ebenso starken Streitkräften am Oberrhein eintreten zu können – die Franzosen werden stets früher da sein.»

Ich glaube, dieser aus dem Leben gegriffene Fall sagt alles; ich habe dem nichts hinzuzufügen.

Der Keil, den die Ecke des Elsass bei Weissenburg in Deutschland hineinschob, trennte Süddeutschland wirksamer als die politische Mainlinie von Norddeutschland, und es gehörte der hohe Grad von Entschlossenheit, von nationaler Begeisterung und Hingebung bei unseren süddeutschen Bundesgenossen dazu, um ungeachtet dieser naheliegenden Gefahr, der sie bei einer geschickten Führung des Feldzugs von seiten Frankreichs ausgesetzt waren, keinen Augenblick anzustehen, in der Gefahr Norddeutschlands die ihrige zu sehen und frisch zuzugreifen, um mit uns gemeinschaftlich vorzugehen. *(Bravo!)* Dass Frankreich in dieser überlegenen Stellung, in diesem vorgeschobenen Bastion, welches Strassburg gegen Deutschland bildete, der Versuchung zu erliegen jederzeit bereit war, sobald innere Verhältnisse eine Ableitung nach aussen nützlich machten, das haben wir Jahrzehnte hindurch gesehen. *(Sehr wahr!)* Es ist bekannt, dass ich noch am 6. August 1866 in dem Fall gewesen bin, den französischen Botschafter bei mir eintreten zu sehen, um mir mit kurzen Worten das Ultimatum zu stellen, Mainz an Frankreich abzutreten oder die sofortige Kriegserklärung zu gewärtigen. *(Hört! Hört!)* Ich bin natürlich nicht eine Sekunde zweifelhaft gewesen über die Antwort. Ich antwortete ihm: «Gut, dann ist Krieg!» *(Bravo!)* Er reiste mit dieser Antwort nach Paris; in Paris besann man sich einige Tage nachher anders, und man gab mir zu verstehen, diese Instruktion sei dem Kaiser Napoleon während einer Krankheit entrissen worden. *(Heiterkeit)* Die weiteren Versuche in bezug auf Luxemburg und weitere Fragen sind bekannt. Ich komme darauf nicht zurück. Ich glaube, ich brauche auch nicht zu beweisen, dass Frankreich nicht immer charakterstark genug war, den Versuchungen, die der Besitz des Elsass mit sich brachte, zu widerstehen.

Die Frage, wie Bürgschaften dagegen zu gewinnen seien – territorialer Natur mussten sie sein, die Garantien der auswärtigen Mächte konnten uns nicht viel helfen, denn solche Garantien haben zu meinem Bedauern mitunter nachträglich eigentümlich abschwächende Deklarationen erhalten. *(Heiterkeit)* Man sollte glauben, dass ganz Europa das Bedürfnis empfunden hätte, die häufig wiederkehrenden Kämpfe zweier grosser Kulturvölker inmitten der europäischen Zivilisation zu hindern, und dass die Einsicht nahe lag, dass das einfachste Mittel, sie zu hindern, dasjenige sei, dass man den zweifellos friedfertigeren Teil von beiden in seiner Verteidigung stärke. Ich kann indes nicht sagen, dass dieser Gedanke von Haus überall einleuchtend gefunden wurde. *(Heiterkeit)* Es wurde nach anderen Auskunftsmitteln gesucht, es wurde uns vielfach vorgeschlagen, wir möchten uns mit den Kriegskosten und mit der Schleifung der französischen Festungen in Elsass und Lothringen begnügen. Ich habe dem immer widerstanden, indem ich dieses Mittel für ein unpraktisches im Interesse der Erhaltung des Friedens ansehe. Es ist die Konstituierung einer Servitut auf fremdem Grund und Boden, einer sehr drückenden und beschwerlichen Last für das Souveränitäts-, für das Unabhängigkeitsgefühl desjenigen, den sie trifft. Die Abtretung der Festungen wird kaum schwerer empfunden als das Gebot des Auslandes, innerhalb des Gebietes der eigenen Souveränität nicht bauen zu dürfen. Die Schleifung des unbedeutenden Platzes Hüningen ist vielleicht öfter wirksam zur Erregung französischer Leidenschaft benutzt worden als der Verlust irgendeines Territoriums, den Frankreich an seinen Eroberungen 1815 zu erleiden hatte. Ich habe deshalb auf dieses Mittel keinen Wert gelegt, um so weniger, als nach der geographischen Konfiguration der vorspringenden Bastions, wie ich mir erlaubte, es zu bezeichnen, der Ausgangspunkt der französischen Truppen immer gleich nahe an Stuttgart und München gelegen hätte wie jetzt. Es kam darauf an, ihn weiter zurückzuverlegen.

Ausserdem ist Metz ein Ort, dessen topographische Konfiguration von der Art, dass die Kunst, um es zu einer starken Festung zu machen, nur sehr wenig zu tun braucht, um dasjenige, was sie etwa daran getan hat, wenn es zerstört würde, was sehr kostspielig wäre, doch sehr rasch wieder herzustellen. Ich habe also dies Auskunftsmittel als unzulänglich angesehen.
Ein anderes Mittel wäre gewesen – und das wurde auch von Einwohnern von Elsass und Lothringen befürwortet –, einen neutralen Staat, ähnlich wie Belgien und die Schweiz, an jener Stelle zu errichten. Es wäre dann eine Kette von neutralen Staaten hergestellt gewesen von der Nordsee bis an die Schweizer Alpen, die es uns allerdings unmöglich gemacht haben würde, Frankreich zu Lande anzugreifen, weil wir gewohnt sind, Verträge und Neutralitäten zu achten *(Sehr gut!)*, und weil wir durch diesen dazwischenliegenden Raum von Frankreich getrennt wären; keineswegs aber würde Frankreich an dem im letzten Kriege ja gehegten, aber nicht ausgeführten Plan gehindert sein, gelegentlich seine Flotte mit Landungstruppen an unsere Küste zu schicken oder bei Verbündeten französische Truppen zu landen und bei uns einrücken zu lassen. Frankreich hätte einen schützenden Gürtel gegen uns bekommen, wir aber wären, solange unsere Flotte der französischen nicht gewachsen ist, zur See nicht gedeckt gewesen. Es war dies ein Grund, aber nur in zweiter Linie. Der erste Grund ist der, dass die Neutralität überhaupt nur haltbar ist, wenn die Bevölkerung entschlossen ist, sich eine unabhängige neutrale Stellung zu wahren und für die Erhaltung ihrer

Neutralität zur Not mit Waffengewalt einzutreten. So hat es Belgien, so hat es die Schweiz getan; beide hätten uns gegenüber es nicht nötig gehabt; aber ihre Neutralität ist tatsächlich von beiden geachtet worden; beide wollen unabhängige neutrale Staaten bleiben. Diese Voraussetzung wäre bei den neu zu bildenden Neutralen, Elsass und Lothringen, in der nächsten Zeit nicht zugetroffen, sondern es ist zu erwarten, dass die starken französischen Elemente, welche im Lande noch lange zurückbleiben werden, die mit ihren Interessen, Sympathien und Erinnerungen an Frankreich hängen, diesen neutralen Staat, welcher immer sein Souverän sein möchte, bei einem neuen französischdeutschen Kriege bestimmt haben würden, sich Frankreich wieder anzuschliessen, und die Neutralität wäre eben nur ein für uns schädliches, für Frankreich nützliches Trugbild gewesen. Es blieb daher nichts anderes übrig, als diese Landesstriche mit ihren starken Festungen vollständig in deutsche Gewalt zu bringen, um sie selbst als ein starkes Glacis Deutschlands gegen Frankreich zu verteidigen und um den Ausgangspunkt etwaiger französischer Angriffe um eine Anzahl von Tagemärschen weiter zurückzulegen, wenn Frankreich entweder bei eigener Erstarkung oder im Besitz von Bundesgenossen uns den Handschuh wieder hinwerfen sollte.

Der Verwirklichung dieses Gedankens, der Befriedigung dieses unabweisbaren Bedürfnisses zu unserer Sicherheit, stand in erster Linie die Abneigung der Einwohner selbst, von Frankreich getrennt zu werden, entgegen. Es ist nicht meine Aufgabe, hier die Gründe zu untersuchen, die es möglich machten, dass eine urdeutsche Bevölkerung einem Lande mit fremder Sprache und mit nicht immer wohlwollender und schonender Regierung in diesem Masse anhänglich werden konnte. Etwas liegt wohl darin, dass alle diejenigen Eigenschaften, die den Deutschen vom Franzosen unterscheiden, gerade in der Elsässer Bevölkerung in hohem Grade verköpert werden, so dass die Bevölkerung dieser Lande in bezug auf Tüchtigkeit und Ordnungsliebe, ich darf wohl ohne Überhebung sagen, eine Art von Aristokratie in Frankreich bildete; sie waren befähigter zu Ämtern, zuverlässiger im Dienst. Die Stellvertreter im Militär, die Gendarmen, die Beamten im Staatsdienst in einem die Proportion der Bevölkerung weit überragenden Verhältnis waren Elsässer und Lothringer; es waren die 1½ Millionen Deutsche, die alle Vorzüge des Deutschen in einem Volke, das andere Vorzüge hat, aber gerade nicht diese, zu verwerten imstande waren und tatsächlich verwerteten; sie hatten durch ihre Eigenschaften eine bevorzugte Stellung, die sie manche gesetzliche Unbilligkeit vergessen machte. Es liegt dabei im deutschen Charakter, dass jeder Stamm sich irgendeine Art von Überlegenheit namentlich über seinen nächsten Nachbar vindiziert; hinter dem Elsässer und Lothringer, solange er französisch war, stand Paris mit seinem Glanze und Frankreich mit seiner einheitlichen Grösse; er trat dem deutschen Landsmann gegenüber mit dem Gefühle, Paris ist mein, und fand darin eine Quelle für ein Gefühl partikularistischer Überlegenheit. Ich gehe nicht auf die weiteren Gründe zurück, dass jeder sich einem grossen Staatswesen, welches seiner Fähigkeit vollen Spielraum gibt, leichter assimiliert als in einer zerrissenen, wenn auch stammverwandten Nation, wie sie sich früher diesseits des Rheins für einen Elsässer darstellte. Tatsache ist, dass diese Abneigung vorhanden war und dass es unsere Pflicht ist, sie mit Geduld zu überwinden. Wir haben meines Erachtens viele Mittel dazu; wir Deutsche haben im ganzen die Gewohnheit, wohlwollender, mitunter etwas ungeschickter, aber auf die Dauer kommt es doch heraus, wohlwollender und menschlicher zu regieren, als es die französischen Staatsmänner tun *(Heiterkeit);* es ist das ein Vorzug des deutschen Wesens, der in dem deutschen Herzen der Elsässer bald anheimeln und erkennbar werden wird. Wir sind ausserdem imstande, den Bewohnern einen viel höheren Grad von kommunaler und individueller Freiheit zu bewilligen, als die französischen Einrichtungen und Traditionen dies je vermochten. Wenn wir die heutige Pariser Bewegung betrachten, so wird auch bei ihr eintreffen, was bei jeder Bewegung, die eine gewisse Nachhaltigkeit hat, unzweifelhaft ist, dass neben allen unvernünftigen Motiven, die ihr ankleben und den einzelnen bestimmen, in der Grundlage irgendein vernünftiger Kern steckt; sonst vermag keine Bewegung auch nur das Mass von Kraft zu erlangen, wie die Pariser es augenblicklich erlangt hat. Dieser vernünftige Kern – ich weiss nicht, wie viel Leute ihm anhängen, aber jedenfalls die Besten und Intelligentesten von denen, die augenblicklich gegen ihre Landsleute kämpfen –, ich darf es mit einem Worte bezeichnen: es ist die deutsche Städteordnung; wenn die Kommune diese hätte, dann würden die Besseren ihrer Anhänger zufrieden sein – ich sage nicht alle. Wir müssen unterscheiden, wie liegt die Sache: die Miliz der Gewalttat besteht überwiegend aus Leuten, die nichts zu verlieren haben; es gibt in einer Stadt von zwei Millionen eine grosse Anzahl sogenannter *repris de justice,* Leute, die man bei uns als unter polizeilicher Aufsicht bezeichnen würde, Leute, die die Intervalle, die sie zwischen zwei Zuchthausperioden haben, in Paris zubringen, und die sich dort in erheblicher Anzahl zusammenfinden, Leute, die überall, wo es Unordnung und Plünderung gibt, bereitwillig derselben dienen. Es sind gerade die, die der Bewegung den bedrohlichen Charakter für Zivilisation gegeben haben, durch den sie sich gelegentlich hervortat, ehe man die theoretischen Ziele näher untersuchte, und der im Interesse der Menschlichkeit, hoffe ich, jetzt zu den überwundenen gehört, aber freilich auch ebensogut rückfällig werden kann. Neben diesem Auswurf, wie er sich in jeder grossen Stadt ja reichlich findet, wird die Miliz, deren ich gedacht, gebildet durch eine Anzahl von Anhängern der europäischen internationalen Republik. Mir sind die Ziffern genannt worden, mit welchen die fremden Nationalitäten sich dort beteiligten, von denen mir nur vorschwebt, dass beinahe 8000 Engländer sich zum Zwecke der Verwirklichung ihrer Pläne in Paris befinden sollen – ich setze voraus, dass es grossenteils irische Fenier sind, die mit dem Ausdrucke Engländer bezeichnet werden –, ebenso eine grosse Anzahl Belgier, Polen, Garibaldiner und Italiener. Das sind Leute, denen die Kommune und die französischen Freiheiten ziemlich gleichgültig sind, sie erstreben etwas anderes, und auf sie war natürlich dieses Argument nicht gerichtet, wenn ich sagte: es ist in jeder Bewegung ein vernünftiger Kern. *(Heiterkeit)* Solche Wünsche, wie sie ja in Frankreich bei den grossen Gemeinden sehr berechtigt sind im Vergleich mit ihrer staatsrechtlichen Vergangenheit, die ihnen nur ein sehr geringes Mass der Bewegung zulässt und nach den Traditionen der französischen Staatsmänner das Äusserste dennoch bietet, was man der kommunalen Freiheit gewähren kann, machen sich ja bei dem deutschen Charakter der Elsässer und Lothringer, der mehr nach individueller und kommunaler Selbständigkeit strebt, wie der Franzose, in hohem Grade fühlbar, und ich bin überzeugt, dass wir der Bevölkerung des Elsass auf dem Gebiete der Selbstverwaltung ohne Schaden für das gesamte Reich einen erheblichen freieren Spielraum lassen können – von Hause aus, der allmählich so erweitert wird, dass er dem Ideal zustrebt, dass jedes Individuum, jeder engere kleinere Kreis das Mass der Freiheit besitzt, was überhaupt mit der Ordnung des Gesamtstaatswesens verträglich ist. Das zu erreichen, diesem Ziele möglichst nahezukommen, halte ich für die Aufgabe jeder vernünftigen Staatskunst, und sie ist für die deutschen Einrichtungen, unter denen wir leben, sehr viel erreichbarer, als sie es in Frankreich nach dem französischen Charakter und der unitarischen Verfassung von Frankreich jemals werden kann. Ich glaube deshalb, dass es uns mit deutscher Geduld und deutschem Wohlwollen gelingen wird, den Landsmann dort zu gewinnen – vielleicht in kürzerer Zeit, als man jetzt erwartet.

Es werden aber immer Elemente zurückbleiben, die mit ihrer ganzen persönlichen Vergangenheit in Frankreich wurzeln und die zu alt sind, um sich davon noch loszureissen, oder die durch ihre materiellen Interessen mit Frankreich notwendig zusammenhängen und für das Zerreissen der Bande, die sie an Frankreich knüpften, eine Entschädigung bei uns entweder gar nicht oder nur spät finden können. Also wir dürfen uns nicht damit schmeicheln, sehr rasch an dem Ziele zu sein, dass im Elsass die Verhältnisse sein würden wie in Thüringen in bezug auf deutsche Empfindungen; aber wir dürfen denn doch auch nicht verzweifeln, das Ziel, dem wir zustreben, unsererseits noch zu erleben, wenn wir die Zeit erfüllen, welche dem Menschen im Durchschnitte gegeben ist.

Wie nun dieser Aufgabe näherzutreten sei, in welcher Form zunächst, das ist die Frage, welche jetzt zuerst an Sie herantritt, meine Herren, aber doch nicht in einer entscheidenden und die Zukunft bindenden Weise. Ich möchte Sie bitten, bei diesen Beratungen sich nicht auf den Standpunkt zu stellen, dass Sie etwas für die Ewigkeit Gültiges machen wollen, dass Sie jetzt schon sich einen festen Gedanken bilden wollen über die Gestaltung der Zukunft, wie sie nach mehreren Jahren etwa sein soll. Dahin reicht meines Erachtens keine menschliche Voraussicht. Die Verhältnisse sind abnorm; sie mussten abnorm sein – unsere ganze Aufgabe war es –, und sie sind nicht nur abnorm in der Art, wie wir das Elsass gewonnen haben, sie sind auch abnorm in der Person des Gewinners. Ein Bund, aus souveränen Fürsten und freien Städten bestehend, der eine Eroberung macht, die er zum Bedürfnisse seines Schutzes behalten muss, die sich also im gemeinsamen Besitz befindet, ist eine in der Geschichte sehr seltene Erscheinung, und wenn wir einzelne Unternehmungen von Schweizer Kantonen abrechnen, die doch auch immer nicht die Absicht hatten, sich die gemeinsam gewonnenen Länder gleichberechtigt zu assimilieren, sondern sie als gemeinsame Provinzen zum Vorteil der Eroberer zu bewirtschaften, so glaube ich kaum, dass sich in der Geschichte etwas ähnliches findet. Ich möchte also glauben, dass gerade bei dieser abnormen Lage und abnormen Aufgabe die Mahnung, den Fernblick des scharfsichtigsten Politikers in menschlichen Dingen nicht zu überschätzen, besonders an uns herantritt. Ich wenigstens fühle mich nicht imstande, jetzt schon mit voller Sicherheit zu sagen, wie die Situation nach drei Jahren im Elsass und in Lothringen sein wird. Um das berechnen zu können, müsste man in die Zukunft sehen. Es hängt das von Faktoren ab, deren Entwicklung, deren Verhalten und guter Wille gar nicht in unserer Gewalt stehen und von uns nicht regiert werden können. Es ist das, was wir Ihnen vorlegen, eben ein Versuch, den richtigen Anfang einer Bahn zu finden, über deren Ende wir selbst noch der Belehrung durch die Entwicklung, durch die Erfahrungen, die wir machen werden, bedürftig sind. Und ich möchte Sie deshalb bitten, einstweilen denselben empirischen Weg gehen zu wollen, den die Regierungen gegangen sind, und die Verhältnisse zu nehmen, wie sie liegen, und nicht, wie sie vielleicht wünschenswert wären. Wenn man nichts Besseres an die Stelle zu setzen weiss für etwas, was einem nicht vollständig gefällt, so tut man immer, meiner Überzeugung nach, besser, der Schwerkraft der Ereignisse ihre Wirkung zu lassen und die Sache einstweilen so zu nehmen, wie sie liegt; sie liegt aber so, dass die verbündeten Regierungen gemeinsam diese Länder gewonnen haben, dass ihr gemeinsamer Besitz, ihre gemeinsame Verwaltung etwas Gegebenes ist, was nach unseren Bedürfnissen und nach den Bedürfnissen der Beteiligten in Elsass und Lothringen modifiziert werden kann. Aber ich möchte dringend bitten, sparen Sie sich, ebenso wie es die verbündeten Regierungen machen, das Urteil über die Gestaltung, wie sie definitiv noch einmal werden kann, noch auf. Haben Sie mehr Mut, die Zukunft zu präjudizieren, als wir haben, so werden wir Ihnen bereitwillig entgegenkommen, da wir unsere Arbeit ja doch nur gemeinschaftlich betreiben können, und gerade die Vorsicht, mit der ich die Überzeugung der verbündeten Regierungen kundgebe, mit der dieselben sich die Überzeugung gebildet haben, zeigt Ihnen zugleich die Bereitwilligkeit, in der wir uns befinden, uns belehren zu lassen, wenn wir irgendeinen besseren Vorschlag erhalten, namentlich wenn er sich an der Hand der Erfahrung, selbst einer kurzen Erfahrung, als der bessere bewährt haben sollte; und wenn ich unsererseits diesen guten Willen kundgebe, so bin ich sicher, dass er bei Ihnen ebenso vorhanden ist, auf diesem Wege gemeinsam mit deutscher Geduld und deutscher Liebe zu allen, besonders zu den neuesten Landsleuten, das richtige Ziel zu finden und schliesslich zu erreichen. *(Lebhaftes Bravo!)*

Gespräche in Versailles

Aus den Aufzeichnungen von Moritz Busch
(9. November 1870)

Nach halb elf Uhr trat der Chef aus dem Salon zu uns, wo er mit dem bayerischen General von Bothmer verhandelt und, wie es schien, militärische Fragen in betreff der in Angriff genommenen grösseren Einigung Deutschlands besprochen hatte, und blieb wohl noch eine Stunde mit uns zusammen. Als er sich gesetzt hatte, liess er sich eine Flasche Bier geben. Dann seufzte er ein wenig und sagte: «Ach, ich dachte eben wieder einmal, was ich oft schon gedacht habe, wenn ich nur einmal fünf Minuten die Gewalt hätte, zu sagen: So wird es, und so nicht. – Dass man sich nicht mit Warum und Darum abzuquälen, zu beweisen und zu betteln hätte bei den einfachsten Dingen. – Das ging doch viel rascher bei Leuten wie Friedrich dem Grossen, die selber Militärs waren und zugleich was vom Gange der Verwaltung verstanden und ihre eigenen Minister waren. Auch mit Napoleon. Aber hier, dieses ewige Reden- und Bettelnmüssen.» Nach einer Weile äusserte er lächelnd: «Ich habe mich heute viel mit Fürstenerziehung abgegeben.» – «Wieso, Exzellenz?» fragte Hatzfeldt. «Nun, ich habe die Begriffe von mehreren der Herren aus dem Reservoir über das, was sich gehört und nicht gehört, aufgeklärt. Ich habe dem Meininger durch Stein sagen lassen, dass die Benutzung des Feldtelegraphen für seinen Küchengarten und sein Theater nicht statthaft ist. Er nimmt ihn fast allein in Anspruch mit Baumschulen, Choristinnen, Ankauf von Pferden und dergleichen. – Und der Coburger macht es noch schlimmer. – Na, der Reichstag wird da wohl Ordnung hineinbringen und einen Pflock vorstecken. Ich werde nur nicht dabeisein können. – Auch das gehört in dieses Kapitel, dass man Leute vor der Tür der Prinzen verhaften lässt, die sie sich zur Tafel geladen haben.» – «Wie meinen Sie das?» fragte Hatzfeldt. «Nun, den Sullivan, der mit mir beim Kronprinzen zu Gaste war. Ein verdächtiger Mensch, der fort muss von hier.» Hatzfeldt fragte: «Haben Exzellenz schon gelesen, dass die Italiener in den Quirinal eingebrochen sind?» Der Chef antwortete: «Ja, und ich bin neugierig, was der Papst nun tun wird. Abreisen? Aber wohin? – Er hat bei uns schon gebeten, wir möchten bei Italien vermittelnd anfragen, ob man ihn abreisen lassen würde und ob dies mit der ihm gebührenden Würde geschehen könne. Wir haben das getan, und sie haben geantwortet, man würde seine Stellung durchaus achten und danach verfahren, wenn er fort wollte.» – «Sie werden ihn nicht gern gehen lassen», versetzte Hatzfeldt. «Es liegt in ihrem Interesse, dass er in Rom bleibt.» Chef: «Ja, gewiss, aber er wird doch vielleicht gehen müssen. Wohin aber? Nach Frankreich kann er nicht, da ist Garibaldi. Nach Österreich mag er nicht. Nach Spanien? Ich habe ihm – Bayern vorgeschlagen.» Er sann einen Augenblick nach, dann sagte er: «Es bleibt ihm nichts als

Belgien oder – Norddeutschland. Er hat in der Tat schon angefragt, ob wir ihm Asyl gewähren könnten. Ich habe nichts dagegen einzuwenden – Köln oder Fulda.» – «Es wäre eine unerhörte Wendung, aber doch nicht so unerklärlich und für uns recht nützlich, wenn wir den Katholiken als das erschienen, was wir in Wirklichkeit sind, als die einzige Macht gegenwärtig, die dem obersten Fürsten ihrer Kirche Schutz gewähren könnte. Stofflet und Charette und ihre Zuaven, die gingen gleich nach Hause. Wir hätten die Polen für uns. Die Opposition der Ultramontanen hörte auf – in Belgien, in Bayern. Mallinckrodt träte auf die Seite der Regierung. – Aber der König will nicht. Er hat Angst, denkt, dann wird alles katholisch in Preussen. – Ich habe ihm aber gesagt, wenn ihn der Papst um ein Asyl bittet, so darf er's ihm nicht abschlagen. Er muss es gewähren; denn er hat zehn Millionen katholischer Untertanen, die den Oberherrn ihrer Kirche geschützt sehen wollen. – Übrigens mögen Leute mit vorwiegender Phantasie, besonders Frauen, in Rom beim Anblicke des Pomps und des Weihrauchs des Katholizismus und des Papstes auf seinem Thron und mit seinem Segen Neigung empfinden, katholisch zu werden. In Deutschland, wo man den Papst unter sich hätte als hilfesuchenden Greis, als guten alten Herrn, als einen der Bischöfe, der wie die anderen isst und trinkt, eine Prise nimmt, wohl gar auch seine Zigarre raucht – da hat's keine so grosse Gefahr. Na und schliesslich, wenn nun auch etliche Leute in Deutschland wieder katholisch würden – ich werd's nicht –, so hätte das nicht viel zu bedeuten, wenn sie nur gläubige Christen wären.

Die Konfessionen machen's nicht, sondern der Glaube. Man muss toleranter denken.» Zuletzt kam er auf die komische Seite der Auswanderung des Papstes und seiner Kardinäle nach Fulda und schloss: «Für solche humoristische Auffassung der Sache hat freilich der König keinen Sinn. Aber» (lächelnd), «wenn mir nur der Papst treu bleibt, so setze ich's doch bei ihm noch durch!» Er entwickelte diese Gedanken in interessantester, hier aber nicht mitteilbarer Weise noch weiter. Dann kam man auf andere Dinge. Hatzfeldt erwähnte, dass die Coburger Hoheit vom Pferde gefallen sei. «Glücklicherweise ohne Schaden zu leiden», fügte Abeken, der soeben hinzugekommen war, mit froher Miene eilig hinzu. Der Chef aber wurde dadurch veranlasst, von ähnlichen Unglücksfällen zu erzählen, die ihm selbst widerfahren waren. «Ich glaube», so bemerkte er, «dass es nicht reicht, wenn ich sage, dass ich wohl fünfzigmal vom Pferde gestürzt bin. Vom Pferde fallen ist nichts, aber mit dem Pferde, so dass es auf einem liegt, das ist schlimm. Zuletzt noch in Varzin, wo ich drei Rippen brach. Da dacht' ich: Jetzt ist's aus. Es war nicht so viel Gefahr, wie es anfangs schien, aber es tat doch ganz erschrecklich weh. – Früher aber, in meinen jüngeren Jahren, da hatte ich einen merkwürdigen Zufall, der zeigt, wie das Denken des Menschen von seinem Gehirn abhängt. Ich war mit meinem Bruder abends auf dem Heimwege, und wir ritten, was die Pferde laufen wollten. Da hörte mein Bruder, der etwas voraus ist, auf einmal einen fürchterlichen Knall. Es war mein Kopf, der auf die Chaussee aufschlug. Mein Pferd hatte vor der Laterne eines uns entgegenkommenden Wagens gescheut, hatte sich mit mir rückwärts überschlagen, und dabei war ich auf den Kopf gefallen. Ich verlor zuerst die Besinnung, und als ich wieder zu mir kam, da hatt' ich sie nur halb wieder. Das heisst, ein Teil meines Denkvermögens war ganz gut und klar, die andere Hälfte war weg. Ich untersuchte mein Pferd und fand, dass der Sattel gebrochen war. Da rief ich den Reitknecht und liess mir sein Pferd geben und ritt nach Hause. Als mich da die Hunde anbellten – zur Begrüssung –, hielt ich sie für fremde Hunde, ärgerte mich und schalt auf sie. Dann sagte ich, der Reitknecht sei mit dem Pferd gestürzt, man solle ihn doch mit einer Bahre holen, und war sehr böse, als sie das auf einen Wink meines Bruders nicht tun wollten. Ob sie denn den armen Menschen auf der Strasse liegenlassen wollten? Ich wusste nicht, dass ich es war und dass ich mich zu Hause befand, oder vielmehr, ich war ich selber und auch der Reitknecht. Ich verlangte nun zu essen, und dann ging ich zu Bette, und als ich ausgeschlafen hatte am Morgen, war es gut. – Es war ein seltsamer Fall: den Sattel hatte ich untersucht, mir ein anderes Pferd geben lassen und dergleichen mehr – alles praktisch Notwendige tat ich also. Hierin war durch den Sturz keine Verwirrung der Begriffe herbeigeführt worden. Ein eigentümliches Beispiel, wie das Gehirn verschiedene Geisteskräfte beherbergt; nur eine davon war durch den Fall länger betäubt worden. – Ich erinnere mich noch eines anderen Sturzes. Da ritt ich rasch durch junges Holz in einem grossen Walde, weit weg von zu Hause. Wie ich über einen Hohlweg wollte, stürzte ich mit dem Pferde und verliere das Bewusstsein. Ich muss wohl drei Stunden ohne Bewusstsein dort gelegen haben, denn es war schon dämmerig, als ich aufwachte. Das Pferd stand neben mir. Die Gegend war, wie gesagt, weit weg von unserem Gute und mir ganz unbekannt. Ich hatte meine Geisteskräfte noch nicht ordentlich wieder. Aber das Notwendige tat ich auch hier. Ich machte die Martigal ab, die entzwei war, steckte sie ein und ritt auf einem Wege, der, wie ich dann erfuhr, der nächste war – es ging da auf einer ziemlich langen Brücke über einen Fluss –, nach einem nahegelegenen Gute, wo die Pächtersfrau, als sie den grossen Mann mit dem Gesicht voll Blut vor sich stehen sah, davonlief. Der Mann kam dann herbei und wusch mir das Blut ab, und ich sagte ihm, wer ich wäre und dass ich die zwei oder drei Meilen nach Hause wohl nicht würde reiten können; er möchte mich fahren, was er denn auch tat. – Ich muss wohl fünfzehn Schritt fortgeflogen sein bei der Lerche, die ich schoss, und war an eine Baumwurzel gefallen, und als der Doktor den Schaden besah, sagte er, es wäre gegen alle Regeln der Kunst, dass ich nicht den Hals gebrochen hätte. – Auch sonst bin ich noch ein paarmal in Lebensgefahr gewesen», fuhr der Graf fort. «Zum Beispiel, als die Semmeringbahn noch nicht fertig war – ich glaube, es war 1852 –, da ging ich mit einer Gesellschaft durch einen von den Tunneln oben. Ich erinnere mich, Graf Ottavio Kinsky war dabei, etwas älter als ich, mit gelockten Haaren. Es war ganz finster drin. Ich ging den anderen mit einer Laterne voran. Nun zog sich da quer über den Boden eine Schlucht oder Spalte hin, die war wohl fünfzig Fuss tief und etwa anderthalbmal so breit wie der Tisch hier. Darüber hatten sie ein Brett gelegt, das zu beiden Seiten Leisten hatte, damit die Karren nicht abrutschten. Dieses Brett musste morsch sein; denn wie ich in der Mitte bin, bricht es ein, und ich fahre hinunter, bleibe aber, da ich vermutlich ganz unwillkürlich die Arme ausgebreitet hatte, an den Leisten hängen. Die hinter mir kamen, dachten nun – die Laterne war nämlich gefallen und erloschen –, ich wäre hinabgestürzt, und waren nicht wenig erstaunt, als sie fragten: ‹Leben Sie noch?›, statt von tief unten her ganz oben vor sich – als sie da die Antwort erhielten: ‹Ja, hier bin ich.› Ich hatte mich inzwischen auch mit den Beinen angeklammert und fragte, ob ich zurück oder hinüber sollte. Der Führer meinte, es wäre besser, hinüber, und so arbeitete ich mich denn da hin. Der Arbeiter, der uns führte, zündete nun ein Licht an, suchte ein anderes Brett und brachte so die Gesellschaft nach. – Man sah mit dem Brette so recht, wie liederlich und leichtsinnig solche Dinge zu der Zeit in Österreich genommen wurden. Denn dass Absicht dabei gewesen wäre, kann ich nicht glauben. Man hasste mich damals in Wien noch nicht so wie jetzt – im Gegenteil. Hernach, als wir aus dem Tunnel heraus waren, fuhren wir in einem niedrigen Karren sausend die Bahn hinab. Wir hatten dicke Stöcke, um zu hemmen, und taten es auch, wenn es um die Kurven ging. Bei den stärksten brachten wir's aber nur mit grosser Mühe fertig, dass der Karren nicht aus dem Geleise geriet und in einen der beiden Abgründe fiel, die da waren. In den ganz tiefen konnten wir freilich nicht hinunterfahren, aber in den anderen ging's auch gegen sechzig Fuss hinab.»

(1. Dezember 1870)

Bei Tische ist ein Premierleutnant von Saldern da, der als Adjutant den letzten Kämpfen des 10. Armeekorps mit der Loire-Armee beigewohnt hat. Nach ihm ist dieses Korps bei Beaune la Rolande von der Übermacht der Franzosen, die sich neben dem einen Flügel unserer Truppen nach Fontainebleau durchschieben wollte, eine Zeitlang umzingelt gewesen. Es hat sich sieben Stunden lang mit der grössten Unerschrockenheit und Standhaftigkeit gegen die Angriffe des Feindes verteidigt. Namentlich haben sich die Truppen unter Wedel und vor allen die Leute vom 16. Regiment hervorgetan. «Wir haben über sechzehnhundert Gefangene gemacht, und der Gesamtverlust der Franzosen wird auf vier- bis fünftausend Mann veranschlagt», sagt Saldern. «Ja», erwidert der Chef, «es wäre mir aber lieber, wenn es lauter Leichen wären. Gefangene sind jetzt bloss ein Nachteil für uns.» [...]

Der Chef erzählte dann folgenden Vorfall: «Heute, als ich bei Roon gewesen war, machte ich einen Gang, der nützlich sein wird. Ich liess mir im Schlosse die Gemächer Marie Antoinettens zeigen, und dann dachte ich: Du sollst doch einmal sehen, was die Verwundeten machen. Der Diener, der mich führte, hatte die Schlüssel zu allen Türen, und so liess ich mich nicht durch den Hauptgang hineinbringen, sondern durch eine hintere Tür. Ich fragte einen der Wärter: ‹Haben die Leute denn auch zu leben?› – Na, das wäre nicht viel, so ein bisschen Suppe, die Bouillon sein sollte, mit Brotschnitten darin und Reiskörnern, die nicht weich gekocht wären. Schmalz wäre wenig dabei. ‹Und wie steht's mit dem Wein?› fragte ich. ‹Bekommt ihr Bier?› Wein hätten sie den Tag etwa ein halbes Glas bekommen, sagte er. Ich erkundigte mich bei einem anderen, der hatte gar keinen gekriegt. Dann ein dritter, der sagte, bis vor drei Tagen hätte es welchen gegeben, seitdem nicht mehr. So fragte ich mehrere, im ganzen wohl ein Dutzend, bis auf die Polen, die mich nicht verstanden und ihre Freude, dass sich jemand um sie kümmerte, bloss durch Lachen äusserten. – Also die armen, verwundeten Soldaten bekamen hier nicht, was sie haben mussten, und dabei war es kalt in den Zimmern, weil nicht eingeheizt werden sollte, damit die Bilder an den Wänden nicht Schaden litten. Als ob das Leben eines einzigen von unseren Soldaten nicht mehr wert wäre als der ganze Bilderkram im Schlosse. Und der Diener sagte mir, dass die Öllampen nur bis um elf brennten und dass die Leute dann bis zum Morgen im Dunkeln lägen. – Vorher habe ich noch einen Unteroffizier gesprochen, der am Fusse verwundet war. Er sagte, er müsste zufrieden sein, obwohl es besser sein könnte. Auf ihn nähme man wohl Rücksicht, aber die anderen! Ein bayrischer Johanniter, der sich jetzt ein Herz fasste, sagte mir, dass Wein und Bier geliefert worden sei, aber wahrscheinlich irgendwo zur Hälfte oder mehr hängengeblieben sein würde, desgleichen warme Sachen und andere Liebesgaben. Ich liess mich nun zu dem Chefarzt bringen. ‹Wie steht es mit der Verpflegung der Kranken?› fragte ich. ‹Und bekommen sie gehörig zu essen?› – ‹Hier ist der Speisezettel.› – ‹Der kann mir nichts helfen. Die Leute essen kein Papier. Und bekommen sie Wein?› – ‹Täglich einen halben Liter.› –

‹Entschuldigen Sie, das ist nicht wahr. Ich habe gefragt, und es ist nicht anzunehmen, dass die Leute lügen, wenn sie sagen, dass sie keinen bekommen haben.› – ‹Hier, der Herr ist mein Zeuge, dass alles ordentlich und nach Vorschrift zugeht. Kommen Sie mit mir, und ich will sie in Ihrem Beisein befragen.› – ‹Ich werde mich hüten, aber es wird dafür gesorgt werden, dass sie durch den Auditeur befragt werden, ob sie das erhalten, was an den Inspektor für sie gelangt.› Er wurde ganz blass; ich sehe ihn noch, so dass ein Schmiss, den er im Gesicht hatte, deutlich zum Vorschein kam. ‹Darin läge ja ein schwerer Vorwurf auch für mich›, sagte er. ‹Ja›, erwiderte ich, ‹allerdings, das soll's auch – und ich werde Sorge tragen, dass die Sache untersucht wird und bald.› – Am liebsten hätte ich's, wenn ich den König einmal bewegen könnte, die Verwundeten mit mir zu besuchen.» [...]

(5. Dezember 1870)

[...] Das Gespräch kam hiervon auf Alexander von Humboldt, der nach dem, was über ihn geäussert wurde, auch Hofmann, aber nicht von der unterhaltenden Sorte gewesen sein wird. «Bei unserem hochseligen Herrn», so erzählte der Chef, «war ich das einzige Schlachtopfer, wenn Humboldt des Abends die Gesellschaft in seiner Weise unterhielt. Er las da gewöhnlich vor, oft stundenlang – eine Lebensbeschreibung von einem französischen Gelehrten oder einem Baumeister, die keinen Menschen als ihn interessierte. Dabei stand er und hielt das Blatt dicht vor die Lampe. Mitunter liess er's fallen, um sich mit einer gelehrten Bemerkung darüber zu verbreiten. Niemand hörte ihm zu, aber er hatte doch das Wort. Die Königin nähte in einem fort an einer Tapisserie und verstand gewiss nichts von seinem Vortrage. Der König besah sich Bilder – Kupferstiche und Holzschnitte – und blätterte möglichst geräuschvoll darin, in der stillen Absicht augenscheinlich, nichts davon hören zu müssen. Die jungen Leute seitwärts und im Hintergrunde unterhielten sich ganz ungeniert, kicherten und übertäubten damit förmlich seine Vorlesungen. Die aber murmelten, ohne abzureissen, fort wie ein Bach. Gerlach, der gewöhnlich auch dabei war, sass auf seinem kleinen runden Stuhle, über dessen Rand sein fetter Hinterer auf allen Seiten herabhing, und schlief, dass er schnarchte, so dass ihn der König einmal weckte und zu ihm sagte: ‹Gerlach, so schnarchen Sie doch nicht.› – Ich war sein einziger geduldiger Zuhörer, das heisst, ich schwieg, tat, als ob ich seinem Vortrage lauschte, und hatte dabei meine eigenen Gedanken, bis es endlich kalte Küche und weissen Wein gab. – Es war dem alten Herrn sehr verdriesslich, wenn er nicht das Wort führen durfte. Ich erinnere mich, einmal war einer da, der die Rede an sich riss, und zwar auf ganz natürliche Weise, indem er Dinge, die alle interessierten, hübsch zu erzählen wusste. Humboldt war ausser sich. Mürrisch füllte er sich den Teller mit einem Haufen – so hoch» (er zeigt es mit der Hand) – «von Gänseleberpastete, fettem Aal, Hummerschwanz und anderen Unverdaulichkeiten – ein wahrer Berg! –, es war erstaunlich, was der alte Mann essen konnte. Als er nicht mehr konnte, liess es ihm keine Ruhe mehr, und er machte einen Versuch, sich das Wort zu erobern. ‹Auf dem Gipfel des Popokatepetl›, fing er an. Aber es war nichts, der Erzähler liess sich seinem Thema nicht abwendig machen. ‹Auf dem Gipfel des Popokatepetl, siebentausend Toisen über› – wieder drang er nicht durch, der Erzähler sprach gelassen weiter. ‹Auf dem Gipfel des Popokatepetl, siebentausend Toisen über der Meeresfläche› – er sprach es mit lauter, erregter Stimme, jedoch gelang es ihm auch damit nicht; der Erzähler redete fort, wie vorher, und die Gesellschaft hörte nur auf ihn. Das war unerhört – Frevel! Wütend setzte Humboldt sich nieder und versank in Betrachtungen über die Undankbarkeit der Menschheit auch am Hofe, und bald darauf ging er. – Die Liberalen haben viel aus ihm gemacht, ihn zu ihren Leuten gezählt. Aber er war ein nach Fürstengunst haschender Mensch, der sich nur wohl fühlte, wenn ihn die Sonne des Hofes beschien. – Das hinderte nicht, dass er hernach mit Varnhagen über den Hof räsonierte und allerlei schlechte Geschichten von ihm erzählte. Varnhagen hat dann Bücher daraus gemacht, die ich mir auch gekauft habe. Sie sind erschrecklich teuer, wenn man die paar Zeilen bedenkt, die eins grossgedruckt auf der Seite hat.» Keudell meinte, aber für die Geschichte wären sie doch nicht zu entbehren.

«Ja», erwiderte der Chef, «in gewissem Sinne. Im einzelnen sind sie nicht viel wert, aber als Ganzes sind sie der Ausdruck der Berliner Säure in einer Zeit, wo es nichts gab. Da redete alle Welt mit dieser maliziösen Impotenz. Es wäre eine Welt, die man sich ohne solche Bücher jetzt gar nicht mehr vorstellen kann, wenn man sie nicht selber gesehen hat. Viel auswendig, nichts Ordentliches inwendig. – Ich besinne mich, obwohl ich damals noch sehr klein war, es muss im Jahre 1821 oder 22 gewesen sein – da waren die Minister noch sehr grosse Tiere, angestaunt, geheimnisvoll. Da war einmal bei Schuckmann grosse Gesellschaft, was man damals Assemblee nannte. Was war der als Minister für ein erschrecklich grosses Tier! Da ging meine Mutter auch hin. Ich weiss es noch wie heute. Sie hatte lange Handschuhe an, bis hier herauf» (er zeigte es am Oberarme), «ein Kleid mit kurzer Taille, aufgebauschte Locken zu beiden Seiten und auf dem Kopfe eine grosse Straussenfeder.» Er unterliess, die Geschichte zu vollenden, wenn es eine werden sollte, und kam auf Humboldt zurück. «Humboldt», sagte er, «wusste übrigens auch manches Hübsche zu erzählen, wenn man mit ihm allein war – aus der Zeit Friedrich Wilhelms III. und besonders aus seinem ersten Aufenthalt in Paris, und da er mir gut war, weil ich ihm immer aufmerksam zuhörte, so erfuhr ich viele schöne Anekdoten von ihm. – Mit dem alten Metternich war's ebenso. Ich verlebte einmal ein paar Tage auf dem Johannisberge mit ihm. Da sagte mir später Thun: ‹Ich weiss nicht, was haben Sie nur dem alten Fürsten angetan, der hat ja in Sie wie in einen goldenen Kelch hineingesehen und sagte mir: Wenn Sie mit dem nicht zurechte kommen, so weiss ich wirklich nicht.› – ‹Ja›, sagte ich, ‹das will ich Ihnen erklären: ich habe seine Geschichten ruhig angehört und nur manchmal an die Glocke gestossen, dass sie weiter klang. Das gefällt solchen alten redseligen Leuten.›» [...]

«Kaiser Wilhelm»

Aus «Erinnerung und Gedanke»

Die Annahme des Kaisertitels durch den König bei Erweiterung des Norddeutschen Bundes war ein politisches Bedürfnis, weil er in den Erinnerungen aus Zeiten, da derselbe rechtlich mehr, faktisch weniger als heute zu bedeuten hatte, ein werbendes Element für Einheit und Zentralisation bildete; und ich war überzeugt, dass der festigende Druck auf unsre Reichsinstitutionen um so nachhaltiger sein müsste, je mehr der preussische Träger desselben das gefährliche, aber der deutschen Vorgeschichte innelebende Bestreben vermiede, den andern Dynastien die Überlegenheit der eignen unter die Augen zu rücken. Kaiser Wilhelm I. war nicht frei von der Neigung dazu, und sein Widerstreben gegen den Titel war nicht ohne Zusammenhang mit dem Bedürfnisse, gerade das überlegene Ansehen der angestammten preussischen Krone mehr als das des Kaisertitels zur Anerkennung zu bringen. Die Kaiserkrone erschien ihm im Lichte eines übertragenen modernen Amtes, dessen Autorität von Friedrich dem Grossen bekämpft war, den Grossen Kurfürsten bedrückt hatte. Bei den ersten Erörterungen sagte er: «Was soll mir der Charakter-Major?», worauf ich u. a. erwiderte: «Ew. Majestät wollen doch nicht ewig ein Neutrum bleiben, ‹das Präsidium›? In dem Ausdrucke liegt eine Abstraktion, in dem Worte eine grosse Schwungkraft.»

Auch bei den Kronprinzen habe ich für mein Streben, den Kaisertitel herzustellen, welches nicht einer preussisch-dynastischen Eitelkeit, sondern allein dem Glauben an seine Nützlichkeit für Förderung der nationalen Einheit entsprang, im Anfange der günstigen Wendung des Kriegs nicht immer Anklang gefunden. Seine Königliche Hoheit hatte von irgendeinem der politischen Phantasten, denen er sein Ohr lieh, den Gedanken aufgenommen, die Erbschaft des von Karl dem Grossen wiedererweckten «römischen» Kaisertums sei das Unglück Deutschlands gewesen, ein ausländischer, für die Nation ungesunder Gedanke. So nachweisbar letzteres auch geschichtlich sein mag, so unpraktisch war die Bürgschaft gegen analoge Gefahren, welche des Prinzen Ratgeber in dem Titel «König» der Deutschen sahen. Es lag heutzutage keine Gefahr vor, dass der Titel, welcher allein in der Erinnerung des Volks lebt, dazu beitragen würde, die Kräfte Deutschlands den eignen Interessen zu entfremden und dem transalpinen Ehrgeize bis nach Apulien hin dienstbar zu machen. Das aus einer irrigen Vorstellung entspringende Verlangen, welches der Prinz gegen mich aussprach, war nach meinem Eindrucke ein völlig ernstes und geschäftliches, dessen Inangriffnahme durch mich gewünscht wurde. Mein Einwand, anknüpfend an die Koexistenz der Könige von Bayern, Sachsen, Württemberg mit dem intendierten Könige in Germanien oder Könige der Deutschen, führte zu meiner Überraschung auf die weitere Konsequenz, dass die genannten Dynastien aufhören müssten, den Königstitel zu führen, um wieder den herzoglichen anzunehmen. Ich sprach die Überzeugung aus, dass sie sich dazu gutwillig nicht verstehn würden. Wollte man dagegen Gewalt anwenden, so würde dergleichen Jahrhunderte hindurch nicht vergessen und eine Saat von Misstrauen und Hass ausstreuen. [...]

Ausser den bayrischen Unterhändlern befand sich in Versailles als besonderer Vertrauensmann des Königs Ludwig der ihm als Oberstallmeister persönlich nahestehende Graf Holnstein. Derselbe übernahm auf meine Bitte in dem Augenblick, wo die Kaiserfrage kritisch war und an dem Schweigen Bayerns und der Abneigung König Wilhelms zu scheitern drohte, die Überbringung eines Schreibens von mir an seinen Herrn, welches ich, um die Beförderung nicht zu verzögern, sofort an einem abgedeckten Esstische auf durchschlagendem Papiere und mit widerstrebender Tinte schrieb. Ich entwickelte darin den Gedanken, dass die bayrische Krone die Präsidialrechte, für welche die bayrische Zustimmung geschäftlich bereits vorlag, dem Könige von Preussen ohne Verstimmung des bayerischen Selbstgefühls nicht werde einräumen können; der König von Preussen sei ein Nachbar des Königs von Bayern, und bei der Verschiedenheit der Stammesbeziehungen werde die Kritik über die Konzessionen, welche Bayern mache und gemacht habe, schärfer und für die Rivalitäten der deutschen Stämme empfindlicher werden. Preussische Autorität, innerhalb der Grenze

Bayerns ausgeübt, sei neu und werde die bayrische Empfindung verletzen, ein deutscher Kaiser aber sei nicht der im Stamme verschiedene Nachbar Bayerns, sondern der Landsmann; meines Erachtens könne der König Ludwig die von ihm der Autorität des Präsidiums bereits gemachten Konzessionen schicklicherweise nur einem deutschen Kaiser, nicht einem Könige von Preussen machen. Dieser Hauptlinie meiner Argumentation hatte ich noch persönliche Argumente hinzugefügt, in Erinnerung an das besondere Wohlwollen, welches die bayrische Dynastie zu der Zeit, wo sie in der Mark Brandenburg regierte (Kaiser Ludwig), während mehr als einer Generation meinen Vorfahren betätigt habe. Ich hielt dieses *argumentum ad hominem* einem Monarchen von der Richtung des Königs gegenüber für nützlich, glaube aber, dass die politische und dynastische Würdigung des Unterschieds zwischen kaiserlich deutschen und königlich preussischen Präsidialrechten entscheidend ins Gewicht gefallen ist. Der Graf trat seine Reise nach Hohenschwangau binnen zwei Stunden, am 27. November, an und legte sie unter grossen Schwierigkeiten und mit häufiger Unterbrechung in vier Tagen zurück. Der König war wegen eines Zahnleidens bettlägerig, lehnte zuerst ab, ihn zu empfangen, nahm ihn aber an, nachdem er vernommen hatte, dass der Graf in meinem Auftrage und mit einem Briefe von mir komme. Er hat darauf im Bette mein Schreiben in Gegenwart des Grafen zweimal sorgfältig durchgelesen, Schreibzeug gefordert und das von mir erbetene und im Konzept entworfene Schreiben an den König Wilhelm zu Papier gebracht.

In demselben war das Hauptargument für den Kaisertitel mit der koerzitiven Andeutung wiedergegeben, dass Bayern die zugesagten, aber noch nicht ratifizierten Konzessionen *nur* dem deutschen Kaiser, aber nicht dem Könige von Preussen machen könne. Ich hatte diese Wendung ausdrücklich gewählt, um einen Druck auf die Abneigung meines hohen Herrn gegen den Kaisertitel auszuüben. Am siebenten Tage nach seiner Abreise, am 3. Dezember, war Graf Holnstein mit diesem Schreiben des Königs wieder in Versailles und wurde dasselbe an dem Tage durch den Prinzen Luitpold, jetzigen Regenten, unsrem Könige offiziell überreicht. Dasselbe bildete ein gewichtiges Moment für das Gelingen der schwierigen und vielfach in ihren Aussichten schwankenden Arbeiten, welche durch das Widerstreben des Königs Wilhelm und durch die bis dahin mangelnde Feststellung der bayerischen Erwägungen veranlasst waren. Der Graf Holnstein hat sich durch diese in einer schlaflosen Woche zurückgelegte doppelte Reise und durch die geschickte Durchführung seines Auftrags in Hohenschwangau ein erhebliches Verdienst um den formalen Abschluss unsrer nationalen Einigung durch Beseitigung der äusseren Hindernisse der Kaiserfrage erworben.

Eine neue Schwierigkeit erhob Se. Majestät bei der Formulierung des Kaisertitels, indem er, wenn schon Kaiser, Kaiser *von* Deutschland heissen wollte. In dieser Phase haben der Kronprinz, der seinen Gedanken an einen König der Deutschen längst fallengelassen hatte, und der Grossherzog von Baden mich, jeder in seiner Weise, unterstützt, wenn auch keiner von beiden der zornigen Abneigung des alten Herrn gegen den «Charakter-Major» offen widersprach. Der Kronprinz unterstützte mich durch passive Assistenz in Gegenwart seines Herrn Vaters und durch gelegentliche kurze Äusserungen seiner Ansicht, die aber meine Gefechtsposition dem Könige gegenüber nicht stärkten, sondern eher eine verschärfte Reizbarkeit des hohen Herrn zur Folge hatten. Denn der König war noch leichter geneigt, dem Minister als seinem Herrn Sohne Konzessionen zu machen, in gewissenhafter Erinnerung an Verfassungseid und Ministerverantwortlichkeit. Meinungsverschiedenheiten mit dem Kronprinzen fasste er von dem Standpunkte des *pater familias* auf.

In der Schlussberatung am 17. Januar lehnte er die Bezeichnung Deutscher Kaiser ab und erklärte, er wolle Kaiser von Deutschland oder gar nicht Kaiser sein. Ich hob hervor, wie die adjektivische Form Deutscher Kaiser und die genitivische Kaiser von Deutschland sprachlich und zeitlich verschieden seien. Man hätte Römischer Kaiser, nicht Kaiser von Rom gesagt; der Czar nenne sich nicht Kaiser von Russland, sondern Russischer, «gesamtrussischer» (wserossiski) Kaiser. Das letztere bestritt der König mit Schärfe, sich darauf berufend, dass die Rapporte seines russischen Regiments Kaluga stets «pruskomu» adressiert seien, was er irrtümlich übersetzte. Meiner Versicherung, dass die Form der Dativ des Adjektivums sei, schenkte er keinen Glauben und hat sich erst nachher von seiner gewohnten Autorität für russische Sprache, dem Hofrat Schneider, überzeugen lassen. Ich machte ferner geltend, dass unter Friedrich dem Grossen und Friedrich Wilhelm II. auf den Talern *Borussorum,* nicht *Borussiae rex* erscheine, dass der Titel Kaiser von Deutschland einen landesherrlichen Anspruch auf die nichtpreussischen Gebiete involviere, den die Fürsten zu bewilligen nicht gemeint wären; dass in dem Schreiben des Königs von Bayern in Anregung gebracht sei, dass die «Ausübung der Präsidialrechte mit Führung des Titels eines Deutschen Kaisers verbunden werde»; endlich dass derselbe Titel auf Vorschlag des Bundesrates in die neue Fassung des Artikels 11 der Verfassung aufgenommen sei.

Die Erörterung ging über auf den Rang zwischen Kaisern und Königen, zwischen Erzherzogen, Grossherzogen und preussischen Prinzen. Meine Darlegung, dass den Kaisern im Prinzip ein Vorrang vor Königen nicht eingeräumt werde, fand keinen Glauben, obwohl ich mich darauf berufen konnte, dass Friedrich Wilhelm I. bei einer Zusammenkunft mit Karl VI., der doch dem Kurfürsten von Brandenburg gegenüber die Stellung des Lehnsherrn hatte, als König von Preussen die Gleichheit beanspruchte und durchsetzte, indem man einen Pavillon erbauen liess, in den die beiden Monarchen von den entgegengesetzten Seiten gleichzeitig eintraten, um einander in der Mitte zu begegnen.

Die Zustimmung, welche der Kronprinz zu meiner Ausführung zu erkennen gab, reizte den alten Herrn noch mehr, so dass er auf den Tisch schlagend sagte: «Und wenn es so gewesen wäre, so befehle ich jetzt, wie es sein soll. Die Erzherzoge und Grossherzoge haben stets den

Vorrang vor den preussischen Prinzen gehabt, und so soll es ferner sein.» Damit stand er auf, trat an das Fenster, den um den Tisch Sitzenden den Rücken zuwendend. Die Erörterung der Titelfrage kam zu keinem klaren Abschluss; indessen konnte man sich doch für berechtigt halten, die Zeremonie der Kaiserproklamation anzuberaumen, aber der König hatte befohlen, dass nicht von dem Deutschen Kaiser, sondern von dem Kaiser von Deutschland dabei die Rede sei.

Diese Sachlage veranlasste mich, am folgenden Morgen, vor der Feierlichkeit im Spiegelsaale, den Grossherzog von Baden aufzusuchen als den ersten der anwesenden Fürsten, der voraussichtlich nach Verlesung der Proklamation das Wort nehmen würde, und ihn zu fragen, wie er den neuen Kaiser zu bezeichnen denke. Der Grossherzog antwortete: «Als Kaiser *von* Deutschland, nach Befehl Sr. Majestät.» Unter den Argumenten, welche ich dem Grossherzoge dafür geltend machte, dass das abschliessende Hoch auf den Kaiser nicht in *dieser* Form ausgebracht werden könne, war das Durchschlagendste meine Berufung auf die Tatsache, dass der künftige Text der Reichsverfassung bereits durch einen Beschluss des Reichstags in Berlin präjudiziert sei. Die in seinen konstitutionellen Gedankenkreis fallende Hinweisung auf den Reichstagsbeschluss bewog ihn, den König noch einmal aufzusuchen. Die Unterredung der beiden Herren blieb mir unbekannt, und ich war bei Verlesung der Proklamation in Spannung. Der Grossherzog wich dadurch aus, dass er ein Hoch weder auf den Deutschen Kaiser noch auf den Kaiser von

Deutschland, sondern auf den Kaiser Wilhelm ausbrachte. Se. Majestät hatte mir diesen Verlauf so übelgenommen, dass er beim Herabtreten von dem erhöhten Stande der Fürsten mich, der ich allein auf dem freien Platze davor stand, ignorierte, an mir vorüberging, um den hinter mir stehenden Generalen die Hand zu bieten, und in dieser Haltung mehrere Tage verharrte, bis allmählich die gegenseitigen Beziehungen wieder in das alte Geleise kamen.

«Was tun Sie, wenn Sie sich ärgern?»

Aus den Erinnerungen des Grafen Friedrich v. Beust
(August/September 1871)

Die drei Wochen, welche ich damals mit Fürst Bismarck in Gastein zubrachte, haben mir die angenehmsten Erinnerungen zurückgelassen. Wir wohnten beide bei Straubinger und sahen uns fast täglich. Wenn man mit Bismarck in guten Beziehungen steht, gibt es auf der Welt keinen besseren Gesellschafter. Die Originalität der Gedanken wird nur von der Originalität des Ausdrucks übertroffen. Dabei eine ungesuchte, daher ansprechende Bonhommie, welche das oft scharfe Urteil über andere mildert. Ein Lieblingswort war: «Der ist ein ganz dummer Kerl», ohne ihn damit kränken zu wollen. Verschiedene seiner Äusserungen waren zu charakteristisch und teilweise zu interessant, um sie hier nicht zu erwähnen. «Was tun Sie», fragte er einmal, «was tun Sie, wenn Sie sich ärgern? Ich glaube, Sie ärgern sich nicht so viel wie ich.» – «Nun», erwiderte ich, «bloss über die Dummheit der Menschen, über deren Bosheit nie.» – «Nein», fuhr er fort, «finden Sie nicht, dass es dann eine grosse Erleichterung ist, einen Gegenstand zu zerstören?» – «Wie gut», entgegnete ich, «dass Sie nicht an meinem Platz sind, dann bliebe im Hause kein Möbel ganz!» – «Sehen Sie», dies war der Schluss, «ich war einmal drüben» – dabei wies er auf die mir gegenüber im Badschloss befindlichen Zimmer des Kaisers Wilhelm – «und habe mich schwarz geärgert; ich schliesse die Türe heftig, der Schlüssel bleibt mir in der Hand, ich trete bei Lehndorff ein und werfe ihn in das Waschbecken, das in tausend Stücke geht. – ‹Mein Gott›, sagte dieser, ‹sind Sie krank?› – ‹Gewesen, jetzt bin ich wieder ganz wohl.›»

Er sprach viel vom französischen Kriege und seinen Verhandlungen mit Thiers und Favre. «Der Waffenstillstand ging zu Ende, und so sagte ich denn zu Thiers», erzählte Bismarck: ‹Ecoutez, Monsieur Thiers, voilà une heure que je subis votre éloquence, il faut une fois en finir: je vous préviens que je ne parlerai plus français, je ne parlerai qu'allemand.› – ‹Mais, Monsieur›, hat Thiers geantwortet, ‹nous ne comprenons pas un mot d'allemand.› – ‹C'est égal›, replizierte ich, ‹je ne parlerai qu'allemand.› Darauf hielt mir Thiers wieder eine sehr schöne Ansprache, ich sah ihn mit Wohlwollen an und antwortete ihm deutsch. Er und Favre gingen nun eine halbe Stunde lang händeringend auf und ab, endlich kamen sie und brachten, was ich haben wollte. Sofort sprach ich französisch.» Das alles erzählte Bismarck im heitersten Tone, wie eine Jagdgeschichte; von der Gefühllosigkeit, die weniger in dem Vorgehen selbst, als in dieser scherzweisen Erwähnung lag, schien er keine Ahnung zu haben, denn welche Seelenqualen hatten jene beiden Männer in dieser entscheidenden Stunde zu bestehen! Der Erfolg ist das grosse Absolutorium, ich aber musste der Worte Posas gedenken: «Ich weiss es, dass Sie's müssen; dass Sie's können, erfüllt

mein Herz mit schaudernder Bewunderung.»
Um so vorteilhafter nahm sich eine andere Erzählung aus. Bismarck war mit den deutschen Truppen bei der Revue von Longchamps eingeritten. Da trat ein Blusenmann an ihn heran mit den Worten: *«T'es une fameuse canaille.»* – «Ich konnte ihn», sagte Bismarck, «gefangennehmen lassen, aber der Mut des Menschen gefiel mir.» [...]

Vom Konzil zum Kulturkampf I

Erlass an den preussischen Gesandten beim Vatikan, Graf Harry v. Arnim

(Berlin, 5. Januar 1870)

Die Berichte Ew. pp. vom 22. bis 29. Dezember sind mir nunmehr zugegangen. Wenn ich dieselben zusammenfasse und mir ein Bild von der bisherigen Entwicklung der Dinge zu gewinnen suche, soweit dies überhaupt bei der augenblicklichen Sachlage möglich ist, so erscheint mir diese bis jetzt noch als eine so chaotische, dass es unmöglich ist, über die Wahrscheinlichkeiten des weiteren Verlaufs ein Urteil zu gewinnen. Was für greifbare und wirkliche Gestaltungen sich aus diesen kreisenden Nebeln herausbilden mögen, lässt sich noch nicht voraussehen.

Ich würde es nicht für weise halten, wenn wir in dies nebelhafte Chaos hineingreifen wollten, in welchem wir die richtigen Angriffspunkte zu erkennen wie die richtige Operationsbasis zu wählen noch ausserstande sind. Wir könnten durch ein voreiliges Eingreifen möglicherweise der Entwicklung eine uns unerwartete Richtung geben und Elemente, auf welche wir zählen müssen, nach der andern Seite hinüberdrängen.

Was sich von wirklich lebenskräftiger Tätigkeit der freieren, geistigen Elemente entwikkeln soll, muss sich aus sich selbst heraus entwickeln; und an uns kann die Aufforderung zum Handeln erst herantreten, wenn eine solche Tätigkeit eine bestimmte Gestalt und einen festeren Boden gewonnen hat.

Die abwartende Stellung wird uns um so leichter, weil gerade wir, was auch schliesslich das Ergebnis sein möge, keine Ursache zu Besorgnis vor wirklichen Gefahren haben, die unserem Staatsleben drohen möchten. Ich habe Ew. pp. schon früher bemerklich gemacht – und ich bitte Sie vor allem, sich dies immer gegenwärtig zu halten –, dass wir vom Standpunkte der Regierung aus keinerlei Befürchtungen Raum geben, weil wir die Gewissheit haben, auf dem Felde der Gesetzgebung, unterstützt von der Macht der öffentlichen Meinung und dem ausgebildeten staatlichen Bewusstsein der Nation, die Mittel zu finden, um jede Krisis zu überwinden und die gegnerischen Ansprüche auf das Mass zurückzuführen, welches sich mit unserem Staatsleben verträgt. Wir sind in Norddeutschland des nationalen und politischen Bewusstseins auch der katholischen Bevölkerung in ihrer Mehrheit sicher und haben in der überwiegenden Majorität der evangelischen Kirche einen Stützpunkt, welcher den Regierungen rein oder wesentlich katholischer Länder fehlt. Es bedarf für uns der Versicherung des Papstes, dass durch die Ergebnisse des Konzils die hergebrachten oder festgestellten Beziehungen der Kurie zu den Regierungen nicht geändert werden sollten, in keiner Weise. Jeder Versuch, dieselben umzugestalten, würde nicht zu *unserem* Nachteile ausfallen.

Ungeachtet dieser Zuversicht sind wir natürlich weit davon entfernt zu wünschen, dass die Sachen auf diese Spitze getrieben werden. Im Interesse der katholischen Untertanen Seiner Majestät des Königs und einer friedlichen Weiterentwicklung des nationalen Lebens können wir nur wünschen, dass der Organismus der katholischen Kirche, auf dessen Grunde sich bisher gedeihliche Beziehungen zwischen Staat und Kirche gebildet haben, nicht gestört oder unterbrochen werde. Wir haben ein lebhaftes Interesse daran, dass die Elemente des religiösen Lebens, verbunden mit geistiger Freiheit und wissenschaftlichem Streben, welche der katholischen Kirche in Deutschland eigentümlich sind, auch in Rom auf dem Konzil im Gegensatz gegen die fremden Elemente zur Geltung kommen und nicht durch die numerische Majorität unterdrückt und vergewaltigt werden. Aber wie dieser Wunsch nicht aus dem staatlichen Interesse der Regierung, sondern aus der Sympathie für das religiöse Leben unserer katholischen Bevölkerung hervorgeht, so kann er auch nicht in einer von der Regierung ausgehenden Aktion seinen Ausdruck finden; sondern wir müssen erwarten, dass die Aktion von dem deutschen Elemente auf dem Konzil selbst ausgehe; und wir unsererseits müssen uns darauf beschränken, dem deutschen Episkopat die Gewissheit unserer Sympathie und, *wenn der Fall des Bedürfnisses eintreten und von dem Episkopat erkannt werden sollte,* unsere Unterstützung zu geben.

Unsererseits im Namen der Regierung *Forderungen* für das deutsche Episkopat an die Kurie oder das Konzil zu stellen, betrachte ich nicht als unsere Aufgabe. Abgesehen davon, dass es schwer sein würde, einen praktischen Boden dafür zu finden – wie denn schon die Forderung eines Abstimmungsmodus nach Nationen eine sehr schwer definierbare sein würde –, würden wir uns in eine falsche Stellung zu dem Konzil und zu der Kurie bringen und eine Art Anerkennung der dort beanspruchten Autorität aussprechen, deren Folgen sich schwer berechnen liessen. Was sollten wir tun, wenn die Forderung, wie es wahrscheinlich ist, abgewiesen wird, weil es sich dabei um ein reines Internum des Konzils handele?, und wenn gar römischerseits darauf eingegangen würde – was freilich *nicht* wahrscheinlich ist –, würden uns nicht gerade dadurch die Hände gebunden werden für die Zukunft? Würden wir damit nicht den für uns einzig möglichen Standpunkt aufgeben, dass wir *als Regierung* dem Konzil völlig fremd und frei gegenüberstehen und seine Beschlüsse vor das Forum unserer Gesetze und unseres Staatslebens zu ziehen berechtigt sind?

Schon aus diesem Grunde können wir eine ständige Konferenz der Vertreter der Regierungen in Rom, welche Ew. pp. mit dem Namen eines Antikonzils bezeichnen und selbst zwar nicht empfehlen wollen, aber doch als eine ins Auge zu fassende Eventualität anführen, nicht für angemessen erachten, selbst wenn sie möglich wäre. Sie dürfte aber auch praktisch sich nicht als möglich erweisen, schon weil sich nur sehr wenige Vertreter von Regierungen darin zusammenfinden würden, wie denn Ew. pp. selbst mit Recht ein Zusammenwirken mit dem österreichischen Botschafter als unmöglich bezeichnet haben. Frankreich, welches das Konzil ganz in seiner Hand hat und durch ein Zurückziehen seiner Truppen dasselbe gefährden kann, würde sich sicher abseits halten; von England, von Russland, von Italien sind keine Vertreter vorhanden; und welches Gewicht würde eine Konferenz haben, die sich aus den Vertretern des Norddeutschen Bundes, Bayerns (welches nicht einmal die süddeutschen Staaten mit repräsentieren würde, da Württemberg wenigstens sich nicht geneigt zeigt, Bayern mit zu beauftragen) und Portugals zusammensetzte?

Alle diese Betrachtungen können nur dazu dienen, die Überzeugung zu verstärken, dass jede Aktion auf das Konzil nur von den Bischöfen, d. h. womöglich den deutschen in Verbindung mit den österreichischen und ungarischen, eventuell auch den französischen und den einzelnen Elementen in anderen Nationalitäten ausgehen muss.

Es wird für jetzt mehr nicht tunlich sein, als dass wir die deutschen und die ihnen zustimmenden Bischöfe ermutigen und moralisch unterstützen und ihnen die Zuversicht geben, dass wir auch im schlimmsten Falle ihre Rechte *im eigenen Lande* wahren würden. Ich ersehe aus Ihren Berichten mit Vergnügen, dass Ihnen die Fühlung mit den Bischöfen nicht fehlt; und ich wünsche dringend, dass Sie dieselbe dazu benutzen mögen, um auf die Bischöfe in diesem Sinne vertraulich einzuwirken. Inwieweit Ew. pp. bei den einzelnen Prälaten Gelegenheit und Boden dafür finden, kann nur von Ihnen selbst beurteilt werden. Hierüber bitte ich Ew. pp. auch mit dem Grafen Tauffkirchen, dessen Übereinstimmung Ihnen sicher nicht fehlen wird, und mit dem portugiesischen Gesandten sich zu verständigen. Die Annäherung des letzteren ist sicher nicht abzuweisen, so wenig wie wenn solche Versuche noch von anderen Seiten her gemacht werden sollten.

Den Bischöfen selbst gegenüber werden Sie aber auch hervorheben können, was ich oben schon andeutete, dass tief eingreifende Änderungen in dem Organismus der katholischen Kirche, wie sie durch die absolutistischen Tendenzen der Kurialpartei angestrebt werden, allerdings auch nicht ohne Einfluss auf die Beziehungen der Kirche zum Staat und damit auf ihre eigene Stellung der Regierung gegenüber bleiben würden. Diese Beziehungen und das bisher von der Staatsregierung gezeigte wohlwollende Entgegenkommen für die Bedürfnisse und Wünsche der Kirche beruhen auf dem bestehenden Organismus der Kirche und auf der anerkannten Stellung der Bischöfe in demselben. Werden diese alteriert, so werden auch die Pflichten der Regierung andere, nicht nur in moralischer, sondern auch in juristischer Hinsicht; und letztere muss sich fragen, ob die veränderte Stellung der Bischöfe, welche ihr gegenüber die nächsten Vertreter und Organe der Kirche sind, nicht eine veränderte Behandlung in legislatorischer und administrativer Hinsicht erforderlich mache? In dieser Beziehung erscheint mir auch die Argumentation des französischen Botschafters, welche Ew. pp., ich weiss nicht warum, als eine *subtile* bezeichnen, durchaus gerechtfertigt; und ich glaube, dass Sie ähnliche Erwägungen gegenüber den Bischöfen geltend machen können.

Indem ich noch bemerke, dass diese Instruktion Seiner Majestät dem Könige vorgelegen hat und von allerhöchstdemselben genehmigt worden ist, fasse ich dieselbe noch einmal dahin zusammen, dass ich Ew. pp. bitte, dem Konzil und der Kurie gegenüber eine vollkommen ruhige und abwartende Stellung zu bewahren und vertraulich, in Übereinstimmung mit Ihren gleichgesinnten Kollegen, eine möglichst ermutigende und stärkende Einwirkung auf die Bischöfe geltend zu machen.

Vom Konzil zum Kulturkampf II

Aus den Erinnerungen des altkatholischen Kirchenrechtlers I. F. v. Schulte

(12. Januar 1873)

Ich wurde Schlag neun Uhr abends in des Fürsten Zimmer geführt. Er lag auf einem breiten, grün überzogenen Sofa, bekleidet mit einem alten dunklen Schlafrock, mit einer roten Decke über sich. Neben dem Sofa stand ein Tisch, darauf eine hohe Moderateurlampe, deren Schein abzuwehren er immerfort die rechte Hand über den Oberteil des Gesichtes hielt; unter dem Tische lag ein grosser Hund, den er, so oft er knurrte, streichelte; vor dem Tische war angelehnt ein langer Stock, auf der Erde lag ein Meer von Zeitungen. Er drückte mir fest die Hand und hiess mich auf einem Stuhle vor dem Sofa Platz nehmen, sagte, er bekomme bisweilen in das eine Bein heftige Schmerzen infolge einer Erkältung, die er sich auf der Jagd zugezogen; zu deren Heilung habe er einen von einer deutschen Fürstin in Petersburg als den besten «Quacksalber» empfohlenen Arzt, der nichts als eine schöne Gestalt für sich hatte, zugezogen, dieser habe ihm ein Pflaster gegeben, das die Nerven usw. so affizierte, dass von Zeit zu Zeit sich das Übel einstelle. Dann gab er mir nochmals die Hand und sagte: «Ich begrüsse Sie als einen Kampfgenossen, zu dem ich so offen reden werde, als verkehrten wir schon seit zehn Jahren miteinander. Ich habe als Politiker mich früher um kirchliche Fragen nur bekümmert, wenn ein unmittelbares Bedürfnis dazu vorlag. Als das Vatikanum in Aussicht stand, habe ich mir gesagt: Wenn wir als Regierung eines evangelischen Monarchen positiv eingreifen, kann das nur geschehen, da wir keine direkten Zwangsmittel haben, durch Erklärungen über das, was wir tun würden. Solche laufen auf Drohungen hinaus, und diese hätte man als Beeinträchtigung der kirchlichen Freiheit ausgegeben. Ich habe geglaubt, die Majorität der deutschen Bischöfe werde festhalten. Mir ist in der Geschichte nur ein Beispiel bekannt, die Übertragung der absoluten Gewalt an den König in Dänemark, dass Personen ihre ganze Existenz einem andern selbst opfern. Die Bischöfe haben unsere Zusicherungen, dass wir in jeder Weise ihnen beistehen und sie halten würden, nicht beachtet, haben sich uns nicht angeschlossen.» Auf meine Mitteilung des Benehmens einzelner Bischöfe hatte er nur das eine Wort «Hundsfötte».

Er fuhr fort: «Als diese Sachlage eintrat, musste ich mir klarwerden: jetzt haben wir nicht mehr die einzelnen Bischöfe, sondern den Papst in jedem Bischofe vor uns, ich kann also nicht mehr mit dem Erzbischof von Köln unterhandeln, sondern bin mir bewusst, dass dieser lediglich der Schatten des Papstes ist. Sollte der Staat nicht zugrunde gehen, das Deutsche Reich gekräftigt werden, so musste ich alles tun, um die Macht dieser feindlichen Elemente zu brechen. Nun kam ich zu der Einsicht, wie man den Boden unterwühlt hatte. Der Minister von Mühler war ein persönlich unbedeutender, schwacher Mann, ein willenloses Werkzeug in den Händen seiner Frau. Das Medium der Einwirkung bildeten im Bunde mit ihr die Radziwillschen Damen. Sie werden wissen, dass der Kaiser als junger Mann eine schwärmerische Neigung für die Schwester des verstorbenen Wilhelm und meines heute morgen verstorbenen Nachbars Boleslaw hatte. Er musste von einer Heirat aus staatsrechtlichen Gründen, und weil sie Polin war, absehen, aber die jugendliche Neigung hat bis heute nachgehalten und den beiden Brüdern eine Bedeutung geliehen, die sie sonst nicht erlangt hätten. In dem Radziwillschen Hause wurde alles gemacht. Als Aulike gestorben war, brachte man es fertig, dass Krätzig Direktor der katholischen Abteilung wurde. Auf den Kaiser wirkte die Kaiserin, die seit Jahren ihre Aufgabe darin sieht, den Ultramontanismus zu pflegen, und bei der Lebhaftigkeit und Energie ihres Geistes erfolgreich wirkte. Ich kam nun zu der Entdeckung, dass in Posen und Polnisch-Schlesien das polnische Element seit einem Dezennium die kolossalsten Fortschritte gemacht hatte. Zugleich wurde ich inne, dass die Macht des Klerus eine masslose geworden. Mir haben verschiedene streng katholische und zugleich patriotische Männer versichert, dass sie gegen ihre Überzeugung mitgehen müssten; wollten sie Front machen, so würden sie mit ihren Frauen und Töchtern in dem Kreise, in dem sie sich bewegten, nicht mehr existieren können. Als ich nun einsah, dass ich mit Mühler nichts machen könne, selbst aber in der unglücklichen Stellung eines preussischen Ministerpräsidenten wohl alle Verantwortlichkeit zu tragen, aber in den einzelnen Ressorts nichts zu sagen hatte, musste ich entweder selbst gehen oder Mühler. Die Entlassung Mühlers und die Aufhebung der katholischen und evangelischen Abteilung sowie die Zurückführung des natürlichen Zustandes, dass der Minister Minister ist, war die nächste Folge, während bis dahin es als Skandal galt, wenn der Minister anderer Ansicht als seine katholische Abteilung war. Nun verband sich alles, was reaktionär und ultramontan ist. Ein fünfundsiebzigjähriger Mann lässt nicht gern ab von den Gewohnheiten und ist nicht leicht zu radikalen Änderungen zu bewegen. Bei ihm ist das vulgäre Sprichwort: ‹Es tut dem Hunde weher, den Schwanz stückweise als auf einmal abzuschneiden›, nicht am Platze; ihm tut's weniger weh, ihn stückweise abzuschneiden. Wäre der Kronprinz am Ruder, so würde es leicht sein, sofort grosse organische Neuerungen zu machen. In der letzten Zeit hatten sich die Verhältnisse so sehr schwierig gestaltet: ich war nicht für eine einseitige Vorlage der Kreisordnung und wünschte, dass der König sofort die Herrenhausreform in der Thronrede hervorhöbe: diese ist nun in diesem Jahre nicht mehr möglich, muss und wird aber im nächsten erfolgen. Ich habe als Ministerpräsident seit zehn Jahren nichts zu tun gehabt, als den alten Herrn durch Deduktionen, Vorstellungen mürbe zu machen. Das wird man leid; wenn man nichts zu sagen hat in den einzelnen Ressorts und nur ewig seine Pläne durchkreuzen sieht, musste ich mir sagen: es sei besser, dass andere, die dem Kaiser auch persönlich nahestehen und weniger Anhänglichkeit als ich haben, das undankbare Geschäft des Mürbemachens übernehmen. So habe ich ihm erklärt: ich will nicht mehr Ministerpräsident sein, und bin ein Amt losgeworden, in dem Roon bald zur Einsicht kommen wird, dass er handeln muss, wie ich wollte, wenn's gut gehen soll. Doch ich erzähle Ihnen, anstatt von Ihnen mir erzählen zu lassen.»

Ich schilderte meine Auffassung der Situation, die Unterwühlung der Gesellschaft durch den Klerus am Rhein und so weiter, fragte ihn alsdann direkt über seine Ansicht betreffs unserer Stellung und ob die Regierung einem Bischof, den wir wählen würden, die Anerkennung geben würde. Er erwiderte: «Mein Standpunkt ist ganz der Ihrige. Ich halte die Altkatholiken für die einzigen Katholiken, denen eigentlich alles gebührt. Wenn nun die Regierung diesen Standpunkt praktisch, zum Teil aus den hervorgehobenen Gründen, nicht durchgeführt und nicht gesagt hat: ‹Wir sehen die Millionen nicht mehr als Katholiken an›, so hat sie ihn darum nicht aufgegeben. Ich habe bisher verhindert, dass das Geringste geschehen ist, wodurch diesem Standpunkte präjudiziert würde; man kann daher in jedem Augenblick sich auf ihn stellen. Was meine Ansicht betrifft, so habe ich sofort, als ich Ihre Memoire gelesen, *prima facie* mir gesagt und bleibe dabei: wählen Sie einen Bischof, kommen Sie dann ein um die Anerkennung. Wir können diese nicht versagen, da wir zugeben müssen, dass mit dem Vatikanum alles hinfällig geworden ist und deshalb die Formen nicht mehr passen. Als Politiker muss ich Ihnen aber raten, nicht bloss nach meiner Ansicht zu handeln, sondern ich muss versuchen, meine Kollegen dahin zu bringen. Ich werde, wenn dazu Zeit sein sollte, morgen in der Sitzung des Staatsministeriums, die ich bei mir werde abhalten müssen, den Gegenstand zur Sprache bringen, jedenfalls aber unausgesetzt ihn im Auge behalten. Sagen Sie Geheimrat Bucher in meinem Auftrage, er möge mich wöchentlich einmal an den Gegenstand erinnern.»

Ich setzte ihm auseinander, dass und weshalb die Bischofswahl für uns Lebensfrage sei, dass ich selbst nicht für die Überstürzung sei, glaubte, mit einigen Freunden die Bewegung in der Hand zu haben, dass es zur Wahl eines Bischofs nicht kommen werde, bevor dieselbe der Regierung opportun sei, und darum der Anerkennung sicher. Dann hob ich die Notwendigkeit hervor, dass Bischof und Klerus eine sichere Existenz geboten werden müsse, dass leider die Regierung zu erklären versäumt habe: sie werde Geistliche, welche sich dem Vatikanum nicht unterwerfen, halten und nicht mitwirken, sie ums Brot zu bringen, im Gegenteile, wie der Fall Tangermann zeige, Henkersdienste geleistet habe. Ich entwickelte ihm den Plan, auch ohne direkte Position im Budget uns die Möglichkeit zu bieten, im Wege einer mit Korporationsrechten zu versehenden Stiftung die Mittel für die Unterhaltung des Bischofs und die Verwaltung zu beschaffen.

Darauf exponierte er folgendes: «Ich halte den offenen Weg für den besten. Die Regierung hat zunächst nicht die Mittel, um Ihren Plan zu realisieren. Die Fonds, welche ihr zu Gebote stehen, nämlich der Welfenfonds und der hessische, werden zum grössten Teile zu militärischen Zwecken, dann zu Kanalbauten und dergleichen in jenen Ländern gebraucht. Es kann auf die Dauer nicht unbekannt bleiben, was mit ihnen geschehen ist, und dies kann stündlich bewiesen werden. Ich werde seinerzeit öffentlich Rechnung legen. Der Überschuss ist nicht so gross, um zu Ihren Zwecken zu genügen, aber wenn er auch gross genug wäre, würde ich den offenen Weg vorziehen. Denn man setzte sich der Behauptung aus, die Regierung habe im geheimen die Mittel geboten. Dies würde man nicht desavouieren können. Ist die Anerkennung gesichert, so müssen wir auch die budgetmässigen Mittel bewilligen. Ihnen gehört ja eigentlich alles. Will die Regierung diesen Standpunkt nicht durchführen, so muss Sie Ihnen das Notwendige geben. Im Abgeordnetenhause werden wir damit keiner Schwierigkeit begegnen, und das Herrenhaus wird bis dahin hoffentlich reformiert sein, hat auch nicht zu entscheiden.»

Ich bemerkte, mein Plan sei der: wir wollten eine Stiftung als juristische Person haben, für deren Fonds wir sammeln würden, die Regierung möge dazu beitragen; wenn sie aber solche Mittel nicht habe, bleibe eben nur das Budget übrig; an jene Fonds hätte ich nicht gedacht. Er sagte: «Um so besser. Morgen ist Sitzung des Staatsministeriums. Nach der Tagesordnung» (er nahm sie in die Hand) «kommt zuerst das Gesetz über die obligatorische Zivilehe. Ich gestehe, dass ich darauf kein Gewicht lege und aus rein praktischen Gründen nicht dafür einstehe. Mir ist's ganz recht, wenn sie kommt, ebenso, wenn man die Zivilstandsführung trennen kann. Aber ich kann mir nicht verhehlen, dass sie beim Kaiser auf grosse Schwierigkeiten stösst. Nicht minder in der protestantischen Bevölkerung. Dann nützt es nichts. Merkwürdigerweise ist gerade der Finanzminister Camphausen der grösste Gegner, weil, so sagt er, am Rhein sich schon gezeigt habe, dass die Macht des Klerus nur grösser geworden ist.»

Ich setzte auseinander, dass ich jetzt dafür sei, vor allem, weil sie die letzte Möglichkeit biete, Brautleute zu sichern, welche ihre Überzeugung dem ultramontanen Klerus nicht opfern wollten; für unsere Sache habe sie weder eine prinzipielle noch wesentliche Bedeutung: blosse Palliative helfen unserer Sache überhaupt nichts. Wir brauchen keine Gesetzesparagraphen, sondern nur die Gewissheit, dass die Regierung uns in keiner Art hindernd entgegentrete, sondern uns zu stützen suche. Das erstere geschehe durch die Anerkennung des Bischofs, das Nichteintreten mit dem weltlichen Arm gegen überzeugungstreue Geistliche, das letztere durch Anerkennung unserer bereits gebildeten und noch sich bildenden Pfarreien und die staatliche matcrielle Unterstützung, wie sie den Römischen zuteil werde. Unser Kampf sei ein geistiger, ich mute der Regierung nicht zu, die Millionen zu unterdrücken, sondern hoffe nur, dass man uns als vollberechtigt anerkenne und uns insbesondere nicht zwinge, den Römischen Kirchensteuern zu zahlen und die Kinder in den römischen Religionsunterricht zu schikken. Soweit dazu ein Gesetz nötig sei, werde es von unserer Seite angeregt werden.

Der Fürst fuhr fort: «Ganz einverstanden. Der zweite, morgen zur Verhandlung kommende Entwurf betrifft die Erziehung und Anstellung der Geistlichen. Sollte sich dem im Ministerium oder im Abgeordnetenhause eine verbreitete Ansicht entgegenstellen, dass derselbe sich verfassungsmässig nicht durchführen lasse, so bin ich nicht der Ansicht, denselben trotzdem einzubringen. Man muss dann dem Gesetze eine andere Tournüre geben, so dass man mit der Verfassung auskommt, und zugleich eine Vorlage machen, welche auf Deklaration beziehungsweise Abänderung der Verfassung abzielt. Ebenso verhält es sich mit dem dritten Entwurf, betreffend die Disziplin über den Klerus und den Missbrauch der Amtsgewalt. In jedem Falle müssen wir die Vorlagen auf den Tisch des Hauses bringen, wenn sie auch in dieser Session nicht durchgehen, damit die Welt unsere Entschiedenheit sieht.»

Ich gab meiner Ansicht Ausdruck, dass man mit diesen Gesetzen nicht das Ziel erreichen werde, den Ultramontanismus zu vernichten, dass es misslich sei, diese Gesetze auch auf die evangelische Kirche anzuwenden, die nichts verbrochen habe.

Er: «Falk meint, es sei nicht möglich, für die katholische Kirche allein Gesetze zu geben; dieser Ansicht sind auch die anderen Minister, und so wird es dabei bleiben müssen.»

Ich fragte nun, da es längst zehn Uhr geschlagen hatte: «Also darf ich mit der entschiedenen Überzeugung scheiden, dass wir an Euer Durchlaucht eine Stütze finden und Ihres Wohlwollens versichert sein können?»

Er: «Seien Sie überzeugt, dass ich aufs wärmste zu Ihnen stehe, persönlich in Sie das grösste Vertrauen setze, dass ich niemals zurückweichen werde und alles tun werde, eine Sache zu fördern, von der ich fest überzeugt bin, dass sie dem Staate und der Gesellschaft nützt.»

Ich: «Darf ich, so oft mir dies gut scheint, mich an Euer Durchlaucht wenden? Ich begehre keine Antwort, sondern möchte nur die Möglichkeit haben, Euer Durchlaucht in Kenntnis zu erhalten oder zu setzen von wichtigen Vorgängen. An wen soll ich die Briefe schicken, und versiegelt oder offen?»

Er: «Sie tun mir einen Gefallen, so oft Sie wollen, mir zu schreiben. Senden Sie alles an Geheimrat Bucher, Sie können es versiegelt schicken. Ich habe zwar vor Bucher kein Geheimnis und lasse ihn alles lesen, nehme auch seinen Bericht entgegen, aber darum brauchen Sie es nicht offen zu schicken.»

Ich dankte ihm mit warmen Worten, er schüttelte mir die Hand, wünschte mir alles Gute und hoffte, mich «bei nächster Gelegenheit wiederzusehen».

Aus der Unterhaltung registrierte ich noch folgende Worte: In der Mitteilung, betreffend die Sitzung des Staatsministeriums, sagte er noch: «Ich habe seit vierzehn Tagen, wo ich hier bin, alles daran gesetzt, dass vorläufig das ganze Ministerium bleibt, und deshalb noch gar keine anderen Sachen betrieben. Hätte Roon abtreten müssen, so würde es geheissen haben, die Militärpartei sei unterlegen und es trete eine Schwenkung ein. Wäre Eulenburg gegangen, so würde man die Kreisordnung als Grund angegeben haben. Jetzt kommt es darauf an, die Homogenität entweder mit dem bestehenden Ministerium herzustellen oder zu schaffen.»

Ich fuhr sofort zu meinem Gasthofe zurück,

schrieb die Unterhaltung auf, was bis gegen ein Uhr dauerte. Am Schlusse habe ich wörtlich geschrieben: «Nie ist mir ein hoher Herr mit grösserer Offenheit und Liebenswürdigkeit entgegengetreten. Er ist die geistig bedeutendste Person, welche ich gesehen. Er hat über drei Viertelstunden gesprochen, mit einer Natürlichkeit und doch zugleich ohne gesuchte Form, mit einer spontanen Durchdachtheit in Wort, Gedankenverbindung und Folgerichtigkeit, die erstaunlich. Mir ist übrigens deutlich geworden, dass er die Situation beherrscht.»

Vom Konzil zum Kulturkampf III

Aus den Aufzeichnungen des französischen Botschafters, Vicomte de Gontaut-Biron

(13. Januar 1874)

«In Frankreich wie überall heutzutage», sagte der Fürst, «sucht die klerikale Partei die Herrschaft über den Staat an sich zu reissen. Hier haben wir den offenen Kampf mit ihr und mit der römischen Kirche. Der Papst, dem seine Unfehlbarkeit zu Kopf gestiegen ist, hat den Rechten des Staates mit aller Entschiedenheit den Krieg erklärt. Wir sehen uns einem halsstarrigen Widerstand gegenüber, der das in Glaubens- und Religionssachen sehr empfindliche Gewissen unseres Kaisers beunruhigt. Wir können die deutschen Katholiken nicht stillschweigend dem Joch einer fremden Macht überlassen und zusehen, wie sie ihren Widerstand gegen die Staatsgewalt auf Anstachelungen von aussen her stützen. Bei dem jetzigen Stande unserer inneren Angelegenheiten ist das für uns eine der wichtigsten politischen Fragen. Die Angriffe der belgischen, englischen, österreichischen Bischöfe, all dieser Fremden, die ihre Befehle von Rom bekommen, können uns nicht gleichgültig lassen, und wir müssen uns davor zu bewahren suchen. Was uns aus Frankreich darüber gemeldet wird, hat noch besonders ernsten Charakter, denn hier gründen sich die Angriffe auf kaum vernarbten Groll und bilden eine Stütze für Widerstände, über die wir um jeden Preis Rechenschaft verlangen müssen. In bayerischen Zeitungen habe ich sogar gelesen, dass man nur abwarten will, bis die klerikale Partei in Frankreich ans Ruder kommt, um dann die katholische Opposition in Bayern zu verstärken und zu organisieren. Wenn die Bischöfe den Befehl von Rom empfangen, unsere Untertanen zur Rebellion anzureizen, und wenn zu ihrer Erleichterung auch noch ständige Angriffe von Frankreich gegen die deutsche Politik ausgehen, dann fühlen wir uns bedroht. Es ist für uns eine einfache Frage der Sicherheit, die uns zum Kriege gegen Sie zwingen kann. Das liegt noch in weitem Felde», beeilte er sich hinzuzufügen. «Ihre Minister sind ja keine Klerikalen, ich fürchte nur, sie könnten zu schwach sein, um die Forderungen des Ultramontanismus abzuwehren. Sind Sie sich klar darüber, dass die ganze Stellung der katholischen Kirche sich seit dem Vatikanischen Konzil geändert hat? Die Bischöfe sind nicht mehr selbständig, sie sind nur noch Trabanten und Werkzeuge des Papstes. Vor dem Unfehlbarkeitsdogma hatten sie eine gewisse Freiheit, ich möchte sagen, wie römische Senatoren zur Zeit der Republik; heute sind sie eher zur Stellung der Senatoren des römischen Imperiums herabgesunken. In allem unterstehen sie dem Willen des Papstes, und ein Wort von Pius IX. genügt, um die ganze katholische Welt in Verwirrung zu stürzen. Auf die gegen uns gerichtete letzte Enzyklika hin haben schon etwa zehn Ihrer Bischöfe Hirtenbriefe erlassen; die anderen werden folgen, oder wenn sie in der

Sprache des Seelenhirten etwas mehr Vorsicht gebrauchen, werden sie mindestens ebenso gegen Deutschland denken und handeln und, wenn die Staatsgewalten sich dem nicht widersetzen, einen richtigen Kreuzzug gegen uns veranstalten. Da sehen Sie, wie gefährlich es wäre, wenn ultramontane Einflüsse in Ihrer Regierung hoch kämen!

Ich bin fest entschlossen, in meinem Kampf mit der katholischen Kirche den Sieg zu erfechten. Ein Bischof hat mir versichert, dass er und seine Kollegen es eher zum Bürgerkrieg kommen lassen als sich den letzten in Preussen durchgegangenen Gesetzen fügen würden. Sie werden einsehen, dass wir nicht zurückweichen können und dass ich allem Gerede der Ultramontanen über angebliches Zögern und Widerstreben an höchster Stelle ein Dementi entgegensetzen muss. Es ist der Kampf um die Freiheit des Staates, wie ihn das mittelalterliche Reich gegen das Papsttum geführt hat. Auf dem Posten, auf den ich gestellt bin, habe ich die Verbündeten meiner Widersacher oder die, die sich mit ihnen verbinden könnten, genau zu beobachten. So ist es für unsere künftigen Beziehungen von der grössten Wichtigkeit, dass die Gemüter in Frankreich sich über die religiösen Angelegenheiten auswärtiger Staaten beruhigen. Hüten Sie sich, dass die Massen nicht im Namen der verfolgten katholischen Religion fanatisiert werden, denn dann würde die klerikale Partei die Macht an sich reissen und alle römischen Angelegenheiten zu ihren eigenen machen, was Sie unweigerlich in einen Krieg gegen uns verwickeln müsste. Ihr Angriff darf uns nicht zuvorkommen; lieber in einem solchen Fall in zwei Jahren, in einem Jahr kämpfen, anstatt zu warten, bis Sie mit Ihren Vorbereitungen fertig sind. Aber lassen Sie mich gleich hinzufügen: in den eben von mir angedeuteten Tendenzen und Tatsachen sehe ich nur einen frühzeitigen Wink, der vielleicht unseren beiden Ländern nützlich sein kann.

Ich erhebe nicht den Anspruch, Ihnen die Mittel anzugeben, um diesen heftigen Hirtenbriefen gegen meinen Souverän Einhalt zu gebieten, und was ich Ihnen sage, soll kein Rat oder Hinweis sein, der Ihnen wie eine Einmischung in Ihre inneren Verhältnisse vorkommen könnte. Es liegt mir fern, einen Druck auf Ihre freie Entschlussfassung ausüben zu wollen. Aber haben Sie nicht Handhaben in Ihrer Gesetzgebung, um gegen Ihre widerspenstigen Bischöfe wegen Missbrauchs der Amtsgewalt vorzugehen? Sie könnten, glaube ich, wohl davon Gebrauch machen bei denen, die gegen uns geschrieben haben. Tun Sie das nicht, so nehmen wir Ihnen das nicht übel und werden uns nur der Waffen Ihrer Gesetzgebung bedienen, um die Beleidigungen gegen die Person unseres Kaisers zu verfolgen. Wir werden auf das Gesetz von 1819 zurückgehen und eine unmittelbare Verfolgung durch Ihre Gerichte anstreben. Vielleicht misslingt es uns, aber eine gerichtliche Schlappe hat nicht dasselbe Gewicht wie die Verweigerung der Satisfaktion, die unmittelbar von Regierung zu Regierung gefordert wird. Auf unsere Beziehungen wird das weiter keinen Einfluss haben, das können Sie dem Herzog von Decazes versichern. Im übrigen spreche ich ja auch nur vertraulich mit Ihnen, denn ich weiss sehr gut, dass es nicht so aussehen darf, als ob Sie bei Massnahmen gegen die französischen Bischöfe dem Drängen der deutschen Regierung nachgäben.»

Ich hatte schweigend diese ganzen Auseinandersetzungen des Fürsten Bismarck mit angehört. Da es mir nicht günstig schien, ihm auf den schwierigen Boden der deutschen Streitigkeiten gegen das Papsttum zu folgen, griff ich nur auf einige Argumente zurück, die ich schon Herrn von Bülow gegenüber geltend gemacht hatte.

«Ich gebe zu», sagte ich, «dass der Hirtenbrief des Monsignore von Nîmes für Kaiser Wilhelm kränkend ist; aber meiner Meinung nach täte man besser, Erregungen der öffentlichen Meinung infolge eines Prozesses zu vermeiden. Sie sagen selbst, Durchlaucht, dass dessen Ausgang, wie er auch sei, an unseren Beziehungen nichts ändern werde. Das will ich gern glauben; aber wenn auch die deutsche Regierung ruhig bleibt, werden nicht Unzufriedenheit und Misstrauen der beiden Völker aus einem solchen Prozess neue Nahrung ziehen? Was die Berufung auf Amtsmissbrauch betrifft, so möchte ich der Entscheidung meiner Regierung nicht vorgreifen; aber ich fürchte, ein so ungewöhnliches Vorgehen könnte ihrem Ziel nicht entsprechen, denn es kommt höchst selten vor, dass man vor dem Staatsrat vom Recht der Berufung auf diese Grundartikel Gebrauch macht, und es würde unter diesen Umständen jedenfalls eine ernste Sache sein.»

Dagegen verwahrte sich der Fürst und sagte, es sei im Gegenteil eine sehr gebräuchliche Waffe, wie er beim Studium der Lage der Geistlichen in Elsass-Lothringen gesehen habe. Ich hielt meine Behauptung aufrecht, dann brachte ich die Unterhaltung auf den wichtigsten Punkt zurück und sagte dem Kanzler: «Was will denn nun unsere Regierung? Was habe ich Ihnen in ihrem Auftrag übermittelt? Was war die Bedeutung ihrer Vermittlung gegenüber den Bischöfen in dem Zirkular, das ich Ihnen vorlas? Das Aufhören der direkten Angriffe des Episkopats gegen Sie.» – «Jawohl», erwiderte der Kanzler, «das war ein kleiner Schritt auf dem rechten Wege; aber glauben Sie, dass der genügt?» – «Ich denke doch», gab ich zur Antwort. «Jedenfalls finde ich es sehr begreiflich, dass Sie diesen Erregungen ein Ende machen wollen, die durch die heftige Sprache unserer Bischöfe veranlasst werden können. Sollte die Ihnen zugegangene Mitteilung nicht genügen, so hätten wir, wie ich wohl begreife, nach anderen Massnahmen zu suchen; aber ich denke bestimmt, dass es genügt. Dafür bürgt die Sprache der Bischöfe seit vierzehn Tagen und die Rede des neuen Kardinals, des Erzbischofs von Cambrai, bei der Übergabe des Kardinalshutes durch Mac-Mahon, worin er den Willen der Geistlichkeit betont, sich von politischen Kämpfen fernzuhalten. Das sind beruhigende Anzeichen.»

«Ich glaube», sagte der Kanzler, «ich habe meinen Gedanken noch nicht ganz deutlich ausgedrückt. Der Zwischenfall, den ich mit Ihnen bespreche, beschäftigt mich in Gedanken an meine innere Politik und die Folgen, die er für Deutschland haben könnte. Eine grosse Regierung kann sich nicht ohne weiteres durch so hochgestellte Persönlichkeiten, wie Bischöfe es sind, angreifen lassen. Die Hirtenbriefe haben bei Protestanten und Katholiken einen starken Widerhall gehabt. Ich muss der Nation beweisen können, dass ich mich angestrengt habe, dem durch die Sprache Ihrer Bischöfe verletzten Pietätsgefühl gegenüber unserem Herrscher eine Genugtuung zu verschaffen. Ich darf den Verdacht der Schwäche gegen die Klerikalen und ihre Verbündeten gar nicht aufkommen lassen. Wie empört würde man zum Beispiel in Deutschland über die Verleumdung des ‹Univers› sein, Kaiser Wilhelm habe sich geweigert, dem Grafen Fürstenberg fünfhunderttausend Taler wiederzugeben, die er ihm während der Verbannung nach England geliehen hatte.»

Ich versicherte, «Univers» sei ein wenig einflussreiches Blatt und nicht massgebend für die französischen Bischöfe, so dass man seine Ausfälle nicht zu ernst nehmen dürfe. «Es handelt sich doch auch nur um die allzu lebhafte Sprache einzelner Bischöfe; und wenn ich Sie recht verstehe, so verlangen Sie eine Desavouierung, um der öffentlichen Meinung des Deutschen Reiches Rechnung zu tragen, die Ihnen Schwäche vorwerfen könnte. Diese Desavouierung haben Sie durch die Initiative unserer Regierung schon erlangt; ehe Sie mehr verlangen, stellen Sie sich doch einmal die öffentliche Meinung in Frankreich vor. Sie waren Zeuge unserer furchtbaren Kämpfe gegen die Feinde der sozialen Ordnung. Die Schwierigkeiten sind noch nicht zu Ende; schützen können wir uns nur, wenn wir alle staatserhaltenden Parteigruppen um uns scharen. Wir dürfen sie uns nicht verfeinden. Auch über den Einfluss der klerikalen Partei, wie Sie sie nennen, täuschen

Sie sich, Durchlaucht. Die Politiker, die die Haltung Frankreichs nur nach katholischen Gesichtspunkten regeln wollen, sind in kleiner Minderzahl in der Nationalversammlung. Die Bischöfe sind sehr hoch angesehen bei uns, aber weder sie noch die Geistlichen haben wirklichen Einfluss auf Staats- und Gemeinde-Angelegenheiten. Das Volk lehnt sie instinktiv und fast ganz allgemein ab, das geht wohl auf das 18. Jahrhundert und die Revolution zurück.»

«Ich würde eine Provinz opfern», sagte lachend Fürst Bismarck, «wenn Sie mit dem, was Sie über die Ungefährlichkeit des Klerus sagen, recht hätten; aber ich muss Sie doch an die Gebete der Geistlichen für den Grafen von Chambord erinnern. Das waren ausgesprochen politische Gelübde. Und wir nun», fügte er hinzu, «haben ja gegen diese Kombination gar nichts unternommen; aber dass sie uns missfiel, darf Sie nicht wundern, denn wir hatten den Einfluss zu fürchten, den die Geistlichen, seine leidenschaftlichsten Anhänger in Land und Nationalversammlung, auf ihn gewinnen konnten.» Der Fürst verfolgte dann den gleichen Gedanken wie zu Beginn der Unterhaltung, er sprach noch einmal von den Gefahren, die dem friedlichen Einvernehmen durch die leidenschaftliche Haltung des französischen Klerus Deutschland gegenüber drohen könnten und führte dafür ein Beispiel aus dem letzten Kriege an. Auf den Besuch des Monsignore Ledochowski in Versailles hin und auf den Rat dieses Prälaten hatte Bismarck den Papst gebeten, sich bei den französischen Bischöfen zugunsten des Friedens zu verwenden. Die Bischöfe haben die

Diktatur von Tours gefürchtet und nicht gewagt, für den Frieden zu sprechen, der damals zu sehr viel besseren Bedingungen für Frankreich zu haben gewesen wäre.

Ich äusserte mein Erstaunen über diese Darstellung und versicherte, dass die Bischöfe, zu denen ich damals in direkten oder indirekten Beziehungen stand, ganz gewiss keine Freunde des «Kriegs bis zum Messer» waren. Was solle man anders aus der Ablehnung des päpstlichen Rates schliessen, als dass sich die Bischöfe nach Seele und Gewissen doch nicht zu jener grundsätzlichen Unterordnung unter den Willen des Papstes verpflichtet fühlten, die Fürst Bismarck aus dem Dogma der Unfehlbarkeit herleiten wolle? Im übrigen ging ich nicht weiter auf die Widerlegung der religiösen Lehrsätze ein, die er mir bei Besprechung des Vatikanischen Konzils mitgeteilt hatte; ich begnügte mich mit der Bemerkung, dass die Beschlüsse jener Versammlung die Unfehlbarkeit des Papstes nur für Glaubens- und Sittenfragen festlegten und dass im übrigen jeder Bischof und jeder Katholik seinen eigenen Weg gehen könne. Der Kanzler erwiderte lächelnd, dass er sich neuerdings ja auch mit theologischen Fragen beschäftige; meine Behauptung beweise ihm nur, dass ich kein so guter Katholik sei, wie er sich eigentlich gedacht hatte.

«Ausserdem», sagte ich, «ist es heute ja nicht der Graf von Chambord, sondern der Marschall Mac-Mahon, in dessen Namen und Auftrag ich Ihnen hier die friedfertigsten Erklärungen abzugeben habe.»

«Jeder Gedanke an Krieg», antwortete der Fürst, «liegt uns gänzlich fern. Welchen Nutzen hätten wir davon? Der Frieden von 1871, den Sie mit uns unterzeichnet haben, gibt uns alle Sicherheit, und vielleicht noch mehr als das. Wie könnte ein Staatsmann sein Land leichten Herzens in einen Krieg stürzen, besonders wenn er wie ich die Leiden mit angesehen hat, die dadurch sogar auch dem Sieger auferlegt werden? Nach 1866 wurde ich oft gedrängt, Ihnen den Krieg zu erklären, den uns, wie behauptet wurde, das in seinem Stolz verletzte Frankreich sonst eines Tages aufzwingen würde. Ich schob es immer so weit wie möglich heraus und erwiderte: ‹Wir werden den Krieg auf uns nehmen, aber anfangen werden wir ihn nicht.› Sie wissen, wer ihn veranlasst hat. Und damit komme ich auf die Gerüchte in französischen Zeitungen und sogar in Korrespondenzen unserer Zeitungen. Sie tun, als ob ich den Kaiser zu einem Kriege gegen Sie drängen möchte zur Ableitung unserer inneren Schwierigkeiten; als ob ich die Beziehungen zwischen unseren beiden Völkern vergiften wollte. Das ist ein vollkommener Irrtum. Ich versichere Ihnen nicht nur, dass dies schlechte Politik wäre und dass ich keine solchen Mittel brauche, um der Widerstände im Innern Herr zu werden; jeden Versuch, durch einen auswärtigen Krieg heimischen Schwierigkeiten zu entgehen, würde ich als eine unehrenhafte Handlung betrachten. – Also», sagte der Fürst zum Schluss, indem er noch einmal auf den Gegenstand unserer Unterredung zurückkam, «ich dränge Sie nicht zur Entscheidung, aber es wäre für unsere Beziehungen gut, wenn Sie die Klage wegen Amtsmissbrauchs wenigstens gegen den Bischof von Nîmes erheben wollten, wenn nicht gegen alle

Bischöfe, die Hirtenbriefe über die religiösen Verfolgungen in Deutschland erlassen haben. Der Bischof von Nîmes hat den Kaiser am schwersten beleidigt, und deshalb fasse ich zunächst ihn ins Auge. Können Sie sich dazu nicht entschliessen, so werden wir ein direktes Verfahren bei Ihren Gerichten anstrengen. Wollen Sie das bitte Ihrer Regierung sagen, und auch, dass ich mich immer ehrlich mit Ihnen aussprechen werde über alles, was nur irgendwie als eine leise Bedrohung für die Beziehungen der beiden Länder am Horizont aufsteigen könnte. Wenn alles, was ich Ihnen sagte, in Ruhe beraten und geprüft ist, teilen Sie mir Ihre Entschlüsse mit.»

Konservative Gegner I

Rede im Preussischen Herrenhaus

(10. März 1873)

Der Herr Vorredner hat sich darüber beklagt, dass der «Liberalismus» – ich bediene mich der Kürze wegen seines Ausdrucks – in den letzten Jahren Fortschritte gemacht hat. Ja, meine Herren, ich habe Ihnen das im vorigen Jahre bei einer analogen Diskussion, in der wir uns hier befanden, vorhergesagt, dass dies wahrscheinlich der Fall sein werde; es ist auch möglich, dass er noch mehr Fortschritte macht. Worin liegt denn das? Doch wesentlich in der Desorganisation des Gegengewichts bei der konservativen Partei; es liegt wesentlich darin, dass die Regierung und namentlich ich, ihr früherer Vertreter, sich in der Voraussetzung, dass die konservative Partei mit Vertrauen auf sie blickte, getäuscht hat. Diese Enttäuschung darüber, die bei der Verhandlung über das Schulaufsichtsgesetz stattfand, musste notwendig – ich habe Ihnen das vorhergesagt – auf die gesamte Entwicklung unseres Staatslebens einwirken. Damals hat die konservative Partei denjenigen Vertretern der Regierung, die glaubten, in ihrem Vertrauen zu stehen, in einer hochpolitischen Frage ein durchschlagendes Misstrauensvotum gegeben, und das Vertrauen ist eine zarte Pflanze; ist es zerstört, so kommt es so bald nicht wieder. Darauf ist die konservative Partei, geführt von, wie ich glaube, gutmeinenden, aber eifrigeren Führern, als mit sachlichen Erfolgen verträglich ist, in sich zur Zersetzung gekommen; in Verhandlungen, denen ich nicht beigewohnt habe, ist es in diesem Hause dahin gekommen, dass das Haus seine eigenen Beschlüsse kassiert und die Regierung dadurch in eine Sackgasse gedrängt hat. Diejenigen, auf die die Krone oder – ich will mich parlamentarischer ausdrücken – das Ministerium Seiner Majestät des Königs glaubte in Unterstützung des staatlichen Gedankens rechnen zu können, haben diese Unterstützung nicht nur nicht gewährt, sondern in einer Form versagt, dass die Regierung auch ferner nicht mehr darauf rechnen kann. Wie dürfen Sie dafür die Regierung und ihre Vorlagen anklagen? Wir leben nicht in einer Verfassung, in der Seine Majestät nach voller Willkür ohne Rücksicht auf die verfassungsmässige Gestaltung des Landtages seine Politik führt. Sie, meine Herren, haben wesentlich dazu beigetragen, mich, der ich glaubte, die Geschäfte an der Spitze einer konservativen Partei von einiger Bedeutung und einigem Gewicht führen zu können, herauszudrängen aus meiner darauf berechneten Stellung im Ministerium. Sie haben die Voraussetzungen, unter denen ich glaubte, an der Spitze des Ministeriums bleiben zu können, zerstört. Machen Sie doch nun für Ihr eigenes Werk, welches Ihr eigener Übereifer geschaffen hat, Ihr eigener Anspruch, allein Ihre persönliche Überzeugung in staatlichen Fragen, welche für die Regierung Kabinettsfragen sind, für massgebend zu halten – machen Sie dafür nicht die Regierung Seiner Majestät verantwortlich, und beklagen Sie sich nicht über Dinge, die ein wesentlicher Teil von Ihnen und der konservativen Partei im andern Hause meiner Meinung nach verschuldet hat!

Der Herr Vorredner hat ferner dieselbe Bahn betreten, die im andern Hause von den Gegnern der Vorlage betreten worden ist, nämlich diesen Vorlagen einen konfessionellen, ich möchte sagen, einen kirchlichen Charakter zu geben. Die Frage, in der wir uns befinden, wird meines Erachtens gefälscht, und das Licht, in dem wir sie betrachten, ist ein falsches, wenn man sie als eine konfessionelle, kirchliche betrachtet. Es ist wesentlich eine politische; es handelt sich nicht um den Kampf, wie unseren katholischen Mitbürgern eingeredet wird, einer evangelischen Dynastie gegen die katholische Kirche, es handelt sich nicht um den Kampf zwischen Glauben und Unglauben, es handelt sich um den uralten Machtstreit zwischen Königtum und Priestertum, den Machtstreit, der viel älter ist als die Erscheinung unseres Erlösers in dieser Welt, den Machtstreit, in dem Agamemnon in Aulis mit seinen Sehern lag, der ihm dort die Tochter kostete und die Griechen am Auslaufen verhinderte, den Machtstreit, der die deutsche Geschichte des Mittelalters bis zur Zersetzung des Deutschen Reiches erfüllt hat unter dem Namen der Kämpfe der Päpste mit den Kaisern, der im Mittelalter seinen Abschluss damit fand, dass der letzte Vertreter des erlauchten schwäbischen Kaiserstammes unter dem Beile eines französischen Eroberers auf dem Schafott starb und dass dieser französische Eroberer im Bündnis mit dem damaligen

Papste stand. Wir sind der analogen Lösung der Situation nahe gewesen, übersetzt immer in die Sitten unserer Zeit. Wenn der französische Eroberungskrieg, dessen Ausbruch mit der Publikation der vatikanischen Beschlüsse koinzidierte, erfolgreich war, so weiss ich nicht, was man auch auf unseren kirchlichen Gebieten in Deutschland von den *gestis Dei per Francos* zu erzählen haben würde. Ähnliche Pläne haben vorgelegen vor dem letzten Kriege mit Österreich, ähnliche Pläne haben vorgelegen vor Olmütz, wo ein ähnliches Bündnis bestand gegenüber der königlichen Macht, wie sie in unserem Lande besteht, auf einer Basis, die von Rom nicht anerkannt wird. Es ist meines Erachtens eine Fälschung der Politik und der Geschichte, wenn man Seine Heiligkeit den Papst ganz ausschliesslich als den Hohenpriester einer Konfession oder die katholische Kirche als Vertreter des Kirchentums überhaupt betrachtet. Das Papsttum ist eine politische Macht jederzeit gewesen, die mit der grössten Entschiedenheit und dem grössten Erfolge in die Verhältnisse dieser Welt eingegriffen hat, die diese Eingriffe erstrebt und zu ihrem Programm gemacht hat. Die Programme sind bekannt. Das Ziel, welches der päpstlichen Gewalt wie den Franzosen die Rheingrenze ununterbrochen vorschwebte, das Programm, das zur Zeit der mittelalterlichen Kaiser seiner Verwirklichung nahe war, ist die Unterwerfung der weltlichen Gewalt unter die geistliche, ein eminent politischer Zweck, ein Streben, welches ebenso alt ist wie die Menschheit, denn so lange hat es auch, seit es kluge Leute, seit es wirkliche Priester gegeben, die die Behauptung aufstellten, dass ihnen der Wille Gottes genauer bekannt sei als ihren Mitmenschen, und dass sie auf Grund dieser Behauptung das Recht hätten, ihre Mitmenschen zu beherrschen; und dass dieser Satz das Fundament der päpstlichen Ansprüche auf Herrschaft ist, ist bekannt. Ich brauche hier an alle die hundertmal erwähnten und kritisierten Aktenstücke nicht zu erinnern: sie sind nicht nur *publici juris,* sondern auch jedem, der einen oberflächlichen Einblick in die Weltgeschichte hat, bekannt. Der Kampf des Priestertums mit dem Königtum, der Kampf in diesem Falle des Papstes mit dem deutschen Kaiser, wie wir ihn schon im Mittelalter gesehen haben, ist zu beurteilen wie jeder andere Kampf; er hat seine Bündnisse, er hat seine Friedensschlüsse, er hat seine Haltepunkte, er hat seine Waffenstillstände. Es hat friedliche Päpste gegeben, es hat kämpfende und erobernde gegeben; es hat ja sogar einen friedlichen König von Frankreich gegeben, wenn auch Ludwig XVI. in die Lage gekommen ist, Kriege zu führen; also selbst bei unseren französischen Nachbarn fanden sich Monarchen, die weniger Vorliebe für den Krieg, mehr Vorliebe für den Frieden hatten. Es ist auch in den Kämpfen der päpstlichen Macht nicht immer der Fall gewesen, dass gerade katholische Mächte die Bundesgenossen ausschliesslich des Papstes gewesen wären; auch haben die Priester nicht immer auf seiten des Papstes gestanden. Wir haben Kardinäle als Minister von Grossmächten gehabt zu einer Zeit, wo diese Grossmächte eine stark antipäpstliche Politik bis zur Gewalttat durchführten. Wir haben Bischöfe gegen päpstliche Interessen in dem

Heerbann der deutschen Kaiser gefunden. Also dieser Machtstreit unterliegt denselben Bedingungen wie jeder andere politische Kampf, und es ist eine Verschiebung der Frage, die auf den Eindruck auf urteilslose Leute berechnet ist, wenn man sie darstellt, als ob es sich um Bedrückung der Kirche handelte. Es handelt sich um Verteidigung des Staates, es handelt sich um die Abgrenzung, wie weit die Priesterherrschaft und wie weit die Königsherrschaft gehen soll, und diese Abgrenzung muss so gefunden werden, dass der Staat seinerseits dabei bestehen kann. Denn in dem Reiche dieser Welt hat er das Regiment und den Vortritt.

Wir sind in Preussen nicht immer vorzugsweise Gegenstand dieses Kampfes gewesen, wir sind längere Zeit nicht als die Hauptgegner in diesem Kampfe von seiten der römischen Kurie betrachtet worden. Friedrich der Grosse lebte vollständig in Frieden mit der römischen Kirche, während der damalige Kaiser des überwiegend katholischen österreichischen Staates im heftigsten Kampfe mit der katholischen Kirche begriffen war. Also die Frage ist ziemlich unabhängig von der konfessionellen, das will ich nur hieran nachweisen. Ich kann in diesem Sinne anführen, dass es wesentlich der durch und durch streng evangelische, man darf fast sagen, in seinem Glauben antikatholische König Friedrich Wilhelm III. war, der im Wiener Kongress auf die Herstellung der weltlichen Herrschaft des Papstes drang und sie durchsetzte; nichtsdestoweniger ist er im Kampfe mit der katholischen Kirche aus dieser Welt geschieden. Wir haben dann in den Verfassungsparagraphen, die uns gegenwärtig beschäftigen, einen *modus vivendi,* einen Waffenstillstand gefunden, der geschlossen wurde in einer Zeit, wo der Staat sich hilfsbedürftig fühlte und glaubte, diese Hilfe bei der katholischen Kirche, wenigstens teilweise in Anlehnung, zu finden. Es war wohl wahrscheinlich die Erscheinung, dass in der Nationalversammlung von 1848 alle die Kreise mit überwiegend katholischer Bevölkerung, ich will nicht sagen royalistische, aber doch Freunde der Ordnung gewählt hatten, was in den evangelischen Kreisen nicht der Fall gewesen war. Unter diesen Eindrücken hat man damals diesen Kompromiss in dem Machtstreit zwischen dem weltlichen und dem geistlichen Schwerte geschlossen, wie schon die nächste Zeit zeigte, wohl in dem Irrtum in bezug auf die praktischen Konsequenzen davon. Denn es war nicht die Anlehnung an die Wähler, welche Leute der Ordnung gewählt hatten, sondern es war das Ministerium Brandenburg und die königliche Armee, welche die Ordnung wiederherstellte, der Staat war schliesslich doch genötigt, sich selber zu helfen, der Schutz, der hier von seiten verschiedener Kirchen gewährt werden konnte, hat ihn nicht herausgerissen. Damals entstand aber der *modus vivendi,* unter dem wir eine Anzahl Jahre in einem friedlichen Verhältnis gelebt haben. Allerdings war dieser Frieden doch nur durch eine ununterbrochene Nachgiebigkeit des Staates erkauft, indem er seine Verträge bezüglich der katholischen Kirche ganz rückhaltlos in die Hände einer Behörde gelegt hatte, die zwar ursprünglich eine Behörde sein sollte zur Wahrnehmung der königlich preussischen

Rechte gegenüber der katholischen Kirche, die aber schliesslich faktisch eine Behörde geworden ist im Dienste des Papstes zur Wahrnehmung der Rechte der Kirche gegenüber dem preussischen Staat. Ich meine natürlich die katholische Abteilung im Oberkirchenrat *(Heiterkeit),* ich wollte sagen im Kultusministerium. Wer die Dinge etwas näher gekannt hat, der hat schon früher gleich mir der Besorgnis sich hingegeben, dass dieser Friede nicht von Dauer sein würde. Indessen bei meiner Abneigung gegen jeden inneren Kampf und gegen jeden Streit der Art habe ich doch diesen Frieden mit allen Nachteilen dem Kampfe vorgezogen und habe mich meinerseits dem Kampfe versagt, während ich von andern Seiten schon vielfach dazu gedrängt wurde. Es hat vielleicht kaum einen Moment gegeben, wo man, abgesehen von allem übrigen, wenn die Regierung nicht angegriffen worden wäre, geneigter war zu einer Verständigung mit dem Römischen Stuhl als gerade am Schluss des französischen Krieges. Es sind darüber im andern Hause Unwahrheiten mit ziemlicher Entschlossenheit und gänzlicher Sachunkunde behauptet worden. Jedem, der mit uns in Frankreich gewesen ist, ist bekannt, dass unsere sonst naturgemäss guten Verhältnisse zu Italien während des ganzen Krieges, ich will nicht sagen einer Trübung, aber doch einer Verstimmung unterlagen, die bis zum Schluss des Friedens blieb. Es war die ganze Haltung von Italien, in welcher nach unserer Ansicht die Liebe zu den Franzosen stärker war als das eigene Interesse des Landes; sonst hätte Italien mit uns seine Unabhängigkeit gegen Frankreich verteidigen müssen. Es war das eine sehr auffallende Erscheinung für uns, und es entstanden Zweifel, welche von den verschiedenen Einflüssen für die Regierung Italiens die massgebenden bleiben würden. Es war nur eine Tatsache, dass uns unter Garibaldi italienische Streitkräfte gegenüberstanden, deren Abmarsch aus Italien, wie wir glaubten, mit mehr Nachdruck hätte verhindert werden können. Es war eine glücklicherweise jetzt überwundene Verstimmung zwischen der italienischen und deutschen Politik vorhanden. Es war also sehr weit davon entfernt, dass eine Vorliebe für Italien von Einfluss auf unsere damalige Politik gewesen wäre.

Aber als wir uns noch in Versailles befanden, überraschte es mich einigermassen, dass an katholische Mitglieder parlamentarischer Körperschaften die Aufforderung erging, sich darüber zu erklären, ob sie einer konfessionellen Fraktion, wie wir sie heutzutage als die Zentrumspartei kennen, beizutreten entschlossen seien, und ob sie sich dazu verstehen wollten, in der Reichspolitik dafür zu stimmen und darauf zu dringen, dass diese Paragraphen, um die es sich heute handelt, in die Reichsverfassung übertragen würden. Mich erschreckte dieses Programm damals noch nicht so sehr – in dem Masse friedliebend war ich –, ich wusste, von wem es ausging; teils von einem hochgestellten Kirchenfürsten, der ja die Aufgabe hat, für die päpstliche Politik zu tun, was er kann, und der eben dahin seine Aufgabe erfüllte, und teils von einem hervorragenden Mitgliede der Zentrumspartei, dem früheren preussischen Bundestagsgesandten von Savigny, wurde diese Bewegung vorzugsweise eingeleitet, von letzterem glaubte ich nicht, dass er seinen Einfluss in regierungsfeindlicher Richtung geltend machen werde. Ich habe mich darin vollständig getäuscht. Ich führe nur die Gründe an, warum ich damals dieser Sache nicht die Bedeutung beilegte, dass ich nicht nach Deutschland zurückgekommen wäre, ohne überzeugt zu sein, dass es sich mit dieser Partei und ihren Bestrebungen nicht auch leben liesse. Als ich jedoch hier war, sah ich erst, wie stark die Organisation dieser Partei der gegen den Staat kämpfenden Kirche geworden war; ich sah die Fortschritte, welche die Tätigkeit der katholischen Abteilung im Kultusministerium in der Bekämpfung der deutschen Sprache in den polnischen Landesgebieten gemacht hatte. Es tauchte in Schlesien, wo das bisher nie der Fall gewesen, eine polnische Partei unter wesentlich geistlicher Begünstigung und tatsächlichem Schutz kirchlicher Bestrebungen auf; aber auch das wäre an sich noch nicht das Entscheidende gewesen: was mich zuerst auf die Gefahr aufmerksam machte, das war die Macht, die die neugebildete Fraktion sich erworben hatte. Es wurden Abgeordnete in ihren Wahlkreisen, wo sie angesessen und angesehen und seit lange stets gewählt waren, auf Dekret von Berlin her abgesetzt und die Wahl neuer Vertreter vorgeschrieben, die in den Wahlkreisen nicht einmal dem Namen nach bekannt waren, das geschah nicht in einem, das geschah in mehreren Wahlkreisen; man hatte eine so straffe Organisation und solche Macht über die Gemüter gewonnen, wie man sie bedurfte, wenn man das Programm des vorhin erwähnten Kirchenfürsten, des Bischofs von Mainz, wie er es in seinen

Druckschriften kundgegeben hat, verwirklichen wollte. Wohin ging dieses Programm? Lesen Sie nach! Es sind diese Druckschriften, geistreich geschrieben und angenehm zu lesen, in jedermanns Händen; es ging dahin, in dem preussischen Staate einen staatlichen Dualismus, durch Errichtung eines Staats im Staat, einzuführen, die sämtlichen Katholiken dahin zu bringen, dass sie für ihr Verhalten im politischen wie im Privatleben ihre Leitung ausschliesslich von dieser Zentrumsfraktion empfingen. Wir kämen dadurch zu einem Dualismus der schlimmsten Art. Es lässt sich in einem Reich, wo die Verhältnisse dazu gegeben sind, in dualistischer Verfassung regieren; der österreichisch-ungarische Staat zeigt es uns. Aber dort ist kein konfessioneller Dualismus; hier handelt es sich aber um Herstellung zweier konfessioneller Staaten, die in einem dualistischen Kampf zueinander zu stehen haben würden, von denen der höchste Souverän des einen ein ausländischer Kirchenfürst ist, der in Rom seinen Sitz hat, ein Kirchenfürst, der durch die neuesten Änderungen in der Verfassung der katholischen Kirche mächtiger geworden ist, als er es früher war. Wir hatten also, wenn dieses Programm sich verwirklichte, anstatt des bisherigen geschlossenen preussischen Staates, anstatt des zu verwirklichenden Deutschen Reiches, zwei parallel nebeneinanderlaufende staatliche Organismen: den einen mit seinem Generalstabe in der Zentrumsfraktion, den andern mit seinem Generalstabe in dem leitenden weltlichen Prinzip und in der Regierung und der Person Seiner Majestät des Kaisers. Diese Situation war eine vollständig unannehmbare für die Regierung; es war ihre Pflicht, den Staat gegen die Gefahr desselben zu verteidigen. Sie hätte diese Pflicht verkannt und vernachlässigt, wenn sie ruhig zugewartet hätte bei den erstaunlichen Fortschritten, die sich bei näherer Prüfung der Sache, zu der man früher nicht veranlasst war, ergaben, die man aber inzwischen auf Kosten des staatlichen Prinzips gemacht hatte und, wenn die Regierung nach dieser Seite die Hände ruhig in den Schoss gelegt hätte, weiter gemacht haben würde. Sie war aber genötigt, den Waffenstillstand, wie er 1848 in den Verfassungsartikeln vorbereitet war, zu kündigen und einen neuen *modus vivendi* zwischen der weltlichen und priesterlichen Gewalt herzustellen. Der Staat kann die Situation nicht bestehen lassen, ohne zu inneren Kämpfen getrieben zu werden, die seinen Bestand erschüttern. Die ganze Frage liegt darin: sind diese Paragraphen in dem Sinne, wie die Regierung Seiner Majestät dafür Zeugnis davon ablegt, dem Staate gefährlich, oder sind sie es nicht? Sind sie es, dann erfüllen Sie eine konservative Pflicht, wenn Sie gegen die Aufrechterhaltung dieser Paragraphen stimmen. Halten Sie dieselben für vollständig ungefährlich, so ist das eine Überzeugung, die die Regierung Seiner Majestät nicht teilt, und sie kann mit diesen Verfassungsartikeln die Geschäfte nicht ihrer Verantwortung entsprechend weiterführen, sie muss das denen überlassen, welche diese Paragraphen für ungefährlich halten. In ihrem Kampfe zur Verteidigung des Staates wendet sich die Regierung an das Herrenhaus mit der Bitte um Beistand und Hilfe zur Befestigung des Staates und zu seiner Verteidigung gegen Angriffe und gegen Unterwühlungen, die seinen Frieden und seine Zukunft gefährden. Wir haben das Vertrauen, dass uns dieser Beistand bei der Mehrheit des Herrenhauses nicht fehlen wird. *(Lebhaftes Bravo!)*

Konservative Gegner II

Polemik über die Zivilehe im Preussischen Abgeordnetenhaus

(17. Dezember 1873)

Der Herr Vorredner [Ludwig v. Gerlach] hat mir, wie auch früher schon in meiner Abwesenheit, die Ehre erzeigt, eine vor fünfundzwanzig oder vierundzwanzig Jahren, ungefähr vor einem Vierteljahrhundert, von mir unter andern Umständen gehaltene Rede wiederholt zu zitieren. Ich hatte nicht die Absicht, in das Materielle dieser Debatte – und ich habe sie noch nicht – einzugreifen, da sie in besseren und auf diesem Gebiete stärkeren Händen sich befindet als in den meinigen, in denen des Herrn Kultusministers. Indessen, wenn der Herr Vorredner mir das lange entbehrte Vergnügen gewährt, mit ihm wieder in persönliche Diskussion zu treten, ein Vergnügen, welches ich seit der eigentümlichen Stellung, die er seit dem Jahre 1866 zu unseren Verhältnissen einnahm, nicht gehabt habe, so nötigt mich die so genaue persönliche Adresse, die er seinen Worten gegeben hat, darauf zu antworten und meine Stellung damals zu ihm und der Fraktion, der ich angehörte, und meine heutige Stellung zu dem vorliegenden Gesetz mit wenigen Worten zu kennzeichnen.

Der Herr Vorredner befand sich damals mit

mir in einer Fraktion; ich habe aber ausserdem den Vorzug gehabt, vor den grossen politischen Bewegungen in näherer Beziehung zu ihm zu stehen, und habe mir dadurch einigermassen, wenn auch nicht ohne Mühe, ein Urteil von seiner Stellung zu politischen Dingen gebildet. Der Herr Vorredner hat mich damals oft durch seinen überlegenen Geist und seine Beredsamkeit von der Richtigkeit seiner Ansichten überzeugt, und es trat dann ein Moment ein, ein kurzer Moment, wo wir gleicher Ansicht waren. *(Heiterkeit)*

Wenn der Herr Vorredner das aber gewahr wurde, so habe ich immer den Eindruck gehabt, dass ihm dieses Gefühl unbehaglich war, mit irgend jemand gleiche Ansicht zu hegen – dann trat das Bedürfnis bei ihm ein, zu modifizieren und neue Seiten zur Diskussion zu stellen; wir sind also nie lange einer Meinung geblieben. *(Grosse Heiterkeit)*

Man hat ja reiche Leute, Gründer und andere, die sich den Luxus erlauben können, etwa einen Wagen, ein Haus, einen Rock ganz für sich zu haben, wie ihn kein anderer hat, und die sehr darauf halten, dass nicht jemand einen gleichen trägt wie sie; so darf auch jemand, der mit grossem Geistesreichtum, wie der Herr Vorredner, begabt ist, sich wohl den Luxus erlauben, dass er jedesmal eine Meinung streng für sich hat und nicht duldet, dass sie von einem andern geteilt werde. *(Heiterkeit)*

Ich habe in dieser Beziehung in der langen preussischen Geschichte die Phase nicht finden können, welche sich der zustimmenden Würdigung des Herrn Vorredners erfreut hat. Er war nicht für den strengen Absolutismus Friedrich

Wilhelms I., der von manchem, vielleicht auch von dem Herrn Vorredner, wenn ich mich recht erinnere, für eine Fortsetzung desjenigen Anfanges der Revolution betrachtet wurde, die Ludwig XIV. begann, indem er durch Gewalt von oben die alten Rechte zertrümmerte; dieser Absolutismus hatte seinen Beifall nicht. Friedrich II. versagte er den Beinamen des Grossen *(Heiterkeit)* aus Gründen, die ich nicht zu erörtern habe, die aber vom Standpunkt der Kirchenpolitik auf der Hand liegen. Friedrich Wilhelm II. hatte seinen Beifall auch nicht, die Zeit vor 1806, Friedrich Wilhelm III. ebensowenig wie die nach 1813. Der einzige Moment, in dem mir scheint, dass der Herr Vorredner sich je im Einverständnis mit dem preussischen Staatsprinzip befunden hat, war, glaube ich, der Beginn der Kämpfe 1813; ob er nach der Schlacht bei Leipzig noch in ganz derselben Übereinstimmung gewesen ist, weiss ich nicht. *(Heiterkeit)*

Sicher aber ist, dass unter des zuletzt regiert habenden Königs Majestät weder die Phase vor 48 noch die nachher den Beifall des Herrn Vorredners hatte. Die Ehrfurcht vor meinem früheren Herrn verbietet mir, auf die Einzelheiten einzugehen, auch die Diskretion gegen meine Fraktionsgenossen von damals – aber weder die Zeit vor 48, noch das Verhalten der Revolution von 48 gegenüber, noch das Ministerium Manteuffel und noch weniger die Neue Ära hatten den Beifall des Herrn Vorredners, sondern wurden mit derselben scharfen und – vernichtenden will ich nicht sagen *(Heiterkeit),* aber – ätzenden Kritik, die er heut anwendet, verfolgt und verurteilt. Eine positive Erklärung, wie es denn eigentlich zu machen sei anstelle dessen, habe ich von dem Herrn Vorredner niemals gehört, sie wurde immer auf das nächste Mal verschoben *(Heiterkeit),* wie wir es auch in den damaligen Artikeln der «Kreuzzeitung» gelesen haben, die mir damals ein befreundetes Blatt war, aber ich habe gefunden, dass wir oft an einem Tage – der Herr Vorredner hat damals zu dem Kuratorium gehört, ich weiss nicht, ob das noch der Fall ist – eine vernichtende Kritik aller Missstände im Staate fanden, und dann lautete immer der Schluss: was nun zu tun sei, wird in einem nächsten Artikel entwickelt werden. *(Heiterkeit)*

Ich glaube, dass auch jetzt der Herr Vorredner in Verlegenheit sein würde, uns zu sagen, wie wir es zu machen hätten, ich setze bei ihm aber eine vollständige Befriedigung für den Augenblick voraus, die ich ihm bei meinen Gefühlen für ihn gönne; denn er hat jetzt das Bewusstsein, sich in einer Stellung zu befinden, zu der schwerlich jemand ihm nachfindet. Wenn jemand, der weder Katholik noch Pole ist und welfische Sympathien doch nur in mässigem, indirektem Masse haben kann, sich der Zentrumspartei anzuschliessen vermag, dann besitzt er eine isolierte Säule, auf der neben ihm kein anderer Platz hat *(Heiterkeit),* und wo er ganz sicher ist, die Unannehmlichkeit nicht zu erleben, dass jemand mit ihm gleicher Meinung ist. *(Heiterkeit)*

Ich weiss, auch seine heutigen Fraktionsgenossen können es ja unter keinen Umständen, für die bleibt er der Ketzer, der Ungläubige, der ja natürlich über alle die Gegenstände, die vorkommen, doch in letzter Instanz nicht dieselben Ansichten haben kann. Der Herr Vorredner, wenn er evangelischer Christ geblieben ist, kann doch unmöglich darauf hinausgehen, für Seine Heiligkeit den Papst diejenigen Rechte in Preussen zu beanspruchen, die die übrigen Fraktionsmitglieder vielleicht in genauer logischer Konsequenz ihres Glaubens fordern; er würde damit zu dem Standpunkte kommen, auf dem, wie ich annehme, ein Katholik seinem Glauben nach stehen kann – er ist dann aber ein bedenkliches Glied für den staatlichen Verband –, dass kein Gesetz in Preussen gegeben werden kann, welches nicht die Billigung des Papstes hätte, des seit dem Vatikanischen Konzil *(Unruhe und Widerspruch im Zentrum)*... oder wenigstens, dass er die weltliche Obrigkeit nicht berechtigt hält, ein Gesetz zu geben, welches vom Papste ausdrücklich verurteilt wird; das, glaube ich, werden Sie weniger ungenau finden. Sie können aber diesen Grundsatz nicht anders durchführen als in einem Staate, wo die katholische Religion Staatsreligion ist, und selbst wenn das ein weltlicher Staat wäre, kämen Sie damit auch nicht vollständig bis an die Grenzen der Logik, die Sie erstreben; Sie können das eigentlich nur im Kirchenstaate, der ein geistliches Oberhaupt hat.

Sie kommen also notwendig darauf, nicht nur den Kirchenstaat in Italien zu erhalten – das ist ja eine sehr geringe Forderung im Vergleich mit der, die Sie hier Ihren evangelischen Mitbürgern stellen –, sondern den Kirchenstaat auf die Gesamtheit der Welt auszudehnen, überall, wo nur einige Katholiken darin wohnen. In letzter Instanz *(Murren im Zentrum)* – diese Behauptung bitte ich Sie zu widerlegen, aber sie nicht mit unartikulierten Ausdrücken der Entrüstung totmachen zu wollen –, in letzter Instanz sind Sie doch verpflichtet, sich dem entscheidenden Urteil des Papstes zu fügen. Die Herren verlangen Ihrerseits Achtung vor Ihrer Überzeugung von uns, aber ich darf sagen, Sie zollen uns evangelischen Christen nicht die Achtung, die wir auch für unsere Überzeugung beanspruchen dürfen. *(Unruhe)* Wir streben ja nach dem Frieden, in dem wir früher mit Ihnen gelebt haben, mehr als nach Ihrer Ansicht der Fall ist, aber Sie müssen nicht vergessen, dass wir in einem paritätischen Staate leben, wo die religiöse Überzeugung eines jeden einzelnen nur bis zu einem gewissen Grade ihren Ausdruck in den Gesetzen finden kann, wo viele *noli me tangere* sind, die von Ihnen nie hätten berührt werden sollen und die nicht hätten in das weltliche Leben hineingezogen werden sollen. Ich laufe da Gefahr, auf die Sache selbst zu kommen, was nicht in meiner Absicht gelegen hat; ich wollte nur von meiner persönlichen Stellung zur Sache sprechen.

Wenn der Herr Vorredner die Einzelheiten meiner Rede zitierte, ja, so möchte ich ihm zuerst einmal sagen: wenn er ein so schweres Gewicht auf meine Überzeugung – es kommt nicht auf die Worte an, sondern auf den Glauben, der dahintersteckt –, die ich vor fünfundzwanzig Jahren ausgesprochen habe, legt, warum will er denn nicht meinem lebendigen Worte von heute glauben? Oder umgekehrt, wenn er mir einen Vorwurf daraus macht, so nehmen wir an, nicht der Herr Vorredner, sondern ich wäre seit der Zeit altersschwach geworden. *(Grosse Heiterkeit)*

Ich war damals in der Vollkraft meiner Jahre. Ich mag durch Anstrengungen gelähmt sein, vielleicht bin ich nicht mehr so frisch wie damals, das würde ja in der Sache nichts ändern, aber ich habe mich noch nie geschämt, eine Meinungsänderung in meiner Stellung einzuräumen, wenn die Umstände mich nötigten, entweder in etwas nachzugeben oder mich zu überzeugen, dass es so, wie ich wollte, im Interesse des Landes eben nicht geht. *(Bravo!)* Ich bin nun, ich glaube im zwölften Jahre, einer Regierung Leiter, die unter schwierigen und stürmischen Verhältnissen begonnen und geführt worden ist; ich bin danach recht zufrieden, wenn man mir aus diesem jüngeren Zeitraum, aus der zweiten Hälfte dieses Vierteljahrhunderts, auf das der Herr Vorredner zurückgriff, nicht den Vorwurf machen kann, dass ich mich in irgendwelchen für den Staat entscheidend wichtigen Dingen recht erheblich getäuscht hätte in meiner Voraussicht und Beurteilung; es kann ja aber sein, das ist menschlich und passiert wohl einem jeden. Von mir aber zu verlangen eine Konsistenz des Urteils in allen schwierigen Fragen, die ein Vierteljahrhundert umfassen, muss ich jedenfalls ablehnen. Ich treibe keine Fraktionspolitik als Minister, sondern ich habe gelernt, meine persönliche Überzeugung den Bedürfnissen des Staates unterzuordnen. Ich glaube, dass es so sein muss, und ich halte es für eine schlechte Überzeugungstreue, die im Staatsdienst sagt: mag das Kind mit dem Bade ausgeschüttet werden, mag der Staat zugrunde gehen, es ist meine Überzeugung, ich kann nicht anders. Das können Fraktionsmitglieder, die des Morgens ihre Führer fragen, wie sie sich zu verhalten haben. Es erinnert mich dies immer an die falsche Mutter im Salomonischen Urteil, die dafür stimmte: zerschneidet das Kind, zertrümmert den Staat, gut, mir soll es recht sein, wenn ich nur meinen Willen habe. Das ist wiederum ein Luxus der Unabhängigkeit, den sich ein Fraktionsmitglied in der Stellung des Herrn Vorredners sehr gut erlauben kann, denn er wird selbst seine Fraktion durch die Stellung, die er nimmt, noch nicht erheblich schädigen können, den sich aber ein leitender Staatsmann, wie ich, nicht erlauben kann. Also ich schicke voraus, dass ich meine persönliche Meinung unter Umständen dem Staatsbedürfnis unterordne.

Wenn der Herr Vorredner dann an den prägnanten Schlusssatz meiner alten Rede erinnert – ich habe sie lange nicht gelesen; aber als sie vorhin verlesen wurde, habe ich sie wirklich mit einiger Befriedigung angehört; ich glaube, sie war oratorisch nicht übel. *(Heiterkeit)* Aber welches auch der Inhalt sein mag, so kann ich doch unmöglich – ich wenigstens, von dem Herrn Vorredner lasse ich es ungesagt sein –, wenn ich als evangelischer Christ von «der Kirche» sprach, im Jahre 1849 die katholische Kirche nach den heutigen vatikanischen Bestimmungen als den Fels betrachtet haben, den ich dort als unter allen Stürmen feststehend bezeichnete. Jedenfalls wird man annehmen müssen, da ich meine evangelische Überzeugung immer fest, durchsichtig und offen ausgesprochen habe, dass ich damals nur an die evangelische Kirche habe denken können, keineswegs an die römisch-katholische, noch weniger an die – vatikanische, wie sie sich heute gestaltet hat. Also in der Beziehung passt die Zitation nicht auf die gegenwärtige Lage. Ausserdem habe ich mich gar nicht darüber erklärt, und enthalte mich auch heut aus Höflichkeit weiterer Äusserung darüber, wer meiner Ansicht nach in dem «glückhaften Schiff», welches ich allerdings «Narrenschiff» genannt habe, heutzutage sitzt und an dem Felsen der evangelischen Kirche scheitern kann. *(Heiterkeit)*

Meine persönliche Stellung nach der heutigen Lage der Frage ist die, dass ich mich allerdings nicht bereitwillig, sondern ungern und nach grossem Kampfe entschlossen habe, in Gemeinschaft mit meinen Kollegen bei Seiner Majestät den Antrag auf Vollziehung dieser Vorlage zu stellen, und mich entschlossen habe, mit ihnen dafür einzustehen.

Ich habe hier nicht Dogmatik zu treiben, ich habe Politik zu treiben. Aus dem Gesichtspunkte der Politik habe ich mich überzeugt, dass der Staat in der Lage, in welche das – ich will den Ausdruck nicht verletzend gebrauchen, sondern wissenschaftlich – revolutionäre Verhalten der katholischen Bischöfe – ich will den Ausdruck gleich näher hier erläutern, um das Verletzende noch abzumildern – den Staat gebracht hat, durch das Gebot der Notwehr gezwungen ist, das Gesetz zu erlassen, um die Schäden von einem Teil der Untertanen Seiner Majestät abzuwenden, welche die Auflehnung der Bischöfe gegenüber dem Gesetze und dem Staate über diesen Teil der königlichen Untertanen verhängt hat, und um von seiner Seite, soviel an ihm liegt und soviel der Staat vermag, seine Pflicht zu tun. Es ist ja eine Konzession, die der Staat dadurch machen wird, dass er dieses Gesetz gibt, indem er damit Konflikten ausweichen will, solange es möglich ist. Es ist ja gewissermassen ein Verzug, wenigstens ein Halt, welcher Zeit zur Besinnung geben soll, darin, dass der Staat, anstatt den Kampf mit den Bischöfen und ihren Anhängern hart durchzuführen, ein friedliches Wasser schafft, in welches die künstlich angeschwellte Woge zurückgehen kann. Unter diesen Umständen glaube ich, dass der Staat ein Bedürfnis der Notwehr mit diesem Gesetze erfüllt, und ich bin entschlossen, dafür einzustehen wie für so manches, was meinen persönlichen Überzeugungen, namentlich wie ich sie in der Jugend gehabt habe, nicht immer entspricht. Aber ich bin ein den Gesamtbedürfnissen und Forderungen des Staates im Interesse des Friedens und des Gedeihens meines Vaterlandes gegenüber disziplinierter und sich unterordnender Staatsmann. *(Bravo! und Heiterkeit)*

Ich habe gesagt, ich wolle den Ausdruck «revolutionär» noch näher erläutern. Was ist denn das Wesen und die prinzipielle Rechtfertigung der Revolution bis zu dem Grade, wo sie es versucht? Auf das gewalttätige Element kommt es dabei doch weniger an als auf die, ich möchte sagen, wissenschaftliche Vorbereitung der Revolution in den Gemütern. Der eigentliche Standpunkt eines jeden Revolutionärs resümiert sich immer dahin: ich stelle mein eigenes Urteil höher als die Macht des Gesetzes; da nach meinem eigenen persönlich-individuellen Urteil oder nach dem Urteil der mich betreffenden Kategorie oder Fraktion dieses Gesetz ein ungerechtfertigtes ist, so verweigere ich ihm den Gehorsam und habe das Recht der Insurrektion, der Auflehnung. Ich glaube, der Herr Vorredner, der dem Richterstande angehört, sollte doch zurückdenken an die eine Klasse, für die er im ganzen keine Vorliebe hat, nämlich an die der Kreisrichter mit liberalen Neigungen *(Heiterkeit),* wie die sich vor zehn Jahren der nach meiner Überzeugung damals auch im Interesse der Notwehr zur Erhaltung des Staatswesens erforderlichen Pressordonnanz von 1863 gegenüber benahmen. Der Kasus war viel anfechtbarer als der heutige, wo die volle Macht der Gesetzgebung für das angefochtene Gesetz eingetreten ist, indem beide Häuser der Landesvertretung gesprochen und mit Majorität sich dafür erklärt haben, und Seine Majestät der König das Gesetz dann publiziert hat. Damals handelte es sich um eine Ordonnanz, deren Berechtigung juristischen Zweifeln unterliegen konnte. Es hat sich aber damals unter allen liberalen Kreisrichtern, denen ihr liberaler Glaube auch so weit heilig war, dass er mit Gefühlen, die der Staat nicht verletzen und die er respektieren sollte, zusammenhängt – hat sich da auch nur einer unter diesen gefunden, der sich so über das Gesetz und die Verfassungsurkunde hinweggesetzt und sich so weit überhoben hätte, zu sagen: das *rite* verkündete und *rite* zustande gekommene Gesetz sei unverbindlich? Im Gegenteil, sie haben danach Recht gesprochen, sie haben sich gefügt, sie haben sich im Staate diszipliniert bewiesen, und es tut mir leid, an viel höher gestellten Beamten dieselbe Tugend nicht in demselben Masse zu bemerken, indem sie vielmehr eine offene Auflehnung gegen *rite* promulgierte Gesetze, ein Auflehnen und ein Versagen des Gehorsams gegen das Gesetz durch ihre Beihilfe gewissermassen als Eideshelfer sanktionieren *(Sehr gut!);* das sollte meines Erachtens nicht stattfinden. Ich will dem Falle nicht nähertreten, aber er gefällt mir nicht aus Gründen der politischen Dezenz. Nun also, meine Herren, ich wiederhole, das Wesen eines revolutionären Standpunktes besteht immer darin, dass man das eigene Urteil, das eigene Belieben über das im Staate geltende Gesetz stellt. Das Wesen der Reform im Gegensatz zur Revolution liegt in dem Bestreben, auf legalem Wege zu Änderungen des Gesetzes zu gelangen, letzterem aber zu gehorchen, solange es gültig ist. Diesen Boden haben die Bischöfe verlassen, sie haben gesagt, wir erkennen das Gesetz als verbindlich nicht an, wir gehorchen ihm nicht, und insofern glaube ich *sine ira et studio* die Stellung, welche die Bischöfe gegen den Staat heut einnehmen, als revolutionär bezeichnen zu können.

Die Revolution in jeder Gestalt zu bekämpfen, ist meines Erachtens eine Aufgabe, welche sehr wohl verträglich ist mit den Ansichten, die der Herr Vorredner vor fünfundzwanzig Jahren zu den Seinigen machte. Er hatte damals allerdings über das schwere Gewicht des Verfassungstextes nicht dieselben Ansichten; ich erinnere mich, dass er hier, von dieser Tribüne war es ja wohl, sagte: Was ist die Verfassung? – Ein Gesetz, das in der Gesetzsammlung Nummer soundso gedruckt ist; es wird im Wege der Gesetzgebung abgeändert. Nun, haben wir etwa nach Ansicht des Herrn Vorredners das Gesetz nicht im Wege der verfassungsmässigen Gesetzgebung abgeändert? Ich habe nicht die Zeit, in den tiefen Schacht der Zitate hineinzusteigen, ich müsste zu Hause eine Arbeitskraft dafür aufwenden, die leider anderweitig beansprucht ist, sonst könnte ich dem Herr Vorredner auch den Beweis führen, dass seine heutige Stellung sehr wenig verträglich ist mit sehr vielen Worten, die er vor fünfundzwanzig Jahren gesagt hat, und dass er in der Zeit vom 55. bis zum 80. Jahre erhebliche grössere Wandlungen dem Staate gegenüber durchgemacht hat als ich in der Zeit vom 35. Jahre bis zum heutigen. Indessen, meine Herren, darauf kommt es ja hier nicht an, was irgend jemand vor fünfundzwanzig Jahren gesagt hat oder nicht gesagt hat; es kommt hier lediglich darauf an: was ist für den Staat, für das Land, für seinen Frieden und sein Gedeihen nützlich und notwendig, und ich möchte bitten: halten Sie die Debatte auf diesem Gebiete und halten Sie sie nach Möglichkeit von allen Persönlichkeiten frei. Ich habe mir früher von dem Herrn Vorredner oft ein Beispiel im politischen Verhalten genommen, ich will hier nicht erwähnen und es ist ja gleichgültig, ob es mir leid tut oder nicht – aber ich möchte den Herrn Vorredner bitten, heut einmal meinem Beispiel zu folgen. Ich bin der höchste Staatsbeamte seit langer Zeit und habe für den Herrn Vorredner vielleicht in dieser Eigenschaft ein gewisses Gewicht einer Autorität; persönlich möchte ich ihn bitten, von mir auch nur einen geringen Grad von Bescheidenheit in Unterordnung des eigenen Urteils unter das Bedürfnis der allgemeinen Wohlfahrt zu lernen. *(Lang andauerndes lebhaftes Bravo! Zischen im Zentrum)*

Sozialismus I

An den Kaiser

(Berlin, 4. April 1872)

[...] Die sogenannte Internationale ist nur eine, wenn auch augenblicklich die hervorragendste von den Formen, in welchen eine die ganze zivilisierte Welt durchziehende Krankheit zur Erscheinung kommt. Diese Krankheit hat ihre Ursache darin, dass die besitzlosen Klassen in dem Masse, als ihr Selbstgefühl und ihre Ansprüche am Lebensgenuss allmählich steigen, sich auf Kosten der besitzenden Klassen die Mittel zur Befriedigung dieser Ansprüche zu verschaffen streben. Auf eine Heilung dieser Krankheit durch repressive Mittel wird man verzichten müssen; dieselbe kann nur das sehr langsame Werk teils der fortschreitenden Bildung und Erfahrung, teils einer Reihe, die verschiedensten Gebiete des staatlichen und wirtschaftlichen Lebens berührender legislativer und administrativer Massregeln sein, welche darauf gerichtet sind, die Hindernisse tunlichst zu beseitigen, die der Erwerbsfähigkeit der besitzlosen Klassen im Wege stehen.

Solange dieser Heilungsprozess nicht vollzogen ist, wird es allerdings Aufgabe der Regierungen sein, die Gesellschaft gegen den Versuch eines gewaltsamen Angriffs auf den Bestand des Besitzes zu schützen. Mit bloss polizeilichen Mitteln ist diese Aufgabe nach meiner Überzeugung nicht zu lösen. Es handelt sich nicht um die Fernhaltung fremder Emissäre, denn die Krankheit ist bei uns selbst vorhanden und überträgt sich ohne fremde Vermittlung. Es handelt sich vielmehr darum, jede Vorbereitung zu einem gewaltsamen Angriff nicht bloss überwachen und entdecken, sondern vor allen Dingen bestrafen zu können, und zu diesem Zwecke bedarf es geeigneter Gesetze. [...]

Vor dem Reichstag

(9. Oktober 1878)

[...] Ich habe schon bei der ersten Lesung [des zweiten Sozialistengesetzes] mir erlaubt zu bemerken, dass ich eine jede Bestrebung fördern werde, welche positiv auf Verbesserung der Lage der Arbeiter gerichtet ist, also auch einen Verein, der sich den Zweck gesetzt hat, die Lage der Arbeiter zu verbessern, den Arbeitern einen höheren Anteil an den Erträgnissen der Industrie zu gewähren und die Arbeitszeit nach Möglichkeit zu verkürzen, soweit die Grenzen, die durch die Konkurrenz und die absatzfähige Fabrikation gegeben sind, beide Bestrebungen noch gestatten. Solche Vereine mit positivem Zweck sind auch in Deutschland gar keine Neuerung; Sie finden sie vor mehr als einem halben Jahrtausend in derselben Tätigkeit wie heute. Sie haben im Anfang des 14. Jahrhunderts in den grossen deutschen Städten von Breslau bis Colmar Beispiele von Streiks, könnte ich nach dem heutigen Wortgebrauch sagen, von Streiks der Gesellen und Arbeiter – der Gesellen, Arbeiter und Knechte nach damaliger

Sprache, wobei das Wort Knecht nicht in der Bedeutung von Knechtschaft zu nehmen ist, sondern in der Bedeutung, in der noch heutzutage alte Leute den Schuhmachergesellen Schusterknecht nennen, junge, kräftige Menschen, wie die Verwandtschaft des englischen *knight*, Ritter, zeigt. Also diese Streiks sind, wie heute, schon damals den Meistern gegenüber zur Erscheinung gekommen. Man hat sie mit wechselndem Glück geführt. Bald haben die Meister mit dem heutigen «*lock out*» geantwortet, bald haben sie nachgegeben, bald sind sie vertrieben worden aus der Stadt, und die Gesellen haben sich des Handwerks bemächtigt. Aber immer waren es positive Bestrebungen und Zwecke, die man zu fördern suchte, ganz bestimmte Forderungen, und der Gedanke, sich an den Rechten Dritter zu vergreifen, die ausserhalb der gewerblichen und gegenseitigen Beziehungen standen, der Gedanke, das Eigentum anzutasten, den Glauben an Gott und die Monarchie zu untergraben, kam keinem Menschen bei, und die Sache ging ihren Weg der rein materiellen Interessen. Selbst in den grossen Exzessen des Bauernkriegs, wo die volle Herrschaft der gewalttätigen und ungebildeten Begehrlichkeit zum Durchbruch gekommen war – wenn Sie dort die Verträge lesen, welche die Bauernschaft mit einzelnen gar nicht gut berüchtigten Rittern abgeschlossen hat, finden Sie nie, dass über das notwendige Bedürfnis das Eigentum dieser feindlichen Edelleute angegriffen war; Sie finden immer nur Verträge wegen Bruchs der Mauern eines festen Schlosses, wegen Auslieferung der Geschütze und Feuergewehre, wegen Abschaffung der reisigen Knechte, kurz und gut eine Sicherstellung; aber diesen damaligen Kommunisten ist es nicht eingefallen, das Eigentum selbst ihrer Feinde irgendwo antasten zu wollen. Und wenn ich damit eine Scheidewand errichte für dasjenige, was die verbündeten Regierungen, wenigstens unter meiner Mitwirkung, nicht bekämpfen und was sie bekämpfen, so kann ich das wesentlich mit den Worten positive Bestrebungen und negative Bestrebungen.

Sobald uns von sozialdemokratischer Seite irgendein positiver Vorschlag entgegenträte oder vorläge, wie sie in vernünftiger Weise die Zukunft gestalten wollen, um das Schicksal der Arbeiter zu verbessern, so würde ich wenigstens mich einer wohlwollenden entgegenkommenden Prüfung der Sache nicht entziehen und würde selbst vor dem Gedanken der Staatshilfe nicht zurückschrecken, um den Leuten zu helfen, die sich selbst helfen. Es ist das nicht mein Departement, und ich kann darauf nicht näher eingehen, ich wiederhole das nur, um die Ansichten zu bestätigen, die ich in der ersten Lesung ausgesprochen habe, nach denen ich vor fünfzehn Jahren schon gehandelt habe, und um zu bekunden, dass ich noch, wenn nur ein ernster und positiver Antrag vorläge, der auf die Verbesserung des Loses der Arbeiter gerichtet ist, ein freundliches Entgegenkommen zeigen und ihn einer wohlwollenden und geneigten Prüfung des Reichstages und in der gesetzgebenden Versammlung empfehlen werde.

Wie steht aber heute die Sache? Hier steht die reine Negation gegenüber dem Einreissen, ohne dass jemand auch nur eine Andeutung gibt, was anstatt des Daches, das uns jetzt deckt, gebaut werden soll, wenn es niedergerissen ist. Wir befinden uns lediglich im Stadium der Untergrabung und des Umsturzes, im Stadium der Negation. Seit elf Jahren haben wir den Vorzug, mit Sozialdemokraten gemeinschaftlich zu tagen – mein Gedächtnis lässt mich vielleicht im Stiche, aber ich appelliere an das eines jeden anderen: ist Ihnen bei den langen Reden, noch länger als die, welche wir eben hörten, auch nur eine einzige in Erinnerung, wo auch der leiseste Schatten eines positiven Gedankens, eines Vorschlages über das, was künftig werden soll, über die Gestaltung, über das Programm, das diesen Herren vorschwebt, nachdem sie das Bestehende in Bresche gelegt haben... ist Ihnen etwas derartiges erinnerlich? Ich wäre dankbar, darauf aufmerksam gemacht zu werden. Ich kenne nichts der Art, und ich glaube auch den Grund zu wissen, warum die Herren darüber, wie sie die Welt künftig gestalten wollen, wenn sie die Herren wären, sorgfältig schweigen: sie wissen es nicht, sie wissen in dieser Beziehung nichts, sie haben auch den Stein der Weisen nicht. Sie können die Versprechungen niemals halten, mit denen sie jetzt die Leute verführen. [...]

Sozialismus II

Aus einer Rede zum Unfallversicherungsgesetz
(2. April 1881)
[...] Das Feld der Gesetzgebung, welches mit diesem Gesetz betreten wird und von dem der Herr Vorredner ganz mit Recht urteilt, dass es noch eine sehr weite Perspektive hat, die vielleicht auch gemässigte Sozialdemokraten milder in ihrem Urteil über die Regierung stimmen kann – dieses Feld, welches hiermit betreten wird, berührt eine Frage, die wahrscheinlich von der Tagesordnung so bald nicht abkommen wird. Seit fünfzig Jahren sprechen wir von einer sozialen Frage. Seit dem Sozialistengesetz ist immer an mich die Mahnung herangetreten von amtlicher, hochstehender Seite und aus dem Volke: es sei damals versprochen, es müsse auch positiv etwas geschehen, um die Ursachen des Sozialismus, insoweit ihnen eine Berechtigung beiwohnt, zu beseitigen; die Mahnung ist bis zu diesem Augenblick an mich *toto die* herangetreten, und ich glaube nicht, dass mit der sozialen Frage, die seit fünfzig Jahren vor uns schwebt, unsere Söhne und Enkel vollständig ins reine kommen werden. Keine politische Frage kommt überhaupt zu einem vollständigen mathematischen Abschluss, so dass man Bilanzen nach den Büchern ziehen kann; sie stehen auf, haben ihre Zeiten und ver-

schwinden schliesslich unter anderen Fragen der Geschichte; das ist der Weg einer organischen Entwicklung. Ich halte es für meinen Beruf, diese Fragen ohne Parteileidenschaft, ohne Aufregung – ich bedaure, dass die Parteifragen so hineinspielen – in Angriff zu nehmen, weil ich nicht weiss, wer sie mit Erfolg in Angriff nehmen soll, wenn es die Reichsregierung nicht tut. [...]

Der Herr Abgeordnete Richter hat auf die Verantwortlichkeit des Staates für das, was er tut, auf dem Gebiet, welches er heut betritt, aufmerksam gemacht. Nun, meine Herren, ich habe das Gefühl, dass der Staat auch für seine Unterlassungen verantwortlich werden kann. Ich bin nicht der Meinung, dass das *laisser faire, laisser aller,* «das reine Manchestertum in der Politik», «Jeder sehe, wie er's treibe, jeder sehe, wo er bleibe», «Wer nicht stark genug ist, zu stehen, wird niedergerannt und zu Boden getreten», «Wer da hat, dem wird gegeben, wer nicht hat, dem wird genommen» – dass das im Staat, namentlich in dem monarchischen, landesväterlich regierten Staat, Anwendung finden könne, im Gegenteil, ich glaube, dass diejenigen, die auf diese Weise die Einwirkung des Staates zum Schutz der Schwächeren perhorresziren, ihrerseits sich dem Verdacht aussetzen, dass sie die Stärke, die ihnen, sei es kapitalistisch, sei es rhetorisch, sei es sonstwie, beiwohnt, zum Gewinn eines Anhangs, zur Unterdrückung der anderen, zur Anbahnung einer Parteiherrschaft ausbeuten wollen und verdriesslich werden, sobald ihnen dieses Beginnen durch irgendeinen Einfluss der Regierung gestört wird.

Dem Herrn Abgeordneten reicht die Konsequenz dieser Gesetzgebung nicht weit genug. Ja, wenn er nur Geduld haben will, so werden wir seinen Erwartungen und seinen Wünschen in dieser Beziehung vielleicht später entsprechen können – nur nicht zu schnell und nur nicht alles auf einmal! Solche Gesetze entstehen ja nicht auf der Basis einer theoretischen Willkür, die darüber grübelt, was wäre jetzt wohl für ein Gesetz zu machen, sondern sie haben ihre Genesis, ihre Vorgeschichte, aus der sie entstehen. Dass wir bis heute nur mit einem Unfallversicherungsgesetz kommen, hat seinen Grund darin, dass gerade diese Seite der Fürsorge für den Armen und Schwachen schon früher besonders lebhaft betrieben ist, in Zeiten, wo ich diesen Dingen überhaupt noch nicht nähergetreten bin. Ich habe Aufforderungen, Andeutungen, Anfänge zu diesem Gesetz schon vorgefunden, es war das Gesetz, was nach Lage der Akten am meisten urgierte und am meisten dringend erschien, und wie ich ihm zuerst nähergetreten bin, habe auch ich anfangs das Gefühl gehabt, dass das Gesetz seiner Theorie nach nicht umfassend genug sei, mir ist die Versuchung nahegetreten, in dem ersten Paragraphen, in dem, glaube ich, der Satz vorkommt: «Alle Arbeiter, die» und «müssen so und so entschädigt werden» – anstatt dessen zu sagen: «Jeder Deutsche.» Wenn man diesem Gedanken, der etwas Ideales hat, nähertritt, wenn man namentlich auch die selbständigen Arbeiter, die in niemandes Auftrage verunglücken, umfassen will, dann hat die Sache auf dem Wege der Versicherung ihre noch grösseren Schwierigkeiten, und das erste, was uns da beschäftigt hat, und sehr viel ernster beschäftigt, als irgendeine zweistündige Rede irgendeines Abgeordneten tun kann, das war die Frage: Wie weit lässt sich das Gesetz ausdehnen, ohne dass wir in den Beginn dieser Gesetzgebung gleich im Anfang eine nachteilige Lage, einen zu weit gehenden Griff, also einen Missgriff bringen? Mir lag als Landwirt wohl die Frage sehr nahe: Lässt es sich beispielsweise auf die Landwirtschaft, der bei weitem die grösste Anzahl der Arbeiter, wenigstens in den östlichen Provinzen angehören, ausdehnen? Ich will die Hoffnung, dass dies möglich sei, nicht aufgeben, aber doch über die Schwierigkeiten, die uns für den ersten Augenblick abgehalten haben, einige Worte sagen. Dass die landwirtschaftlichen Gewerbe, soweit sie sich der Maschinen- und elementaren Kräfte bedienen, nicht ausgeschlossen sind, versteht sich von selbst. Nun ist aber auch die übrige grössere Masse der landwirtschaftlichen Bevölkerung vielfach in Berührung mit Maschinen, die nicht von elementaren Kräften, sondern von Pferden, mitunter auch von Menschenhänden geleitet werden, und diese Berührung ist vielfach eine lebens- und gesundheitsgefährliche; es ist aber ausserordentlich schwer, den Prozentsatz dieser Bevölkerung, das Beitragsverhältnis, welches daraus hervorgeht, zu fixieren. Der Herr Abgeordnete hatte ja seinerseits schon fertige Erfahrung, wie viel in jedem Zweige der menschlichen Beschäftigung der Prozentsatz beträgt, und er hat ihn mit grosser Sicherheit angeführt; ich würde ihm dankbar sein, wenn er diesen Schatz und die Quelle, aus der er ihn gezogen hat, uns mitteilen wollte. Wir haben versucht, uns zu helfen, die Vorarbeiten waren sorgfältig nach Daten – *nota bene* nach sicheren, nicht nach beliebigen statistischen, auf Konjunktur begründeten Ziffern, sondern sicher begründeten Ziffern ausgesucht, und wenn wir die gefunden hätten, die der Herr Abgeordnete ja mit seinem schärferen Blick sofort entdeckt zu haben scheint, wenn sie uns zugänglich gewesen wären, und wenn wir sie für richtig gehalten hätten, würden wir in dieser Vorlage weitergegangen sein.

Wenn ich sage, ich gebe die Hoffnung nicht auf, dass die Landwirtschaft auch schliesslich hineingezogen wird, so schwebt mir dabei eine Organisation vor, die so rasch in einer Session nicht hergestellt werden kann, mit der das Kind, wenn es überhaupt zur Welt kommt, überhaupt nicht geboren werden kann, sondern in die muss es erst allmählich hineinwachsen, nämlich eine Organisation, nach welcher die Zweige, die ihre Arbeiter versichert haben, in sich korporative Genossenschaften bilden, welche ihren wirklichen Bedarf an Entschädigungen durch Prämien in sich aufbringen und welche zugleich die genügende Kontrolle über ihre Mitglieder dahin ausüben, dass die Einrichtungen überall so sind, dass der Genossenschaft mit denselben wenig Lasten erwachsen, mit anderen Worten, dass man das Interesse der mitzahlenden Mitgenossen zum Wächter der Zweckmässigkeit der Einrichtungen für Verhinderung der Unfälle macht. Gelingt es, im Wege der Erfahrung dahin zu kommen, dann wird man auch für die nicht mit elementaren Kräften wirtschaftende Landwirtschaft wahrscheinlich den richtigen Prozentsatz im Wege der Erfahrung finden. Der Mangel an Erfahrungen auf diesem Gebiete hat uns auch bestimmt, in der Frage, wie die Beitragspflicht verteilt werden soll, vorderhand sehr vorsichtig zu sein, und ich muss sagen, ich würde meinerseits nicht den Mut haben, den Entwurf weiterzuverfolgen, wenn die Ausgaben, die er als Gesetz mit sich bringt, ausschliesslich zu Lasten der Industrie geschrieben werden sollen. Wenn die Staatshilfe, sei es in Form der Landarmenverbände, sei es in Form der Provinz, sei es in Form des Staats, vollständig fortbleibt, dann werde ich nicht den Mut haben, für die Folgen dieses Gesetzes der Industrie gegenüber einzustehen. Es ist möglich, und wir werden das vielleicht in wenig Jahren der Erfahrung nach beurteilen, und wir können ja den Staatszuschuss unter Umständen zunächst auf drei Jahre limitieren, oder wie man das will, aber ohne jedes schon gemachte Experiment, ohne jede praktische Ermittelung dessen, was uns da bevorsteht, habe ich nicht den Mut, die Industrie mit den vollen Kosten dieser staatlichen Einrichtungen zu belasten, sie in höherem Masse zu belasten wie bisher, um ihr dasjenige aufzuerlegen, was die Lokalarmenverbände bisher an Fürsorge für den verunglückten Fabrikarbeiter zu tragen gehabt haben und was künftig in einem höheren, vollkommeneren und würdigeren Mass durch die Versicherer getragen werden soll in Gemeinschaft mit dem Staat. Es handelt sich hier nicht um eine Schöpfung ganz ausschliesslich neuer Lasten, sondern um eine Übertragung von Lasten aus den Armenverbänden auf staatliche Leistungen. Dass die Last des Gebers oder der Vorteil, den der Arbeiter überhaupt zu empfangen hat, erhöht wird, das bestreite ich nicht, nur nicht um dieses volle Drittel, welches dem Staate zugemutet wird, sondern nur um den Unterschied zwischen dem, was die bisherige Lokalarmenpflege für verunglückte Arbeiter zu leisten hat, und demjenigen, was ihm in Zukunft zukommen soll, was also rein eine Verbesserung der Lage und des Loses des Arbeiters sein wird. Nur diese Differenz können Sie als Neuleistung dem Staate anrechnen, und es fragt sich da: ist diese Differenz des damit erstrebten Zieles wert, dass der Arbeiter eine würdigere und reichlichere Verpflegung hat, wenn er verunglückt ist, und nicht vor Gericht erst sein Recht zu erkämpfen, sondern von Hause aus den mässigen Zuschuss hat, der dabei vom Staate gefordert wird, ist der gleichwertig mit dem Vorteile, welcher erreicht wird? [...]

Es wundert mich nicht, wenn über einen neuen, so tief in unser Leben eingreifenden und so wenig von der Erfahrung urbar gemachten Gegenstand die Meinungen sehr weit auseinander gehen, und ich bin vollständig darauf gefasst, dass wir wegen dieser Divergenz der Meinungen in dieser Session einen annehmbaren Gesetzentwurf nicht zustande bringen. Mein Interesse an der ganzen Bearbeitung der Sache wird sehr abgeschwächt, sobald ich erkennen sollte, dass das Prinzip der Unterlassung des Staatszuschusses definitiv zur Annahme käme, dass die Stimmung der Landesgesetzgebung gegen den Staatszuschuss sich ausspräche. Dann würde damit die Sache rein in das Gebiet des freien Verkehrs sozusagen gewiesen werden, man würde dann die Versicherer der Privatindustrie vielleicht besser überlassen, als dass man eine staatliche Einrichtung ohne Zwang übt. Denn ich würde nicht den Mut haben, den Zwang auszusprechen, wenn der Staat nicht auch gleichzeitig einen Zuschuss anbietet. Würde der Zwang ausgesprochen, so ist es notwendig, dass das Gesetz zugleich ein Versicherungsinstitut beschafft, was wohlfeiler und sicherer ist wie jedes andere. Man kann nicht den Sparpfennig des Armen dem Konkurse aussetzen, man kann auch nicht zugeben, dass ein Abzug von den Beiträgen als Dividende oder zur Verzinsung von Aktien gezahlt würde. Der Herr Abgeordnete Bamberger hat ja gestern seinen Angriff auf das Gesetz wesentlich mit der Klage über den Ruin der Versicherungsgesellschaften begründet – er hat sich stark ausgedrückt: dass die erdrückt, zermalmt werden würden, und hat gesagt, dass diese Versicherungsgesellschaften sich um die Dankbarkeit ihrer Mitbürger bewürben. Ich habe immer geglaubt, sie bewürben sich um das Geld ihrer Mitbürger. Wenn sie aber auch dafür die Dankbarkeit noch zu Buch bringen können, so ist das eine geschickte Operation. Dass sie aber als edle Seelen sich für die Arbeiterinteressen bei der Einrichtung ihrer Versicherungsgesellschaften auf Aktien zu opfern bereit waren, habe ich nie geglaubt, ich würde mich auch schwer davon überzeugen. [...]

Das Korrelat für den Zwang bildet meines Erachtens auch die Übernahme der Versicherung durch den Staat in der Form des Reiches oder in der Form des Einzelstaats – ohne das kein Zwang! Ich habe auch nicht, wie ich schon erwähnte, den Mut, den Zwang auszuüben, wenn ich nicht etwas dafür zu bieten habe. Dieser Drittelbeitrag des Staates ist ja viel geringer, wie ich schon vorher gesagt habe, als er aussieht, weil dafür den Verbänden, auf die der Staat seine ihm obliegende Armenpflege abgebürdet hat, doch auch sehr wesentliche Leistungen abgenommen werden. Ist dies Kommunismus, wie der Herr Vorredner sagte, nicht Sozialismus, so ist das mir wiederum gleichgültig, ich nenne es immer wieder praktisches Christentum in gesetzlicher Betätigung – aber ist es Kommunismus, dann ist der Kommunismus ja längst in den Gemeinden im höchsten Mass getrieben, ja sogar durch staatlichen Zwang.

Nur ein einziger Kompass

Aus einer Reichstagsrede
(24. Februar 1881)

[...] Für mich hat immer nur ein einziger Kompass, ein einziger Polarstern, nach dem ich steuere, bestanden: *salus publica!* Ich habe von Anfang meiner Tätigkeit an vielleicht oft rasch und unbesonnen gehandelt, aber wenn ich Zeit hatte, darüber nachzudenken, mich immer der Frage untergeordnet: Was ist für mein Vaterland, was ist – solange ich allein in Preussen war – für meine Dynastie, und heutzutage, was ist für die deutsche Nation das Nützliche, das Zweckmässige, das Richtige? Doktrinär bin ich in meinem Leben nicht gewesen; alle Systeme, durch die die Parteien sich getrennt und gebunden fühlen, kommen für mich in zweiter Linie, in erster Linie kommt die Nation, ihre Stellung nach aussen, ihre Selbständigkeit, unsere Organisation in der Weise, dass wir als grosse Nation in der Welt frei atmen können.

Alles, was nachher folgen mag, liberale, reaktionäre, konservative Verfassung – meine Herren, ich gestehe ganz offen, das kommt mir in zweiter Linie, das ist ein Luxus der Einrichtung, der an der Zeit ist, nachdem das Haus festgebaut dasteht. In diesen Parteifragen kann ich zum Nutzen des Landes dem einen oder dem andern nähertreten, die Doktrin gebe ich ausserordentlich wohlfeil. Schaffen wir zuerst einen festen, nach aussen gesicherten, im Inneren fest gefügten, durch das nationale Band verbundenen Bau, und dann fragen Sie mich um meine Meinung, in welcher Weise mit mehr oder weniger liberalen Verfassungseinrichtungen das Haus zu möblieren sei, und Sie werden vielleicht finden, dass ich antworte: Ja, ich habe darin keine vorgefasste Meinung, machen Sie mir Vorschläge, und wenn der Landesherr, dem ich diene, beistimmt, so werden Sie bei mir prinzipielle Schwierigkeiten nicht finden. Man kann es so machen oder so, es gibt viele Wege, die nach Rom führen. Es gibt Zeiten, wo man liberal regieren muss, und Zeiten, wo man diktatorisch regieren muss, es wechselt alles, hier gibt es keine Ewigkeit. Aber von dem Bau des Deutschen Reiches, von der Einigkeit der deutschen Nation, da verlange ich, dass sie fest und sturmfrei dastehe und nicht bloss eine passagere Feldbefestigung nach einigen Seiten hin habe; seiner Schöpfung und Konsolidation habe ich meine ganze politische Tätigkeit vom ersten Augenblick, wo sie begann, untergeordnet, und wenn Sie mir einen einzigen Moment zeigen, wo ich nicht nach dieser Richtung der Magnetnadel gesteuert habe, so können Sie mir vielleicht nachweisen, dass ich geirrt habe, aber nicht nachweisen, dass ich das nationale Ziel einen Augenblick aus den Augen verloren habe.

Parlamentarische Bürokratie?

Aus einer Reichstagsrede

(5. Mai 1881)

[...] Wenn man durch die Übertreibung und Häufung der parlamentarischen Sitzungen und durch die Übertreibung der Dauer der einzelnen, denen, die auch noch andere Geschäfte haben, denen, die nicht bloss *fruges consumere nati* sind, die nicht bloss von Gehalt, Honorar und Kapital leben, wenn man denen die Beteiligung am Reichstag schwermacht, dann wird man mit der Zeit dahin kommen, dass die Volksvertretung nur eine neue Spezies, oder ich will lieber sagen Gattung der «Bureaukratie» wird, dass wir, wie wir erbliche Beamtenfamilien haben, so auch erbliche Parlamentarierfamilien haben werden, die von Hause aus ihr Studium darauf richten, und die, wie der volkstümliche Mund sich ausdrückt, sagen: «Ich will Abgeordneter lernen», und wenn man findet, dass dieses Gewerbe doch auch seinen Mann nährt und zuweilen einen recht gut in die Höhe bringt – meine Karriere ist ja auch lediglich eine parlamentarische, von mir hätte niemand etwas erfahren in meiner ländlichen Zurückgezogenheit, wenn ich nicht zufällig Mitglied des Vereinigten Landtages von 1847 gewesen wäre – also ich rechne mich immer ein, wenn ich von Parlamentariern rede. Aber die Bureaukratie weiter hinaus und auf das parlamentarische Leben auszudehnen, und auch dieses zu einem Zweige der Reichs- und Landesbeamtenverwaltung werden zu lassen, der mit der *misera contribuens plebs,* die da schafft und arbeitet, wagt und wettet, erwirbt, gewinnt oder verliert, wenig Berührungspunkte und namentlich nicht gemeinsame Interessen und Denkungsweise hat, halte ich für schädlich. [...]

Gegen die Antisemiten

Mitgeteilt von Heinrich v. Poschinger
(Anfang November 1881)
Bei Tisch gab eine zufällige Bemerkung dem Fürsten Bismarck Veranlassung, sich über seine Stellung zur Judenfrage zu äussern. Er sprach in eingehendster Weise darüber und liess dabei starke Schlaglichter auf einzelne bezeichnende Phasen der Bewegung fallen. Dann sagte er unter anderem auf die sich selbst gestellte Frage, ob er mit der antisemitischen Bewegung einverstanden sei: «Nichts kann unrichtiger sein. Ich missbillige ganz entschieden diesen Kampf gegen die Juden, sei es, dass er auf konfessioneller oder gar auf der Grundlage der Abstammung sich bewege. Mit gleichem Recht könnte man eines Tages über Deutsche von polnischer oder französischer Abstammung herfallen wollen und sagen, es seien keine Deutsche. Dass die Juden mit Vorliebe sich mit Handelsgeschäften befassen, nun, das ist Geschmackssache; durch ihre frühere Ausschliessung von anderen Berufsarten mag das wohl begründet sein. Aber sicherlich berechtigt es nicht, über ihre grössere Wohlhabenheit jene aufreizenden Äusserungen zu tun, die ich durchaus verwerflich finde, weil sie den Neid und die Missgunst der Menge erregen. Ich werde niemals darauf eingehen, dass den Juden die

ihnen verfassungsmässig zustehenden Rechte in irgendeiner Weise verkümmert werden. Die geistige Organisation der Juden im allgemeinen macht sie zur Kritik geneigt, und so findet man sie wohl vorzugsweise in der Opposition, aber ich mache keinen Unterschied zwischen christlichen und jüdischen Gegnern meiner Wirtschaftspolitik, die ich nach meiner Überzeugung als erspriesslich für das Land verfechte. Wenn ich zustimmende Adressen und Telegramme beantwortet habe, so erfüllte ich damit eine Pflicht der Höflichkeit, wie ich dies schon Richter erwiderte: ich würde mit Vergnügen ebenso höfliche Antworten auf Zustimmungsworte der Fortschrittspartei gegeben haben, ich habe nur keine erhalten.»

«Aber Ottochen...»

Aufzeichnung von Alfred v. Kiderlen-Wächter
(Anfang Dezember 1881)

Als ich eben weggehen wollte, der Fürstin bereits mein Kompliment gemacht hatte und mich hinter dem Reichskanzler herumdrücken wollte, sehe ich, wie die Fürstin ihm etwas ins Ohr sagt und er sofort auf mich zugestürzt kommt, mir furchtbar freundlich die Hand schüttelt und nun anfängt: «Es freut mich sehr, dass Sie hier sind, bei der schlechten Stimmung in jenen Gegenden und besonders an der Lahn usw.» Ich merkte sofort, dass mich der Reichskanzler verwechselte, hoffte aber, er würde mich nach ein paar freundlichen Phrasen loslassen, und so käme die Verwechslung gar nicht zutage. Doch er redete immer weiter, und als ich gar nichts sagte, so fragte er endlich: «Nun, in der Stichwahl ist es ja recht gut gegangen; wer war denn Ihr Gegenkandidat?» Nun musste ich Farbe bekennen und sagte: «Ich bedaure, Durchlaucht verwechseln mich; ich bin überhaupt kein Abgeordneter.» – «Ja, sind Sie denn nicht der Prinz Solms? Wer sind Sie denn.» Als ich ihm das gesagt, sagte er: «Nun, dann muss jedenfalls grosse Ähnlichkeit bestehen; die Hauptschuld trifft aber meine Frau» usw. Zum Schluss sagte er aber sehr freundlich: «Nun, ich hoffe, wir sehen uns noch recht oft, damit Ihre Identität konstatiert wird.» Da er die Sache von der komischen Seite auffasste und die Fürstin sie gleich am anderen Morgen unter Lachen der Frau von Spitzemberg erzählte, so ist sie wirklich sehr spasshaft.

Bei einem Diner beim Reichskanzler, das wenige Tage darauf stattfand, wurde ich natürlich als Prinz Solms begrüsst und darüber verschiedene Scherze gemacht; der Fürst sagte: «Das Prädikat ‹Durchlaucht› haben Sie ganz stramm ausgehalten.» Bei Tisch war es sehr gemütlich; ich sass neben der Fürstin, die mich furchtbar fütterte; namentlich an einem grossen Stück «Gänseweisssauer», das sie mir zuschob, erstickte ich beinahe. Als ich infolgedessen von dem darauffolgenden Entenbraten nichts nahm, sagte der Fürst: «Aha, Sie essen auch lieber kalten Fasanen; ist von dem gestrigen Fasan nichts mehr übrig?» Als der Rest kam, sagte er: «Nun, wenn Sie etwas davon wollen, lassen Sie Ihren Teller heraufgehen.» Dieser ging *de main en main* über den Tisch zu ihm, und Seine Durchlaucht schnitt mir eigenhändig ein Stück von dem für ihn reservierten Vogel ab. Über das ganze Essen sprach und trank er in einem fort. Letzteres gab zu folgendem ehelichen Zwiegespräch Veranlassung: «Aber Ottochen, du weisst doch, dass dir der Doktor den Sherry verboten hat.» – «So, der Heuchler, und mir hat er gerade gesagt, dass er mir gut sei. Sehen Sie, meine Herren, während des Kongresses trank ich jeden Morgen drei Glas Rotwein, obgleich ich wusste, dass mir das nicht gut sei, weil ich sonst die langen Sitzungen nicht ausgehalten hätte – so habe ich mich immer für das undankbare Europa geopfert!»

Rechts Abgrund, links Felsen

Aus einem Brief an den Kaiser
(Berlin, 18. Dezember 1881)
[...] Die Bilder des Wachens tauchen im Spiegel des Traumes nicht sofort, sondern erst dann wieder auf, wenn der Geist durch Schlaf und Ruhe still geworden ist. Eurer Majestät Mitteilung ermutigt mich zur Erzählung eines Traumes, den ich im Frühjahr 1863 in den schwersten Konflikttagen hatte, aus denen ein menschliches Auge keinen gangbaren Ausweg sah. Mir träumte, und ich erzählte es sofort am Morgen meiner Frau und andern Zeugen, dass ich auf einem schmalen Alpenpfad ritt, rechts Abgrund, links Felsen; der Pfad wurde schmaler, so dass das Pferd sich weigerte, und Umkehr und Absitzen wegen Mangel an Platz unmöglich; da schlug ich mit meiner Gerte in der linken Hand gegen die glatte Felswand und rief Gott an; die Gerte wurde unendlich lang, die Felswand stürzte wie eine Kulisse und eröffnete einen breiten Weg mit dem Blick auf Hügel und Waldland wie in Böhmen, preussische Truppen mit Fahnen, und in mir noch im Traume der Gedanke, wie ich das schleunig Eurer Majestät melden könnte. Dieser Traum erfüllte sich und ich erwachte froh und gestärkt aus ihm.

Der böse Traum, aus dem Eure Majestät nervös und agitiert erwachten, kann doch nur so weit in Erfüllung gehn, dass wir noch manche stürmische und lärmende Parlamentssitzung haben werden, durch welche die Parlamente ihr Ansehn leider untergraben und die Staatsgeschäfte hemmen; aber Eurer Majestät Gegenwart dabei ist nicht möglich, und ich halte dergleichen Erscheinungen wie die letzten Reichstagssitzungen zwar für bedauerlich als Massstab unsrer Sitten und unsrer politischen Bildung, vielleicht unsrer politischen Befähigung; aber für kein Unglück an sich: *l'excès du mal en devient le remède.*

Der alte Kaiser

Aus «Erinnerung und Gedanke»

Von dem Augenblicke des Antritts der Regentschaft an hatte Prinz Wilhelm den Mangel an geschäftlicher Vorbildung so lebhaft empfunden, dass er keine Arbeit Tag und Nacht scheute, um demselben abzuhelfen. Wenn er «Staatsgeschäfte erledigte», so arbeitete er wirklich, mit vollem Ernst und voller Gewissenhaftigkeit. Er las *alle* Eingänge, nicht bloss die, welche ihn anzogen, studierte die Verträge und Gesetze, um sich ein selbständiges Urteil zu bilden. Er kannte keine Vergnügung, die den Staatsgeschäften Zeit entzogen hätte. Er las niemals Romane oder sonst Bücher, die nicht Bezug auf seinen Herrscherberuf hatten. Er rauchte nicht, spielte nicht Karten. Wenn nach einem Jagddiner in Wusterhausen die Gesellschaft sich in das Zimmer begab, in welchem Friedrich Wilhelm I. das Tabakskollegium zu versammeln pflegte, so liess er sich, damit die Anwesenden in seiner Gegenwart rauchen durften, eine der langen holländischen Tonpfeifen reichen, tat einige Züge und legte sie mit einem krausen Gesichte aus der Hand. Als er in Frankfurt, damals noch Prinz von Preussen, auf einem Balle in ein Zimmer geriet, in welchem Hazard gespielt wurde, sagte er zu mir: «Ich will doch auch einmal mein Glück versuchen, habe aber kein Geld bei mir, geben Sie mir etwas.» Da auch ich kein Geld bei mir zu tragen pflegte, so half der Graf Theodor Stolberg aus. Der Prinz setzte einige Male einen Taler, verlor jedesmal und verliess das Zimmer. Seine einzige Erholung war, nach einem arbeitsvollen Tage in seiner Theaterloge zu sitzen; aber auch dort durfte ich als Minister ihn in dringenden Fällen aufsuchen, um ihm in dem kleinen Zimmer vor der Loge Vorträge zu halten, und Unterschriften entgegennehmen. Obschon er der Nachtruhe dermassen bedürftig war, dass er schon über eine schlechte Nacht klagte, wenn er zweimal, und über Schlaflosigkeit, wenn er dreimal erwacht war, so habe ich niemals den leisesten Zug von Verdriesslichkeit wahrgenommen, wenn man ihn unter schwierigen Verhältnissen um zwei oder drei Uhr weckte, um eine eilige Entscheidung zu erbitten.

Neben dem Fleisse, zu dem ihn sein hohes Pflichtgefühl trieb, kam ihm in Erfüllung seiner Regentenpflicht ein ungewöhnliches Mass von klarem, durch Erlerntes weder unterstützten noch beeinträchtigten gesunden Menschenverstande, *common sense,* zustatten. Hinderlich für das Verständnis der Geschäfte war die Zähigkeit, mit welcher er an fürstlichen, militärischen und lokalen Traditionen hing; jeder Verzicht auf solche, jede Wendung zu neuen Bahnen, wie sie der Lauf der Ereignisse notwendig machte, wurde ihm schwer und erschien ihm leicht im Lichte von etwas Unerlaubtem oder Unwürdigem. Wie an Personen seiner Umgebung und an Sachen seines Gebrauchs, so hielt er auch an Eindrücken und Überzeugungen fest unter der Mitwirkung der Erinnerung an das, was sein Vater in ähnlichen Lagen getan hatte oder tun würde; insbesondere im französischen Kriege hatte er die Erinnerung an den parallelen Verlauf der Freiheitskriege immer vor Augen.

König Wilhelm, der mich während der schleswig-holsteinschen Episode einmal vorwurfsvoll fragte: «Sind Sie denn nicht auch ein Deutscher?», weil ich mich seiner durch häusliche Einflüsse bedingten Neigung, ein neues gegen Preussen stimmendes Grossherzogtum in Kiel zu schaffen, widersetzte, derselbe Herr war, wenn er, ohne durch politische Gedanken angekränkelt zu sein, in naturwüchsiger Freiheit seinen Empfindungen folgte, einer der entschlossensten Partikularisten unter den deutschen Fürsten, in der Richtung eines patriotischen und konservativ gesinnten preussischen Offiziers aus der Zeit seines Vaters. Der Einfluss seiner Gemahlin brachte ihn in reiferen Jahren in Opposition gegen das traditionelle Prinzip, und die Unfähigkeit seiner Minister der Neuen Ära und das überstürzende Ungeschick der liberalen Parlamentarier in der Konfliktszeit weckte in ihm wiederum den alten Pulsschlag des preussischen Prinzen und Offiziers, zumal er mit der Frage, ob die Bahn, die er einschlug, gefährlich sei, niemals rechnete. Wenn er überzeugt war, dass Pflicht und Ehre, oder eines von beiden, ihm geboten, einen Weg zu betreten, so ging er ihn ohne Rücksicht auf die Gefahren, denen er ausgesetzt sein konnte, in der Politik ebenso wie auf dem Schlachtfelde. Einzuschüchtern war er nicht. Die Königin war es; und das Bedürfnis des häuslichen Friedens mit ihr war ein unberechenbares Gewicht, aber parlamentarische Grobheiten oder Drohungen hatten nur die Wirkung, seine Entschlossenheit im Widerstande zu stärken. Mit dieser Eigenschaft hatten die Minister der Neuen Ära und ihre parlamentarischen Stützen und Gefolgschaften niemals gerechnet. Graf Schwerin war in seinem Missverstehen dieses furchtlosen Offiziers auf dem Throne so weit gegangen, zu glauben, ihn durch Überhebung und Mangel an Höflichkeit einschüchtern zu können. In diesen Vorgängen lag der Wendepunkt des Einflusses der Minister der Neuen Ära, der Altliberalen und der Bethmann-Hollwegschen Partei, von welchem ab die Bewegung rückläufig wurde, die Leitung in Roons Hände fiel und der Ministerpräsident Fürst Hohenzollern mit seinem Adjunkten Auerswald meinen Eintritt in das Ministerium wünschten. Die Königin und Schleinitz verhinderten ihn einstweilen noch, als ich im Frühjahr 1860 in Berlin war, aber die Äusserlichkeiten, welche zwischen dem Herrn und seinen Ministern vorgekommen waren, hatten in die gegenseitigen Beziehungen doch einen Riss gebracht, der nicht mehr vernarbte.

*

Das Schwergewicht, welches nach dem Antritt der Regentschaft der Wille und die Überzeugung des Prinzen von Preussen und späteren Kaisers auf dem aussermilitärischen, dem politischen Gebiete darstellte, war das eigenste Produkt der mächtigen und vornehmen Natur, welche diesem Fürsten, unabhängig von der ihm zuteil gewordenen Erziehung, angeboren war. Der Ausdruck «königlich vornehm» ist prägnant für seine Erscheinung. Die Eitelkeit kann bei Monarchen ein Sporn zu Taten und zur Arbeit für das Glück ihrer Untertanen sein. Friedrich der Grosse war nicht frei davon; sein erster Tatendrang entsprang dem Verlangen nach historischem Ruhm; ob diese Triebfeder gegen das Ende seiner Regierung, wie man sagt, degenerierte, ob er dem Wunsche innerlich Gehör gab, dass die Nachwelt den Unterschied zwischen seiner und der folgenden Regierung merken möge, lasse ich unerörtert. Eine dichterische Ergiessung datierte er von dem Tage vor einer Schlacht und teilte sie brieflich mit der Unterschrift mit: «*Pas trop mal à la veille d'une bataille.*»

Eine Eitelkeit der Art war dem Kaiser Wilhelm I. durchaus fremd; dagegen war ihm die Furcht vor *berechtigter* Kritik der Mit- oder Nachwelt in hohem Masse eigen. Er war darin ganz preussischer Offizier, der, sobald er durch höheren Befehl gedeckt ist, ohne Schwanken dem sicheren Tode entgegen geht, aber durch die Furcht vor dem Tadel des Vorgesetzten und der öffentlichen Meinung in Zweifel und Unsicherheit gerät, die ihn das Falsche wählen lässt. Niemand hätte gewagt, ihm eine platte Schmeichelei zu sagen. In dem Gefühle königlicher Würde würde er gedacht haben: wenn einer das Recht hätte, mich ins Gesicht zu loben, so hätte er auch das Recht, mich ins Gesicht zu tadeln. Beides gab er nicht zu.

Monarch und Parlament hatten einander in schweren innern Kämpfen gegenseitig kennen und achten gelernt; die Ehrlichkeit der königlichen Würde, die sichere Ruhe des Königs hatten schliesslich die Achtung auch seiner Gegner erzwungen, und der König selbst war durch sein hohes persönliches Ehrgefühl zu einer gerechten Beurteilung der beiderseitigen Situationen befähigt. Das Gefühl der Gerechtigkeit nicht bloss seinen Freunden und seinen Dienern gegenüber, sondern auch im Kampfe mit seinen Gegnern beherrschte ihn. Er war ein *gentleman*, ins Königliche übersetzt, ein Edelmann im besten Sinne des Wortes, der sich durch keine Versuchung der ihm zufallenden Machtvollkommenheiten von dem Satze *noblesse oblige* dispensiert fühlte; sein Verhalten in der innern wie in der äussern Politik war den Grundsätzen des Cavaliers alter Schule und des normalen preussischen Offiziersgefühls jederzeit untergeordnet. Er hielt auf Treue und Ehre nicht nur Fürsten, sondern auch seinen Dienern bis zum Kammerdiener gegenüber. Wenn er durch augenblickliche Erregung seinem feinen Gefühl für königliche Würde und Pflicht zu nah getreten war, so fand er sich schnell wieder und blieb dabei «jeder Zoll ein König», und zwar ein gerechter und wohlwollender König und ehrliebender Offizier, den der Gedanke an sein preussisches *portépée* auf richtigem Wege erhielt.

Der Kaiser konnte heftig werden, liess sich aber in der Diskussion von der etwaigen Heftigkeit dessen, mit dem er diskutierte, nicht anstecken, sondern brach dann die Unterredung vornehm freundlich ab. Ausbrüche wie in Versailles bei Abwehr des Kaisertitels waren sehr selten. Wenn er heftig wurde gegen Leute, denen er wohlwollte, wie dem Grafen Roon oder mir, so war er entweder durch den Gegenstand selbst erregt oder war durch fremde, ausseramtliche Besprechungen vorher an Auffassungen gebunden, die sich sachlich nicht vertreten liessen. Graf Roon hörte dergleichen Explosionen an wie ein Militär in der Front den Verweis eines hohen Vorgesetzten, den er nicht verdient zu haben glaubt, aber er litt nervös darunter und sekundär auch körperlich. Auf mich haben Ausbrüche von Heftigkeit des Kaisers, die ich seltener erlebte als Roon, niemals kontagiös, eher abkühlend gewirkt. Ich hatte mir die Logik zurechtgelegt, dass ein Herrscher, welcher mir in dem Masse Vertrauen und Wohlwollen schenkte wie Wilhelm I., in seinen Unregelmässigkeiten für mich die Natur einer *vis major* habe, gegen die zu reagieren mir nicht gegeben sei, etwa wie das Wetter oder die See, wie ein Naturereignis, auf das ich mich einrichten müsse; und wenn mir das nicht gelang, so hatte ich eben meine Aufgabe nicht richtig angegriffen. Dieser mein Eindruck beruhte nicht auf meiner generellen Auffassung der Stellung eines Königs von Gottes Gnaden zu seinem Diener, sondern auf meiner persönlichen Liebe zu Kaiser Wilhelm I. Ihm gegenüber lag mir persönliche Empfindlichkeit sehr fern, er konnte mich ziemlich ungerecht behandeln, ohne in mir Gefühle der Entrüstung hervorzurufen. Das Gefühl, beleidigt zu sein, werde ich ihm gegenüber ebensowenig gehabt haben wie im elterlichen Hause. Es hinderte das nicht, dass mich sachliche, politische Interessen, für die ich bei dem Herrn entweder kein Verständnis oder eine vorgefasste Meinung vorfand, die von Ihrer Majestät oder von konfessionellen oder freimaurerischen Hofintriganten ausging, in Stimmung einer durch ununterbrochenen Kampf erzeugten Nervosität zu einem passiven Widerstande gegen ihn geführt haben, den ich heut in ruhiger Stimmung missbillige und bereue, wie man analoge Empfindungen nach dem Tode eines Vaters hat in Erinnerung an Momente des Dissenses.

Ultramontanismus

Aus einer Rede im Preussischen Herrenhaus
(12. April 1886)

[...] Das Bestreben, auf den Priester einen Einfluss von seiten des Staates zu üben, von seiten unserer Bürokratie in Konkurrenz zu treten mit den kirchlichen Vorgesetzten bis zum Papst hinauf, das ist das πρῶτον ψεῦδος der ganzen Maigesetzgebung, das ist, was den ganzen Bestrebungen des Staates etwas Ärgerliches, Verbitterndes anhängt – ein Streben mit grossen Mitteln nach kleinen Erfolgen – und was eine erhebliche Verstimmung und Erbitterung des Kampfes erzeugt, weil man ein, meiner Überzeugung nach, nach der Natur der Dinge unerreichbares Ziel erstrebt hat. Das Mitreden in bezug auf den Priester neben der katholischen Kirche wird immer, wie man sagt, im Hintertreffen bleiben, um es parlamentarisch auszudrücken, immer in der Minoritätslinie sich befinden. Namentlich wenn der Staat befehlend, beeinflussend in Verbindung mit dem Strafrichter auftreten will, so hat der geistliche Vorgesetzte des Priesters immer, wie man im gemeinen Leben sagt, die Windkante, und der Staat schlägt damit einen Weg ein, auf dem er seine Macht niemals vollständig wird entwickeln können. Ich will gar nicht berühren, inwieweit diese meine Betrachtungen, die ich bei näherem Studium der Maigesetze machte, praktisch auf unsere Vorlage einwirken. Das ist eine *cura posterior.* Ich will jetzt nur im Gegensatz zu dem, was der Herr Vorredner gesagt hat, meine Überzeugung begründen, dass die Kirchengesetze auf diesem Wege Ziele erstrebten, die sie nach der Natur der Sache nicht erreichen können, und dass deshalb dies ein Feld ist, auf dem ich persönlich zu Konzessionen geneigt bin. [...]

Der deutsche Priester ist, was seiner Religiosität alle Ehre macht, weil sein Nationalgefühl schwach entwickelt ist, in erster Linie Priester und dann erst Deutscher. Aber je geringer die Gewalt ist, die der nationale, der staatliche Gedanke auf den Priester ausübt, um so wirkungsloser werden die Mittel sein, mit denen der Staat seine Gewalt ausüben will. Gegen die Schäden hilft nichts weiter als die allmähliche Kräftigung des Nationalbewusstseins in jedem Deutschen, auch in dem, der den Priesterrock trägt, in höherem Masse, als es bisher der Fall ist. Ich habe bei Prüfung der Situation behufs Festlegung der Linie, bis an die wir mit Konzessionen gehen können, mich überzeugt, dass vieles von dem, was man für Säulen des Staates zu erklären geneigt ist, und im Kampfe deshalb als solche behandelt, nur Stuck- und Mauerputz ist, der für die Existenz des preussischen Staates nicht absolut notwendig, ja geradezu entbehrlich sein würde; wir werden in unserer Sicherheit und in unserem Zusammenleben an ihm nichts verlieren. Meine ganze Stellung zu der Frage darf keine konfessionelle sein; sie ist eine rein politische. Ich kann in der Stellung, in der ich bin, nicht den Gesichtspunkt irgendeiner

Konfession noch irgendeiner Partei annehmen. Ich muss mich so dazu stellen, dass auch, wenn ich gläubiger Katholik wäre, ich als Ministerpräsident Seiner Majestät dem König dasselbe vorschlagen könnte, was ich jetzt vorschlage. Mein letzter Vorgänger im Amte, der verewigte Fürst von Hohenzollern, war ja Katholik, und an ihn hätte ja leicht dieselbe Aufgabe herantreten können. Ich muss mich von den Konfessionen und dem Kampfeszorn der Parteien ganz unabhängig stellen. Es ist nicht leicht, den Kopf in dem Masse kühl und klar zu halten von all dem Lärm des Streites, der auf mich eindringt. Ich muss es aber versuchen. [...]

«Acheronta movebunt»

An den Prinzen Wilhelm

(Friedrichsruh, 6. Januar 1888)

Ew. K. H. wollen mir huldreich verzeihn, dass ich hochdero gnädige Schreiben vom 29. November und 21. Dezember nicht schon beantwortet habe. Ich bin von Schmerzen und Schlaflosigkeit so matt, dass ich nur schwer die täglichen Eingänge bewältige, und jede Arbeitsanstrengung steigert diese Schwäche. Ich kann Ew. auf diese Briefe nicht anders als eigenhändig antworten, und meine Hand leistet mir den Schreibedienst nicht mehr so leicht wie früher. Ausserdem müsste ich, um gerade diese Briefe in einer befriedigenden Art zu beantworten, ein historisch-politisches Werk schreiben. Nach dem guten Sprichwort, dass das Beste des Guten Feind ist, will ich aber lieber jetzt insoweit antworten, wie meine Kräfte reichen, als länger in unehrerbietigem Schweigen bessere Kräfte abwarten. Ich hoffe in kurzem in Berlin zu sein und dann mündlich nachzuholen, was zu schreiben meine Leistungsfähigkeit überschreitet.

Die Anlage des Schreibens vom 29. November v. J. beehre ich mich Ew. hierbei untertänigst wieder vorzulegen und möchte ehrerbietig anheimgeben, sie ohne Aufschub zu verbrennen. Wenn ein Entwurf der Art *vorzeitig* bekannt würde, so würden nicht nur Se. M. der

Kaiser und S. K. H. der Kronprinz peinlich davon berührt sein; das Geheimnis ist aber heutzutage stets unsicher. Schon das einzige existierende Exemplar, welches ich hier sorgfältig unter Verschluss gehalten habe, kann in unrechte Hände fallen; wenn aber einige Abschriften gefertigt und bei 7 Gesandtschaften deponiert würden, so vervielfältigen sich die Möglichkeiten böser Zufälle und unvorsichtiger Menschen. Auch wenn schliesslich von den Dokumenten der beabsichtigte Gebrauch gemacht würde, so würde die dann kund werdende Tatsache, dass sie vor dem Ableben regierender Herren redigiert und bereit gehalten wären, keinen guten Eindruck machen. Ich habe mich herzlich gefreut, dass Ew., im Gegensatz zu den schärferen Auffassungen Ihres erlauchten Herrn Vaters, die politische Bedeutung erkennen, welche in dem *freiwilligen* Mitwirken der verbündeten Fürsten zu den Reichszwecken liegt. Wir wären in der Vergangenheit von nur 17 Jahren der Parlamentsherrschaft schon verfallen, wenn die Fürsten nicht fest zum Reich gestanden hätten und freiwillig, weil sie selbst zufrieden sind, wenn sie behalten, was ihnen das Reich verbürgt; und noch mehr in Zukunft, wenn der Nimbus von 1870 verblasst sein wird, liegt die Sicherheit des Reiches und seiner monarchischen Institutionen in der Einigkeit der Fürsten. Letztere sind nicht Untertanen, sondern Bundesgenossen des Kaisers, und wird ihnen der Bundesvertrag nicht gehalten, so werden sie sich auch nicht dazu verpflichtet fühlen und Anlehnung suchen wie früher, bei Russland, Österreich und Frankreich, sobald die Gelegenheit dazu günstig erscheint, wie immer national sie sich halten mögen, solange der Kaiser der stärkere ist. So war es seit 1000 Jahren, und so wird es sein, wenn die alte Eifersucht der Dynastien wieder gereizt wird. *Acheronta movebunt;* auch die Opposition im Parlament würde eine ganz andere Kraft gewinnen, wenn die bisherige Geschlossenheit des Bundesrates aufhörte und Bayern und Sachsen mit Richter und Windthorst gemeinsame Sache machten. Es ist also eine sehr richtige Politik, die Ew. veranlasst, Sich in erster Linie an «die Herren Vettern» wenden zu wollen. Ich würde aber untertänigst anheimstellen, dies mit der Zusicherung zu tun, dass der neue Kaiser die «vertragsmässigen Rechte der verbündeten Fürsten» ebenso gewissenhaft achten und schützen werden wie Seine Vorgänger. Es wird sich nicht empfehlen, dabei den «Ausbau» und das «Einigen» des Reiches als eine *bevorstehende* Arbeit besonders zu akzentuieren; denn darunter werden die Fürsten weitere «Zentralisation» und Minderung der ihnen nach der Verfassung gebliebenen Rechte verstehn. Wenn aber Sachsen, Bayern, Württemberg stutzig würden, so wäre der Zauber der nationalen Einheit mit seiner mächtigen Wirkung auch in Preussens neuen Provinzen, und besonders im Auslande, gebrochen. Der nationale Gedanke ist auch den Sozial- und anderen Demokraten gegenüber, auf dem Lande vielleicht nicht, aber in den Städten, stärker als der christliche. Ich bedaure es, sehe aber die Dinge, wie sie sind. Die festeste Stütze der Monarchie suche ich aber in beiden nicht, sondern in einem Königtum, dessen Träger entschlossen ist, nicht nur in ruhigen Zeiten *arbeitsam* mitzuwirken an den Regierungsgeschäften des Landes, sondern auch in kritischen lieber mit dem Degen in der Faust auf den Stufen des Thrones für sein Recht kämpfend zu fallen, als zu weichen. Einen solchen Herrn lässt kein deutscher Soldat im Stich, und wahr bleibt das alte Wort von 1848, «gegen Demokraten helfen nur Soldaten». Priester können dabei viel verderben und wenig helfen; die priesterfrommsten Länder sind die revolutionärsten, und 1848 standen in dem gläubigen Pommernlande alle Geistlichen zur Regierung, und doch wählte ganz Hinterpommern sozialistisch, lauter Tagelöhner, Krüger und Eieraufkäufer. Ich komme damit auf den Inhalt des gnädigen Schreibens vom 21. v. M. und beginne am liebsten mit dem Schlusse desselben und dem Ausdruck des Bewusstseins, dass Friedrich der Grosse Ew. Ahnherr ist, und bitte Höchstdieselben, ihm nicht bloss als Feldherr, auch als Staatsmann zu folgen. Es lag nicht in der Art des grossen Königs, sein Vertrauen auf Elemente wie das der inneren Mission zu setzen; die Zeiten sind heut freilich andere, aber die Erfolge, welche durch Reden und Vereine gewonnen werden, auch heut keine dauernden Unterlagen monarchischer Stellungen; für sie gilt das Wort, «wie gewonnen so zerronnen». Beredsamkeit der Gegner, giftige Kritik, taktlose Mitarbeiter, deutsche Zanksucht und Mangel an Disziplin bereiten der besten und ehrlichsten Sache leicht einen betrübten Ausgang. Mit solchen Unternehmungen wie die «Innere Mission», besonders in der Ausdehnung, wie sie beabsichtigt ist, sollte meines untertänigsten Dafürhaltens Ew. Name nicht in solche Verbindung treten, dass er von dem möglichen Misserfolge mitbetroffen würde. Der Erfolg entzieht sich aber jeder Berechnung, wenn die Verbindung sich auf alle grossen Städte ausdehnt und also die Elemente und Richtungen alle in sich aufnimmt, welche in den Lokalverbänden schon vorhanden sind oder in sie eindringen werden. In solchen Vereinen ist schliesslich nicht der sachliche Zweck für das wirkliche Ergebnis massgebend, sondern die darin leitenden *Personen* drücken ihnen Stempel und Richtung auf. Das werden Redner und Geistliche sein, vielfach auch Damen, lauter Elemente, die zu einer politischen Wirksamkeit im Staate nur mit Vorsicht verwendbar sind und von deren Wohlverhalten und *Takt* ich die Meinung des Volkes über seinen künftigen König in keiner Weise abhängig wissen möchte. Jeder Fehler, jedes Ungeschick, jeder Übereifer in der Vereinstätigkeit wird den republikanischen Blättern Anlass geben, den hohen Protektor des Vereins mit dessen Verirrungen zu identifizieren.

Ew. führen eine stattliche Anzahl achtbarer Namen als einverstanden mit Höchstdero Beteiligung an. Unter denselben finde ich einmal keinen, dem ich die Verantwortung für die Zukunft des Landes *isoliert* zumuten möchte; dann aber fragt sich, wie viele von den Herren ein Interesse an der inneren Mission betätigen würden, wenn sie nicht wahrgenommen hätten, dass Ew. und die Frau Prinzessin der Sache Höchstihre Teilnahme zuwenden. Ich bin nicht bestrebt, Misstrauen zu wecken, wo Vertrauen besteht; aber ein Monarch kann ohne einiges Misstrauen erfahrungsgemäss nicht fertig werden, und Ew. stehen dem hohen Berufe zu nahe, um nicht jedes Entgegenkommen daraufhin zu prüfen, ob es der Sache gilt, um die es sich gerade handelt, oder dem künftigen Monarchen und dessen Gunst. Wer von Ew. Vertrauen in der Zukunft etwas begehren will, der wird heut schon streben, eine Beziehung, ein Band zwischen sich und dem künftigen Kaiser herzustellen; und wie viele sind ohne geheimen Wunsch und Ehrgeiz? Und auch für den, der es ist, bleibt in unsern monarchisch gesinnten Kreisen das Streben nicht ohne Wirkung, in irgendwelchem näheren Verhältnis zum Monarchen zu stehen. Das Rote Kreuz und andere Vereine würden ohne I. M. die Kaiserin so viele Teilnahme nicht finden; das Verlangen, zum Hofe in Beziehung zu stehen, kommt der Nächstenliebe zu Hülfe. Das ist auch erfreulich und schadet der *Kaiserin* nicht. Anders ist es mit Thronerben. Unter den Namen, die Ew. nennen, ist keiner ganz ohne *politischen* Beigeschmack, und der Bereitwilligkeit, den Wünschen des hohen Protektors zu dienen, liegt die Hoffnung zugrunde, sich oder der Fraktion, der man angehört, den Beistand des künftigen Königs zu gewinnen. Ew. werden *nach* der Thronbesteigung die Männer und die Parteien mit Vorsicht und mit wechselnden Treffen nach Höchsteigenem Ermessen benutzen müssen, ohne die Möglichkeit, äusserlich einer unserer Fraktionen sich hinzugeben. Es gibt Zeiten des Liberalismus und Zeiten der Reaktion, auch der Gewaltherrschaft. Um darin die nötige freie Hand zu behalten, muss verhütet werden, dass Ew. schon als Thronfolger von der öffentlichen Meinung zu einer Parteirichtung gerechnet werden. Das würde nicht ausbleiben, wenn Höchstdieselben zur inneren Mission in eine organische Verbindung treten, als Protektor. Die Namen von Benda und Miquel sind für mich nur ornamentale Zutaten; beide Minister-Kandidaten der Zukunft; auf dem Gebiete der Mission werden sie aber, Stöcker und anderen Geistlichen gegenüber, das Rennen bald aufgeben. Schon in dem Namen «Mission» liegt ein Prognostikon dafür, dass die Geistlichkeit dem Unternehmen die Signatur geben wird, selbst dann, wenn das arbeitende Mitglied des *Comité* nicht ein General-Superintendent sein würde. Ich habe nichts gegen Stöcker; er hat für mich nur den einen Fehler als Politiker, dass er Priester ist, und als Priester, dass er Politik treibt. Ich habe meine Freude an seiner tapferen Energie und an seiner Beredsamkeit, aber er hat keine glückliche Hand; die Erfolge, die er erreicht, bleiben momentan, er vermag sie nicht unter Dach zu bringen und zu erhalten; jeder gleich gute Redner, und deren gibt es, entreisst sie ihm; *zu trennen von der inneren Mission wird er nicht sein,* und seine Schlagfertigkeit sichert ihm den massgebenden Einfluss darin auf seine Amtsbrüder und die Laien. Er hat sich bisher einen Ruf erworben, der die Aufgabe, ihn zu schützen und zu fördern, nicht erleichtert; jede Macht im *Staate* ist stärker ohne ihn als mit ihm, in der Arena des Parteikampfes aber ist er ein Simson. Er steht an der Spitze von Elementen, die mit den Traditionen Friedrichs d. Gr. in schroffem Widerspruch stehen und auf die eine Regierung des Deutschen Reiches sich nicht würde stützen können. Mir hat er mit seiner Presse und seiner kleinen Zahl von Anhängern das Leben schwer und die grosse konservative Partei unsicher und zwiespältig gemacht. Die «Innere Mission» aber ist ein Boden, aus dem er wie der Riese Antäus stets neue Kräfte saugen und auf dem er unüberwindlich sein wird. Die Aufgabe Ew. und höchstihrer dereinstigen Minister würde wesentlich erschwert werden, wenn sie die Vertretung der «Inneren Mission» und der Organe derselben in sich schliessen sollte. Der evangelische Priester ist, sobald er sich stark genug dazu fühlt, zur Theokratie ebenso geneigt wie der katholische, und dabei schwerer mit ihm fertig zu werden, weil er keinen Papst über sich hat. Ich bin ein gläubiger Christ, aber ich fürchte, dass ich in meinem Glauben irre werden könnte, wenn ich, wie der Katholik, auf priesterliche Vermittlung zu Gott beschränkt wäre.

Ew. sprechen in höchstdero Schreiben vom 21. v. M. die Meinung aus, dass ich Anlass gehabt hätte, schon früher bei höchstdenselben über die vorliegende Frage Erkundigungen einzuziehen; ich bin aber erst durch Ew. jüngstes Schreiben von der Lage der Sache informiert worden, und meine Antwort hat *keine* andere Unterlage als den Inhalt besagten Schreibens. Was ich bis dahin wusste, genügte zwar, um mir einige Sorge über Pressangriffe auf Ew. zu wecken, aber ich hatte zu wenig Glauben an den Ernst der Sache, um mich direkt an höchstdieselben zu wenden. Erst der Brief vom 21. überzeugte mich vom Gegenteil.

Ew. wollen die freimütige Offenheit, mit der ich meine Ansicht in Vorstehendem ausspreche, mit Nachsicht aufnehmen. Das Vertrauen, mit dem hochdieselben mich jederzeit beehrt, und die Gewissheit, welche Ew. in betreff meiner ehrerbietigen Anhänglichkeit haben, lassen mich auf diese Nachsicht rechnen. Ich bin alt und matt und habe keinen andern Ehrgeiz mehr, als mir die Gnade des Kaisers und Seiner Nachfolger zu bewahren, wenn ich meinen Herrn überleben sollte. Mein Pflichtgefühl gebietet mir, dem Kaiserhause und dem Lande ehrlich zu dienen, so lange ich kann, und zu diesem Dienst gehört es, dass ich Ew. in Antwort auf höchstdero Schreiben dringlich abrate, sich vor der Thronbesteigung schon die Fessel irgendwelcher politischen oder kirchlichen Vereinsbeziehung aufzuerlegen. Alle Vereine, bei welchen der Eintritt und die Tätigkeit der einzelnen Mitglieder von diesen selbst abhängig ist und von ihrem guten Willen und persönlichen Ansichten, sind als Werkzeuge zum *Angreifen* und *Zerstören* des Bestehenden sehr wirksam zu verwenden, aber nicht zum Bauen und Erhalten. Jeder vergleichende Blick auf die Ergebnisse konservativer und revolutionärer Vereinstätigkeit überzeugt von dieser bedauerlichen Wahrheit. Zum positiven Schaffen und Erhalten lebensfähiger Reformen ist bei uns *nur* der König an der Spitze der Staatsgewalt auf dem Wege der *Gesetzgebung* befähigt. Die Kaiserliche Botschaft bezüglich sozialer Reformen wäre ein toter Buchstabe geblieben, wenn ihre Ausführung von der Tätigkeit freier Vereine erwartet worden wäre; die können wohl Kritik üben und über Schäden Klage führen, aber heilen können sie letztere nicht. Das sichere Misslingen ihrer Unternehmungen können die Vereinsmitglieder um so leichter tragen, als jeder nachher *den andern* anklagt; einen Thronfolger als Protektor aber trifft es schwerer in der öffentlichen Meinung. Mit Ew. in einem Verein zu sein, ist für jedes andere Mitglied ehrenvoll und nützlich ohne jedes Risiko; nur für Ew. tritt das umgekehrte Verhältnis ein; jedes Mitglied fühlt sich gehoben und macht sich wichtig mit dem Vereinsverhältnis zum Thronerben, und letzterer hat allein als Gegenleistung für die Bedeutung, welche er dem Verein verleiht, nichts als die *Gefahr des Misslingens* durch anderer Schuld. Aus dem anliegenden Ausschnitt der freisinnigen Zeitung, der mir heut zugeht, wollen Ew. huldreich ersehn, wie schon heut die Demokratie bemüht ist, hochdieselben mit der sogenannten christlichsozialen Fraktion zu identifizieren. Sie druckt die Sätze gesperrt, durch welche Ew. und meine Beziehungen zu dieser Fraktion ins Publikum gebracht werden sollen. Das geschieht von der freisinnigen Zeitung doch gewiss nicht aus Wohlwollen oder um der Regierung des Kaisers einen Dienst zu erweisen. «Religiöse und sittliche Bildung der Jugend» ist an sich ein ehrenwerter Zweck, aber ich fürchte, dass hinter diesem Aushängeschild andere Ziele politischer und hierarchischer Richtung verfolgt werden. Die unwahre Insinuation des Pastors Seydel, dass ich ein Gesinnungsgenosse sei und ihn und seine Genossen *vorzugsweise* als Christen betrachtete, wird mich zur Widerlegung nötigen, und dann wird es offenbar werden, dass zwischen den Herrn und mir das Verhältnis ziemlich dasselbe ist wie mit jeder anderen Opposition gegen die jetzige Regierung Sr. Majestät.

Ich laufe Gefahr, in der Tat *ein Buch* zu schreiben; ich habe seit 20 Jahren zu viel unter der Giftmischerei der Herren von der «Kreuzzeitung» und den evangelischen Windthorsten gelitten, um *in Kürze* von ihnen reden zu können. Ich schliesse dieses überlange Schreiben mit meinem untertänigen und herzlichen Danke für die Gnade und das huldreiche Vertrauen, welches Ew. Schreiben mir bekunden.

Russland und Europa

Exposé für Kaiser Wilhelm I.

(Varzin, 9. November 1876)

Der Brief des Kaisers Alexander vom 2. d. M. ist ein für so wichtige Verhältnisse ziemlich unklares und in sich widerspruchsvolles Aktenstück; der richtige Ausdruck des seit Monaten uns gegenüber vom Fürsten Gortschakow ins Werk gesetzten Versuches, das politische Gewicht Deutschlands für unausgesprochene russische Zwecke zu gewinnen und uns zu bewegen, einen Wechsel in blanko zu zeichnen, den Russland ausfüllen und Österreich wie England gegenüber verwerten oder doch benutzen will. Schon die Analogie der Ausdrucksweise mit dem eigenhändigen Briefe Gortschakows an mich lässt vermuten, dass letzterer es ist, dem die kaiserliche Feder sich zur Verfügung gestellt hat.

Beide Aktenstücke kumulieren in dem Bestreben, «Europa» als eine einheitliche Macht, als eine Art Bundesstaat hinzustellen, dessen Interessen Russland opferwillig zu vertreten bereit ist, so dass es danach in unserem Interesse als Europäer läge, die übrigen Europäer zu bewegen, dass sie nicht nur an Russlands Uneigennützigkeit glauben, sondern sich auch entschliessen, die russischen Pläne durch ein europäisches Kommissorium zu decken. Dieser unhaltbaren und für uns sehr nachteiligen Fiktion bestimmt entgegenzutreten, halte ich für unsere nächste unabweisliche Aufgabe, aber auch für die einzige, in welcher wir meines Erachtens von Russland dissentieren müssen. Für die orientalischen Verhältnisse und für die Beziehungen Russlands zu den Hauptkonkurrenten Österreich und England ist dieser Dissensus ein rein theoretischer, für unsere eigenen Interessen aber ein eminent praktischer. Ich habe das Wort «Europa» immer im Munde derjenigen Politiker gefunden, die von anderen Mächten etwas verlangten, was sie im eigenen Namen nicht zu fordern wagten; so die Westmächte im Krimkriege und in der polnischen Frage von 1863, so Thiers im Herbst 1870 und Graf Beust, als er das Misslingen seiner Koalitionsversuche gegen uns mit dem Worte ausdrückte, *«je ne vois plus l'Europe».* Im vorliegenden Falle versuchen Russland sowohl wie England abwechselnd uns als *Europäer* vor den Wagen ihrer Politik zu spannen, den zu ziehen wir als *Deutsche*, wie sie selbst wohl einsehen, keinen Beruf haben. Ich bin weit entfernt von der Behauptung, dass wir als Christen nicht ein Interesse für leidende Menschen überhaupt, und namentlich für leidende Christen auch in fremden Ländern haben sollten, und ich glaube, wir haben dasselbe in der ganzen bisherigen Politik Seiner Majestät des Kaisers auf das unzweideutigste betätigt, aber wir müssen uns dagegen verwahren, dass diese Sympathie uns verpflichte, überall da, wo wir sie hegen, Deutschlands Macht, seinen Frieden und seine europäischen Beziehungen einzusetzen, und zwar nicht nach eigenem Ermessen, sondern nach dem auswär-

tiger, uns zwar befreundeter, aber in der Sache
wesentlich interessierter Mächte wie England
und Russland. Es ist ferner ein wesentlicher Unterschied für uns, ob wir das, was wir etwa ausserhalb unserer eigenen Interessen tun, in der
Eigenschaft einer uns als «Europäern» obliegenden Verpflichtung tun, für deren Erfüllung
uns niemand Dank schuldig ist, oder ob wir
es tun aus Gefälligkeit für eine befreundete
Macht, bei der wir auf Gegenseitigkeit zu zählen haben. Aus dem letzteren Gesichtspunkte
können wir wahrscheinlich viele, wenn nicht
die meisten der Anliegen erfüllen, die Russland
vernünftigerweise bei uns anbringen kann. Wir
werden dabei, solange die Ansprüche das Mass
innehalten, welches eigene Interessen uns vor-
schreiben, nicht nur eine Pflicht der Dankbarkeit und der kaiserlichen Freundschaft erfüllen,
sondern auch unser Verhältnis zu dem bisher
nützlichsten und in Zukunft vielleicht wichtigsten und seinen inneren Verhältnissen nach *re-
lativ* zuverlässigsten unserer Bundesgenossen
vor tiefgehender und dauernder Trübung bewahren. Russland beabsichtigt, wie wir glauben
müssen, Krieg gegen die Türkei zu führen; dabei können wir ihm den besten Erfolg wünschen und eine wohlwollende Neutralität beobachten. Der Kaiser Alexander hat sich, wie er
sagt und wie Gortschakow bestätigt, mit dem
Kaiser Franz Joseph verständigt; die Frage,
was wir zu tun haben, wenn diese Verständigung unzulänglich werden sollte, ist uns also
für jetzt nicht gestellt und von uns nicht zu beantworten. Der Wunsch des kaiserlichen Briefes geht für uns jetzt nur dahin, dass wir den
Einfluss Deutschlands anwenden *«pour désar-*

mer les méfiances, contenir les hostilités», und dass Seine Majestät der Kaiser *«se porte garant du désintéressement»* des Kaisers Alexander. Das Wort *garant* ist dabei natürlich nicht im juristischen, internationalen Sinne zu nehmen, wie etwa ein Garant des Westfälischen Friedens; denn man kann jemandes Gesinnung in diesem Sinne ja nicht unter Garantie stellen, da ihr Nichtvorhandensein niemals nachgewiesen werden kann; das *désintéressement* des Kaisers kann in diesem Augenblicke noch so gross sein *et peut cependant être débordé par les événements,* ohne dass dadurch die persönliche Gesinnung des Kaisers Alexander irgendeine Änderung erlitten hätte. Es kann also dieser Anspruch des kaiserlichen Briefes nur so gemeint sein, und wir müssen ihn jedenfalls als selbstverständlich so auslegen, dass unser allergnädigster Herr *seine Überzeugung* von der Uneigennützigkeit des Kaisers Alexander ausspricht und dabei empfiehlt *«qu'on le laisse agir».* Unser Kaiser würde damit sicher nichts Unwahres sagen, da Seine Majestät den schriftlichen Versicherungen des Kaisers Alexander ohne Zweifel Glauben schenkt; auch würde nichts gesagt sein, was unsere Interessen gefährdet, denn wenn der Kaiser Alexander gegen die Türkei Krieg führt, so ist das für uns kein Unglück, und wenn man ihn ohne Einmischung handeln lässt, so ist das ein Vorteil für den allgemeinen Frieden. Ob unsere Versicherung über Kaiser Alexanders Uneigennützigkeit in England Glauben findet, hängt freilich nicht von uns ab, aber unsere Beziehungen zu England können vernünftigerweise dadurch nicht geschädigt werden, dass wir in London unseren Glauben an die Aufrichtigkeit der Versicherungen des Kaisers Alexander aussprechen. Es ist das meiner Überzeugung nach sogar das einzige, was wir augenblicklich versuchen können, um den künftigen Möglichkeiten einer weiteren Ausdehnung des wahrscheinlich unvermeidlichen russisch-türkischen Krieges vorzubeugen. Es ist ja möglich, dass die Türken auf der Konferenz ebenso wie kürzlich bei dem Ultimatum eine ganz unerwartete Nachgiebigkeit gegen russische Forderungen zeigen und dass dadurch die Spannung zwischen der Pforte und Russland gemildert, diejenige zwischen Russland und den bisher türkenfreundlichen Mächten gesteigert würde, aber es ist das doch sehr unwahrscheinlich, und wenn es geschähe, so würde die Kriegsgefahr nur in bedenklicher Weise weiter westlich gerückt. Geschieht es aber nicht – und das ist wohl das Wahrscheinliche –, dann hat Russland sich durch seine bisherige Politik meines Erachtens in die *Notwendigkeit* gesetzt, Krieg zu führen, und kann ihn nur unter sehr nachteiligen Rückwirkungen auf seine inneren Verhältnisse vermeiden. So wie die Situation jetzt liegt, halte ich es für uns für eine unmögliche, und wenn sie durchführbar wäre, im gefährlichsten Masse *undankbare* Aufgabe, Russland durch deutschen Einfluss am Vorgehen gegen die Türken hindern zu wollen. Wir würden dabei, wenn es uns gelänge, einfach den Türken die russische Feindschaft abnehmen, um sie auf uns selbst zu übertragen, und die ganze Verbitterung, welche dieser misslungene Anlauf in dem russischen Nationalgefühl zurücklassen müsste, würde sich in konzentrierter Form gegen uns richten. Ich habe mich über dieses Thema schon vor einigen Wochen bei Gelegenheit des sechsmonatlichen Waffenstillstandes ausgesprochen und kann Seine Majestät den Kaiser nicht dringend genug bitten, jeden, auch den scheinbar freundlichsten und unverfänglichsten Versuch in dieser Richtung zu unterlassen. Die Situation ist so gespannt, dass die Grenze zwischen freundlicher Abmahnung und verdeckter Drohung sich gar nicht ziehen lässt; das beweist unter anderm der Eindruck, ich möchte sagen die Beklemmung, die schon die wahre oder falsche Nachricht von unserem Bedauern über die Ablehnung des sechsmonatlichen Waffenstillstandes in Livadia verursacht hat. Überlassen wir es England und eventuell Österreich, ihre eigenen Kastanien auch selbst aus dem Feuer zu holen, und nehmen wir nicht die Sorgen anderer Mächte noch auf uns – wir werden an den eigenen vollständig genug haben. –

Solange die russischen Wünsche aus der phrasenhaften Allgemeinheit, in welche sie sich bisher hüllen, nicht heraustreten, wird uns auch die Beantwortung derselben dadurch erleichtert, dass sie sich in derselben Allgemeinheit bewegen kann. Ich würde glauben, dass es etwa in folgender Richtung tunlich wäre: Seine Majestät könnten ihr Bedauern aussprechen, im Interesse des europäischen Friedens nämlich, dass die diplomatischen Arbeiten einen befriedigenden Erfolg bisher nicht gehabt hätten, aber die Hoffnung hinzufügen, dass auf den Konferenzen in Konstantinopel eine allseitige Verständigung noch gewonnen werden könne, und im Interesse der Christen in der Türkei den Wunsch wiederholen, dass es der Fall sein möge. Wenn wider Erwarten weitere Schwierigkeiten sich in den Verhandlungen herausstellen sollten, so würde der Kaiser Alexander gewiss in erster Linie den Rat seiner eigenen friedlichen Gesinnung erwägen, wenn aber die Stellung Russlands ihm nicht gestatte, derselben Gehör zu geben, so würde die Haltung Seiner Majestät den Traditionen und den freundschaftlichen Gesinnungen, welche beide Kaiser verbinden, auch dann entsprechen und dies Seiner Majestät besonders dadurch erleichtert werden, dass der Kaiser Alexander sich mit Österreich schon verständigt habe – und Seine Majestät werde mit Interesse die Mitteilung über die Details der Verständigung seiner beiden Bundesgenossen entgegennehmen, welche der Brief in Aussicht stelle. Seine Majestät werde nur den Regungen des eignen Herzens folgen in dem Bestreben, jedes Misstrauen gegen die Absichten des Kaisers Alexander zu beruhigen und die anderen Mächte für die Erhaltung des allgemeinen Friedens zu gewinnen – hoffe um so mehr auf Erfolg dieser Bemühungen, als Seine Majestät selbst das vollste Vertrauen in die Uneigennützigkeit des Kaisers Alexander setze und in seinen Bestrebungen, dieses Vertrauen auch bei den anderen Mächten zu erhalten und zu festigen, nur der eigenen Überzeugung Ausdruck zu geben habe.

Dies ist ungefähr der Ideengang, den ich Seiner Majestät dem Kaiser vorschlagen möchte, in der Hauptsache eine Paraphrase des russischen Briefes, aber natürlich ohne dessen Wortlaut zu wiederholen. Alle Erläuterungen und Suggestionen, welche man aus Gortschakows Unterhaltungen mit Schweinitz zu dem kaiserlichen Briefe entnehmen könnte, würde ich einstweilen *vollständig ignorieren,* und für Seine Majestät sind sie ja auch als *non avenues* zu betrachten, da der Kaiser nur den Text des kaiserlichen Briefes, aber nicht die Insinuationen der Gortschakowschen Corollarien zum Gegenstande seiner Beantwortung zu machen hat.

Wenn der russische kaiserliche Brief *einmal* die Arbeit der Diplomatie mit der Würde der Kabinette nicht länger verträglich findet und auf eine *«solution moins radicale»,* auf die Verlängerung der Existenz des Ottomanischen Reiches verzichtet, und dann wieder von uns erwartet, dass wir Versuche zur Störung des allgemeinen Friedens hindern, und am Schlusse hofft, *«que la paix générale sera préservée»,* ungeachtet des vorausgesetzten Unterganges des türkischen Reiches; wenn er sagt, dass Werder uns den geheimen Vertrag bringen werde, an des Kaisers Diskretion darüber appelliert, die Mitteilung aber dennoch nicht macht; wenn er auf den *appui amical* Seiner Majestät rechnet, aber die Pläne nicht bezeichnet, welche unterstützt werden sollen, so sind das alles Widersprüche, die in einem freundschaftlichen Kaiserbriefe nicht hervorzuheben sein werden. Die Allgemeinheit der ausgedrückten Wünsche bietet ausreichende Anknüpfung, um den Brief so freundlich beantworten zu können, dass aus keinem seiner Teile ein Schluss auf andere als wohlwollende Gesinnungen gezogen werden kann, und wir dennoch kein Material liefern, mit dem man in Wien oder London Unkraut säen könnte. Der einzige Dissensus, die Ablehnung der «europäischen» Interessen und Pflichten, wird sich durch Hervorhebung der *russischen* Interessen, die den Kaiser zu einer selbständigen Entschliessung veranlassen könnten, ausreichend markieren lassen. Scheint das demnächst im Texte nicht genügend, so wird sich leicht eine Wendung einschieben lassen, welche neben der diplomatisch von uns betätigten Teilnahme für die Christen zugleich die Abwesenheit direkter deutscher Interessen akzentuiert und es natürlich findet, dass der Kaiser Alexander zunächst die Verständigung mit dem *gleichfalls näher interessierten* Monarchen von Österreich-Ungarn vorbereitet habe. In meiner Antwort an Gortschakow habe ich die Absicht, der gewohnten Tonart unseres Verkehrs entsprechend, dem Gedanken Ausdruck zu geben, dass die *europäische* Seite der Sache auf meine politischen Entschliessungen und Ratschläge weniger Einfluss habe als gerade die *russische:* es würde mir stets zur Freude gereichen, *russischen* Interessen nützlich sein zu können, um dankbaren Erinnerungen Ausdruck zu geben, welche mich wohl an Russland, aber in keiner Weise an das übrige Europa knüpften. *Amtlich* aber müssen wir uns diese Spiegelfechterei mit dem Europäertum ernsthafter vom Leibe halten. Es kann das demnächst in Antworten an Schweinitz geschehen, ohne mündlichen und widerspruchsvollen Äusserungen meines russischen Freundes und Kollegen in jeder Einzelheit amtliche Schwerkraft beizulegen.

Aus einem Brief an Kaiser Friedrich III.

(Berlin, 3. April 1888)

[...] Unter den Anlässen der friedlichen Entwicklung unserer russischen Beziehungen nimmt das ablehnende Verhalten der Politik des hochseligen Kaisers zu dem früheren Fürsten von Bulgarien eine hervorragende Stelle ein; von jeder Annäherung an den letzteren ist der Eindruck auf den Zaren schwer zu berechnen; ich wenigstens möchte die Verantwortlichkeit für die praktischen Ergebnisse dem eigenen Lande gegenüber nicht übernehmen. Man könnte sagen, dass Deutschland stark und gross genug ist, um das Wohlwollen, welches seine Dynastie für einen Prinzen von Battenberg hegen kann, nicht nach den Eindrücken auf den Kaiser von Russland zu bemessen. Eine derartige Gleichgültigkeit gegen die Rückwirkung, welche das Verhalten der Dynastie auf den Frieden und das Wohl des Landes und der Untertanen haben kann, liegt indessen nicht in den Traditionen der preussischen Monarchie. Das friedliche Beieinanderwohnen der grossen europäischen Mächte ist überhaupt nur dadurch möglich, dass ihre Regierungen und ihre Dynastien auf die Bedürfnisse nicht nur, sondern auf die Neigungen und Wünsche der Nachbarvölker und der Souveräne derselben sorgfältig Rücksicht nehmen und Motiven zu Verstimmungen rechtzeitig vorbeugen, solange es noch mit Ehren möglich ist. Das sehr starke Nachbarvolk der Russen ist nun ausschliesslich durch den Kaiser Alexander repräsentiert, und die persönlichen Eindrücke dieses Monarchen werden sich sicher widerspiegeln in der auswärtigen Politik des grossen russischen Reiches. Es wird also nach preussischen Begriffen nicht unter die politischen Möglichkeiten gerechnet werden können, dass persönliche Wünsche und Neigungen der Dynastie schwerer ins Gewicht fallen könnten als die Rücksicht auf den Frieden und die Wohlfahrt der Untertanen derselben und der gesamten deutschen Nation. [...]

Besuch in Friedrichsruh

Edmond Mayor über ein Gespräch mit Francesco Crispi

(22./23. August 1888)

Um ein Uhr Luncheon. Gesalzener Fisch, der zur täglichen Nahrung des Fürsten gehört, Eier, Kotelettes, Äpfel nach englischer Art, neue Kartoffeln, warmer und kalter Schinken, Butter. Ausgezeichneter Medoc.

Die Unterhaltung wird auf die französische Presse gelenkt und auf ihre systematischen Angriffe gegen den Fürsten und Crispi.

«Ich glaubte immer», sagt der Fürst, «ich sei der bestgehasste Mann meiner Zeit; aber ich habe mich vielleicht einer Überhebung schuldig gemacht, da Eure Exzellenz mir ernstlich Konkurrenz machen.»

«Wir sind gewiss», antwortet der Minister, «die zwei Männer, welche die Franzosen am meisten verabscheuen, doch ist zwischen uns beiden folgender Unterschied: im Laufe der Begebenheiten waren Sie dazu bestimmt, Frankreich Böses zuzufügen, während ich für mein Teil noch immer dabei bin, mich zu fragen, was mir den Hass der Franzosen zugezogen hat und welcher Tatsache ich den Ruf eines Gallophoben verdanke.»

Der Fürst scheint nachzudenken. «Im französischen Charakter», beginnt er, hält inne, indem er sich zu seiner Tochter wendet, «... ich bitte um Verzeihung, meine Gnädige...» Dann fährt er fort: «Im französischen Charakter liegt etwas Weibliches. Die Frauen haben zwei Waffen, deren sie sich bis zur Vollkommenheit bedienen: die Zunge und die Nägel. Wie es bei ihnen um die Nägel steht, weiss ich nicht. Aber der Zunge bedienen sich die Franzosen gerne und ihres Äquivalents, der Feder. Sie zeichnen sich aus im Spott, in übler Nachrede, in der Verleumdung – welche einer ihrer besten Geister empfahl: derjenige, der ihren leichten und glänzenden Geist am besten verkörperte und von der Verleumdung sagte, dass immer etwas von ihr zurückbleibe. Sie haben mich auf jede Weise angegriffen, selbst in meinem Privatleben, wobei sie nur erfinden konnten, da sie nichts auszusetzen fanden. Sie hätten mich gern als eine verlorene Kreatur hingestellt, als einen sittenlosen Menschen, als wilden Menschenfresser, der stets bereit ist, kleine Kinder aufzuessen.»

Man spricht über einige französische Journalisten. Der Name einer sogenannten Schriftstellerin und Politikerin wird genannt.

«Ach, die...», sagt der Fürst.

Graf Rantzau hat Geist – einen etwas kaustischen Geist. Die Gräfin wiederholt von ihm einige besonders gepfefferte Witze. Der Graf war schon sehr früh, mit achtzehn Jahren, kahl. «Ein Kahlkopf macht sich sehr fein», sagt er. Und er weist mit einer Gebärde auf den Kanzler, den Minister und Herrn de Launay.

Der Fürst sagt von General von Moltke: «Ich habe beiläufig dreimal soviel Haare als er.»

Der grosse Stratege trägt eine Perücke, aber eine solche, die niemand täuschen kann.

«Wenn ich eine Perücke trüge», sagt der Fürst, «so würde ich meinen Launen alle Zügel schiessen lassen: Perücken von jeder Art tragen, lange, kurze, mittlere. Ich möchte einen Tag kastanienbraun sein, einen andern dunkelbraun. Eine Perücke würde für mich nicht eine Fiktion, sondern einfach eine Haube sein... eine Haube aus Haaren, statt aus Schafwolle, Seide oder Baumwolle. Ich würde daher die Perücke als Haube tragen. Nun kann man ja Hauben verschiedener Art tragen, wärmere, leichtere... Fragen Sie die Damen...»

«Vater», sagt die Gräfin, «erzähle doch, was du eines Tages mit deiner Perücke vor dem Prinzregenten machtest.»

Der Fürst lächelt bei dieser Erinnerung.

«Meine Tochter», sagt er, «zwingt mich zu einem Geständnis; es gab eine Zeit, wo ich eine Perücke tragen wollte. Das war in Petersburg. Ich hatte eine Entschuldigung: die Kälte. Ich musste manchmal bei 25 bis 30 Grad Kälte barhäuptig bleiben und hatte damals kaum mehr Haare als jetzt. Dieser Übelstand kehrte besonders alljährlich wieder am Tage der Einsegnung der Newa. Meiner Treu!, andere hatten es vor mir getan, nicht wahr? Ich nahm also eine Perücke. Die Anekdote aber, auf die meine Tochter anspielt, ist folgende: Bei einer Heeresmusterung in Warschau durch den Kaiser Alexander II. und den Prinzregenten von Preussen, später Kaiser Wilhelm, musste ich reiten und die militärische Uniform tragen. Der Helm schützt schlecht gegen die Kälte wie gegen die Hitze: so verfiel ich darauf, meine Perücke aufzusetzen... Wir galoppierten im Gefolge des Fürsten, als ein General, an dessen Seite ich mich befand, mich anschaut und mir in etwas spöttischem Ton sagt: ‹Wie, Sie tragen eine Perücke?› – ‹Man sieht es also?› – ‹Zum Henker, ob man es sieht? Sie rutscht ja auf die Seite...› Es war so; sie rutschte. Ich hatte in einiger Entfernung meine Kalesche, die mich zur Rückfahrt erwartete. Ich lasse den Generalstab. Mein General begleitet mich. Wir geben unseren Pferden die Sporen... Bei meinem Wagen angekommen, bringe ich mein Pferd zum Stehen, was nicht leicht war, denn es war ein Rassepferd. Und da, in Gegenwart des Kaisers, der Prinzen, der Generalstäbe und des Heeres, nehme ich meinen Helm ab, reisse meine Perücke herunter und schleudere sie in den Wagen. Nachher sagte mir der Prinzregent, der viel auf die Formen hielt, in ziemlich übler Laune: ‹Was für ein verteufeltes Manöver haben Sie denn mit Ihrer Perücke gemacht?›» [...]

Diner um sechs Uhr. Wir sprechen von den Bildnissen Lenbachs; einer von uns hat ihn in Rom, in seiner künstlerischen Wohnung kennengelernt, im zweiten Stock des Palais Borghese, wohin alles strömte, was Rom an Schönheit und Eleganz besitzt. Man spricht von den Bildnissen, die in den adligen Salons von Rom zerstreut sind. «Gegenwärtig», sagt der Fürst, «ist er in München. Er verdient, so viel er nur will.»

Wenn wir recht verstehen, ist Lenbach sehr wählerisch und malt nicht unterschiedslos das Bildnis von diesem oder jenem, sondern sucht seine Vorwürfe aus und bestimmt seine Preise nach dem Mass der Sympathie, welche ihm die einzelnen Personen einflössen. So soll er auch nur eine bescheidene Entschädigung für das Bildnis des Fürsten angenommen haben, während er von einem der reichsten, aber physisch und vielleicht auch in anderer Hinsicht wenig sympathischen Berliner Bankier einen viel höheren Preis verlangt habe. Der Bankier erfuhr den von Seiner Durchlaucht bezahlten Preis; er beklagte sich darüber, dass der Maler zwei Tarife habe, und liess ihn um den Grund fragen, indem er sich darauf berief, dass das Bildnis des Fürsten zu einem anderen Preise angesetzt worden sei als das seinige. Lenbach antwortete ungefähr folgendermassen: «Das Bildnis des Fürsten habe ich mit Vergnügen und um der Ehre willen gemalt, die Züge eines so grossen Mannes wiederzugeben; dasjenige des Herrn *** habe ich nur aus Geschäftsrücksichten gemacht.»

Der Minister fragte den Fürsten, welchen Weg er für seine Rückreise einschlagen solle. Er hat die Absicht, durch Böhmen zu reisen, um in Karlsbad seine Familie, die sich dort seit dem Anfang des Monats aufhält, zu besuchen und mit dem Grafen Kálnoky zusammenzutreffen. Der Fürst rät ihm die Route Wittenberge–Stendal–Magdeburg–Leipzig als die direkteste.

Nach einem herrlichen Ananassorbet lässt Seine Durchlaucht eine Flasche von einem gewissen Bordeauxwein bringen, über den er unsere Ansicht hören möchte.

«Nach einem süssen Gericht bleibt ein guter Bordeaux gut, während man die Fehler eines geringeren Bordeaux erkennt.» Die vorgesetzte Flasche besteht siegreich die Probe.

Ein Diener übergibt Seiner Durchlaucht ein eben angekommenes Telegramm. Der Fürst liest es, man sieht auf seinem Gesicht alsbald deutlich den Ausdruck der Missstimmung.

Er lässt sich einen seiner grossen Bleistifte geben. «Es wird auch Ihnen schon vorgekommen sein», sagte er zu dem Minister, «dass Sie über die Fehler ihrer Kollegen wütend wurden.» – «Mehr als einmal.» – «Man möchte manchmal jede Solidarität mit ihnen verleugnen, und doch tut man nichts dergleichen.»

Ein Diener bringt dem Fürsten ein Schreiben aus Berlin, das einen andern Stempel als denjenigen der Reichskanzlei trägt. Wenn unser Gedächtnis uns nicht trügt, so benachrichtigt der Kriegsminister Seine Durchlaucht, dass das erste Regiment der Landwehr von Magdeburg Nr. 26, das ihn zum Chef hat, aufgelöst ist, und dass er zum General *à la suite* des zweiten Regiments der Garde-Landwehr ernannt wurde, wie er dies auch beim zweiten Kürassierregiment von Magdeburg Nr. 7 ist.

Man rechnet die Kosten aus, welche diese Änderung dem Fürsten auferlegt und die nicht unbedeutend sein werden, denn er wird sich vier neue Uniformen machen lassen müssen...

Der Fürst spricht von Russland und von der russischen Sprache, die er studiert hat und die er kennt. Er führt einige Beispiele der Schwierigkeiten an, die sie bietet. Trotzdem wollte er sie um jeden Preis erlernen. Er sagt, sie sei reich und vollkommen. Er wundert sich, dass ein Volk, das wie das russische Volk noch in so vielen Dingen zurück ist, eine so schöne und auch durchgebildete Sprache besitzt.

Der Fürst hat seinerzeit auch die dänische Sprache studiert. Bekannt ist, dass er das Englische wie das Französische vollkommen spricht.

Seine Durchlaucht lobt den russischen Soldaten, der, wie er sagt, ausgezeichnet sei. Was

Russland immer gefehlt hat und noch fehlt, das ist ein den Bedürfnissen des Heeres entsprechendes Offizierskorps. Er stellt bezüglich der Offiziere den allgemeinen Satz auf: «Man kann deren nie genug ausbilden.»

Der Minister bemerkt: «Eure Durchlaucht hat vollkommen recht. Es ist der Offizier, der oft den Soldaten macht. Ein guter Offizier reisst hundert zaudernde Soldaten mit sich... Ich habe dies im Feldzuge 1860 gesehen.»

«Der Kaiser Nikolaus», erzählt der Fürst noch, «sagte zu seinem Schwager, dem König Friedrich Wilhelm IV.: ‹Mit Soldaten wie den meinigen, befehligt von Offizieren wie den deinigen, würde kein Gewehrschuss in Europa, von Moskau bis nach Cadiz, gegen meinen Willen losgehen.›»

Ich weiss nicht, bei welchem Anlasse der Fürst sagte: «Wir fürchten den Krieg nicht, aber wir wünschen den Frieden.» Er glaubt, Deutschland allein wäre imstande, den beiden grossen Nachbarn, die in einem gegebenen Augenblick es bedrohen können, die Spitze zu bieten. «Wir sind wie ein starker Bursche, der zwei gute Fäuste zu seiner Verfügung hat: eine Faust für jeden Gegner.» [...]

*

Gegen acht Uhr begeben wir uns zum Minister. Tyras und Rebekka warten vor der Tür, ein deutlicher Beweis, dass der Fürst, von dem sie unzertrennlich sind, sich schon bei Crispi befindet.

Tyras ist alt. Das Alter macht ihn traurig. Er bringt seine Tage damit zu, seinen Herrn anzuschauen und Seufzer auszustossen; manchmal, scheint es, sucht er sich dadurch zu zerstreuen, dass er mit dem, was ihm von Zähnen übrig geblieben, die Kleider der Gäste benagt. Er hat schöne Tage gesehen, der «Reichshund», und der Fürst hat uns eine Anekdote erzählt, in der er eine gewisse Rolle spielt.

«Es war zur Zeit des Berliner Kongresses. Tyras lag in meinem Bureau, als der alte Fürst Gortschakow zu Besuch kam. Der russische Kanzler nahm auf einem etwas niedrigen Sitze Platz, so dass er, als er weggehen wollte, einige Schwierigkeit hatte, sich zu erheben. Ich ging etwas lebhaft auf ihn zu, um ihm zu helfen. Tyras missverstand meine Absicht. Er glaubte, ich stürze auf den Fürsten in feindlicher Absicht, und sprang seinerseits auf, wie um mir Hilfe zu leisten, indem er bellte und seine Zähne wies. Gortschakow war nichts weniger als beruhigt.» –

Die Stunde der Abfahrt naht. Der Fürst, die Gräfin und der Graf von Rantzau bestehen trotz Crispis Widerstreben darauf, den Minister zum Bahnhof zu begleiten...

Bei der Ankunft des Hamburger Zuges steigt eine grosse Anzahl Personen aus und gesellt sich der Menge bei, welche sich bereits auf dem Eisenbahnperron zusammengedrängt hat. Viele Köpfe zeigen sich an den Waggonfenstern.

Der Minister bleibt als letzter auf dem Perron und wechselt noch einige Worte mit seinen Gastgebern:

«Buon viaggio», sagt der Fürst. *«A rivederci»,* sagt die Gräfin.

«Buon viaggio! A rivederci!» wiederholen die Kinder.

Entlassung

Der österreichische Botschafter Graf Széchényi an den Aussenminister Graf Kálnoky

(25. März 1890)

Ich habe das eigenhändige Schreiben Seiner Majestät unseres allergnädigsten Herrn selbst dem Fürsten Bismarck überbracht.

Nachdem er davon Kenntnis genommen hatte, äusserte er sich folgendermassen: «Ihr Kaiser spricht sich überaus gnädig über mich aus. Würde mein Kaiser nur die Hälfte der Gefühle für mich hegen, welchen in diesem Schreiben Ausdruck gegeben wird, so könnte ich noch das sein, was ich war. Nein, nein, ich bin nicht freiwillig gegangen, ich bin, wie man zu sagen pflegt, gegangen worden. Ich war es keineswegs selbst, der den Augenblick als gekommen erachtete, um in den Ruhestand zu treten, sondern ich bin vom Kaiser vor die Türe gesetzt worden.

Es heisst, meine Gesundheit wäre zerrüttet und meine Kräfte wären im Abnehmen. – Nie war meine Gesundheit eine bessere, als sie es jetzt ist, und Kraft fühle ich in mir noch genug, um meinen Amtspflichten auch ferner zu genügen. Nicht eine weiter fortgesetzte Tätigkeit wäre meiner Gesundheit schädlich gewesen, sondern die gezwungene Untätigkeit, die ich nicht gewohnt bin, wird es sein, verbunden mit der tiefen Kränkung, die mir widerfahren ist. Ja, ich werde mir irgendeine Beschäftigung aussuchen müssen, welche, das weiss ich noch nicht.

Der Kaiser hatte sich unter Mitwirkung seines früheren Erziehers, des Herrn Hinzpeter, des Malers Heyden, der früher im Montanwesen gedient hat, des jetzigen Ministers Herrn von Berlepsch und des bekannten konservativen Reichstagsabgeordneten Graf Douglas ein neues sozialpolitisches System ohne mein Vorwissen zurechtgelegt. – Als ich aus Friedrichsruh in die Stadt kam, erwartete mich diese Überraschung in Verbindung mit der Absicht des Kaisers, dasselbe durch eine feierliche Proklamation zu inaugurieren. Denken Sie sich nur, im Momente der Wahlen ein Akt dieser Art, welcher unfehlbar die sozialen Leidenschaften aufs gefährlichste aufstacheln musste.

Ich brachte nun die Frage vor den Ministerrat, und da widerfuhr es mir seit fünfundzwanzig Jahren zum ersten Male, dass ein Teil meiner Kollegen unter Anführung des Herrn von Boetticher in Opposition zu mir trat. – Indes, mein Einfluss reichte damals noch hin, die Wirkung der durch den Kaiser einzuschlagenden Bahn dadurch abzuschwächen, dass ich Seiner Majestät die Prüfung seiner Pläne zum Schutze der Arbeiter durch den Staatsrat anriet und die internationale Konferenz vorschlug.

Unter diesen Umständen blieb mir nichts übrig, als die Kabinettsorder des König Friedrich Wilhelm IV. vom Jahre 1852 wieder ins Leben treten zu lassen. Dieselbe wurde bei Beginn der konstitutionellen Ära als eine natürliche Folge derselben erlassen und hat niemals aufgehört, zu Recht bestehend zu sein, aber bei dem Einflusse, den ich bisher auf meine Kollegen hatte, war dessen seit lange her kein Bedarf.

Von jetzt an wurde aber die Lage eine ganz andere, und um die unerlässliche Einheit des Vorgehens herzustellen, blieb mir nichts übrig, als auf die betreffende Kabinettsorder zurückzugreifen. Darüber war der Kaiser sehr ungehalten, warf mir vor, dass ich diese Verfügung unter dem Staube veralteter Akten hervorgesucht hätte, und verlangte einen Vortrag behufs Aufhebung derselben.

Ich erwiderte, dass ich dies nicht tun dürfe noch könne, da ich sonst unmöglich die Verantwortung für das zu Geschehende zu tragen imstande sei. Der Kaiser aber, den ich leider nicht überzeugt hatte, schickte seither wiederholt zu mir, um fragen zu lassen, ob denn jener Vortrag noch immer nicht fertig wäre, zugleich wurde ich zum Gegenstand fortgesetzter Nadelstiche gemacht, so zwar, dass ich schliesslich nicht umhin konnte, an den Kaiser die direkte Frage zu stellen, ob ich ihm denn wohl im Wege stünde? Die darauf erfolgte Antwort war jedoch so wenig verneinend, dass mir nichts anderes übrig blieb, als diesem Winke Folge zu leisten.

Mich in diesem Wirkungskreis Ergrauten und Erfahrenen hiess der Kaiser gehen, während er seinen besten General der Armee entlieh und ihn in eine Stellung versetzt, in der er trotz seiner aussergewöhnlichen Begabung sich nicht lange wird halten können.»

Auf meine Frage, ob es wahr sei, dass er den Herzogstitel abgelehnt habe, fuhr er folgendermassen fort: «Ja, in der Tat, ich habe ihn abgelehnt; ich besitze ja kaum die Mittel, eine fürstliche Existenz zu führen, wie soll ich denn dann den Ansprüchen einer herzoglichen Stellung genügen können? Wohl hatte der Kaiser die Absicht, diese Standeserhöhung mit einer Dotation zu verbinden. Aber konnte ich mir denn meine Stellung abkaufen lassen? Durfte ich eine solche Gabe annehmen in einem Momente, wo man damit umgeht, die Mittel zur notwendigen Verbesserung der Lage vierhunderttausend kleiner hungernder Staatsbeamter aufzubringen? Nein, gewiss nicht.»

Dies ist, ich getraue es mir zu behaupten, die ganz getreue Wiedergabe dessen, was Fürst Bismarck über seinen Rücktritt mit mir gesprochen hat.

Er brachte es in einem ruhigen, wenngleich eine tiefe Kränkung und einen stechenden Seelenschmerz bekundenden Tone vor. Nur hier und da artete derselbe in eine gewisse Bitterkeit aus.

Ich kann nicht leugnen, dass dies wehmütige Klagelied aus dem Munde dieses grossen, noch vor kurzem so gewaltigen und mächtigen Menschen einen sehr peinlichen Eindruck, jedoch mit dem überwiegenden Gefühle aufrichtiger Teilnahme, in mir hervorgebracht hat.

Beim Abschiede ersuchte er mich, den Ausdruck seiner ergebensten Dankbarkeit mit der gleichzeitigen Bitte unserem kaiserlichen Herrn zu unterbreiten, dass ihm Allerhöchstderselbe mit Rücksicht auf seine Stimmung gnädigst gestatten möge, erst später seinen schriftlichen Dank abstatten zu dürfen.

Der junge Kaiser

Aus «Erinnerung und Gedanke»

Der Kaiser hat in seiner natürlichen Veranlagung von den Eigenschaften seiner Vorfahren eine gewisse Mannigfaltigkeit zur Mitgift erhalten. Von unserm ersten Könige hat er die Prachtliebe, die Neigung zu einem durch das Kostüm gehobnen Hofzeremoniell bei feierlichen Gelegenheiten, verbunden mit einer lebhaften Empfänglichkeit für geschickte Anerkennung. Die Selbstherrlichkeit der Zeiten Friedrichs I. ist in ihrer praktischen Erscheinung durch den Lauf der Zeiten wesentlich modifiziert; aber wenn es heut innerhalb der gesetzlichen Möglichkeiten läge, so würde mir, glaube ich, als Abschluss meiner politischen Laufbahn das Geschick des Grafen Eberhard Danckelmann nicht erspart geblieben sein. Ich würde angesichts der Kürze der Lebensdauer, auf die ich in meinem Alter überhaupt noch zu rechnen habe, einem dramatischen Abschlusse meiner politischen Laufbahn nicht aus dem Wege gegangen sein und auch diese Ironie des Schicksals mit heitrer Ergebung in Gottes Willen ertragen haben. Den Sinn für Humor habe ich auch in den ernstesten Lagen des Lebens niemals verloren.

Gleiche erbliche Anklänge zeigt der Kaiser

an Friedrich Wilhelm I., zuerst in der Äusserlichkeit der Vorliebe für «lange Kerls». Wenn man die Flügeladjutanten des Kaisers unter das Mass stellt, so findet man fast lauter Offiziere von ungewöhnlicher Körperlänge, um sechs Fuss herum und darüber. Es ist vorgekommen, dass sich an dem Hoflager im Marmorpalais ein unbekannter, hochgewachsener Offizier meldete, Zulass zu Sr. M. verlangte und auf Befragen erklärte, er sei zum Flügeladjutanten ernannt, eine Angabe, die erst nach Rückfrage bei Sr. M. Glauben fand. Der neue Flügeladjutant überragte an Körperlänge seine Kameraden, welche er bei seinem Erscheinen im Palais nicht ohne Schwierigkeit von seiner Berechtigung überzeugt hatte.

Ausgeprägter noch ist die Vererbung der Neigung Friedrich Wilhelms I. und Friedrichs II. zu selbstherrlicher Leitung der Regierungsgeschäfte und der Glaube an die Berechtigung des *hoc volo, sic jubeo*. Aber jene übten die Selbstherrlichkeit, wie es der Tendenz ihrer Zeit entsprach, ohne Rücksicht darauf, ob sie durch die Art, wie sie regierten, Beifall erwarben oder nicht. Es lässt sich kaum ermitteln, ob die Zeitgenossen Friedrich Wilhelms I. ihm die Anerkennung gezollt haben wie die Nachwelt, dass er in seinem gewalttätigen Eingreifen frei gewesen ist von der Rücksicht auf das Urteil anderer, wie sein Vater sie nahm. Heute steht das Urteil der Geschichte fest, dass ihm *salus publica* und nicht Anerkennung seiner Person *suprema lex* gewesen ist.

Friedrich der Grosse hat sein Blut nicht fortgepflanzt; seine Stellung in unserer Vorgeschichte muss aber auf jeden seiner Nachfolger wirken als eine Aufforderung, ihm ähnlich zu werden. Ihm waren zwei einander fördernde Begabungen eigen, des Feldherrn und eines hausbackenen, bürgerlichen Verständnisses für die Interessen seiner Untertanen. Ohne die erste würde er nicht in der Lage gewesen sein, die zweite dauernd zu betätigen, und ohne die zweite würde sein militärischer Erfolg ihm die Anerkennung der Nachwelt nicht in dem Masse erworben haben, wie es der Fall ist – obschon man von den europäischen Völkern im allgemeinen sagen kann, dass diejenigen Könige als die volkstümlichsten und beliebtesten gelten, welche ihrem Lande die blutigsten Lorbeern gewonnen, zuweilen auch wieder verscherzt haben. Karl XII. hat seine Schweden eigensinnig dem Niedergange ihrer Machtstellung entgegengeführt, und dennoch findet man sein Bild in den schwedischen Bauernhäusern als Symbol des schwedischen Ruhmes häufiger als das Gustav Adolfs. Friedliebende, zivilistische Volksbeglückung wirkt auf die christlichen Nationen Europas in der Regel nicht so werbend, so begeisternd wie die Bereitwilligkeit, Blut und Vermögen der Untertanen auf dem Schlachtfelde siegreich zu verwenden. Ludwig XIV. und Napoleon, deren Kriege die Nation ruinierten und mit wenig Erfolg abschlossen, sind der Stolz der Franzosen geblieben, und die bürgerlichen Verdienste anderer Monarchen und Regierungen treten gegen sie in den Hintergrund. Wenn ich mir die Geschichte der europäischen Völker vergegenwärtige, so finde ich kein Beispiel, dass eine ehrliche und hingebende Pflege des friedlichen Gedeihens der Völker für das Gefühl der letzteren eine stärkere Anziehungskraft gehabt hätte als kriegerischer Ruhm, gewonnene Schlachten und Eroberungen selbst widerstrebender Landstriche.

Im Gegensatz gegen seinen Vater hatte Friedrich II. unter dem Einfluss der veränderten Zeiten und seines Verkehrs mit ausländischen Schöngeistern ein Beifallsbedürfnis, das sich früh im kleinen verriet. In seinem Briefwechsel mit dem Grafen Seckendorff sucht er diesem alten Sünder durch Exzesse auf dem geschlechtlichen Gebiet und daraus folgende Krankheiten zu imponieren, und seinen Aufbruch nach Schlesien gleich nach dem Regierungsantritt bezeichnet er selbst als das Ergebnis seines Verlangens nach Ruhm. Er versandte Gedichte aus dem Felde mit der Unterschrift: *«Pas trop mal pour la veille d'une grande bataille.»* Aber das Verlangen nach Beifall, *love of approbation,* ist in einem Monarchen eine mächtige und mitunter nützliche Triebfeder; fehlt dieselbe, so verfällt er leichter als ein anderer in genusssüchtige Untätigkeit; *un petit roy d'Yvetot, se levant tard, se couchant tôt, dormant fort bien sans gloire,* ist auch kein Glück für sein Land.

Hätte die Welt den «grossen» Friedrich, hätte sie den heldenmütigen Einsatz Wilhelms I. erlebt, wenn beide ohne Beifallsbedürfnis gewesen wären? Die Eitelkeit an sich ist eine Hypothek, welche von der Leistungsfähigkeit des Mannes, auf dem sie lastet, in Abzug gebracht werden muss, um den Reinertrag darzustellen, der als brauchbares Ergebnis seiner Begabung übrig bleibt. Bei Friedrich II. waren Geist und Mut so gross, dass sie durch keine Selbstüberschätzung entwertet werden konnten und dass man Übertreibungen seines Selbstvertrauens, wie bei Colin und Kunersdorf, bei der Vergewaltigung des Kammergerichts in dem Arnoldschen Prozesse und bei der Misshandlung Trencks, ohne Schaden für das Gesamturteil in den Kauf nimmt. Bei Wilhelm I. war das Bewusstsein als preussischer Offizier und als preussischer König sehr lebhaft, aber die edlen Eigenschaften seines Herzens, die Zuverlässigkeit und Gradheit seines Charakters waren gross genug, um die Belastung zu ertragen, um so mehr, als sein Bedürfnis nach Anerkennung frei von Selbstüberschätzung, im Gegenteil seine vornehme Bescheidenheit ebenso gross wie sein Pflichtgefühl und seine Tapferkeit war. Das versöhnende Element für alle Schärfen in Charakter und Haltung unsrer früheren Könige lag in ihrem herzlichen und ehrlichen Wohlwollen für ihre Untertanen und Diener, in ihrer Treue gegen beide.

Die Gewohnheit Friedrichs des Grossen, in die Ressorts seiner Minister und Behörden und in die Lebensverhältnisse seiner Untertanen einzugreifen, schwebt Sr. M. zeitweise als Muster vor. Die Neigung zu Randbemerkungen in dessen Stile, verfügender oder kritisierender Natur, war während meiner Amtszeit so lebhaft, dass dienstliche Unbequemlichkeit daraus entstand, weil der drastische Inhalt und Ausdruck dazu nötigte, die betreffenden Aktenstücke streng zu sekretieren. Vorstellungen, welche ich darüber an S. M. richtete, fanden keine gnädige Aufnahme, hatten indessen doch die Folge, dass die Marginalien nicht mehr auf den Rand unentbehrlicher Aktenstücke geschrieben, sondern denselben angeklebt wurden. Die weniger komplizierte Verfassung und der geringere Umfang Preussens gestatteten Friedrich dem Grossen eine leichtere Übersicht der Gesamtlage des Staates im Innern und nach aussen, so dass für einen Monarchen von seiner geschäftlichen Erfahrung, seiner Neigung zu gründlichster Arbeit und seinem klaren Blicke die Praxis kurzer Randbescheide im Kabinettsdienste weniger Schwierigkeit darbot als in den heutigen Verhältnissen. Die Geduld, mit welcher er sich vor definitiven Entscheidungen über Rechts- und Sachfragen unterrichtete, die Gutachten kompetenter und sachkundiger Geschäftsleute hörte, gab seinen Marginalien ihre geschäftliche Autorität.

An dem Erbe Friedrich Wilhelms II. ist Kaiser Wilhelm II. nach zwei Richtungen hin nicht unbeteiligt. Die eine ist die starke sexuelle Entwicklung, die andre eine gewisse Empfänglichkeit für mystische Einflüsse. Auf welche Weise der Kaiser sich über den Willen Gottes vergewissert, in dessen Dienst er seine Tätigkeit stellt, darüber wird kaum ein klassisches Zeugnis beizubringen sein. Die Andeutungen in dem Phantasiestück *King and Minister: A Midnight Conversation* von einem «Buch der Gelübde» und den Miniaturbildern der drei grossen Vorfahren geben keine Klarheit.

Mit Friedrich Wilhelm III. finde ich keine Ähnlichkeit in der Erscheinung Wilhelms II. Jener war schweigsam, schüchtern, offnen Schaustellungen und Popularitätsbestrebungen abgeneigt. Ich erinnere mich, dass er bei einer Revue in Stargard zu Anfang der dreissiger Jahre über die Ovationen, mit welchen man sein Behagen inmitten seiner pommerschen Untertanen störte, in dem Momente, als man ihm «Heil Dir im Siegerkranz», untermischt mit Hurraschreien, auf kurze Entfernung in das Gesicht sang, in eine Verstimmung geriet, deren lauter und energischer Ausdruck die Sänger sofort verstummen liess. Wilhelm I. hatte Anteil an diesem väterlichen Erbe selbstbewusster Bescheidenheit und wurde empfindlich berührt, wenn die ihm dargebrachte Huldigung die Grenzen des guten Geschmackes überschritt. Schmeicheleien *à brûle pourpoint* machten ihn verstimmt; sein Entgegenkommen für jeden Ausdruck sympathischer Treue erkaltete momentan unter dem Eindruck der Übertreibung und des Strebertums.

Mit Friedrich Wilhelm IV. hat der regierende Kaiser die Gabe der Beredsamkeit und das Bedürfnis gemein, sich ihrer öfter als geboten zu bedienen. Auch ihm fliessen die Worte leicht zu; in der Wahl derselben war aber sein Grossoheim vorsichtiger, vielleicht auch arbeitsamer und wissenschaftlicher. Für den Grossneffen ist der Stenograph nicht immer zulässig, an den Reden Friedrich Wilhelms IV. dagegen lässt sich selten eine sprachliche Kritik anbringen. Dieselben sind ein beredter und mitunter dichterischer Ausdruck der Gedanken, welche jene Zeit in Bewegung zu setzen imstande waren, wenn die entsprechenden Taten gefolgt wären. Ich erinnere mich sehr wohl der Begeisterung, welche die Krönungsrede und Auslassungen des Königs bei anderen öffentlichen Gelegenheiten («Alaaf Köln») erregten. Wenn ihnen tatkräftige Entschliessungen in demselben schwunghaften Sinne gefolgt wären, so hätten sie schon damals eine gewaltige Wirkung hervorbringen können, um so mehr als man in betreff politischer Gemütsbewegungen noch nicht abgestumpft war. In den Jahren 1841 und 1842 war mit weniger Mitteln mehr zu erreichen als 1849. Darüber lässt sich unparteiisch urteilen, nachdem das damals Wünschenswerte erreicht ist und im nationalen Sinne das Bedürfnis von 1840 nicht mehr vorliegt, im Gegenteil. *Le mieux est l'ennemi du bien* ist eins der durchschlagendsten Sprichwörter, gegen welches zu sündigen die Deutschen theoretisch mehr Neigung haben als andre Völker. Mit Friedrich Wilhelm IV. hat Wilhelm II. darin eine Ähnlichkeit, dass die Grundlage ihrer Politik in der Vorstellung wurzelt, dass der König, und er allein, den Willen Gottes näher kenne als andre, nach demselben regiere und deshalb vertrauensvollen Gehorsam verlange, ohne sein Ziel mit den Untertanen zu diskutieren oder denselben kundzugeben. Friedrich Wilhelm IV. hatte an dieser seiner bevorzugten Stellung zu Gott keinen Zweifel; sein ehrlicher Glaube entsprach dem Bilde von dem Hohenpriester der Juden, der *allein* hinter den Vorhang tritt.

In gewissen Beziehungen sucht man vergebens nach Analogien zwischen Wilhelm II. und seinen nächsten drei Aszendenten; Eigenschaften, welche Grundzüge in den Charakteren Friedrich Wilhelms III., Wilhelms I. und Friedrichs III. bildeten, treten bei dem jungen Herrn nicht in den Vordergrund. Ein gewisses schüchternes Misstrauen in die eigne Leistungsfähigkeit hat in der vierten Generation einem Masse von zuversichtlichem Selbstvertrauen Platz gemacht, wie wir es seit Friedrich dem Grossen nicht auf dem Throne gesehn haben, doch nur bei dem regierenden Herrn. Sein Bruder, Prinz Heinrich, scheint das gleiche Misstrauen in eigne Kräfte und die gleiche innerliche Bescheidenheit zu haben, die man trotz allem olympischen Bewusstsein bei näherer Bekanntschaft in den Kaisern Friedrich und Wilhelm I. zugrunde liegend fand. Bei dem letzteren gehörte das starke und gläubige Gottvertrauen dazu, um bei der bescheidenen und vor Gott und Menschen demütigen Auffassung der eignen Persönlichkeit die Festigkeit der Entschlüsse zu gewähren, welche er in der Konfliktszeit an den Tag gelegt hat. Beide Herren versöhnten durch ihre Herzensgüte und ihre ehrliche Wahrheitsliebe mit gelegentlichen Abweichungen von der landläufigen Einschätzung der praktischen Wirkungen königlicher Geburt und Salbung.

Wenn ich mir ein Bild des jetzigen Kaisers nach Abschluss meiner Beziehungen zu seinem Dienste zu machen suche, so finde ich in ihm Eigenschaften seiner Vorfahren in einer Weise verkörpert, die für meine Anhänglichkeit eine starke Anziehungskraft haben würden, wenn sie durch das Prinzip einer Gegenseitigkeit zwischen Monarch und Untertanen, zwischen Herrn und Diener belebt wären. Das germanische Lehnrecht gibt dem Vasallen ausser dem Besitz des Gegenstandes wenig Anspruch, aber doch den auf Gegenseitigkeit der Treue zwischen ihm und dem Lehnsherrn; Verletzung derselben von der einen wie von der andern Seite heisst Felonie. Wilhelm I., sein Sohn und seine Vorfahren besassen das entsprechende

Gefühl in hohem Masse, und dasselbe ist die wesentliche Basis der Anhänglichkeit des preussischen Volkes an seinen Monarchen, was psychologisch erklärlich ist, denn die Neigung, *einseitig* zu lieben, liegt nicht als dauernde Triebkraft in der menschlichen Seele. Kaiser Wilhelm II. gegenüber habe ich mich des Eindrucks einseitiger Liebe nicht erwehren können. Das Gefühl, welches die festeste Grundlage der Verfassung des preussischen Heeres ist, das Gefühl, dass der Soldat den Offizier, aber auch der Offizier den Soldaten niemals im Stiche lässt, ein Gefühl, welchem Wilhelm I. seinen Dienern gegenüber bis zur Übertreibung nachlebte, ist in der Auffassung des jungen Herrn bisher nicht in dem Masse erkennbar; der Anspruch auf unbedingte Hingebung, auf Vertrauen und unerschütterliche Treue ist in ihm gesteigert, eine Neigung, dafür seinerseits Vertrauen und Sicherheit zu gewähren, hat sich bisher nicht betätigt. Die Leichtigkeit, mit welcher er bewährte Diener, auch solche, die er bis dahin als persönliche Freunde behandelt hat, ohne Klarstellung der Motive von sich scheidet, fördert nicht, sondern schwächt den Geist des Vertrauens, wie er seit Generationen in den Dienern der Könige von Preussen gewaltet hat.

Mit dem Übergange von hohenzollernschem Geiste auf coburg-englische Auffassungen geht ein Imponderabile verloren, welches schwer zu ersetzen sein wird. Wilhelm I. schützte und deckte seine Diener, auch wenn sie unglücklich oder ungeschickt waren, vielleicht über das Mass des Nützlichen hinaus, und hatte infolgedessen Diener, die ihm über das Mass des für sie

Nützlichen hinaus anhingen. Sein warmherziges Wohlwollen für andere überhaupt wurde unzerstörbar, wenn seine Dankbarkeit für geleistete Dienste dazu trat. Es lag ihm stets fern, den eignen Willen als alleinige Richtschnur und Verletzungen der Gefühle anderer als gleichgültig anzusehen. Seine Formen Untergebnen gegenüber blieben stets die eines wohlwollenden hohen Herrn und milderten Verstimmungen, die geschäftlich vorkamen. Hetzereien und Verleumdungen, die sein Ohr erreichten, glitten an seiner vornehmen Geradheit ab, und Streber, deren einziges Verdienst in der Schamlosigkeit von Schmeichelei besteht, hatten bei Wilhelm I. keine Aussicht auf Erfolg. Für Hintertreppen-Einflüsse und Verhetzungen gegen seine Diener war er nicht zugänglich, selbst wenn sie von den ihm nächststehenden hochgestellten Personen ausgingen, und trat er in Erwägung des ihm Mitgeteilten ein, so geschah das in offner Besprechung mit dem Beteiligten, hinter dessen Rücken es hatte wirken sollen. Wenn er andrer Meinung war wie ich, so sprach er sich offen gegen mich aus, diskutierte die Frage mit mir, und wenn es mir nicht gelang, ihn für meine Ansicht zu gewinnen, so fügte ich mich wo möglich, und war es mir nicht möglich, vertagte ich die Sache oder liess sie definitiv fallen. Meine Unabhängigkeit in Leitung der Politik ist von meinen Freunden ehrlich, von meinen Gegnern tendenziös überschätzt worden, weil ich auf Wünsche, denen der König dauernd und aus eigener Überzeugung Widerstand entgegensetzte, verzichtete, ohne sie bis zum Konflikt zu vertreten. Ich nahm auf Abschlag, was erreichbar war, und zum *strike* meinerseits kam es nur in Fällen, wo wie in der Reichsglockenfrage durch die Kaiserin und in der Usedomschen durch maurerische Einwirkungen mein persönliches Ehrgefühl in Mitleidenschaft gezogen wurde; ich bin weder Höfling noch Maurer gewesen.

Bürgschaft des Friedens

Gespräch mit dem Berliner Korrespondenten des «New York Herald»

(23. April 1890)

Wenn es etwas in den wirtschaftlichen Verhältnissen Deutschlands gibt, was Fürst Bismarck vollständig beherrscht, so ist es die soziale Frage. Aus diesem Grunde wurde der Fürst um den Ausdruck seiner Meinung ersucht über die für den 1. Mai geplante sozialistische Demonstration. Zuerst lehnte Seine Durchlaucht es ab, irgendeine Meinung darüber abzugeben, aber seine freundliche Stimmung gegen die Vereinigten Staaten im allgemeinen und den «New York Herald» im besonderen bewogen ihn schliesslich, zu dessen Gunsten von seinem Grundsatze, sich niemals interviewen zu lassen, eine Ausnahme zu machen.

Der Fürst drückte sich ungefähr wie folgt aus: «Wenn ich noch Minister wäre, so würde ich es für besser halten, von aller Einmischung abzusehen, den Dingen ihren natürlichen Lauf zu lassen und eine beobachtende Politik einzuhalten. Wenn Gesetzwidrigkeiten versucht würden, so würde ich sie bekämpfen, aber sonst mit Gleichmut die Sache ansehen. Wenn der Arbeiter sich einen Tag auswählen will, um sich zu amüsieren und einen öffentlichen Aufzug zu veranstalten, so würde ich nichts tun, um ihn daran zu hindern. Eine repressive Gesetzgebung läuft immer auf dasselbe hinaus. Ungeschickte Versuche, Unheil zu verhindern, sind oft der einzige Grund des Entstehens von Unheil. Es wird oft mehr Unglück hervorgerufen durch die Absperrung einer Strasse, die durch ein Gedränge gefährdet zu sein scheint, als dadurch, das man den Verkehr beaufsichtigt und aufrechterhält, wie man dies zuweilen in Berlin und anderen grossen Städten sehen kann. Alle möglichen Vorsichtsmassregeln gegen alle möglichen Übel, die aus einer Lage entspringen können, zu ergreifen, kann zuweilen mehr Unheil schaffen, als wenn man ruhig den Ausgang abwartet. Es ist eine gute Regel, in solchen Fällen Drohungen sowohl wie Versprechungen zu vermeiden. Wenn der lärmende Streikende sieht, dass die Behörden ausserordentliche Massregeln ergreifen, um die Ruhe aufrechtzuerhalten, so weiss er, dass sie ihn fürchten. Und je mehr er dies begreift, um so angriffslustiger wird er. Der Gegensatz zwischen den Arbeitgebern und Arbeitnehmern ist meiner Meinung nach das Resultat eines Naturgesetzes und kann nach der Natur der Dinge niemals zum Abschluss kommen. Wir werden niemals in eine Lage kommen, wo die Arbeiter sagen werden: ‹Wir sind zufrieden sowohl für uns wie für unsere Kinder und Nachkommen.› Man kann es als eine Grundwahrheit ansehen, dass es so lange der Wunsch des Arbeiters sein wird, seine Lage zu verbessern und vorwärtszukommen, als er irgend jemand sieht, dessen Lage besser ist als die seinige. Eine grosse Verbesserung in der Lage der arbeitenden Klassen ist in der letzten Hälfte dieses Jahrhunderts eingetreten. Vor fünfzig Jahren gingen die Kinder der armen Leute in Deutschland barfuss und hatten im Sommer bis zu ihrem zehnten oder zwölften Jahre kaum ein anderes Kleidungsstück als ein Hemd. Jetzt sind diese Kinder mit anständigen Kleidern und Schuhen versehen, für jung und alt ist die Ernährung besser, und sie arbeiten nicht so viele Stunden. Dies gilt meiner Ansicht nach von allen zivilisierten Ländern.»

Ich erlaubte mir darauf ein Wort über die glückliche Lage der Arbeiter, die zu den Zünften in den blühenden Städten des Mittelalters gehörten. Seine Durchlaucht vernichtete ein ganzes Gewebe von Theorien durch das Wort: «Die Mitglieder der Zünfte waren keine Arbeiter im modernen Sinne, sie waren eine Aristokratie von Arbeitern, und ihr Wohlergehen gründete sich auf Ausschliessung.

In diesem Kampf zwischen Arbeit und Kapital hat die Arbeit die meisten Siege errungen, und das wird überall der Fall sein, wo der Arbeiter eine Wahlstimme hat. Wenn es einmal zu einem endgültigen Siege kommt, so würde derselbe auf Seite des Arbeiters sein. Aber wenn dieser Kampf jemals zu einem Abschluss käme, so würde die menschliche Tätigkeit zu einem Stillstand kommen. Alles menschliche Streben und Kämpfen würde dann ein Ende nehmen, was meiner Ansicht nach nicht die Absicht der göttlichen Vorsehung ist. Eine andere Lösung ist nur möglich, wo Sklaverei besteht, also zum Beispiel in Afrika, wo der Stand der Zivilisation seit undenklichen Zeiten auf Grund der Sklaverei derselbe geblieben ist, da die Neger, ohne vorwärts zu streben, zufrieden sind, entweder wegen der Beschränktheit ihrer Einsicht oder aus Furcht vor der Peitsche. Dieser Zustand hat daselbst bestanden, seitdem die Geschichte darüber berichtet. Noch eine andere Lösung kann man in einem anderen Teile der Welt finden, auf ein paar tausend Inseln, wo infolge des Klimas und der anstrengungslosen Hervorbringung von Nahrungsmitteln keine Notwendigkeit zum Arbeiten besteht. Diese Lage der Dinge bestand, als wir Europäer zuerst dahin kamen und daselbst eine Art von Paradies fanden. Alles, was die Menschen da zu tun brauchten, war das Pflücken und Essen von Kokosnüssen und das Gehen und Spielen im Sonnenscheine. In einer solchen Lage gibt es keinen Fortschritt, sie hätten in dieser Weise Tausende von Jahren leben und sich mit einem solchen Leben Tausende von Jahren begnügen können wie sanfte gutmütige Tiere. Aber in unserem Leben des Kampfes und des Strebens, wo der Fortschritt und die Zivilisation durch die Reibungen der menschlichen Konkurrenz hervorgebracht werden, muss die Gesellschaft, wenn sie Ruhe haben will, niemals aufhören, zum Kampfe bereit zu sein. Ebenso wie zwischen Nationen der Friede durch die Kriegsgefahr und die Entschlossenheit, für den Frieden zu kämpfen, wenn er bedroht sein sollte, aufrechterhalten wird, so könnte auch innerhalb einer politischen Gesellschaft, die aus Individuen von starkem Willen besteht, weder der innere Friede noch die Gerechtigkeit aufrechterhalten werden, wenn sie nicht durch die ausübende Gewalt verteidigt werden. Wenn die Richter nicht das Recht hätten, die Vollziehung ihres Urteils durch die physische Gewalt der Exekutive zu verlangen, so würde die Gerechtigkeit bald vollständig verschwinden und ohnmächtig werden. Dasselbe gilt meiner Meinung nach von der menschlichen Gesellschaft und dem Sozialismus. Wenn die politischen Parteien, welche dem Sozialismus sich entgegenstellen, sich nicht zur Verteidigung ihrer Unabhängigkeit und zum Besten der Mitbürger und ihrer Familien vereinigen, so müssen sie der Herrschaft des Sozialismus unterliegen, bis der Sozialismus seinerseits wieder durch das Übermass des in ihm wie in der Sklaverei liegenden Elends erliegt. Denn das sozialistische Regierungssystem ist eine Art Sklaverei, eine Art Strafsystem; für die Vereinigung der in Aussicht genommenen Opfer eines solchen Systems wird die für den 1. Mai geplante Kraftprobe nicht ohne Nutzen sein. Bis jetzt ist der Hass jeder Partei gegen ihren nächsten Nachbarn noch stärker als die Furcht vor der Herrschaft der Sozialisten, weil man nicht an die Stärke der Sozialisten glaubt und in ihren Kämpfen untereinander jede Partei sich um die Gunst und das Bündnis und die Stimmen der Sozialisten bewirbt. Auch behalten sie in ihrer Gier, Stimmen zu erwerben, nicht die Gefahr und die Leiden im Auge, welchen die zivilisierte Gesellschaft ausgesetzt sein würde, wenn sie von dem am wenigsten gebildeten und am wenigsten intelligenten Teil der Gesellschaft beherrscht würde, dessen Unwissenheit leicht von irgendeinem beredten Lügner ausgenutzt wird, dessen Geschäftsgegenstand ‹die tausend natürlichen Übel sind, denen der Mensch unterworfen ist›, für welche sie jede bestehende Regierung verantwortlich machen wollen, während sie selbst in grossen billigen Versprechungen arbeiten. Das nenne ich eben ein Lügner sein; der Pöbel ist ein Herrscher, der ebenso geschmeichelt sein will wie irgendein Sultan. Nein, dieser Kampf der Klassen wird niemals aufhören. Ihn lösen zu wollen, wäre dasselbe, wie das Problem der Quadratur des Kreises lösen zu wollen. Es ist eine Utopie, der Traum eines tausendjährigen Reiches, das Millennium, das nur verwirklicht werden kann, wenn die Menschen Engel werden. Irgendein Arrangement auf Grund eines festen Arbeitslohnes, zum Beispiel fünf Schilling pro Tag, ist nicht ausführbar. Kein solches Arrangement würde bindend gemacht werden können für diejenigen, welche hundert Jahre später leben werden. Auch würde der Arbeiter von heute nicht zufrieden bleiben. Man gebe ihm fünf Schilling, und er würde bald sechs oder selbst sieben verlangen. Es ist überflüssig, eine endgültige Lösung dieser Frage mit Ausschluss eines jeden künftigen Kampfes für möglich zu halten. Der Sozialismus wird uns noch viel Mühe machen. Den Regierungen ist oft der Vorwurf gemacht worden, sie hätten es sowohl an Energie wie an Wohlwollen fehlen lassen. Ich nenne es nicht Nachsicht, wenn ein Mensch so feige ist, dem Druck einer Demonstration nachzugeben. Zuweilen besteht das echte Wohlwollen darin, Blut zu vergiessen: das Blut einer aufrührerischen Minorität, und zwar zur Verteidigung der ruheliebenden und dem Gesetz gehorchenden Majorität. Das erste Erfordernis einer Regierung ist Energie. Sie darf nicht der Zeit sich anbequemen, nicht die Zukunft für eine nur zeitweilig bequeme Einrichtung aufopfern. Eine

Regierung muss konsequent sein. Die Festigkeit, ja sogar die Härte einer herrschenden Macht ist eine Bürgschaft des Friedens, sowohl nach aussen wie nach innen. Eine Regierung, die immer bereit ist, einer Majorität nachzugeben, sei die letztere nun eine lokale oder bloss zeitweilige, eine parlamentarische oder aufrührerische, und welche ihr Ansehen nur durch Zugeständnisse aufrechterhält, von denen jedes den Weg zu einem neuen Zugeständnis anbahnt, eine solche Regierung befindet sich in einer traurigen Klemme.

Nein, der 1. Mai ist nicht gefährlich. Einen Feind – wenn wir die Sozialisten als einen Feind ansehen –, welcher den Tag seines Angriffs vorher anzeigt, brauchen wir nicht zu fürchten. Es ist ein Scheingefecht, ein Prahlen mit Stärke, wie bei der Heilsarmee, bei dem der Erfolg oder das Fehlschlagen zum grossen Teil vom Wetter abhängen wird. Es ist wenig Gefahr eines Konfliktes vorhanden; aber ob ein solcher stattfinden wird oder nicht, hängt grösstenteils von dem Takt der Behörden ab. Vorbeugungsmassregeln verdanken ihren Erfolg grösstenteils der Umsicht der Exekutivbeamten, die selten gute Politiker zu sein pflegen, so dass ihre Massregeln zuweilen mehr Schaden als Nutzen anrichten. Doch erwarte ich keine Unruhe, und der 1. Mai wird mir keine schlaflose Nacht machen.»

Von Lassalle, der früher ein intimer Freund von ihm war, sagt der Fürst: «Er war ein reizender Mensch, ein kluger Jude mit einer guten Portion Eitelkeit, aber noch mehr Witz und Kenntnissen. Seine Unterhaltung war entzückend; in dem Ausdruck seiner Überzeugungen war er zu der Zeit, als ich ihn kannte, vollständig aufrichtig, aber er war nicht immer konsequent in seinen Meinungen, und wenn er heute lebte, so möchte ich glauben, dass er ein Konservativer sein würde, auf jeden Fall kein Sozialist.»

Der Fürst sieht kräftig und wohl aus und ist bei guter Laune. Er sprach englisch, und zwar sehr schnell; aber über die Ursachen, die zu seiner Entlassung führten, verweigerte er jede Auskunft.

«Es hat das eben nicht jeder»

Vor einer Abordnung der Universität in Jena
(30. Juli 1892)

[...] Die ganze Entwicklung dürfen Sie nicht meiner vorausberechnenden Geschicklichkeit zuschreiben, es wäre Überhebung von mir, wenn ich behaupten wollte, dass ich diesen ganzen Verlauf der Geschichte vorausgesehen und vorbereitet hätte. Man kann Geschichte überhaupt nicht machen, aber man kann immer aus ihr lernen, wie man das politische Leben eines grossen Volkes seiner Entwicklung und seiner historischen Bestimmung entsprechend zu leiten hat. Das ist das ganze Verdienst, das ich für mich in Anspruch nehmen kann. Es gehört allerdings noch mehr dazu – Freiheit von Vorurteil, Bescheidenheit und Verzicht auf gewisse Lieblingsideen, und zwar in höherem Grade als eine überlegene Intelligenz, die alles vorauszusehen und zu beherrschen glaubt. Ich bin nicht unbescheiden genug, für mich ein Verdienst in Anspruch zu nehmen, das mir nicht zukommt.

Ich bin von früh auf Jäger und Fischer gewesen, und das Abwarten des rechten Moments ist in beiden Situationen die Regel gewesen, die ich auf die Politik übertragen habe. Ich habe oft lange auf dem Anstand gestanden und habe mich von Insekten umschwärmen und zerstechen lassen müssen, ehe ich zum Schuss kam. Ich habe nie einen Moment gehabt, in dem ich nicht ehrlich und in strenger Selbstprüfung darüber nachgedacht hätte, was ich zu tun hätte, um meinem Land – und ich muss auch sagen meinem verstorbenen Herrn, König Wilhelm I. – nützlich zu sein und richtig zu dienen. Das ist nicht in jedem Augenblick dasselbe gewesen, es haben Schwankungen und Windungen in der Politik stattgefunden, aber Politik ist eben an sich keine logische und keine exakte Wissenschaft, sondern sie ist die Fähigkeit, in jedem wechselnden Moment der Situation das am wenigsten Schädliche oder das Zweckmässigste zu wählen. Es ist mir das nicht immer, aber überwiegend doch in den meisten Fällen gelungen. Man hat von mir gesagt, ich hätte ausserordentlich viel Glück gehabt in meiner Politik. Das ist gewiss richtig. Aber ich kann dem Deutschen Reiche nur wünschen, dass es immer Kanzler und Minister haben möge, die Glück haben. Es hat das eben nicht jeder.

Meine Vorgänger im Amte, im Dienste des preussischen Staates, haben es nicht so gehabt, und ich glaube nicht, dass irgendeiner von ihnen hier, wenn er hier nach Jena gekommen wäre, den Empfang gefunden hätte, wie er mir heute zuteil geworden ist. Ich kann nur wünschen, dass ich einen Nachfolger habe, dem Sie mit derselben freudigen und spontanen Begeisterung dermaleinst entgegenjauchzen, wie ich es heute, nachdem ich nichts mehr in der Politik zu tun habe, als Quittung erlebt habe. Es ist das für mich ein erhebendes und freudiges Gefühl gewesen, und ich wüsste nicht, was man mir in diesem Leben mehr antun könnte, was irgendwie ins Gewicht fiele neben dem Wohlwollen und der freudigen Liebe meiner Mitbürger, wie sie mir heute entgegengetreten ist. Dass Sie mir dieses Gefühl hinterlassen und dass Sie, nachdem es in Dresden, München und Augsburg und Kissingen angeregt worden ist, es verstärkt und vertieft haben, dafür bin ich Ihnen von Herzen dankbar. In meinem Herzen lebt dieselbe Liebe zum Vaterlande wie vor zehn Jahren, wo ich den entscheidenden Einfluss auf die Politik hatte. Meine Ansichten über die Richtigkeit und Zweckmässigkeit dessen, was wir zu tun haben, sind heute noch dieselben. Warum ich sie nicht aussprechen sollte, sehe ich nicht ein. Das Wesen der konstitutionellen Monarchie, unter der wir leben, ist eben das Zusammenwirken des monarchischen Willens mit den Überzeugungen des regierten Volkes; die gegenseitige Verständigung, die Übereinstimmung untereinander ist notwendig, um unsere Gesetze zu ändern, sonst verfallen wir dem Regiment der Bürokratie. Allerdings kann ja, was der Geheimrat am grünen Tisch entwirft, die Presse korrigieren, wenn sie frei ist, aber sie bleibt nicht immer frei. Es ist ein gefährliches Experiment, wenn man heutzutage im Zentrum Europas absolutistischen Ideen und Velleitäten zustrebt, gleichviel ob sie von Priestern unterstützt werden oder nicht. Die Gefahr ist immer gleich gross, und im ersteren Falle noch grösser, weil man sich täuscht über die einfache Situation der Sache und Gott zu gehorchen glaubt, während man in Wirklichkeit dem Geheimrat gehorcht. Wir haben ja die Ansicht gehört, dass ein Unteroffizier den Soldaten gegenüber an Gottes Stelle stehe, warum also nicht auch ein gebildeter Geheimrat? Ich bin nie ein Absolutist gewesen, und werde es am

allerwenigsten auf meine alten Tage werden. –
Ich bin zum Teil in der Notwendigkeit gewesen, in meiner öffentlichen Wirksamkeit dem unmonarchischen Gebaren in den verschiedenen Situationen entgegenzutreten, die öffentliche Stimme – niederzuschlagen, kann ich nicht sagen – aber ihr entgegenzutreten, um wenigstens die einheitliche Ausbildung des Deutschen Reichs aufrechtzuerhalten. Ich weiss nicht, ob ohne die zehn Jahre der betreffenden Gesetzgebung heute das Deutsche Reich so fest stünde, wie es jetzt geworden ist. Was wir für die Zukunft erstreben müssen, ist eine Kräftigung der politischen Überzeugung in der öffentlichen Meinung und im Parlament. Dazu ist notwendig, wie ich mir neulich zu sagen erlaubt habe, dass namentlich im Parlament die Meinung des Volkes einheitlicher zum Ausdruck komme, als sie bisher sich darstellte. Wenn verschiedene Meinungen der Regierung gegenübertreten und sie hat die Auswahl, welche sie sich aneignen will, welcher Partei sie Versprechungen machen will, so kann von einer parlamentarischen Beeinflussung und Verfassung nicht mehr die Rede sein. Wollen wir ein Parlament haben, in dem unser nationales Empfinden und unsere öffentliche Meinung zum richtigen Ausdruck gelangen, so müssen wir in bezug auf die einzelnen Unterschiede, die die Fraktionen voneinander trennen, nachsichtiger sein als bisher. Jetzt ist jede Fraktion bestrebt, ihre Ansicht rücksichtslos zur Geltung zu bringen, allein zu herrschen, ohne an den nächsten Nachbar zu denken, das geht nicht. Ausserdem gelangen die Parteiführer, die zum grossen Teile ihre persönlichen Ziele und Zwecke haben, zu

grossem Einfluss und beherrschen die Fraktionen fast absoluter als ein absoluter Monarch seine Untertanen. Ein fernerer Übelstand ist es, dass die Wähler zu wenig erfahren, wie ihre Vertreter im Parlamente stimmen. Ich bin ein Parlamentarier seit fünfundvierzig Jahren, vom Provinziallandtage her gerechnet. Ich glaube, der Wähler hat jetzt beinahe immer eine unrichtige Ansicht von der Tätigkeit seines Abgeordneten, und die unrichtige Ansicht beruht in der Regel auf den Mitteilungen, die der Abgeordnete im Wahlkreise macht. Kommt er in denselben zurück, so glaubt man ihm gern, seine Freunde wollen ihn gern behalten, er hütet sich, den Wählern Klarheit über alle Dinge zu schaffen. Das war nicht im Anfang unseres parlamentarischen Lebens. Früher waren die Wähler misstrauischer, sie taten sich zusammen und verlangten eine sorgfältige Berichterstattung von ihren Vertretern, kontrollierten und brachten auch wohl ein Misstrauensvotum ein, während sie jetzt von diesen nur hören, was ihnen selbst zu sagen gut scheint. Jetzt wissen die wenigsten Wähler, was ihr Abgeordneter tut. Wenn ich einen Rückblick auf meine bisherige Tätigkeit werfe, so muss ich bemerken, dass ich stets bemüht gewesen bin, mir klarzumachen, ob meine Tätigkeit vielleicht dem Lande schade. Vielleicht habe ich selbst unbewusst dazu beigetragen, den Einfluss des Parlaments auf sein jetziges Niveau herunterzudrücken, aber ich wünsche nicht, dass er auf die Dauer auf demselben bleibt. Ich möchte dazu beitragen, dass das Parlament wieder zu einer konstanten Majorität gelangt, ohne die es die Autorität nicht haben wird, die es braucht. [...]

Nachwort

Otto von Bismarck war – man darf sagen: bekanntlich – ein Mann der Tat. Er war es in der charakteristischen Weise, dass er von Programmen und Theorien nichts hielt und einmal erklärt hat, man müsse sich eben zuzeiten liberal und zuzeiten konservativ verhalten – beides allerdings im gegebenen Rahmen des Dienstes am Königtum. Pragmatische Bewältigung der Situation, nicht nach Prinzipien der Methode, sondern nach Methoden, die dem *einen* Prinzip der *salus publica* in der geltenden und mit Inbrunst bejahten Staatsform gehorchten. Eine Bewältigung durch das Handeln des verantwortlichen Politikers, der, um solcher Verantwortung zu genügen, mit grossen und eifersüchtig gehüteten Vollmachten ausgestattet war.

Was heisst aber Handeln? Man neigt dazu, sich ein irgendwie körperliches Verrichten und Tun vorzustellen; die zugehörigen Sprachbilder weisen es auf: vom «Eingreifen», bei dem die Metapher kaum mehr zu spüren ist, über das «Ablenken», das «Anspornen» oder das «Hand bieten» bis zu Ausdrücken schierer Gewalttätigkeit. «Nun, habe ich geschossen?» fragt Bismarck selber einmal, damit man bestätige: er sei sehr wohl fähig, eine Entscheidung im Krieg zu suchen – wenn es denn sein müsse. (Denn er liebte den Krieg nicht, aber er hielt ihn nicht ungern für notwendig.)

Geschossen hatten die preussischen Grenadiere; nicht er. Und obwohl er ein Mann von physischer Regsamkeit war – Reiter und Schwimmer, Jäger und Fischer –, obwohl er sich dann und wann eine Handgreiflichkeit nicht versagte, so war doch das Medium seines politischen Handelns nicht physischer Art; es sei denn, man einigte sich, den Kopf als Körperteil anzuerkennen. Sein Medium war das Wort, war der formulierte Gedanke, wie er ihn aussprach und zu Papier brachte. Sein Handeln bestand – der Form nach – darin, dass er redete, dass er schrieb.

Es wäre darum nicht richtig, zu sagen, dass Bismarck ein grosser Politiker und ausserdem ein bemerkenswerter Schriftsteller war. Dass er die Möglichkeiten des sprachlichen Ausdrucks beherrschte, heisst kaum etwas anderes, als dass er das Instrument seines Handelns fest in der Hand hatte (auch das eine Körper-Metapher). Aber das Instrument: damit ist schon bezeichnet, was die Sprache für Bismarck war – worauf sie beschränkt blieb. Er schrieb fast nie, um zu schreiben; er schrieb, um zu wirken. Übrigens sind hier Verallgemeinerungen nicht statthaft: literarisches Können zeugt nicht für die Fähigkeit zu politischem Denken; vom Handeln zu schweigen. Und es gibt Beispiele bedeutender Staatsmänner von farbloser oder karger Diktion. Wir halten nur fest, dass der eine Bismarck, wenn er redete oder schrieb, selten mehr wollte (und sehr selten weniger) als beim Zuhörer oder beim Leser einen bestimmten – den gewünschten – Eindruck hervorrufen.

Dazu passt, dass sein berühmtester Brief – der, mit dem er bei Herrn von Puttkamer um dessen Tochter warb – die persönlichsten Mitteilungen aufs unmittelbarste in den Dienst einer Absicht stellte. Was gar nicht bedeutet, dass an diesen Mitteilungen etwas Unwahres ist; eher im Gegenteil, die überzeugende Wirkung der wahren Aussage war Bismarck vollkommen bewusst. – Ebenso einleuchtend ist aber, dass seine berühmteste politische Handlung – die, mit der er den Deutsch-Französischen Krieg auslöste – eine Manipulation (wie man heute wohl sagen würde) mit Worten war: die Redaktion der Emser Depesche.

Handelndes Schreiben – schreibendes, redendes Handeln: es muss sich aus solcher Zusammengehörigkeit eine gegenseitige Prägung ergeben. Tatsächlich tritt in Bismarcks schriftlicher und erst recht in seiner mündlichen Ausdrucksweise – wie sie uns in Parlamentsstenogrammen und von Gesprächspartnern überliefert ist – der direkte Bezug zum jeweiligen Tatbestand, zum Problem, zur Aufgabe mit einer Schärfe hervor, die ein Grundmerkmal seines Stils ausmacht. Mit dieser Direktheit verbinden sich aber – oder sollte man sagen: zu dieser Direktheit gehören – ein Schwung und bisweilen eine Eleganz der Formulierung, die es durchaus erlauben, auch ästhetische Massstäbe an den Schriftsteller Bismarck heranzutragen. Und so wiederum nicht allein an den Schriftsteller.

Sein Stil – im Sinn von Schreibweise – ist gleichzeitig seine Verhaltensweise. Wenn jemand Schlaflosigkeit damit erklären kann, dass er die ganze Nacht lang gehasst habe, dann ist ihm allein schon auf Grund dieser Äusserung einiges zuzutrauen an unverhohlener Gegnerschaft. Auch an Freundschaft; nur dass Gegnerschaften konstanter sind in der Politik; und Gleichrangigkeit – die bei den Freunden wohl doch noch schwerer entbehrt wird als bei den Gegnern – in Bismarcks Fall kaum zu finden war. Ausdruck des Hasses ist aber zugleich Betätigung dieses Hasses bei einem, der die meiste Zeit über öffentlich lebt und also auch spricht und schreibt. Und was von dem einen Gefühl gilt, das gilt für die anderen auch; zumal für die Treue, die Bismarck vorbildlich übte – man kann sagen: obwohl und indem er sie ständig im Mund führte. Und es gilt *a fortiori* von den Überzeugungen (auf die wir zurückkommen).

Die Direktheit, die Bismarcks Stil kennzeichnet, muss sich nicht notwendig in spontanen und originellen Wendungen beweisen. Sie tut das in Jugendbriefen und später noch in der Korrespondenz mit den Angehörigen – und auch da nicht ganz immer. In den Jahren nach 1870 begegnen oft Formulierungen, die aus der Amtssprache stammen. Zeigen bei Goethe die Altersbriefe eine gewisse Erstarrung der eigenen Art, sich mitzuteilen, so dringen bei Bismarck die *expressions faites* des Verkehrs in Verwaltung und Politik durch. Aber der überraschend persönliche Einfall findet sich hart daneben – so hart, dass man glauben könnte, die kanzleimässigen Stilelemente seien parodistisch gemeint. Sie sind es gewiss nicht; sie lassen nur eben erkennen, wie sehr sich der Staatsmann die Gewohnheiten und Regeln zu eigen gemacht hat, nach denen gesagt – und getan wurde.

Er hielt auf diese Regeln. Ein unehrerbietiges Votum im Parlament konnte leicht bewirken, dass er es zornig oder gekränkt von sich wies, auf solcher Tonlage zu debattieren. Wobei der

Ausdruck von Zorn oder Kränkung auch wieder Mittel und Waffe war, aber durchaus echt: dem Minister, dem Kanzler blieb die Ebene vorgeschrieben, auf der er den Standpunkt der königlich preussischen oder der kaiserlichen Regierung zu vertreten hatte; danach sollten auch die Gegner sich richten. Eine gleiche Empfindlichkeit konnte er an den Tag legen, wenn er politischen Einfluss auf den Monarchen feststellte oder auch nur theoretisch für möglich hielt. «Ich vertrage jeden mir gegenüber geübten Widerspruch», schrieb er in seinem langen und strengen Weihnachtsbrief an den Gesandten in Paris, Graf von der Goltz, 1863, «sobald er aus so kompetenter Quelle wie die Ihrige hervorgeht; die Beratung des Königs aber in dieser Sache kann ich amtlich mit niemandem teilen, und ich müsste, wenn Se. M. mir dies zumuten sollte, aus meiner Stellung scheiden. [...] Berichte, welche nur die ministeriellen Anschauungen widerspiegeln, erwartet niemand; die Ihrigen sind aber nicht mehr Berichte im üblichen Sinne, sondern nehmen die Natur ministerieller Vorträge an, die dem Könige die entgegengesetzte Politik von der empfehlen, welche er mit dem gesamten Ministerium im Conseil selbst beschlossen und seit vier Wochen befolgt hat.»

Solche Reaktionen sind nicht zureichend erklärt mit Bismarcks allerdings intensivem Verhältnis zur Macht – mit dem Willen, die ganze Verantwortung und entsprechend ungeteilte Befugnisse selber innezuhaben. Seine Konzeption einer Gesamtverantwortung an der Stelle, wo die dynastisch begründete Herrschaft sich umsetzen musste in die Bewegungen eines staatlichen Mechanismus, entspricht einem Ordnungsdenken, das er nicht neu und zu eigenen Zwecken erfunden, sondern nur mit der ihm eigenen Energie und Konsequenz auf die historische Lage angewandt hat. Anders gesagt, der notwendige Kompromiss zwischen einem auf einfache Verhältnisse zugeschnittenen Regierungssystem und dem politisch-gesellschaftlichen Differenzierungsprozess seiner Gegenwart hat durch ihn und in ihm eine restriktive, die Einheit der Autorität nach Möglichkeit wahrende Form gefunden.

Eine Form. Die Verbindung von Wort und Aktion zielt im Grund auf nichts anderes. Der Brief an Herrn von Puttkamer gibt Bismarcks bisheriger Biographie die noch offene Form, deren einleuchtender Abschluss die Vermählung mit der Tochter des Adressaten sein wird. Die Redaktion der Emser Depesche gibt dem diplomatischen Streit zwischen Preussen und Frankreich die Form, auf die nur noch ein Krieg passt. Wenigstens nach der damaligen Etikette – die einen heute wohl blödsinnig anmuten mag, die aber für Bismarck in Geltung stand, so zweifelsfrei wie eben überhaupt die formale Gesetzlichkeit der Politik, der inneren wie der äusseren. Dass er in späterer Zeit die schützende Kraft seines Bündnissystems überschätzt hat, hängt mit dieser primären Ausrichtung auf Form und Regel zusammen.

Müssen aber solche Beobachtungen nicht in Widerspruch treten zu dem Bild des dynamischen Pragmatikers Bismarck? Und muss nicht zugleich die ästhetische Würdigung seines Formsinns die ethische Bewertung seines verantwortlichen Handelns verdrängen? Beides würde zutreffen, wenn hier «Form» etwas Ideologisches, ein Prinzip wäre, auf das sich Bismarck in seiner jeweiligen Politik, in der materiellen Entscheidung beriefe. Tatsächlich hat man ihm oft das Gegenteil vorgeworfen, nämlich dass seiner Politik die Verankerung in Prinzipien fehle. Bismarck bezieht sich auf diesen Vorwurf, wenn er 1865 an Andrae-Roman schreibt: «Wer mich einen gewissenlosen Politiker schilt, tut mir Unrecht und soll sich sein Gewissen auf *diesem* Kampfplatz erst selbst einmal versuchen.»

Auf *diesem* Kampfplatz, also in der *jeweiligen* politischen Lage, in der nun gerade mit moralischen Prinzipien kein Durchkommen ist – jedenfalls kein verantwortliches Durchkommen, sobald «verantwortlich» mehr meint als nur «besorgt um die eigene Unschuld». Das Gewissen kommt vielmehr in der «Bereitschaft zur Schuldübernahme» zum Tragen, von der Dietrich Bonhoeffer in seinen Fragmenten einer christlichen Ethik spricht. Der Theologe bezieht sich ausdrücklich auf Bismarck, wenn er das politische Handeln umschreibt als ein sachgemässes Verhalten, das die Beziehung der Sache auf den Menschen nicht übersieht und die vorgegebenen Gesetzlichkeiten der Politik berücksichtigt, zugleich aber anerkennt, «dass mit diesen Gesetzlichkeiten der Staatskunst das Wesensgesetz des Staates nicht erschöpfend erfasst ist, ja dass das Gesetz des Staates, gerade weil dieser mit der menschlichen Existenz unlöslich verbunden ist, zuletzt über alles gesetzlich Fassbare hinausreicht. Und es ist eben an dieser Stelle, dass erst die Tiefe verantwortlichen Handelns erreicht wird.» Denn immer wieder ist es genötigt, aus dem Bereich des Gesetzlich-Regelmässigen herauszutreten in eine ausserordentliche Situation, vor eine Lebensnotwendigkeit, vor die Frage der *ultima ratio.* In solcher besondern geschichtlichen Stunde ereignet sich der «Verzicht auf jedes Gesetz, verbunden mit dem Wissen darum, hier im freien Wagnis entscheiden zu müssen».

Nun entspricht es durchaus den Grundüberzeugungen Bismarcks – und bestätigt zugleich die Darstellung Bonhoeffers –, dass eine allgemein-*inhaltliche* Bestimmung des politischen Handelns bei diesem politisch Handelnden nicht zur Sprache kommt. Es ist die Rede, einerseits, von den Tendenzen, mit denen er sich auseinanderzusetzen hatte, und so auch vom eigenen Urteil über – zum Beispiel – den Nationalismus, den grossdeutschen Gedanken, die Revolution, Europa, den Sozialismus. Und anderseits ist die Rede von den Mitteln und Wegen, die sich anboten für die Verwirklichung von Plänen, die Verhinderung von Gegenzügen, für Angriff, Verteidigung, Überredung. Dass das Verhalten «wirklichkeitsgemäss» sein müsse, das steht nirgends – oder überall: eine selbstverständliche Voraussetzung. Es ist ferner die Rede von religiösen Empfindungen sowie von Verpflichtungen gegenüber dem legitimen Herrn; aber Gottesfurcht, Königstreue geben der Verantwortlichkeit nicht so sehr ihre «Themen» wie ihre Bedeutungsschwere und ihre Rechtfertigung.

Wenn von der Ethik her nichts weiter gesagt wird, als dass der Staatsmann das jeweils nach menschlichem Ermessen politisch Richtige tun solle – dass die «Wirklichkeitsgemässheit» die Kernsubstanz des verantwortlichen Handelns sei: so liegt darin auch nichts anderes als die *formale* Bestimmung des *pragmatischen* Verhaltens. Nebenbei setzt sich Bonhoeffers Wort vom «Verzicht auf jedes Gesetz» genau dem Missverständnis aus, über das sich Bismarck beklagt: nämlich als sei seine Politik gewissenlos oder als müsse Politik gewissenlos sein. Gemeint ist aber, dass mit den Gesetzlichkeiten des staatlichen Lebens kein inhaltlich wegweisendes Gesetz für das «rechte Tun» gegeben sei – dass dieses «rechte» nur eben das «richtige» Tun in der einmaligen historischen Situation sein könne.

Lässt man so die Betrachtung der ästhetischen in die Würdigung der ethischen Seite von Bismarcks Werk übergehen, muss man noch einmal beachten, dass Schriftsteller und Politiker in ihm ein und derselbe waren, und das heisst auch, dass der Schriftsteller über den Politiker nicht mehr weiss als der Politiker über sich selbst. Eher vielleicht etwas weniger: in dem Sinn, dass er schreibend die Schichten nicht immer trennt, die in seinem Handeln doch auseinanderzuhalten sind. Und wieder ist nur von Fall zu Fall zu entscheiden, ob die Selbstanalyse mit oder ohne Absicht auf solche Klärung verzichtet. Bei der Redaktion der Emser Depesche ist – nach Bismarcks späterer Darstellung – das Motiv entscheidend, dass der Krieg mit Frankreich eine «Notwendigkeit» geworden war, «der wir mit Ehren nicht mehr ausweichen konnten». Die Redaktion wurde jedoch erst vorgenommen, nachdem Moltke «einige Fragen in bezug auf das Mass seines

Vertrauens auf den Stand unsrer Rüstungen» zur Zufriedenheit hatte beantworten können. Was den Historiker Bismarck eigentlich zu der Feststellung veranlassen müsste, der Politiker Bismarck hätte einen Krieg, zu dem man nicht hinlänglich gerüstet war, vielleicht doch nicht als «Notwendigkeit» anerkannt. Dass es unverantwortlich ist, Krieg anzufangen, ohne dafür gerüstet zu sein, über diesen Punkt wäre Bismarck mit sich vollkommen einig gewesen.

Die Möglichkeit aber – und damit die Notwendigkeit – eines Kriegs, den die «Ehre» ja forderte, einmal gegeben, fasste er seine Verantwortung so auf, dass er entweder den Krieg herbeiführen oder zurücktreten müsse. Dieses «oder zurücktreten» wiederholt sich in seiner Karriere; es tritt immer dann auf, wenn die Spielregeln bedroht sind, nach denen verliehene Vollmacht von ihrem Träger auch ausgeübt und, ethisch gesprochen, die «Schuldübernahme» dem, der zu ihr bereit ist, auch gewährt werden soll. Dieser Rahmen der politischen Handlungsfähigkeit kann sich mit den verschiedensten Inhalten füllen; dass die prinzipielle Bedeutung nicht in der Sach-, sondern in der übergreifenden Formfrage liegt, gibt Bismarck in seinem Entlassungsgesuch vom 22. Februar 1869 deutlich zu erkennen, und sein Konflikt mit Wilhelm II. bestätigt es. Während die Gepflogenheiten des parlamentarischen Systems den Regierungswechsel aus einem materiellen Entscheid hervorgehen lassen, konnte der Kanzler nur abtreten, weil seiner Gesamtkompetenz als solcher der Boden entzogen wurde.

«Ich bin von früh auf Jäger und Fischer gewesen, und das Abwarten des rechten Moments ist in beiden Situationen die Regel gewesen, die ich auf die Politik übertragen habe», erklärt er im Alter. «Ich habe oft lange auf dem Anstand gestanden und habe mich von Insekten umschwärmen und zerstechen lassen müssen, ehe ich zum Schuss kam. Ich habe nie einen Moment gehabt, in dem ich nicht ehrlich und in strenger Selbstprüfung darüber nachgedacht hätte, was ich zu tun hätte, um meinem Land – und ich muss auch sagen meinem verstorbenen Herrn, König Wilhelm I. – nützlich zu sein und richtig zu dienen. Das ist nicht in jedem Augenblick dasselbe gewesen, es haben Schwankungen und Windungen in der Politik stattgefunden, aber Politik ist eben an sich keine logische und keine exakte Wissenschaft, sondern sie ist die Fähigkeit, in jedem wechselnden Moment der Situation das am wenigsten Schädliche oder das Zweckmässigste zu wählen.»

In einem unverkennbar apologetischen Ton spricht er aus, was den Inhalt seiner politischen Existenz ausgemacht hatte. Die Bildhaftigkeit seines Stils widerspiegelt die Sachbezogenheit seines Denkens und Handelns. Und das soll sie auch: Bismarck arbeitet an seiner Selbstdarstellung, damit sie auf Zuhörer oder Lesepublikum wirke und für ihn zeuge. Aber das Absichtsvolle kann wahr sein, und das Bild, das er ohne falsche Bescheidenheit von seinem Tun gibt, ist in den Umrissen glaubwürdig. Denn es schliesst die «Wagnisse» des Entscheidens ein, die Bismarck in ihrer psychischen wie in ihrer ethischen Dimension auf die kürzeste Formel gebracht hat mit dem Wort: «Wo das Müssen anfängt, hört das Fürchten auf.»

Hanno Helbling

Zu den Texten

Die hier vereinigten Texte sind den folgenden Ausgaben entnommen:

Otto von Bismarck: Werke in Auswahl. Herausgegeben von Gustav Adolf Rein, Wilhelm Schüssler, Alfred Milatz, Rudolf Buchner. Stuttgart 1962 ff.
Otto von Bismarck: Gedanken und Erinnerungen. Stuttgart 1972 (ursprünglicher Titel: Erinnerung und Gedanke)
Hans Rothfels: Bismarck und der Staat. Ausgewählte Dokumente. Dritte Auflage, Stuttgart 1958
Hans Rothfels: Bismarck-Briefe. Göttingen 1955
Bismarck-Gespräche. Herausgegeben von Willy Andreas unter Mitwirkung von K. F. Reinking. Bremen 1963–65

Auslassungen sind wie üblich durch [...] gekennzeichnet. Orthographie und Interpunktion sind nach den heute geltenden Regeln vereinheitlicht.

Inhalt

Meine Kindheit	7
Auf seiten der Autorität	9
Junkervision	11
Beamtenzukunft?	13
An Lebensüberdruss grenzend	24
Verlobt	29
Bekehrt	32
Bräutigam und Deichhauptmann	38
Für den christlichen Staat	45
Gegen den deutschen Schwindel	55
Gegen die Zivilehe	56
Für Preussen allein?	65
Preussens wirkliche Interessen	66
Die Szene im Bundestag	75
Eine Empfindung des Missbehagens	80
Der österreichische Kollege	83
Dramatis personae in Frankfurt	87
Preussens innere Ordnung	102
Unschuld und Wurschtigkeit	126
Selbstmord aus Furcht vor dem Tode?	130
Preussen und Deutschland nach 1848	133
Besuch in Paris	144
Kriege und Bündnisse	153
Stets ein Gegner Frankreichs?	169
Revolution – Bonapartismus – Legitimität	182
Gesandter in Petersburg	192
Kremlin und dergleichen	206
«Du bist doch nicht unwohl...»	211

Gespräche in London	218
Ruf nach Berlin	224
Bundesreform	229
Dynastien und Stämme	239
Heiliger Abend I	251
Heiliger Abend II	260
Seelen, die sich zanken	261
Attentat	262
Uhrmacher beim König	265
Unter dem sichtbaren Segen Gottes	273
Gefahr des Absolutismus	277
Deutschlands Leidensgeschichte	278
«Setzen wir Deutschland in den Sattel!»	280
Verhältnis zu Süddeutschland	296
Krieg für die Ehre des Landes	300
Nationalitätenfrage	303
«Nun, habe ich geschossen?»	305
Nervenbankerott	311
Bitte um Entlassung	312
Die spanische Thronfolge	318
Die Emser Depesche I	326
Die Emser Depesche II	345
Die Emser Depesche III	353
Der besiegte Kaiser	359
Annexion Elsass-Lothringens	366
Gespräche in Versailles	381
«Kaiser Wilhelm»	394
«Was tun Sie, wenn Sie sich ärgern?»	403
Vom Konzil zum Kulturkampf I	406
Vom Konzil zum Kulturkampf II	413
Vom Konzil zum Kulturkampf III	424
Konservative Gegner I	435
Konservative Gegner II	448
Sozialismus I	461
Sozialismus II	466
Nur ein einziger Kompass	475

Parlamentarische Bürokratie? 477
Gegen die Antisemiten 479
«Aber Ottochen...» 481
Rechts Abgrund, links Felsen................. 483
Der alte Kaiser 485
Ultramontanismus........................... 493
«Acheronta movebunt».................... 496
Russland und Europa 507
Besuch in Friedrichsruh 518
Entlassung 526
Der junge Kaiser 530
Bürgschaft des Friedens 542
«Es hat das eben nicht jeder» 550

Nachwort 557
Zu den Texten 569